21世纪高等院校教材

财务会计学

张晓明　主　编

科学出版社

北　京

内 容 简 介

本书以我国现行会计准则体系为基础，以财务报表的编制为主要目标，依次介绍了构成资产负债表和利润表的六大会计要素——资产、负债、所有者权益、收入、费用和利润的会计确认、会计计量原则，以及各会计要素会计政策的运用和账务处理的要点。在财务报告一章，总结了资产负债表和利润表的编制方法，并重点介绍了现金流量表和所有者权益变动表的编制方法。

本书可作为高等院校会计学专业、工商管理专业、金融学等相关专业的教学用书，也可作为在职会计人员、企业各级管理人员提高专业知识和管理水平的读物。

图书在版编目(CIP)数据

财务会计学/张晓明主编. —北京：科学出版社，2013
21世纪高等院校教材
ISBN 978-7-03-037769-2

Ⅰ.①财… Ⅱ.①张… Ⅲ.①财务会计-高等学校-教材 Ⅳ.①F234.4

中国版本图书馆CIP数据核字(2013)第124128号

责任编辑：兰 鹏 / 责任校对：陈玉凤
责任印制：徐晓晨 / 封面设计：蓝正设计

科学出版社出版
北京东黄城根北街16号
邮政编码：100717
http://www.sciencep.com
化学工业出版社印刷厂印刷
科学出版社发行 各地新华书店经销
*
2013年6月第 一 版 开本：787×1092 1/16
2014年6月第二次印刷 印张：23 3/4
字数：565 000

定价：48.00元

（如有印装质量问题，我社负责调换）

前言

“财务会计学”是会计学专业全部专业课程体系中目标最为明确、章节逻辑关系要求最高、实用性最强、内容最为丰富、同时受相关法律法规制约最为严格的一门核心课程。本课程以企业财务报告的编制为目标,介绍企业(主要为制造业企业)各会计要素的确认和计量原则、各项会计政策的运用方法、各会计要素的账务处理和财务报告的编制方法等。

本书具有以下特色:

(1)编写目的明确。本书以我国企业会计准则为依据,依次介绍了构成资产负债表和利润表六大会计要素各项目的概念、内容、特点、会计确认和计量原则、会计政策的运用、相关账户设置和账务处理过程。通过这些内容的学习,目的是让读者掌握企业会计要素确认、计量和报告的基本理论、基本方法和基本技能,同时了解各财务报表数据的形成过程和编制方法。

(2)体系逻辑严密。本书按照各会计要素在财务报表上的列示顺序和各会计要素组成部分的流动性强弱构建章节体系。除第一章介绍了必要的基础理论知识外,第二章至第十二章,依次介绍了资产负债表第一要素——资产各项目的会计确认、会计计量和账务处理要点;第十三章至第十五章依次介绍了第二要素——负债各项目的会计确认、会计计量和账务处理要点;第十六章介绍了资产负债表第三要素——所有者权益各项目的会计确认、会计计量和账务处理要点;第十七章至第十九章分别介绍了利润表各要素——收入、费用和利润的会计确认、会计计量和账务处理要点;第二十章总结了资产负债表和利润表的编制方法,重点介绍了现金流量表和所有者权益变动表的编制方法。

(3)理论深度恰当。本书主要适合大学本科会计专业和非会计专业学生“财务会计学”(或者中级会计学)课程教学之用,因而,在对会计学基本理论体系的介绍和应用方面,作了适中的安排,既没有在理论的深度方面作出过多的阐释,也没有在理论的广度方面作出过多的关联度分析。根据读者学习本课程内容的需要,对会计学基本理论作了概念解释、适度的内涵剖析和外延扩展。

(4)实际应用性强。根据会计专业应用性强的特点,本书在每一会计要素的每一构成内容中,都列举了相应的例子,对所介绍内容在会计确认和会计计量、会计政策操作流程、账务处理特点等方面进行了说明，以便于读者对所学内容的深入理解。

(5)配备题目量适中。为了加强读者对本书内容的理解和实际应用能力的训练，本书各章后都配备了与本章内容对应的题目。特别在财务报告一章，根据我们的教学经验，创新性地设计了让学生自己动手进行财务报表从期初余额和一个会计期间交易或者事项发生的设计至期末财务报表编制的全套题目。这种方法经过我们多年的教学实践，取得了良好的教学效果。

本书由西北大学经济管理学院张晓明教授拟定编写大纲，设计内容共二十章。其中第一章至第四章、第十一章、第十二章由张晓明教授编写，第五章至第十章、第十六章由李辽宁博士编写，第十三章至第十五章由潘颖博士编写，第十七章至第二十章由李辉博士编写。最后，张晓明教授进行了总纂定稿。

由于本书内容多、篇幅大，书中难免有不足之处，敬请读者批评指正，我们将尽力予以完善。

作　者

2013 年 4 月

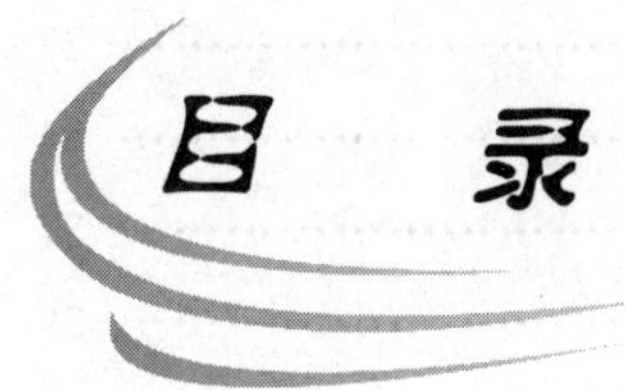
目 录

第一章 理论基础

第一节 财务会计的概念及特点

财务会计是以会计凭证为依据，以会计账簿为载体，遵循国家有关会计规范，对企业发生的各项交易或者事项所引起的资金变动进行会计确认、计量和记录，最终为各方面会计信息使用者，包括企业投资人、债权人、其他利益相关者以及国家有关监管部门提供企业某一特定日期财务状况、某一会计期间经营状况、现金流动状况和所有者权益变动状况等会计信息的对外报告会计。

自20世纪30年代，现代会计分离为财务会计和管理会计以来，这两大分支无论从学科目标、学科理论，还是从学科体系、学科的技术方法等方面均日趋完善。与管理会计相比，财务会计具有以下特点。

(1) 财务会计以会计凭证为依据、以会计账簿为载体、以为各方面会计信息使用者提供符合会计规范的财务报告为目标。为了保证提供会计信息的真实性和可靠性，财务会计在进行会计确认和会计计量时，必须以取得的能够证明交易或者事项原始情况的会计凭证为依据，并通过专门的财务会计方法进行会计记录，最终按国家统一规定的格式和内容进行信息披露。

一般而言，财务报告是向会计信息使用者提供关于企业财务状况、经营成果、现金流动状况和所有者权益变动情况等决策有用信息，并通过财务报告这一形式，反映企业管理层受托责任的履行情况。财务会计这一工作目标，决定了其必须遵循一定的会计规范。

(2) 财务会计学形成了自己的一套学科理论体系。为了向会计信息使用者提供统一规范的会计信息，财务会计学建立了一套包括会计假设理论、会计信息质量理论、会计计量模式理论等学科理论体系。这些理论为各会计要素的会计确认和会计计量提供了理论支持。例如，持续经营理论，为固定资产分期计提折旧、无形资产分期摊销等提供了理论支持。再如，谨慎性进行会计信息披露理论，为计提资产减值准备提供了理论支持等。

(3) 财务会计学学科体系建立在会计要素理论之上。由于学科目标是为会计信息使用者提供统一规范的会计信息，因而，财务会计学的学科体系必须以财务报告以及财务报告所包含的会计要素为主要内容，进行体系设计。本书以财务报告的编制为主线，依次介绍了资产负债表要素、利润表要素的确认、计量和记录方法，并介绍了各财务报表的编制方法。为了保证本课程与相关会计学课程的内容分工和衔接，本书不涉及基础会计学、成本会计学和高级会计学的内容。

（4）会计政策的应用受相关会计规范的制约。每一项会计要素的确认和计量都要运用不同的会计政策，如原材料发出成本的计量，要运用“先进先出法”“移动加权平均法”等会计政策；固定资产折旧费的计量，要运用“平均年限法”“工作量法”和“加速折旧法”等会计政策，即国家对同一会计事项提供了若干个可供选择的会计政策。但为了保证会计信息的可比性，防止企业利用会计政策的可选择性，通过调整会计政策达到企业的某一财务目的。所以，虽然国家对同一会计事项提供了若干个可选择的会计政策，但其应用受到了制约。

（5）财务会计有非常强的时效性。由于财务会计目标的制约，财务会计有非常强的时效性，如企业财务会计必须按会计规范统一规定的时间、格式和内容，完成财务报告的披露。同时，在财务报告披露之前，必须完成本报告期内所有交易或者事项的账务处理工作。

以上总结和归纳的财务会计的特点，是与会计学的另一分支——管理会计相比较而存在的。管理会计的目标是为企业内部各级管理层提供决策支持所需信息，且提供的信息具有现时性和预测性的特点；管理会计要根据企业内部经营决策需要随时提供会计报告，且提供的报告一般针对某一具体管理事项；管理会计提供的报告不受会计规范的约束，且无须社会中介服务机构对其的审计等。

第二节 会计假设理论

会计假设亦称会计核算基本前提，是进行会计确认、计量和报告的前提，是对会计核算所处时间、空间等所作的合理假设。我国《企业会计准则——基本准则》规范的会计假设包括会计主体、持续经营、会计分期和货币计量。这些会计假设，尽管不是对会计核算中会计政策应用方面的规定，但它规定了会计核算工作得以存在的前提条件，是企业进行会计确认、计量和报告的重要依据。

（1）会计主体假设。《企业会计准则——基本准则》第一章第五条规定：“企业应当对其本身发生的交易或者事项进行会计确认、计量和报告。”这一规定的内涵是规范了会计主体假设。会计主体，指企业会计确认、计量和报告的空间范围。为了向会计信息使用者披露企业某一特定日期的财务状况、某一会计期间的经营成果和现金流量状况等，应当明确财务报告信息披露的空间范围，即财务报告反映的特定对象的范围，并将其与其他经济实体区别开来，才能实现财务报告的目标。在会计主体假设下，财务报告的报告主体应当对其本身发生的交易或事项进行会计确认、计量和报告，反映自身生产经营活动过程的财务状况、经营成果和现金流动状况等。明确会计主体的空间范围，是进行会计确认、计量和报告的重要前提。只有明确了会计主体，才能确定会计确认、计量和报告的交易或事项的范围，才能将会计主体的交易或事项与会计主体投资人的交易或事项，以及其他会计主体的交易或事项区别开来。每个企业被视为独立于其他会计主体、投资人及其他个体的会计主体。会计主体在经济上是独立的，具有自己的财产权，并可以自由处分自己的财产，其权益属于投资人。每个会计主体在安排其生产经营活动或处理财务问题时，应从企业整体出发，即从会计主体角度出发，确定资产范围和承担债务的范围，明确生产经营活动所取得的收益或发生的损失，以提供一个会计主体的会计信息。会计主体不同于法律主体，一个法律主体通常是一个会计主体，但一个会计主体不一定是一个法律主体。法律主体是指在国家工商管理部门登记注册、有独立的财产、能够独立承担民事责任的法人。尽管一个法律主体通常是一个会计主体，但并不是所有的会计主体都是法律主体。例如，在企业集团组织形式下，母子公司是不同的法律主体，各自也是一个会计主体，但为了全面反映整个集团的财务状况、经营成果和现金流量状况等，就有必要将一个企业集团作为一个经济意义上的会计主体来编制合并财务报告。

（2）持续经营假设。《企业会计准则——基本准则》第一章第六条规定："企业会计确认、计量和报告应当以持续经营为前提。"这一规定的内涵是规范了持续经营假设。持续经营假设，指在可预见的未来，会计主体的生产经营活动会按照当前的规模和状态持续经营下去，履行既定的条约与承诺，不会面临破产清算。在持续经营假设下，会计确认、计量和报告应当以企业持续、正常的生产经营活动为前提。在持续经营假设下，企业将按原来的规模和状态持续经营下去，企业资产类型的划分、会计政策的选择等正是基于这一假设之上。例如，将资产划分为流动资产、非流动资产，并以历史成本为基本会计计量模式；将负债划分为流动负债和非流动负债；收入与费用的确认采用权责发生制等。再如，基于企业会按原来的规模和状态持续经营下去的假设，才会采用固定资产分期计提折旧的方法，将其投资逐渐地转入产品生产成本或费用，通过产品销售收入逐期回收，而不是一次性的收回。如果判断企业面临破产，不会持续经营下去，固定资产就不应采用历史成本计量，并以分期计提折旧的方法收回投资。在会计主体发生变化或企业停业清算时，持续经营环境下的会计政策已不适用这一假设而需要作出更合乎情理的其他选择，如可按投资评估价值或清算价格来反映资产、负债等的价值。需要注意的是，任何企业都存在着破产清算的风险，如果能够预先判断企业不再会持续经营下去，在可预见的未来面临破产清算，就应当改变会计政策，并在企业财务报告中作出相应披露。

（3）会计分期。《企业会计准则——基本准则》第一章第七条规定："企业应当划分会计期间，分期结算账目和编制财务报告，会计期间分为年度和中期。中期是短于一个完整的会计年度的报告期间。"这一规定的内涵是规范了会计分期假设。会计分期，指将一个企业持续经营的期间人为地划分为若干个连续的、长短相同的会计期间，以分期、及时地向会计信息使用者披露各会计期间的财务状况和经营成果，编制各会计期间的财务报告。12个月的一个会计年度称为一个会计期间。会计年度可以是以1月1日为起点、12月31日为终点的日历年制，也可以是以任何一个月份的某一日为起点、以次年某对月的前一日为终点的营业年制，如以营业最淡之时作为年末等。我国会计准则规定企业会计分期采用日历年制。客观地讲，一个企业的经营成果要到经营活动全部结束后，通过清算才能准确地计算出来。但是，投资人要根据企业的经营成果作出投资方面的决策，债权人要根据企业的财务状况作出资金安排方面的决策，企业各级管理人员要根据各方面会计信息及时掌握生产经营活动的动态等。因而，会计信息作为企业生产经营活动信息的主要表现方式，须对某一特定日期的财务状况、某一会计期间的经营成果、现金流动状况和所有者权益变动状况进行总结，以中期报告和年度报告的形式向会计信息使用者提供会计信息。

(4) 货币计量假设。《企业会计准则——基本准则》第一章第八条规定："企业会计应当以货币计量。"这一规定的内涵是规范了货币计量假设。货币计量，指会计主体在会计确认、计量和报告时主要以货币形式反映会计主体的生产经营活动过程和结果。市场经济条件下，会计确认、计量和报告之所以选择货币作为主要计量单位，是因为只有货币才能将各种计量单位不同、外在形式各异的交易或者事项进行分类汇总、总括反映，这是其他计量单位，如实物计量单位、劳动计量单位等都无法做到的。货币本身也有价值，它是通过货币的购买力或物价水平表现出来的。市场经济条件下，货币的价值会发生变动，有些国家甚至会出现比较恶性的通货膨胀，此时，会计计量还可以重置成本、现值、可变现净值、公允价值等作为可选择计量模式。

综上所述，会计核算的基本前提虽是人为主观作出的，但却是出于客观需要。四项会计假设既有联系又有区别，它们的联系表现在：会计主体假设确定了会计核算的空间范围，持续经营假设以企业在可预见的将来能够持续经营、不会面临破产清算为前提，而会计分期假设则将企业持续经营的时期划分为大致相等的若干会计期间，确定了会计确认、计量和报告的时间范围。在每个会计期间选择能够将不同类型交易或者事项统一起来的货币作为计量单位，对交易或者事项进行会计确认、计量和报告。它们的区别表现在：每一个会计假设在会计假设理论中相对独立，分别为会计核算的某一方面提供理论支持，每一个假设都可以自成一个理论体系。

第三节 会计信息质量要求

会计信息的质量要求是指企业财务报告提供的各种会计信息应该达到的质量标准。我国《企业会计准则——基本准则》规范的会计信息质量要求有真实性、相关性、可理解性、可比性、实质重于形式、重要性、谨慎性和及时性等。

(1) 真实性。《企业会计准则——基本准则》第二章第十二条规定："企业应当以实际发生的交易或者事项为依据进行会计确认、计量和报告，如实反映符合确认和计量要求的各项会计要素及其他相关信息，保证会计信息真实可靠，内容完整。"这一规定的内涵是规范了会计信息的真实性质量要求。真实性是对会计信息最基本的质量要求。真实性要求企业应当以实际发生的交易或事项为依据进行会计确认、计量和报告。会计信息作为一个信息系统，其提供的信息是企业投资人、债权人等会计信息使用者进行投资决策的依据，也是国家宏观管理经济、企业内部管理层管理企业生产经营活动的基本信息来源。如果企业提供的会计信息不能真实地反映企业财务状况和经营成果等，不仅不能成为有用的会计信息，反而会误导会计信息使用者，导致其作出错误的决策，甚至造成损失。会计信息的真实性要求具体表现为，在进行会计确认、计量和报告时，必须以实际发生的交易或者事项所取得的真实的会计凭证为依据，不得以虚构的、没有发生的或者尚未发生的交易或者事项进行会计确认、计量和报告。保证会计信息的完整性，包括应当按时间、按财务报告的种类披露会计信息，不得根据企业的需要遗漏或者减少应予以披露的会计信息，不得粉饰或掩饰企业的财务状况或经营成果等。财务报告中的会计信息应当是中立的、无偏的，不带有倾向性的。如果在财务报告中为了达到企业预先设立的阅读效果，而有选择性地披露有关信息，进而影响会计信息使用者的决策和判断，就不是中立和无偏的。

（2）相关性。《企业会计准则——基本准则》第二章第十三条规定："企业提供的会计信息应当与财务报告使用者的经济决策需要相关，有助于财务报告使用者对企业过去、现在或者未来的情况作出评价或者预测。"这一规定的内涵是规范了会计信息的相关性质量要求。提供会计信息是财务会计工作的最终目标，而提供会计信息的目的是帮助会计信息使用者充分利用它。因此，会计信息的一个重要质量要求，就是看其是否与会计信息使用者的需求相关，是否有助于会计信息使用者及时、正确地作出各种决策。例如，向投资人提供的关于企业财务状况或经营成果的信息，要有利于他们对企业的现状和前景进行判断和预测，满足他们进行投资决策时的信息需求；向各方面债权人提供的关于企业短期偿债能力和长期偿债能力方面的信息，要有利于他们对企业提供资金的使用方向、资金的安全性进行监督，对能否按时收回本金和利息作出基本判断；向政府有关监管部门提供生产经营活动方面的信息，要有助于他们对企业生产经营活动是否符合国家有关环境保护政策、是否符合国家有关职工权益保障政策、是否符合国家产业发展政策、是否按税法规定足额按时交纳税款等进行判断和监督。

（3）可理解性。《企业会计准则——基本准则》第二章第十四条规定："企业提供的会计信息应当清晰明了，便于财务报告使用者理解和利用。"这一规定的内涵是规范了会计信息的可理解性质量要求。企业提供会计信息的目的在于信息被会计信息使用者充分使用。要使用会计信息首先要了解会计信息的内涵，否则，就谈不上信息的使用。可理解性要求，在会计信息的表达中力图做到提供的信息清晰明了、标准通用、完整准确，以有助于会计信息使用者简单和准确地理解和把握会计信息的内涵和外延，从而更好地加以利用。随着我国市场经济的不断发展，会计信息使用者的范围越来越广泛，不仅包括企业内部管理部门、政府有关监管部门等，还包括企业各方面投资人、债权人、企业职工、社会公众等。这在客观上对会计信息的简单明了、通俗易懂提出了越来越高的要求。

（4）可比性。《企业会计准则——基本准则》第二章第十五条规定："企业提供的会计信息应当具有可比性。同一企业不同时期发生的相同或者相似的交易或者事项，应当采用一致的会计政策，不得随意变更，确需变更的，应当在附注中说明。不同企业发生的相同或者相似的交易或者事项，应当采用规定的会计政策，确保会计信息口径一致，相互可比。"这一规定的内涵是规范了会计信息的可比性质量要求。可比性是指企业必须按照国家统一的会计规范对企业发生的交易或者事项进行会计确认、计量和报告，提供相互可比的会计信息，这样，不仅可以满足国家进行宏观经济管理和调控的需要，而且可以满足投资人、债权人等会计信息使用者进行决策时所需要的相互可比的会计信息。会计信息可比性有两方面的要求，即同一企业不同会计期间会计信息的可比性，以及不同企业相同会计期间会计信息的可比性。会计信息在同一企业不同会计期间的可比性，要求同一企业在不同会计期间发生的相同或者类似的交易或者事项，应当采用一致的会计政策，不能按企业的期望随意变更。因而，会计信息可比性的前提是会计政策的一致性。一致性是指同一企业不同会计期间发生的相同或者相似的交易或事项，应当采用一致的会计政策进行会计确认、计量和报告，不得随意变更。例如，固定资产折旧政策，有年限平均法、工作量法、加速折旧法等。不同折旧政策计算出的各期折旧费不同，从而对各期经营成果的影响也不同。再如，存货发出计量，可以采用先进先出法、加权平均法等。在消耗同量材料物资的情况下，采用不同的会计政策计算出的生产成本不同。会计政策的一致性并不意味着不得变更会计政策。如果经济环境发生变化需要变更，或者按国家规定可以变更，或者在会计政策变更后能够提供更可靠、更相关的会计信息时，可以变更会计政策。有关会计政策变更对企业财务状况、经营成果的影响，应当在附注中予以说明。不同企业在相同会计期间发生的相同或者相似的交易或者事项，也应当采用一致的会计政策，以确保会计信息在不同企业之间的口径一致、相互可比。要求不同企业的会计信息相互可比，主要是为了便于会计信息使用者评价不同企业财务状况、经营成果时采用相同的标准。

（5）实质重于形式。《企业会计准则——基本准则》第二章第十六条规定："企业应当按照交易或者事项的经济实质进行确认、计量的报告，不应仅以交易或者事项的法律形式为依据。"这一规定的内涵是规范了会计信息的实质重于形式的质量要求。大多数情况下，企业发生的交易或事项的经济实质与法律形式是一致的，在交易或事项的会计确认、计量和报告中，不会出现交易或事项的经济实质与法律形式矛盾的问题。但有时会出现一些经济实质与法律形式不吻合的交易或事项，如企业融资租入固定资产，在租赁期未满、融资租赁形成的长期负债尚未偿付清之前，从法律形式上看，资产的所有权仍然属于出租方所有，并没有转移给承租方。但是从经济实质上看，与该项资产相关的收益和风险已经转移给承租方，承租方实质上能够行使对该项资产的控制权，并能够享有该资产所创造的未来经济利益。因此，承租方应该将其视同自有固定资产进行会计确认、计量和报告。遵循实质重于形式的要求，体现了对交易或者事项实质的尊重，也能够保证会计信息与企业财务状况、经营成果的客观实际相符。

（6）重要性。《企业会计准则——基本准则》第二章第十七条规定："企业提供的会计信息应当反映与企业财务状况、经营成果和现金流量有关的所有重要交易或者事项。"这一规定的内涵是规范了会计信息的重要性质量要求。在会计信息的表达方式中，应针对其对会计信息使用者决策有用的重要程度，采用不同的表达方式。具体来说，就是对那些重要的交易或者事项应分别核算，在财务报表中分项披露，并在财务报告中重点说明；对于次要的交易或者事项，可采用一定的方式汇总核算，在财务报表中也可汇总披露。同时，在会计信息披露方面，也可根据对会计信息使用者决策有用的程度，控制其详尽程度。例如，中期财务报告的详尽程度与年度财务报告的详尽程度相比，有很大的差别。

（7）谨慎性。《企业会计准则——基本准则》第二章第十八条规定："企业对交易或者事项进行确认、计量和报告应当保持应有的谨慎，不应高估资产或者收益、低估负债或者费用。"这一规定的内涵是规范了会计信息的谨慎性质量要求。谨慎性又称稳健性。由于市场经济条件下，企业生产经营活动的各个方面都面临许多不确定因素，这些不确定因素又会给企业带来很多风险。例如，应收账款可能发生的坏账损失、长期股权投资可能发生的减值、固定资产可能发生的无形损耗等。为了尽可能规避风险并向会计信息使用者提供符合企业财务状况、经营成果实际情况的会计信息，要求企业在对交易或事项的会计确认、计量和报告中持谨慎态度：凡是可以预见的、发生的可能性很大的损失或费用，应提前估计，并予以确认、计量和报告。例如，对各项资产可能发生的损失应当提前计提减值准备金等。而对没有确定的收入或利得，则不能提前予以确认、计量和报告，应在收入或利得确实实现之后，才能进行会计确认、计量和报告。

（8）及时性。《企业会计准则——基本准则》第二章第十九条规定："企业对于已经发生的交易或者事项，应当及时进行确认、计量和报告，不得提前或者延后。"这一规定的内涵是规范了会计信息的及时性质量要求。及时对企业发生的交易和事项进行会计确认、计量和报告，是市场经济的基本要求，只有及时进行会计信息的披露，会计信息才具有使用价值，这是会计信息的时效性特点。即使是真实的、相关的、可比的会计信息，如果没有及时披露，其使用价值就会大大降低。及时性的含义有三点：第一，交易或者事项已经发生的，应该及时进行会计凭证的收集；第二，在收集会计凭证的基础上，及时对发生的交易或事项进行会计确认、计量和记录，不能拖延；第三，到会计期末，应及时进行会计信息的汇总、加工和处理，编制财务报告，并及时进行会计信息的披露。会计信息披露是否及时，在市场经济条件下对投资人、债权人、企业各级管理层有着十分重要的意义，对国民经济宏观管理和信息汇总的及时完成也有着十分重要的意义。

第四节 会计要素计量模式及其关系

1. 会计要素计量模式

会计计量是将符合确认条件的会计要素发生的增减变动登记入账，并列报于财务报表和确定其金额的工作总称。

由于货币的时间价值不同，同一项资产在同一时间，以不同的模式进行会计计量，其价值量有很大差别。例如，一座建筑物，在建设时所发生的全部相关支出构成其原始价值（也称历史成本），在该项资产持有期间的不同阶段，其重置完全价值与原始价值会有很大差别，其可变现净值与重置完全价值、原始价值也会有很大差别。为了反映不同会计要素在不同情况下的价值状况，企业可以选择不同的会计要素计量模式。

我国《企业会计准则——基本准则》第九章第四十一条规定："企业在将符合确认条件的会计要素登记入账并列报于财务报表时，应当按照规定的会计计量基础进行计量，确认其金额。"会计计量基础，又称会计计量模式，包括历史成本计量模式、重置成本计量模式、可变现净值计量模式、现值计量模式和公允价值计量模式等。

（1）历史成本计量模式。历史成本是指取得或建造某项资产时所发生的全部支出。历史成本计量模式，就是以资产的历史成本作为资产的账面价值，对于物价变动等原因引起的资产价值的提高或者降低，不作账面价值的调整。在历史成本计量模式下，资产按照其购置时支付的现金，或者现金等价物的金额，或者按照购置资产时所付出对价的公允价值计量；负债按照因承担现时义务而实际收到的款项或者资产的金额，或者承担现时义务的合同金额，或者按照为偿还负债预期需要支付的现金或者现金等价物的金额计量。由于历史成本计量模式具有可验证性特点，因而是会计要素的基本计量模式。

（2）重置成本计量模式。重置成本是指按照当前的市场价格，重新取得与原有资产同样的资产需要支付的现金或者现金等价物金额。重置成本计量模式，就是以资产的重置成本作为其账面价值。在重置成本计量模式下，资产按照现在购买相同或者相似资产所需支付的现金或者现金等价物的金额计量；负债按照现在偿付某项债务所需支付的现金或者现金等价物的金额计量。重置成本计量模式主要用于盘盈资产价值的计量。

（3）可变现净值计量模式。可变现净值，指在正常生产经营条件下，以预计的资产销售价格减去进一步加工成本、预计支付税金及其他费用后的净值。可变现净值计量模式，就是以资产的可变现净值作为其账面价值。在可变现净值计量模式下，资产按照其正常对外销售所能收到现金或者现金等价物的金额扣减该资产至完工时估计将要发生的成本、估计的销售费用以及相关税费后的金额计量。可变现净值计量模式主要用于资产期末价值的计量。

（4）现值计量模式。现值，指对资产未来现金流量以适当的折现率进行折现后的价值。现值计量模式，就是以资产或负债的现值作为其账面价值。在现值计量基础下，资产按照预计从其持续使用和最终处置中所产生的未来净现金流入量的折现金额计量；负债按照预计期限内需要偿还的未来净现金流出量的折现金额计量。

（5）公允价值计量模式。公允价值，指在公平交易中，熟悉情况的双方自愿进行资产交换或者债务清偿的金额。公允价值计量模式，就是以资产或者负债的公允价值作为其账面价值。在公允价值计量模式下，资产和负债按照在公平交易中，熟悉情况的交易双方自愿进行资产交换或者债务清偿的金额计量。

企业在对会计要素进行计量时，一般应当采用历史成本计量模式，采用重置成本、可变现净值、现值、公允价值计量模式的，应当保证所确定的会计要素金额能够取得并可靠地计量。

2. 各种计量模式的关系

在不同计量模式中，历史成本计量模式通常反映资产取得时或者负债形成时的价值，是过去的价值。而重置价值、可变现净值、现值以及公允价值等计量模式，通常反映的是资产或者负债的现时成本或者现时价值。这几种计量模式存在以下关系。

（1）不同的计量模式是一个对应的概念。在各种会计要素计量模式中，历史成本计量模式反映资产在取得时的成本，或者负债在形成时的价值。重置成本、可变现净值、公允价值及现值反映资产或者负债的现时成本或者价值。重置成本、可变现净值、公允价值及现值是与历史成本相对应的计量模式。

（2）不同的计量模式是一个相对的概念。例如，某项资产在取得时可能是按当时的重置成本或公允价值进行交易取得的，这时，重置成本或公允价值构成该项资产的历史成本。即当前某项资产或者负债的公允价值可能就是未来该项资产或者负债的历史成本，而当前某项资产或者负债的历史成本可能是过去交易或者事项发生时资产或者负债的公允价值。

（3）不同的计量模式相互使用。例如，当某项资产以公允价值进行交易时，不存在活跃市场的报价，也不存在同类或者类似资产的活跃市场报价时，资产的公允价值就需要借助估值技术来确定。而在采用估值技术估计相关资产的公允价值时，现值往往是比较普遍采用的一种估值方法，即资产的公允价值是以其现值为基础确定的。

3. 计量模式的应用原则

由于采用历史成本计量模式对各会计要素进行计量时，具有可验证性特点，因而，企业对会计要素进行计量时，一般应采用历史成本计量模式。采用重置成本、可变现净值、公允价值或现值计量模式时，应当确保所确定的会计要素金额能够取得并可靠计量。

在采用公允价值计量模式确定会计要素的金额时，应充分考虑公允价值应用的三个层次：第一，存在活跃市场的资产或者负债，活跃市场中的报价可用于其公允价值的金额确定；第二，不存在活跃市场报价的，参考熟悉情况并自愿交易的各方最近进行的市场交易中使用的价格，或者参照实质上相同的其他资产或者负债的当前公允价值；第三，不存在活跃市场，且不满足上述两个条件的，应当采用估值技术方法确定资产或者负债的公允价值。

第五节 财务报告体系

企业日常发生的交易或者事项已经通过会计凭证、会计账簿进行了全面、连续和系统的记录，但这些会计核算资料分散在不同的账簿中。为了向会计信息使用者全面报告企业发生的交易或者事项及其结果，财务会计要将这些分散于账簿中的交易或者事项通过一个简单的形式进行总结，向会计信息使用者报告，其目的在于满足各方面会计信息使用者的决策需要。

财务报告，指企业对外提供的反映其某一特定日期财务状况和某一会计期间经营成果、现金流量等会计信息的文件。

财务报告包括财务报表和其他应当在财务报告中披露的相关信息和资料。财务报表是财务报告的主体部分，财务报表至少应当包括资产负债表、利润表、现金流量表、所有者权益变动表等报表及报表附注。其他需要在财务报告中披露的相关信息和资料则根据实际情况进行报告。

企业财务报表包括资产负债表、利润表、现金流量表、所有者权益变动表和报表附注等。其中，前四种财务报表从不同角度反映企业的财务状况、经营成果、现金流动状况和所有者权益变动状况。资产负债表从静态角度反映企业某一特定日期的财务状况；利润表从动态角度反映企业某一会计期间的经营成果；现金流量表则反映企业某一会计期间现金及现金等价物的流入、流出及现金净流量状况；所有者权益变动表反映企业某一会计期间所有者权益各组成部分发生增减变动的状况及变动结果。这四种财务报表既相互独立，各自反映企业财务状况或经营成果的某一方面，又相互配合，共同构成一个反映企业资金运行过程及运行结果的报表体系。报表附注，指对财务报表各要素的补充说明，以及在财务报表中未能列报，但又需要说明的其他财务信息。

第六节 会计信息使用者对财务报表的不同关注点

市场经济条件下，企业要进行资金的筹集、材料物资的采购、产品的生产和销售等，必定会与不同利益相关者发生不同的经济关系。一般而言，企业的利益相关者有投资人、债权人、政府有关监管部门、客户、企业职工、竞争对手和社会公众等。由于不同利益相关者与企业存在不同的利益关系，其对会计信息的需求重点自然不尽相同。财务报表提供的会计信息在尽可能满足不同会计信息使用者需求的前提下，重点满足投资人对会计信息的需求。

（1）投资人对财务报表的关注点。这里的投资人包括两层含义，一是已经对企业实施了投资行为的投资人，二是尚未实施投资行为的潜在投资人。投资人与企业的利益关系是投资与回报的关系，因而，投资人关注的重点是投资风险、企业获利能力、现金流量等方面的信息。企业投资人可分为两类，即控股股东和非控股股东。对于控股股东而言，其关注的重点在于与企业战略性发展有关的信息，如企业资产规模、资产结构、资产质量、长期获利能力、未来现金流、企业价值等；对于非控股股东而言，其更关注自己的投资能否增值，投资回报能有多大，企业的经营成果能否满足自己投资收益的期望值等。这些信息集中反映在企业的近期业绩、股利分配政策以及短期现金流状况等。根据这些信息，不同的投资人可作出是否继续持有企业投资，是否追加投资，或者是否收回或转让投资的决策。因此，投资人主要关注财务报表中的企业资产质量、经营风险水平、短期或长期获利能力、投资回报率等方面的信息。

（2）债权人对财务报表的关注点。企业债权人通常包括银行、非银行金融机构（如财务公司、保险公司等）、企业债券的投资人、供应商等。债权人与企业的利益关系是资金的借贷关系，因而，债权人关心的重点是企业的偿债能力和现金流量方面的信息。按照一般分类，债权人可以分为短期债权人和长期债权人。其中，短期债权人向企业提供一年以内的债权，他们的权利是到期收回贷款本金和利息。因而，其最为关注的是企业的短期偿债能力，而短期偿债能力的强弱又取决于现金的流动结果；长期债权人向企业提供一年期以上的债权，他们最为关注的则是企业连续支付利息和到期（若干年后）偿还债务本金的能力。因而，与短期债权人不同，长期债权人更关注企业的未来获利能力和长期偿债能力，以及作为远期偿债保障的企业资产质量。企业的获利能力与偿债能力有着十分密切的关系，获利能力是偿债能力的基础，没有很强的获利能力，不可能有很强的偿债能力。因而，很强的获利能力是取得长期负债的保障；但很强的获利能力并不能保证有很强的偿债能力，因为经营状况良好，而现金流动状况却很差，进而导致偿债能力很弱也是一种普遍存在的现象。但最终企业偿债能力的强弱依然取决于获利能力的强弱。

（3）政府有关监管部门对财务报表的关注点。在我国，政府有关部门从不同角度与企业形成了某种利益关系，同时还要对企业的生产经营活动进行管理和监督。政府部门财务报表的阅读者主要包括财政、税务、国有资产管理部门等。一般而言，政府部门对企业财务报表的阅读，大多是对企业概况的了解和对其进行的综合分析。财政部门重点关注企业所处产业现在及未来的可持续发展状况，以预测企业对财政的支持状况，以及财政资金对产业发展的支持方向；税务部门则侧重对企业经营状况和税源发展状况的了解，以确定税收工作重点，并从财务报表披露的信息中，监督企业交纳税金的合法性；国有资产管理部门则侧重掌握、监控国有资产保值、增值情况，为国家进行产业布局、产业结构调整提供信息。

（4）供应商对财务报表的关注点。与债权人向企业提供信贷资金类似，供应商在向企业提供商品或劳务后也成为企业的债权人。与债权人向企业提供信贷资金不同的是，供应商更关注企业的长期发展。因为作为供应商，企业的发展状况良好，也给他们提供了好的发展机会；企业良好的信誉，为他们提供了长期合作的可能。在维护长期合作关系方面，供应商关注企业的经营状况和长期偿债能力；从回收货款角度，大多数供应商十分关注企业的短期偿债能力。

（5）管理层对财务报表的关注点。企业管理层受投资人的委托，对他们投入企业资本的保值和增值承担责任。管理层负责企业日常生产经营活动的组织和管理，其基本职责包括以下几点：首先，保证企业日常生产经营活动的正常进行；其次，要及时偿还各种到期债务；最后，要给投资人提供与风险相适应的投资回报。为了完成其受托责任，企业管理层必须对财务报表的各种信息予以关注。财务报表中关于企业财务状况的信息，反映了企业资产结构、资产质量、负债结构、资本结构、偿债能力、现金流动等方面的表现；财务报表中关于经营成果的信息，集中反映了企业经营业绩状况，包括营业收入规模、成本和各种费用发生状况以及企业盈利状况等。通过这些信息，管理层可对企业资产和资金状况、经营业绩等有一个基本认识。事实上，财务报表从不同角度反映了企业管理层的工作业绩，因而，管理层对财务报表的关注点是全方位的。

（6）客户对财务报表的关注点。客户通常指企业产品的销售对象，是企业经营活动的合作伙伴。当企业成为某个客户重要的商品或劳务供应商时，对方就会关心企业能否长期持续经营下去，能否与之建立并维持长期的业务关系，能否为其提供稳定的货源。因此，企业客户通常关心企业的可持续发展能力，及有助于对此作出估计的各项指标的增长幅度等。

（7）职工对财务报表的关注点。企业职工通常与企业存在长久、持续的利益关系，他们关心企业的发展状况。从近期看，企业职工关注企业的经营状况和现金流动状况，因为良好的经营状况才能保障他们工作岗位的稳定性，良好的现金流动状况才能保障他们劳动报酬的顺利获取；从远期看，企业职工关注企业的可持续发展能力，只有企业具有很强的可持续发展能力，才会给职工提供稳定的工作岗位和良好的工作环境。

（8）竞争对手对财务报表的关注点。竞争对手对企业财务报表的关注是多方面的。他们通过企业财务状况方面的信息，对竞争对手的资产状况、偿债能力、可持续发展能力等有一个基本认识，借以判断竞争对手间的相对效率；他们通过企业经营成果方面的信息，可以对竞争对手的经营业绩、市场影响力等有一个基本认识，借以判断竞争对手间的相对绩效；同时，通过竞争对手财务报表的其他信息，全面了解竞争对手各方面的情况，以制定自己的竞争策略。

（9）社会公众对财务报表的关注点。社会公众对企业的关心是多方面的。一般而言，他们关心企业的技术创新、就业政策、环境政策、产品政策等方面的情况，而这些情况从企业财务报表披露的信息便可了解到。这里，特别要提出公共媒体对企业的关注度在不断提高。专业的财务报表分析人士，对企业财务状况、经营成果、现金流动、技术创新、就业政策、环境政策等状况进行剖析，随后向公众提供剖析结果，这对企业有着很强的监督作用。

除上述会计信息使用者外，与企业有生产、技术、销售等协作关系的企业及其他利益集团，都是企业财务报表的阅读者。这些阅读者也都有其特定的信息需求，这里不再一一列举。但是，特别需要指出的是，不同会计信息使用者的关注重点只是相对的。由于各财务报表数据之间存在着十分密切的关联关系，因此，会计信息使用者要对四大财务报表以及报表附注所反映的信息进行综合分析，才能对企业作出全面、准确的判断。

思 考 题

1. 与管理会计相比，财务会计的特点有哪些？
2. 会计假设理论有哪些？各会计假设的基本内涵是什么？
3. 财务会计信息应符合哪些质量要求？
4. 会计要素计量模式有哪些？各会计要素计量模式的主要特点是什么？
5. 反映财务状况的会计要素有哪几个？反映经营成果的会计要素有哪几个？
6. 企业财务报告由哪些部分组成？财务报表由哪些内容组成？
7. 财务会计的信息使用者来自哪些方面？

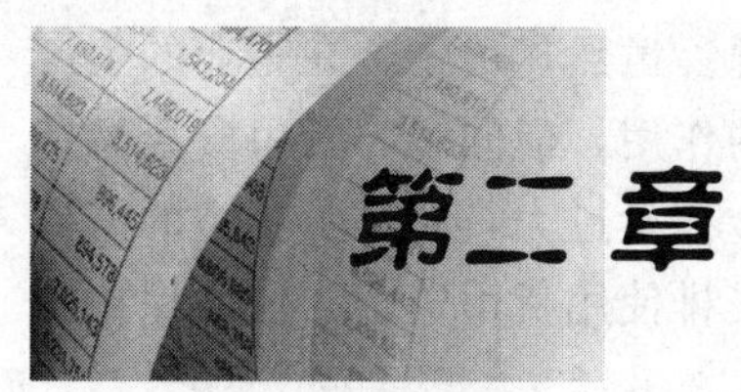

第二章

货币资金

第一节　概述

1. 货币资金的概念及内容

货币资金是指企业生产经营资金在周转过程中处于货币资金形态的部分。在企业日常生产经营活动中，由于采购材料、支付职工薪酬、支付各项费用、向国家交纳税款、进行投融资活动、销售产品等，会发生频繁的、数量不等的货币资金收付业务，因此，企业必须随时保持一定量的货币资金。

货币资金是企业资产中流动性最强的一种资产，包括库存现金、银行存款和其他货币资金。

现金有狭义和广义概念之分。狭义现金，指库存于企业、用于日常零星开支的库存现金；广义现金，既包括库存现金，还包括银行存款、其他货币资金和现金等价物。

库存现金，指库存于企业、用于日常零星开支的现金。

银行存款，指企业存放于开户银行或者其他金融机构的货币资金，一般包括人民币存款和外币存款。银行存款主要用于企业之间、企业与国家之间等的非现金结算。

其他货币资金，指企业存放于开户银行且已经有特定用途的货币资金，如银行汇票存款、银行本票存款、外埠存款等。

2. 货币资金的特点

在企业的全部资产中，货币资金虽然数量不多，但其特点十分突出：

(1) 企业货币资金存量多少决定着企业的生存及与各方面利益相关者的关系。对于企业而言，货币资金是其从事各种生产经营活动所必备的一项资源，每个企业必须保持一定量的货币资金才能保证生产经营活动的正常运行，否则，生产经营活动将会陷入困境；对于投资人而言，企业拥有一定量的货币资金，是进行股利分配的前提，否则，数量再多的利润，投资人也无法得到现金股利；对于债权人而言，企业货币资金存量多少是决定其能否收回债权本金和利息的关键因素，如果企业不能偿还到期债务，将面临破产清算；对于国家而言，能否按时收到企业交纳的税款，也是由企业货币资金的存量决定的。因此，货币资金信息受到了企业内外各方面信息使用者的密切关注。

（2）闲置的货币资金是企业持有的盈利能力最差的资源。虽然货币资金在企业的生产经营活动及处理各方面利益相关者的关系中起着至关重要的作用，但同时，货币资金又是企业资产中盈利能力最差的资源。所以，如果企业货币资金存量过大，超过了正常的需要量，就会造成资源的浪费。为此，企业必须充分、有效地安排使用货币资金，使之保持合理的存量，避免货币资金的闲置。

（3）货币资金是企业资产中最容易受到侵害的部分。由于货币资金具有流动性强、可立即作为支付手段并被普遍接受等特性，如果企业对货币资金的管理制度不健全、管理程序不规范、管理方法不先进或者出现其他管理盲区，很容易出现被非法挪用、侵吞等违法现象。因此，企业应加强对货币资金的管理，根据企业生产经营组织的特点制定相应的货币资金管理制度。

第二节 库存现金

1. 库存现金概念和序时核算

现金有狭义现金和广义现金两个概念。狭义现金指企业的库存现金，即包含在资产负债表中“货币资金”项目中的库存现金。广义现金包括库存现金、银行存款、其他货币资金和现金等价物，即包含在现金流量表中的现金。本节介绍狭义现金核算。

为了使现金收支金额及余额清晰、明了，并保证现金资产的安全，对库存现金应当采用日记账方式进行序时核算。序时核算是指由现金日记账的记账人员，根据审核无误的现金收付款凭证，及从银行提取现金时填制的银行付款凭证，按照经济业务发生的时间先后顺序逐日逐笔登记现金日记账的一种账簿登记方法。

现金日记账一般采用收入、支出及结余三栏式格式，其格式如表 2-1 所示。现金日记账的收入栏和付出栏，是根据经审核无误的现金收付款凭证，按照经济业务发生的时间先后顺序，由记账人员逐日逐笔进行登记。每日营业终了，应当计算出当日现金收入、现金支出的合计数以及现金余额数，并与库存现金实际数进行核对。

【例 2-1】 2012 年 7 月 1 日，A 公司发生的有关现金收付的事项如下：

（1）从银行提取现金 30 000 元，以备支付职工预借差旅费；

（2）以现金支付职工 W 预借差旅费 25 000 元；

（3）销售产品，收取现金 936 元（含 17%的增值税）；

（4）以现金购买办公用品 900 元；

（5）以现金支付通信费 960 元。

以上述事项为例，说明现金日记账的登记方法。

表 2-1 现金日记账 单位：元

2012 年		凭证种类及号数	摘要	对方账户	收入	付出	余额
月	日						
6	30						2 500
7	1	银付 701	提取现金	银行存款	30 000		32 500

续表

2012年		凭证种类及号数	摘要	对方账户	收入	付出	余额
月	日						
7	1	现付701	职工A预借差旅费	其他应收款		25 000	7 500
7	1	现收701	销售收入	主营业务收入 应交税费	800 136		8 436
7	1	现付702	购买办公用品	管理费用		900	7 536
7	1	现付703	支付通信费	管理费用		960	6 640
本日合计					30 936	26 860	6 576

通过序时核算方法，可以随时掌握现金收付情况，并可以全面、连续地了解企业每日现金的收支动态和结余情况及企业现金收付的管理情况。

2. 账户设置和账务处理

“库存现金”属于资产类账户。库存现金的增加记入借方；库存现金的减少记入贷方；该账户的余额在借方，反映企业库存现金的实际余额。

企业收入现金的主要渠道有销售产品或提供劳务收取的现金、从银行存款提取现金等。以［例2-1］所列2012年7月1日A公司发生的有关现金收入的事项为例，分别作会计分录为

第（1）号业务：

借：库存现金　　30 000

　　贷：银行存款　　30 000

第（3）号业务：

借：库存现金　　936

　　贷：主营业务收入　　800

　　　　应交税费——应交增值税（销项税额）　　136

企业现金支出的主要渠道有购买材料或接受劳务支付现金、支付费用、支付职工薪酬等。以［例2-1］所列2012年7月1日A公司发生的有关现金支出的事项为例，分别作会计分录为

第（2）号业务：

借：其他应收款——职工W　　25 000

　　贷：库存现金　　25 000

第（4）号业务：

借：管理费用　　900

　　贷：库存现金　　900

第（5）号业务：

借：管理费用　　960

　　贷：库存现金　　960

3. 库存现金的清查

为了确保现金资产的安全，保证账实相符，企业应定期或不定期对现金进行清查。现金清查包括由出纳人员每日的清点核对和由企业财产清查专门机构组织的定期或不定期清查。现金清查采用实地盘点方法，即将库存现金的实际结余金额与现金日记账的余额进行核对。通过清查，可以检查和监督库存现金的账实是否相符，还可检查在库存现金核算和管理中，是否存在违反现金管理制度的行为或其他违法行为。

现金清查可能出现三种结果：账实相符、账大于实（现金短缺）和账小于实（现金溢余）。出现现金短缺时，应查明短缺的原因，及时进行处理：对于因记账差错或者凭证丢失造成的结果，应更正错误或者补办手续入账；对于因工作失职造成的现金短缺，通常的做法是由现金出纳人员赔偿。出现现金溢余时，也应查明原因，及时进行处理：对于在收付过程中出现的差错，应及时通知相关人员，予以退还；对于原因不明的现金溢余，通常转入企业收益。

“待处理财产损溢——待处理流动资产损溢”属于资产类账户。库存现金等资产发生短缺的金额，或库存现金等资产溢余的转销金额记入借方；库存现金等资产发生溢余的金额，或库存现金等资产短缺的转销金额记入贷方；期末，若余额在借方，为库存现金等资产发生短缺的金额大于库存现金等资产溢余的差额；若余额在贷方，为库存现金等资产发生溢余的金额大于库存现金等资产发生短缺的差额。期末，应根据现金等资产发生溢余或短缺的原因，将该账户的余额分别转入相关账户，结转后，该账户无余额。

【例 2-2】 A 公司在现金清查中，发现现金日记账余额为 5 890 元，实际余额为5 090 元，现金短缺 800 元。经对现金日记账及相关凭证的核对，发现其中 500 元现金短缺的原因为支付时发生差错（已收回），其余现金短缺 300 元的原因不明，应由相关工作人员赔偿。以上事项应分别作会计分录：

（1）发生现金短缺时：

借：待处理财产损溢——待处理流动资产损溢	800	
贷：库存现金		800

（2）待查明原因进行处理时：

借：库存现金	500	
其他应收款——出纳人员	300	
贷：待处理财产损溢——待处理流动资产损溢		800

若发现现金溢余 800 元时，应作会计分录：

借：库存现金	800	
贷：待处理财产损溢——待处理流动资产损溢		800

若查明其中 200 元为某职工报账时少支付，另外 600 元现金溢余原因不明。处理现金溢余时应作会计分录：

借：待处理财产损溢——待处理流动资产损溢	800	
贷：其他应付款——某职工		200
营业外收入		600

4. 库存现金的管理

库存现金管理是对现金收入、支付和存量进行计划、控制的工作总称。

（1）库存现金收入管理。现金是最容易受到侵害的资产，为了保证这部分资产的收款安全和结算方便，企业的营业收款应尽量采用非现金收款方式，即通过银行进行转账收款。如果营业收款收到现金，应于收款当日送存银行。规模大的商业零售企业也可以与开户银行协商，于每日营业终了时，由银行到企业收存现金。

（2）库存现金支付管理。为了结算方便，减少现金流通，对于在一定数量内的零星开支，企业可以用现金直接进行支付；超过一定数量的货币资金支付，应该通过银行进行转账结算；企业对现金支付金额要有不同级别的授权；支付的现金只能从企业库存余额或开具现金支票从开户银行提取，不能用营业收入的现金直接支付。

（3）库存现金存量管理。企业持有一定量现金的目的在于支付一些零星开支，满足现金零星开支需要是现金存量管理的基本原则。现金存量管理的基本要求是既满足支付、又防止存量过大，避免现金不安全现象的出现。

（4）库存现金内部控制管理。建立库存现金内部控制制度是现金管理的重要内容。现金内部控制的基本内容：①现金管理不相容职务的设立，包括现金出纳职务与现金日记账记账职务的不相容；现金出纳职务与会计稽核、会计档案管理职务的不相容；现金出纳职务与银行有效印鉴、银行结算凭证管理职务的不相容；现金出纳职务与销售货款回收职务的不相容等。规模大、现金收支业务量多的企业，还应当将现金收入出纳职务与现金支付出纳职务分别设置。②现金收支凭证的管理，包括企业内部或与外部进行现金结算时使用的各种收支凭证，必须有专人管理；办理业务的人员领用凭证时，要进行详细登记（领用种类、领用数量、起讫编号、经办人员签字等）；凭证收回、凭证存根、空白凭证、报废凭证要进行详细记录；现金收支业务的处理必须有合法凭证，才能进行账务处理等。③建立现金收支内部稽核和内部审计制度。内部稽核，是由内部稽核人员对出纳人员每日处理的现金收支凭证和现金库存情况进行复核，保证每日现金收支及余额正确无误，现金账面余额与实际余额相符；内部审计，是由企业内部审计人员定期或不定期地对现金收、支情况，现金收付核算凭证，现金日记账记账情况等进行的审计。建立现金收支的内部稽核和内部审计制度是现金内部控制制度的重要内容。④现金出纳岗位的轮岗制度。为了保证现金资产的安全，应建立现金出纳岗位的轮岗制度。这一制度的基本内容是现金出纳岗位、现金日记账记账岗位、现金内部稽核岗位的业务人员应定期或不定期进行轮换。轮岗制度，一方面是对企业现金资产的保护，另一方面，也是对现金出纳人员的一种保护。

第三节 银行存款

1. 银行存款概念及结算方式

银行存款是企业存放在银行或其他金融机构的货币资金。在企业与其他单位或个人的经济往来中，除少量的零星开支用现金直接支付外，其他的货币资金收付需要通过银行进行转账结算。

企业在其日常经济活动中，由于销售商品、提供劳务或购买材料、支付费用、交纳税金等业务，与其他单位、国家或个人会发生同一票据交换区或非同一票据交换区之间的货币资金收付结算业务。为了保证结算业务的进行，企业（也称开户单位）应在某一商业银行（也称开户银行）开立账户，办理货币资金的结算业务。企业之间货币资金结算有即时的也有远期的，有同一区域的也有异地的，为了方便企业间不同情况下货币资金的及时结算，中国人民银行有关支付结算方法规定，企业发生的货币资金收付业务可以采用银行汇票、银行本票、商业汇票、汇兑、支票、委托收款、托收承付和信用证等几种方式进行结算，企业可根据结算业务的不同情况进行选择。

(1) 支票结算方式。支票是由出票人（即付款人）签发、委托办理支票结算业务的银行或其他金融机构，在见到签发的票据时无条件支付确定的金额给支票上指定的收款人或者持票人的一种结算方式。支票结算是单位间日常结算最常用的方式之一。单位和个人之间在同一票据交换区域的各种款项结算，均可使用支票；支票分为现金支票、转账支票和普通支票。现金支票只可以从银行提取现金。转账支票只能用于转账结算，不能提取现金。普通支票可以用于提取现金，也可以用于转账结算（在普通支票左上角划两条平行线的为划线支票，划线支票只能用于转账，不能用于支取现金）；支票为记名票据，有金额起点的规定，并规定了有效期；转账支票在指定的地区可以背书转让；企业签发支票的金额不能超过付款时在开户银行的实际余额，也不能签发空头支票及远期支票。支票结算方式具有手续简便、金额灵活、收付及时的特点。

(2) 银行汇票结算方式。银行汇票结算方式是由汇款人（通常是债务人）将款项交存当地出票银行，由出票银行签发并由其在见票时按照实际结算金额无条件支付给收款人或持票人的一种结算方式。银行汇票的出票银行为银行汇票的付款人，银行汇票的汇款人通常是结算关系中的债务人，银行汇票的持票人通常为结算关系中的债权人。银行汇票结算方式是单位间日常结算常用的结算方式之一。单位和个人之间各种款项的结算，均可使用银行汇票结算方式。银行汇票的提示付款期限为自出票日起1个月。银行汇票具有以下特点：使用灵活、票随人到、兑现性强；适用于先收款后发货或者钱货两清的商品交易；银行汇票可以用于转账，填明“现金”字样的银行汇票也可以用于提取现金；银行汇票的收款人可以将银行汇票转让给他人。

(3) 银行本票结算方式。银行本票结算方式是由汇款人（通常是债务人）将款项交存出票银行，由出票银行签发、承诺自己在见票时无条件支付确定金额给收款人或持票人的一种结算方式。银行本票的出票银行为银行本票的付款人，银行本票的汇款人通常是结算关系中的债务人，银行本票的收款人或持票人通常是结算关系中的债权人。单位和个人在同一票据交换区域需要支付的各种款项，均可使用银行本票结算方式。银行本票分为定额本票和不定额本票两种，其提示付款期限为自出票日起最长不超过2个月。银行本票的特点：由银行签发并兑付，信誉高；见票即付，支付能力强；用银行汇票购买材料物资，销售方见票付货，债权债务双方可以凭票结算，具有现金功能；收款人将银行本票交存银行，银行即可为其入账；收款人可以根据需要，在票据交换区域内背书转让银行本票。

(4) 汇兑结算方式。汇兑结算方式是汇款人将款项交存银行，委托银行将其款项汇给异地收款人的一种结算方式。这一结算方式适用于异地单位之间、个人之间各种款项的结算，并不受汇款金额的限制，同时，汇款手续简便、划款及时。汇兑结算按银行传递凭证的方式不同，又分为信汇和电汇两种。

(5) 委托收款结算方式。委托收款结算方式是收款人委托银行向付款人收取款项的一种结算方式。委托收款结算按款项划回方式分为邮寄和电报两种。该结算方式没有结算起点的限制，同城和异地均可采用。无论单位或者个人，都可凭已承兑商业汇票、债券、存单等付款人债务证明办理款项结算。这种结算方式还适用于公共事业服务单位向用户收取电费、水费、通信费、燃气费等的结算。

(6) 托收承付结算方式。托收承付结算方式是根据购销双方签订的商品购销合同，在销售方发货后，持相关凭证（购销合同、运输凭证等）委托银行向异地付款人收取货款、由付款人向银行承认付款的一种结算方式。采用托收承付结算方式，要满足以下条件：①办理托收承付结算的款项，必须是商品交易及由商品交易产生的劳务服务款项；②购销双方必须签有合法的购销合同，并在合同上订明使用托收承付结算方式；③托收承付结算方式有每笔托收金额起点的规定。付款人在承付期限内可以拒绝付款，其理由通常为销售方发运的货物或收款凭证上所列发货内容等与合同不符。在这种结算方式中，银行除承担双方货款结算业务外，还起到了维护购销双方的正当权益、保证双方货款顺利结算的监督作用。

(7) 商业汇票结算方式。商业汇票结算方式是由出票人签发、委托付款人在指定日期无条件支付确定金额给收款人或持票人的一种结算方式。商业汇票结算方式采用的条件：①采用商业汇票结算方式，是在银行开立存款账户的法人及其他组织；②购销双方必须具有真实的交易关系或者债权债务关系，才能采用这种结算方式进行货款的结算；③商业汇票的付款期限由交易双方商定，但最长不能超过 6 个月。

按承兑人不同，商业汇票分为商业承兑汇票和银行承兑汇票。商业承兑汇票由银行之外的付款人承兑，属于商业信用；银行承兑汇票由银行承兑，属于银行信用。承兑人对票据承兑后，就负有到期无条件支付票款的责任。商业汇票结算方式，由于具有付款人承诺延期支付款项的特点，对于销售方而言，可以起到促进销售的作用。同时，由于付款人或银行已经对商业汇票进行了承兑，一般情况下，票据到期时收款人即可收回货款，发生坏账的可能性很小。在收款人或持票人持有的票据到期之前，如果需要资金，还可以通过商业票据的背书转让或向银行贴现融通资金。对于购买方而言，可以通过承诺付款，在不影响自己采购行为的前提下，缓解面临的支付困难。由于购买方自己或通过开户行已经对商业汇票进行了承兑，票据到期时，必须支付票据款项，因此，对购买方产生了一定的约束力。商业汇票结算方式使购销双方的债权债务关系表现为外在的票据，使商业信用票据化。

(8) 信用卡结算方式。信用卡是商业银行向单位和个人发行的，凭以向特约单位购物、消费和向银行提取现金，且具有消费信用的特制载体卡片。信用卡按使用对象可分为单位卡和个人卡，按信誉等级可分为金卡和普通卡。在中国境内金融机构开立基本存款账户的单位可以申请办理单位信用卡。单位信用卡账户从基本存款账户存入，使用过程中需要续存资金的，也从基本存款账户转入；单位信用卡不能交存现金，也不能将销售商品取得的现金存入卡内；单位信用卡不能用于大额的商品交易（一般为 100 000 元以上）；单位劳务款项的结算，不能从信用卡直接支取现金。单位申请办理信用卡，需填制申请表，连同银行要求的其他相关资料一并送交银行，符合条件并按银行要求交存一定金额的备用金后，银行即可为申请人开立信用卡存款账户，并发给单位信用卡。

(9) 信用证结算方式。信用证是一种由开户银行依照开户单位的要求和指示开立的有条件承诺付款的书面证明，一般为不可撤销的跟单信用证。“不可撤销”是指信用证已经开出，在有效期内未经收益人及有关当事人同意，开证银行不能单方面修改和撤销，只要受益人提供的单据符合相关规定，开证银行必须履行付款义务；“跟单”是指信用证项下的汇票必须附有货运单据。信用证结算方式涉及6个方面的当事人：①开证申请人，指向银行申请开立信用证的人，也称开证人。在国际贸易中，开证人通常为进口方。②开证行，指接受开证申请人的委托，为其开立信用证的银行，开证行承担保证付款的责任。③通知行，指受开证行的委托，将信用证转交出口方的银行。④受益人，是指信用证上所指定的有权使用该单证的人，即出口方或者实际供货人。⑤议付银行，指愿意买入受益人交来跟单汇票的银行。⑥付款银行，指信用证上指定付款的银行，一般情况下，付款银行即开证银行。信用证属于银行信用，交易中购销双方的权利和义务都可得到保护。信用证结算方式是国际贸易结算的一种主要方式。

2. 银行存款的序时核算

为了保证银行存款收支及余额清晰、明了，银行存款账应当采用日记账方式进行序时登记。银行存款日记账由银行存款日记账的记账人员根据审核无误的银行存款收付款凭证，按照经济业务发生的时间先后顺序逐日逐笔进行登记。每日营业终了，应当计算出当日银行存款收入、银行存款支出合计数及余额数，随时掌握银行存款存量的变化情况。

银行存款日记账一般采用收入、付出和结余三栏式格式。

【例 2-3】2012 年 7 月 1 日，A 公司发生有关银行存款收付经济业务如下：

(1) 从银行提取现金 30 000 元，以备支付职工预借差旅费；

(2) 以银行存款支付 ABC 公司应付账款 8 600 元；

(3) 销售产品、收取货款 117 000 元（含 17%的增值税）；

(4) 购买材料 17 550 元（含 17%的增值税），以银行存款支付；

(5) 以银行存款交纳税金 4 780 元。

以上述事项为例，说明银行存款日记账的登记方法。

表 2-2 银行存款日记账 单位：元

2012 年		凭证种类及号数	摘要	对方账户	收入	付出	余额
月	日						
6	30						132 900
7	1	银付 701	提取现金	库存现金		30 000	102 900
7	1	银付 702	归还应付账款	应付账款		8 600	94 300
7	1	银收 701	销售收入	主营业务收入 应交税费	100 000 11 700		211 300
7	1	银付 703	购买材料	材料采购 应交税费		15 000 2 550	193 750
7	1	银付 704	交纳税金	应交税费		4 780	188 970
本日合计					117 000	60 930	188 970

通过序时核算方法，可以随时掌握企业每天银行存款的收支动态、结余情况以及银行存款的管理情况。

3. 账户设置和账务处理

“银行存款”属于资产类账户。银行存款的增加记入借方；银行存款的减少记入贷方；该账户的余额的借方，反映企业银行存款的实际余额。

企业银行存款收入的主要渠道有销售产品或提供劳务收取的货币资金，企业将现金存入银行存款等。以［例 2-3］所列 2012 年 7 月 1 日 A 公司发生的银行存款收入的事项为例，作会计分录为

第（3）号业务：

	借方	贷方
借：银行存款	117 000	
贷：主营业务收入		100 000
应交税费——应交增值税（销项税额）		11 700

企业银行存款支出的主要渠道有购买材料或接受劳务支付的货币资金、支付费用、支付职工薪酬、交纳税金等。以［例 2-3］所列 2012 年 7 月 1 日 A 公司发生的有关银行存款支出的事项为例，分别作会计分录：

第（1）号业务：

	借方	贷方
借：库存现金	30 000	
贷：银行存款		30 000

第（2）号业务：

	借方	贷方
借：应付账款——ABC 公司	8 600	
贷：银行存款		8 600

第（4）号业务：

	借方	贷方
借：材料采购	15 000	
应交税费——应交增值税（进项税额）	2 550	
贷：银行存款		17 550

第（5）号业务：

	借方	贷方
借：应交税费	4 780	
贷：银行存款		4 780

4. 银行存款的清查

为了确保银行存款资产的安全，保证企业银行存款日记账与开户银行存款账发生额及余额相符，开户单位应定期（每月至少一次）与开户银行进行账目核对，并采用以银行存款日记账与开户银行对账单核对的方法进行。

理论上讲，企业按一定会计期间引起银行存款增加或者减少业务的时间先后顺序，在银行存款日记账上逐日逐笔进行了登记，银行对账单列示的同一期间企业银行存款增、减变动金额及余额与企业银行存款日记账的记录应完全一致。但在实践中，两者不一致的情况时有发生。通常情况下，开户单位银行存款日记账余额与开户银行对账单余额不相等的原因有两个方面，一是双方或者其中一方发生了记账错误，二是存在未达账项。发生第一类错误时，需要根据经济业务的原始凭证对账簿记录进行核查，并按规定的方法进行更

正；未达账项，指开户单位与开户银行一方已经入账，另一方由于受凭证传递时间或账务处理时间影响尚未入账的账项。

未达账项主要有以下四种情况：①开户单位已经收款入账，但开户银行尚未记录入账的事项。②开户单位已经付款入账，但开户银行尚未记录入账的事项。③开户银行已经收款入账，但开户单位尚未记录入账的事项。④开户银行已经付款入账，但开户单位尚未记录入账的事项。

以上任何一种情况的发生，都会使开户单位与开户银行双方账面余额不一致。第①和第④种情况会使开户单位银行存款日记账的余额大于开户银行对账单的余额，第②和第③种情况会使开户单位银行存款日记账的余额小于开户银行对账单的余额。如果发生未达账项，开户单位银行存款日记账的余额或者开户银行对账单的余额，有可能都不是开户单位银行存款的实际余额。

为了查明双方银行存款账面余额不一致的原因，企业应对银行存款日记账上的每笔记录与对账单记录进行核对，确定未达账项。对于核查出的未达账项可以通过编制"银行存款余额调节表"进行核对，确定银行存款的实际余额。

【例 2-4】 2012 年 7 月 31 日，A 公司银行存款日记账的余额为 790 000 元，银行对账单上显示该公司银行存款余额为 870 000 元。经核对，发现双方存在以下未达账项。

第一，公司开出转账支票一张，支付货款 41 000 元，已作为银行存款的减少，但持票人尚未到银行转账。第二，公司收到转账支票一张，收入银行存款 25 000 元，已作为银行存款的增加，但银行尚未入账。第三，公司委托银行收取货款 84 000 元，银行已经收账，但公司尚未收到银行的收账通知。第四，银行已经支付公司电费 20 000 元，作为银行存款的减少，但公司尚未收到银行的付款通知。

根据以上未达账项，A 公司编制"银行存款余额调节表"如表 2-3 所示。

表 2-3　银行存款余额调节表　　单位：元

项目	金额	项目	金额
银行对账单余额	870 000	公司银行存款日记账余额	790 000
减：已开出尚未转账的支票	41 000	加：银行已收的货款	84 000
加：存入的转账支票	25 000	减：银行已支付的电费	20 000
调节后的余额	854 000	调节后的余额	854 000

经过上述调节，A 公司银行存款日记账的余额与银行对账单的余额相等，其银行存款实际余额为 854 000 元，也说明双方银行存款核算的正确性。但在资产负债表上货币资金项目中，银行存款的余额仍然是 790 000 元，未达账项的调整需在有关凭证到达后，才能进行账务处理。

5. 银行存款的管理

银行存款管理是对银行存款账户开立、收支程序、存量管理和内部控制等的工作总称。企业银行存款的管理可从以下几个方面进行。

(1) 银行账户开立管理。为了结算方便，企业应本着就近的原则选择一家或几家银行开立账户。根据中国人民银行制定的《银行账户管理办法》有关条款，一个企业可以根据需要在银行开立四种账户，即基本存款账户、一般存款账户、临时存款账户和专用存款账户。在这四种账户中，基本存款账户是企业办理日常结算和现金收付的账户。一般存款账户是企业在基本存款账户以外办理银行借款转存，以及与企业不在同一地点的附属非独立核算单位开立的账户，该账户不能支取现金。临时存款账户是企业因临时经营活动需要而开立的账户。专用存款账户是企业因特殊需要用途而开立的账户。一个企业只能在一家银行开立一个基本存款账户，不能在同一家银行的几个分支机构分别开立基本存款账户。同时，一个企业开立的账户数量宜少不宜多，开立过多的账户，会造成账户管理困难，也会分散企业资金。

（2）银行账户使用管理。企业开立账户后，应按银行结算制度的规定使用账户。例如，合法使用账户、不得转借给其他单位或个人使用本公司的账户；不得利用银行账户进行非法活动；不得签发没有资金保证的票据和远期支票，套取银行信用；不得签发、取得和转让无真实交易和债权债务的票据，套取银行和他人的资金；不得无理拒绝付款、任意占用他人资金等。

（3）银行存款收支管理。通过银行进行转账结算，企业对银行存款收入要及时核查，保证收入的货币资金归属企业；对银行存款的支付金额要有不同级别的授权，以保证银行存款资金的安全；对银行结算票据要有专人管理，防止票据丢失等。

（4）银行存款存量管理。企业持有一定量货币资金的目的在于满足支付需要。既要满足支付需要，又不能造成银行存款存量过大而引起的浪费，是银行存款存量管理的基本原则。如果由于银行存款的存量不足，造成企业支付能力下降，在销售正常的情况下，通常是由于销售收款能力不强、应收账款数量大所致。这时，企业应加强销售货款的回收，以补充货币资金；如果银行存款存量超过了企业日常支付需要，就要对其进行调整，减少存量，避免资金浪费现象的出现。调整减少银行存款存量最直接的方法，是以超量的银行存款进行交易性金融资产投资。当银行存款存量需要增加时，可将交易性金融资产投资变现进行补充。

（5）银行存款内部控制管理。建立银行存款内部控制制度是银行存款管理的重要内容。银行存款内部控制的基本内容：①银行存款管理不相容职务的设立，包括银行存款出纳职务与银行存款日记账记账职务的不相容；银行存款记账职务与银行存款对账单管理职务的不相容；银行存款出纳职务与银行有效印鉴、银行结算凭证管理职务的不相容；银行存款出纳职务与销售货款回收职务的不相容等。②银行存款收、支凭证的管理，包括银行存款各种结算凭证，必须有专人管理；办理业务的人员领用凭证时，要进行详细登记（领用种类、领用数量、起讫编号、经办人员签字等）；凭证收回、凭证存根、空白凭证、报废凭证要进行详细记录；银行存款收、支业务的处理必须有合法凭证，才能进行业务处理等。③建立银行存款收支的内部稽核和内部审计制度。内部稽核，是由内部稽核人员对出纳人员每日进行的银行存款收、支凭证进行复核，保证每日银行存款收、支及余额正确无误；内部审计，是由企业内部审计人员定期或不定期地对银行存款收、支情况，银行存款收、付核算凭证，银行存款日记账记账情况等进行的审计。建立银行存款收支的内部稽核和内部审计制度是银行存款内部控制制度的重要内容。④银行存款各岗位的轮岗制度。为了保证银行存款的安全，应建立银行存款各岗位的轮岗制度。这一制度的基本内容是，银行存款出纳岗位、银行存款日记账记账岗位、银行存款各种结算凭证的管理岗位、银行存款各有效印鉴的管理岗位、银行存款内部稽核岗位的业务人员，应定期或不定期进行轮换。

第四节 其他货币资金

1. 其他货币资金的概念和内容

其他货币资金，指除库存现金、银行存款以外的货币性资产，包括外埠存款、银行汇票存款、银行本票存款、信用卡存款、信用证保证金存款以及存出投资款等。

外埠存款，指企业在外地进行材料采购时，在采购地银行开立采购专户存入的货币资金；银行汇票存款，指企业为取得银行汇票而存入银行的货币资金；银行本票存款，指企业为取得银行本票而存入银行的货币资金；信用卡存款，指企业为取得信用卡而存入银行的货币资金；信用证保证金存款，指企业为取得信用证而存入银行的货币资金；存出投资款，指企业存入其开户的证券公司、但尚未进行证券交易的货币资金。

2. 账户设置和账务处理

“其他货币资金”属于资产类账户。其他货币资金的增加记入借方；其他货币资金的减少记入贷方；该账户余额在借方，反映其他货币资金的实际余额。该账户应按其他货币资金的种类设置明细账。

(1) 外埠存款。为满足企业在外埠采购地采购材料时资金结算的及时进行，可在采购地银行开立专门存款账户。外埠采购事项完成后，根据相关凭证作出相应账务处理。

【例 2-5】2012 年 7 月 10 日，A 公司在外埠采购地开立专户存款账号，用于购买材料。当日，以银行存款转入外埠存款账户 110 000 元。同年 7 月 20 日，采购活动结束，采购人员所持外埠材料采购凭证上所列材料采购价格共计 93 600 元，其中包含 17%的增值税。以上交易应分别作会计分录：

① 开设外埠存款账户并存入货币资金时：

借：其他货币资金——外埠存款	110 000	
贷：银行存款		110 000

② 支付材料款并转回余款时：

借：材料采购	80 000	
应交税费——应交增值税（进项税额）	13 600	
银行存款	16 400	
贷：其他货币资金——外埠存款		110 000

(2) 银行汇票存款。企业使用银行汇票办理结算时，应填写“银行汇票委托书”，并将相应金额交存银行，取得银行汇票并完成采购事项后，根据相关凭证作出相应的账务处理。

【例 2-6】2012 年 7 月 11 日，A 公司以银行汇票 125 000 元用于购买材料，同年 7 月 20 日，采购活动结束。采购人员所持材料采购凭证上所列材料采购价格共计 117 000 元，其中包含 17%的增值税，并退回余款 8 000 元。以上交易应分别作会计分录：

① 委托银行开出汇票时：

借：其他货币资金——银行汇票存款　　125 000

　　贷：银行存款　　125 000

② 采购材料、收回余款时：

借：材料采购　　100 000

　　应交税费——应交增值税（进项税额）　　17 000

　　银行存款　　8 000

　　贷：其他货币资金——银行汇票存款　　125 000

银行本票存款、信用卡存款、信用证存款的核算与银行汇票存款核算相似，不再赘述。

(3) 存出投资款。企业拟进行证券投资、向证券公司申请资金账号并划出资金、完成交易事项后，根据有关凭证作出相应的账务处理。

【例 2-7】 2012 年 7 月 16 日，A 公司在 H 证券公司开立资金账号，并划出货币资金 500 000 元用于证券投资。同年 7 月 26 日，购买可进行公开交易的 S 公司股票100 000股，每股 4.2 元。以上交易应分别作会计分录：

① 开立资金账号并划出资金时：

借：其他货币资金——存出投资款　　500 000

　　贷：银行存款　　500 000

② 进行股票交易时：

借：交易性金融资产　　420 000

　　贷：其他货币资金——存出投资款　　420 000

思考题

1. 货币资金有哪些特点？
2. 如何理解现金的概念及特点？
3. 现金管理的基本内容包括哪些？
4. 企业在银行可以开立哪些账户？每个账户的用途是什么？
5. 企业可以使用的结算方式有哪些？每种结算方式的特点是什么？
6. 其他货币资金包括哪些内容？

练习题

1. 2012 年 1 月 1 日，Z 公司库存现金账户的余额为 30 000 元，银行存款账户的余额为 825 000 元。2012 年 1 月，Z 公司发生的有关现金和银行存款的收付事项如下：

(1) 1 月 4 日，提取 30 000 元，补充库存现金。

(2) 1 月 4 日，以现金 920 元购买办公用纸张。

(3) 1 月 5 日，以银行存款预付采购员李明预借差旅费 40 000 元。

(4) 1 月 7 日，以银行存款 50 000 预付公司办公室备用金。

(5) 1 月 8 日，以现金发放职工困难补助 900 元。

(6) 1 月 10 日，收到零星销售商品货款 585 元，其中货款 500 元，增值税 85 元。

(7) 1 月 12 日，以银行存款发放职工工资 45 200 元。

(8) 1 月 12 日，公司办公室报销市内差旅费 5 200 元，冲减备用金。

(9) 1 月 13 日，收到银行的收款通知，收回大通公司前欠货款 30 000 元。

(10) 1 月 14 日，以现金 800 元购买印花税票。

(11) 1 月 14 日，以银行存款支付材料采购款 7 020 元，其中货款 6 000 元，增值税 1 020 元。

(12) 1 月 15 日，以银行存款支付公司销售部门的差旅费 12 300 元。

(13) 1 月 16 日，开出金额为 40 000 元的银行汇票一张，由采购员王强携往北京用于材料采购事宜。

(14) 1 月 17 日，因临时材料采购的需要，将款项 50 000 元汇往交通银行上海分行，并开立采购专户，采购员李勤同日前往上海。

(15) 1 月 19 日，以银行存款 12 000 元支付到期的应付票据。

(16) 1 月 20 日，采购员王强报销北京市材料采购货款 31 000 元，增值税 5 270 元，余款 3 730 元退回，收入银行存款账户。

(17) 1 月 21 日，公司为进行交易性金融资产投资，转入华泰证券公司款项 200 000 元。

(18) 1 月 25 日，以银行存款 39 000 元交纳所得税。

(19) 1 月 28 日，销售产品收取价款 50 000 元，增值税 8 500 元。以上款项全部收入银行存款户。

(20) 1 月 29 日，以银行存款偿还短期借款 80 000 元。

要求：①开设库存现金和银行存款日记账，并登记期初余额；②根据以上事项编制会计分录；③登记库存现金和银行存款日记账。

2. 2012 年 3 月 31 日，Z 公司银行存款日记账的余额为 41 100 元，银行对账单的余额为 46 500 元。经过对银行存款日记账和银行对账单的核对，发现部分未达账项和记账错误如下：

(1) 3 月 18 日，公司委托银行收取 3 000 元的欠款，银行已收妥入账，但公司尚未收到收款通知。

(2) 3 月 22 日，公司存入银行现金 3 300 元，记账人员误记为 3 000 元。

(3) 3 月 26 日，公司收入转账支票一张，金额为 1 600 元，但银行尚未记账。

(4) 3 月 27 日，公司开出金额为 7 200 元的转账支票一张，但持票人尚未到银行办理转账手续。

(5) 3 月 27 日，公司收入金额为 1 500 元的转账支票一张，但银行尚未入账。

(6) 3 月 31 日，银行收取短期借款利息 2 000 元，企业尚未收到付息通知。

要求：根据上述资料编制 Z 公司 2012 年 3 月份的银行存款余额调节表。

第三章 应收及预付款项

第一节　概述

应收及预付款项包括两部分内容，即企业应收其他单位或个人的债权，以及企业预付给其他单位的货款或劳务款项，预付货款或劳务款在没有收到对方提供的货物或劳务之前，也属于企业的一项债权资产。

应收款项是企业在销售商品或提供劳务等环节形成的应收未收款项。按形成的原因不同，应收款项又可分为企业对其他单位或个人销售商品或提供劳务中发生的应收票据和应收账款，企业在销售商品或提供劳务之外与其他单位或个人发生的应收未收的其他应收款，企业进行股权投资、债权投资产生的应收股利和应收利息等。

预付款项是企业在材料采购、接受劳务之前向供货商或劳务提供方预付的货款或劳务款，在没有收到对方提供的货物或劳务之前，属于企业的一项债权资产。收到对方提供的货物或劳务后，这一债权随之转为存货或相关成本。

按流动性快慢和变现能力强弱排列，应收债权包括应收票据、应收账款、其他应收款、预付账款、应收股利和应收利息等。

第二节　应收票据

1. 应收票据概念及特点

应收票据是指企业在销售商品后，从购货单位收到的商业汇票而产生的延期收款的债权资产。从销售商品、收到商业汇票起至商业汇票到期收回票款止的时间内，在企业的资产负债表上，其表示为尚未到期的债权，因而称之为“应收票据”。

商业汇票按承兑人不同，可分为商业承兑汇票和银行承兑汇票。

商业汇票按其是否带息，分为带息票据和不带息票据。带息票据是指商业汇票的票面标有面值和利率，其到期值为票面面值和应收利息之和。持有商业汇票的债权人或持票人在票据到期时应收到票据的面值和利息；不带息票据是指商业汇票的票面仅标有票面面值，其到期值与票面面值相等。持有商业汇票的债权人或持票人，在票据到期时应收到票据的面值。

应收票据具有以下特点：①具有延期收款功能。应收票据是一项使用商业汇票进行结算的债权资产，而商业汇票是由出票人签发的、在指定日期无条件支付确定金额给收款人或者持票人的票据。对于收款人或持票人而言，商业汇票实际上是一种延期收款的证明（商业汇票的收款期限最长6个月）。②具有一定的流动性。在企业持有应收票据期间，如果需要货币资金，可将持有的商业汇票根据实际需要进行流通转让，也可以向银行贴现。由于商业汇票具有的这种流动性，相当于获得了债权的支付功能，因此，颇受欢迎。③具有较高信用水平。以银行承兑汇票为例，银行承兑汇票通常是由在承兑银行开立存款账户的存款人出票，在向开户银行提出申请并经银行审查同意后予以承兑。银行承兑汇票的出票人可以保证在指定日期无条件支付确定的金额给收款人或持票人。如果出票人到指定日期没有足够的资金，则作为银行承兑汇票承兑人的银行将为出票人垫付款项。因此，持有银行承兑汇票的收款人或持票人不存在发生坏账的可能性，这种汇票的信用等级也很高。

2. 账户设置和账务处理

“应收票据”属于资产类账户。企业取得应收票据的面值和计提的票据利息记入借方；到期收回应收票据款或在票据到期之前向银行贴现时记入贷方；该账户余额在借方，反映企业尚未收回的应收票据的面值和应收利息。该账户应按债务人名称设置明细账。

为了全面记录应收票据的详细情况，企业还应根据应收票据明细账，设置“应收票据备查账”，逐一登记每一商业汇票的种类、号数、出票日、票面金额、交易合同号、付款人、承兑人、背书人姓名或单位名称、到期日、背书日、背书转让日、贴现日、贴现率、收款日和收款金额等详细信息，商业汇票到期结清票款或退票后，应当及时在备查簿内逐笔注销。

应收票据一般按其面值计量，即企业在销售商品、收到商业汇票时，按照票据的票面价值入账。如果收到的票据为带息票据，应于资产负债表日，按应收票据的票面价值和约定的利率计算应收利息，计入应收票据的账面余额。

1）不带息应收票据

不带息票据的到期值等于票据的票面值。企业应根据发生的有关不带息应收票据的交易或者事项取得的相关凭证作相应的账务处理。

【例3-1】2012年2月1日，A公司销售一批商品给B公司，货款400 000元，增值税销项税额68 000元，货款及税款共计468 000元。同日，A公司收到B公司签发的同年6月1日到期的不带息商业承兑汇票，票面值468 000元。以上交易应分别作会计分录：

① 销售商品、收到B公司的商业承兑汇票时：

借：应收票据——B公司	468 000	
贷：主营业务收入		400 000
应交税费——应交增值税（销项税额）		68 000

② 票据到期、收回票据款项时：

借：银行存款	468 000	
贷：应收票据——B公司		468 000

若票据到期A公司不能收回票款，应作会计分录：

借：应收账款——B公司 468 000

贷：应收票据——B公司 468 000

2）带息应收票据

企业销售商品，若销售金额较大、购买方延期付款时间长，可以带息票据方式进行货款结算。带息票据的到期值等于票据票面值与票据利息之和。企业收到带息票据，除按票据核算的一般方法进行核算外，还应于期末按权责发生制要求计提票据利息，增加应收票据的账面余额，同时冲减财务费用。对于到期不能收回票款的带息应收票据，应转为应收账款，并不再计提票据利息，以后产生的票据利息记入有关备查簿，待实际收到时再冲减当期财务费用。票据利息的计算公式为

应收票据利息＝应收票据票面金额×票据利率×票据期限

式中，“利率”通常指年利率；“票据期限”指票据签发日至票据到期日的时间间隔，即票据有效期。票据期限一般按日计算，并且出票日和到期日只能计算其中的一天。若按月计算票据期限，应以到期月份中与出票日相同的那一天为到期日，而不论各月份的实际日历天数为多少。

【例 3-2】 A公司销售一批商品给B公司，货款800 000元，增值税销项税额136 000元，货款及税款共计936 000元。同日，A公司收到B公司签发的180天到期的带息商业承兑汇票，票面值936 000元，双方约定该票据利率为10%。

A公司计算该票据的到期值为

票据到期值＝936 000×(1＋10%×180÷360)＝982 800(元)

【例 3-3】 2012年11月1日，A公司销售一批商品给B公司，货款600 000元，增值税销项税额102 000元，货款及税款共计702 000元。同日，A公司收到B公司签发的6个月到期的带息商业承兑汇票，票面值702 000元，双方约定该票据利率为6%。以上交易应分别作会计分录：

① 发出商品、收到B公司带息商业承兑汇票时：

借：应收票据——B公司 702 000

贷：主营业务收入 600 000

应交税费——应交增值税（销项税额） 102 000

② 2012年12月31日，A公司计提票据应收利息时：

票据利息＝ 702 000×6%÷12×2＝7 020（元）

借：应收票据——B公司 7 020

贷：财务费用 7 020

③ 票据到期，A公司收回票据款项时：

应收票据本息和＝702 000×6%÷12×6 ＝ 723 060（元）

利息共计21 060元，其中2012年12月31日已计提7 020元，2013年4月30日应计利息14 040元。

借：银行存款 723 060

贷：应收票据——B公司 709 020

财务费用 14 040

若票据到期A公司不能按期收回票款，应作会计分录：

借：应收账款——B公司　　723 060

　　贷：应收票据——B公司　　723 060

3. 应收票据的转让

企业可以将其持有的商业汇票背书转让。背书是指在进行票据转让时，票据转让人和接受转让人在票据背面记载的有关转让事项并进行签章的票据行为。背书转让的背书人应当承担票据责任。票据被拒绝承兑、拒绝付款或者超过付款提示期限的，不能背书转让。

如企业以带息应收票据进行材料物资采购时，还需要对尚未计提的利息进行计算，并冲减当期财务费用，其他核算与不带息票据相同。

【例3-4】2012年11月1日，A公司销售一批商品给B公司，货款600 000元，增值税销项税额102 000元，货款及税款共计702 000元。同日，A公司收到B公司签发的6个月到期的带息商业承兑汇票，票面值702 000元，双方约定该票据利率为6%。若A公司于2012年12月31日将该票据转让，采购材料成本为850 000元，应支付增值税额144 500元。至2012年年底，A公司持有B公司商业汇票的本金和利息之和为709 020元（702 000元+7 020元），与应付材料采购款994 500元（850 000元+144 500元）的差额为285 480元，该差额以银行存款支付。以上交易应作会计分录：

借：材料采购　　850 000

　　应交税费——应交增值税（进项税额）　　144 500

　　贷：应收票据——B公司　　709 020

　　　　银行存款　　285 480

4. 应收票据贴现

应收票据贴现，指持有票据的企业在票据承诺付款期到达之前，为获取票据货币资金，以支付一定的利息通过背书向银行转让票据的行为。也可以说，应收票据贴现是企业以尚未到期的应收票据所表现的债权向银行所作的抵押贷款。

企业以应收票据进行贴现，在票据承诺付款期到达之前提前获取了票据票面的货币资金，将票据未来获取货币资金的权利转让给银行。贴现银行成为自贴现日至票据到期日期间的票据持有人，并在票据承诺付款日向出票人或承兑人收取票款的本金和利息。

企业以应收票据向银行申请贴现，银行要从贴现票据的金额中扣除贴现利息。贴现利息是贴现银行按票据到期值、贴现时间和贴现利率计算的利息。其计算公式为

$$贴现利息=票据到期值\times贴现利率\times贴现时间$$

式中，贴现时间是贴现银行持有贴现票据的时间；贴现利率，是贴现银行确定的从票据到期值中扣除利息的利率。

贴现净额是票据贴现后企业从贴现银行取得的货币资金净额，它等于票据到期值减去贴现利息的余额。票据到期值、贴现利息和贴现净额的关系如下：

$$贴现净额=票据到期值-贴现利息$$

【例3-5】2012年2月1日，A公司销售一批商品给B公司，货款及税额共计400 000元。同日，A公司收到B公司签发的同年6月1日到期的不带息商业汇票，票面

值 400 000 元。3 月 1 日 A 公司急需资金，将 B 公司的商业汇票向银行进行贴现，贴现率为 12%。根据以上事项计算 A 公司的贴现利息、贴现净额如下：

贴现利息＝400 000×12%×3/12＝12 000(元)

贴现净额＝400 000－12 000＝388 000(元)

以上事项 A 公司应作会计分录：

借：银行存款	388 000	
财务费用	12 000	
贷：应收票据——B 公司		400 000

若［例 3-5］的商业汇票为带息汇票，利率为 6%，则贴现利息、贴现净额计算如下：

商业汇票的到期值＝400 000＋400 000×6%×4/12＝408 000(元)

贴现利息＝408 000×12%×3/12＝12 240(元)

贴现净额＝408 000－12 240＝395 760(元)

以上事项 A 公司应作会计分录：

借：银行存款	395 760	
财务费用	4 240	
贷：应收票据——B 公司		400 000

在我国，票据贴现附追溯权。根据《中华人民共和国票据法》第三十七条规定："背书人以背书转让汇票后，即承担保证其后手所持汇票承兑和付款的责任。"因此，已经贴现的商业承兑汇票到期时，若出票人或承兑人无力支付票款，申请贴现的企业应负连带的偿还责任。由于商业承兑汇票到期时，出票人或承兑人是否能够支付票款具有很大的不确定性，因此，会计核算中将这种具有不确定性的连带偿还责任称为"或有负债"，并需在资产负债表的附注中予以说明。

第三节 应收账款

1. 应收账款概念及特点

应收账款是指企业在销售商品或者提供劳务后，由于购买商品或接受劳务方不能及时支付款项，而发生的延期收款的债权。有时，企业为了促进商品销售数量的增加，实施了必要的赊销也会产生应收账款。

应收账款不包括企业正常销售商品、提供劳务活动以外发生的各种应收款项，如企业内部各部门的备用金、职工在企业的欠款、存出保证金、支付的押金等。

与应收票据相比，应收账款对方的债务人一般对其债务无归还时间、归还金额等的承诺，因而，应收账款的变现能力比较弱，流动性比较差，且发生坏账的风险也比较大。应收账款的账龄越长，发生坏账的风险就越大。因此，这种资产的质量比较差。

2. 应收账款的确认和计量

由于应收账款是由于企业销售商品、提供劳务但不能立即收回货款或劳务款项而发生的债权，按权责发生制要求，应收账款应与销售收入的实现同时确认。

应收账款一般在销售收入实现时按实际发生额计价入账，其入账价值一般包括销售商品或提供劳务价款、应收增值税销项税额、为购货方代垫的费用，如包装费、运杂费等。为了促使购货方或接受劳务方尽快支付货款或劳务款，同时，也为了扩大销售量，在销售活动中企业还会根据不同情况采用不同的折扣形式，所以，应收账款也要根据不同折扣形式进行确认和计量。

企业采用的销售折扣形式通常有以下几种。

（1）商业折扣。商业折扣是指企业为了促进商品销售而给予购买方在商品价格上的折扣，对于季节性比较强的商品，销售方通常也会根据季节变化，在商品价格上给予购买方一定的折扣。商业折扣一般在销售发生时即已确定，所以，在有商业折扣情况下，应收账款应按扣除商业折扣后的实际销售额确认和计量。

（2）现金折扣。现金折扣是销售方在赊销方式下，为鼓励债务人（购买方）尽快支付款项而给予对方的债务扣除。现金折扣一般用“折扣/付款期限”来表示。例如，若购买方在10天之内付款，可给予其2%的现金折扣，用“2/10”表示；若购买方在20天之内付款，可给予其1%的现金折扣，用“1/20”表示；若购买方在30天之内付款，则没有折扣，用“*N*/30”表示等。

在有现金折扣的情况下，应收账款入账价值的计量有两种方法，即总价法和净价法。

总价法，是按未扣除现金折扣的销售总额作为应收账款的入账价值，若客户在折扣期内支付款项、发生了现金折扣，则单独确认为企业的融资费用，计入财务费用。总价法可以完整反映企业销售收入的实现过程，但如果发生现金折扣，则会发生高估销售收入和应收账款的情况。

净价法，是按扣减最大比例现金折扣后的销售净额作为应收账款的入账价值，若客户未在约定的折扣期内付款，不享有现金折扣，即按没有现金折扣的价格付款，企业则将大于已确认为应收账款金额的部分确认为理财收益，冲减当期财务费用。

3. 账户设置和账务处理

“应收账款”属于资产类账户。企业因销售商品和提供劳务发生的应收款项、企业销售商品代购买方垫付的各项费用、应收票据到期不能收回票据款项等在发生时记入借方；应收账款的收回、坏账转销记入贷方；该账户的余额在借方，反映应收账款实际余额。该账户应按债务人名称设置明细账。

1）无商业折扣

【例3-6】 A公司销售一批产品给B公司，货款400 000元，增值税率为17%，应收增值税销项税68 000元。同时，以银行存款代对方垫付运杂费6 100元。B公司尚未支付以上款项。以上事项应分别作会计分录：

① 销售产品时：

	借方	贷方
借：应收账款——B公司	474 100	
贷：主营业务收入		400 000
应交税费——应交增值税（销项税额）		68 000
银行存款		6 100

② 以后收回该项应收账款时：

借：银行存款 474 100

贷：应收账款——B公司 474 100

2）有商业折扣

【例 3-7】A公司销售一批商品给C公司，货款300 000元，由于该批商品库存时间较长，给购买方提供10%的商业折扣，增值税率17%，应收增值税销项税45 900元。同时，以银行存款代对方垫付运杂费3 600元。B公司尚未支付以上款项。以上事项应分别作会计分录：

① 销售产品时：

借：应收账款——C公司 319 500

贷：主营业务收入 270 000

应交税费——应交增值税（销项税额） 45 900

银行存款 3 600

② 以后收回该项应收款项时：

借：银行存款 319 500

贷：应收账款——C公司 319 500

3）有现金折扣

【例 3-8】A公司销售一批商品给B公司，货款250 000元，增值税率为17%，应收增值税销项税42 500元。为了尽快收回货款，A公司提供的现金折扣付款条件为3/10、2/20，超过以上付款期，不享受现金折扣。以上事项应分别作会计分录：

① 总价法：

发出商品、确认销售收入实现时：

借：应收账款——B公司 292 500

贷：主营业务收入 250 000

应交税费——应交增值税（销项税额） 42 500

若A公司10天之内收到以上款项：

借：银行存款 285 000

财务费用 7 500

贷：应收账款——B公司 292 500

若超过现金折扣付款期，A公司收到以上款项：

借：银行存款 292 500

贷：应收账款——B公司 292 500

② 净价法：

发出商品、确认销售收入实现时（按10天之内付款计算）：

借：应收账款——B公司 285 000

贷：主营业务收入 242 500

应交税费——应交增值税（销项税额） 42 500

若A公司10天之内收到以上款项：

借：银行存款　　285 000

　　贷：应收账款——B公司　　285 000

若A公司20天以后收到以上款项：

借：银行存款　　292 500

　　贷：应收账款——B公司　　285 000

　　　　财务费用　　7 500

4. 坏账损失

1）坏账损失的确认

企业的应收账款，可能会因为债务人发生财务困难、破产或死亡等原因而不能全部或部分收回。这部分无法收回的账款导致企业应收账款发生减值，减值的应收账款也称为坏账，或者说坏账是指企业无法收回或收回可能性极小的应收账款。由于坏账而产生的损失称为坏账损失。

为了保证企业资产的安全，确认一项应收账款是否为坏账，进而将其确认为损失，应当具有一定的法律依据。我国有关法规规定，符合下列条件之一的应收账款可确认为坏账：第一，债务人破产，按照破产清算程序进行清偿后仍然无法收回的账款；第二，债务人死亡，没有财产可供清偿，也没有义务承担人代为清偿，确实无法收回的账款；第三，债务人较长时间未履行清偿义务，并且债权人有足够的依据证明应收账款无法收回或收回的可能性很小。

2）坏账损失的核算方法、账户设置和账务处理

企业应当在资产负债表日对应收账款各个明细项目进行全面核查，与对方债务人取得联系，以判断应收账款收回的可能性大小。如果有客观证据表明某应收账款可能发生损失，应当对该应收账款计提资产减值损失。确认应收账款坏账损失有两种方法，即直接转销法和备抵法。

A. 直接转销法

直接转销法是在确定应收账款无法收回当期，按实际确认的坏账金额一次性计入当期损益，同时注销该应收账款的一种方法。

“资产减值损失”属于损益类账户。企业资产发生的减值损失记入借方；期末转入损益时记入贷方；结转后该账户无余额。

【例3-9】A公司应收K公司货款92 000元已经超过其约定的付款期限3年。根据对K公司财务状况的了解，A公司确定该笔款项无法收回，对其作坏账损失处理。该事项应作会计分录：

借：资产减值损失　　92 000

　　贷：应收账款——K公司　　92 000

应当注意，即使已经确认为坏账并已核销的应收账款，债权人仍然拥有其追索权。若上述应收账款核销之后又收回，应作会计分录：

借：应收账款——K公司　　92 000

　　贷：资产减值损失　　92 000

借：银行存款 92 000

贷：应收账款——K 公司 92 000

B. 备抵法

备抵法是指企业根据收集的债务方的各种信息，在资产负债表日估计应收账款未来收回的可能性，将可能无法收回的应收账款金额计入当期资产减值损失，同时形成坏账准备金，当坏账实际发生时再从坏账准备金中核销的一种方法。

“坏账准备”属于备抵类账户。计提坏账准备形成的坏账准备金记入贷方；发生坏账损失、以坏账准备金冲销时记入借方；该账户的余额在贷方，反映尚未核销坏账的坏账准备金的实际余额。“坏账准备”账户的贷方余额与“应收账款”账户借方余额的差额，为应收账款净额。

采用备抵法，对未来可能无法收回应收账款估计金额的方法有三种，即应收账款余额百分比法、账龄分析法和销货百分比法。

(1) 应收账款余额百分比法。这种方法是指按应收账款余额的一定比例估计坏账损失、计提坏账准备的一种方法。在这种方法下，企业管理层要对以往坏账发生的实际情况进行统计，还要对客户未来的支付能力进行预测，在此基础上，确定本年度坏账准备与应收账款余额应保持的比例，即坏账准备应计提的比例。计算当期应提取坏账准备的公式为

当期应计提坏账准备金额＝当期按应收账款一定比例计算的坏账准备金额

－“坏账准备”账户期初贷方余额（借方余额以“－”表示）

【例 3-10】 A 公司从 2010 年度开始计提坏账准备。当年年末应收账款余额为 600 000 元；2011 年确认坏账损失为 9 500 元，2011 年年末应收账款余额 800 000 元；2012 年确认的坏账损失为 22 000 元，2012 年年末应收账款余额为 450 000 元；2013 年收回 2011 年已经确认并转销的坏账损失 3 000 元，确认坏账损失 5 000 元，2013 年年末应收账款余额 200 000 元。A 公司确定的坏账准备计提比例为应收账款余额的 3%。根据以上信息，计算该企业各年坏账准备计提金额如下：

2010 年计提坏账准备＝600 000×3%＝18 000(元)

2011 年计提坏账准备＝800 000×3%－(18 000－9 500)＝15 500(元)

2012 年计提坏账准备＝450 000×3%－(24 000－22 000)＝11 500(元)

2013 年计提坏账准备＝200 000×3%－(13 500＋3 000－5 000)＝－5 500(元)

A 公司各年计提坏账准备、核销坏账损失等事项的会计分录分别为

① 2010 年年末计提坏账准备时：

借：资产减值损失 18 000

贷：坏账准备 18 000

② 2011 年核销坏账损失和计提坏账准备时：

借：坏账准备 9 500

贷：应收账款 9 500

借：资产减值损失 15 500

贷：坏账准备 15 500

③ 2012 年核销坏账损失和计提坏账准备时：

借：坏账准备　　22 000

　　贷：应收账款　　22 000

借：资产减值损失　　11 500

　　贷：坏账准备　　11 500

④ 2013 年收回已确认并转销坏账损失、计提坏账准备时：

借：应收账款　　3 000

　　贷：坏账准备　　3 000

借：银行存款　　3 000

　　贷：应收账款　　3 000

借：坏账准备　　5 000

　　贷：应收账款　　5 000

借：坏账准备　　5 500

　　贷：资产减值损失　　5 500

按照应收账款余额百分比法计提坏账准备，使得应收账款账户余额与坏账准备账户余额在年末保持了 3%的比例。

(2) 账龄分析法。这种方法是按照应收账款入账时间长短，并以经验数据分别来估计坏账损失的方法。一般而言，应收账款的账龄越长，发生坏账损失的可能性越大。

【例 3-11】 2012 年 12 月 31 日，A 公司应收账款账龄及估计的坏账损失如表 3-1 所示。

表 3-1　应收账款账龄及估计的坏账损失表　　单位：元

应收账款账龄	应收账款金额	估计坏账/%	估计损失金额
未超过应收期限	350 000	0	
超过应收期限 1 个月	240 000	1	2 400
超过应收期限 3 个月	320 000	2	6 400
超过应收期限 6 个月	280 000	5	14 000
超过应收期限 1 年	220 000	10	22 000
超过应收期限 2 年	170 000	20	34 000
超过应收期限 3 年	150 000	30	45 000
合 计	1 730 000		123 800

表 3-1 所示的 A 公司 2012 年 12 月 31 日估计的坏账损失为 123 800 元，若“坏账准备”账户已有贷方余额 53 000 元，则本期末应计提的坏账准备金额为 70 800 元（123 800 元－53 000 元），应作会计分录：

借：资产减值损失　　70 800

　　贷：坏账准备　　70 800

若“坏账准备”账户已有贷方余额 133 000 元，则本期末应计提的坏账准备金额为－9 200 元（123 800 元－133 000 元），应作会计分录：

借：坏账准备　　9 200

　　贷：资产减值损失　　9 200

在账龄分析法下，如果债权公司分几次收回所欠资金，那么，尚未收回的应收账款不应改变其账龄，应在原账龄基础上加上本期增加的账龄以确定总账龄。

（3）销货百分比法。这种方法是根据当期赊销金额一定比例估计坏账损失的方法。若A公司2012年全年赊销总额共计950 000元，根据以往资料估计，坏账损失率为3%，则A公司2012年年末估计坏账损失为28 500元（950 000元×3%），应作会计分录：

借：资产减值损失　　28 500

　　贷：坏账准备　　28 500

（4）个别认定法。这种方法是根据每一应收账款实际可能发生坏账的情况来估计坏账损失的方法。如果企业各项应收账款收回可能性的差别很大，按全部应收账款平均发生坏账损失情况估计坏账损失金额，将无法反映各项应收账款发生坏账损失的真实情况。在这种情况下，可采用个别认定法计提坏账准备。

第四节　预付账款和其他应收款项

1．预付账款

1）预付账款的内容

预付款项一般是购买方或接受劳务方按销售方或提供劳务方的要求，在购买商品或接受劳务前向其预先支付的货款或劳务款。购买方或接受劳务方预先支付的款项，在交易没有完成以前，尽管实际上由销售方或提供劳务方占用，但在法律上仍属于购买方或接受劳务方所有。如果销售方或提供劳务方没有按合同约定的条款提供商品或劳务服务，这笔款项可能还要归还。因此，在没有收到商品或接受劳务之前，预付款项实际上是预付款项企业的一项资产。

通常情况下，预付款项的发生是由于销售方的商品供不应求，或者所购买的商品或劳务具有某些特殊性，如需要按照购买方要求特别定制的商品，或商品造价比较高，或劳务性质有特别要求等。预付款项是企业的一种被动型行为，所以应尽可能减少预付款项的发生，控制付款风险，保证企业资金的安全性。

2）账户设置和账务处理

“预付账款”属于资产类账户。企业以银行存款预付购货款、劳务款或其他款项时记入借方；收到购买的货物或接受劳务服务、实际结算和退回的款项金额记入贷方；该账户余额一般在借方，表示已经预付但尚未收到货物或接受劳务服务的预付款项。如果期末出现贷方余额，则表示尚未补付的货款或劳务款项。该账户应按债务人名称设置明细账。

【例3-12】2012年2月3日，A公司以银行存款288 000元预付购货款，同年2月25日收到购买的材料，并已验收入库。该采购事项实际结算金额为292 500元，其中货款为250 000元，增值税率为17%，增值税额为42 500元。实际结算金额与预付金额的差额4 500元以银行存款支付。以上交易应分别作会计分录：

① 预付货款时：

借：预付账款　　288 000
　　贷：银行存款　　288 000

② 收到货物并补付差额时：

借：原材料　　250 000
　　应交税费——应交增值税（进项税额）　　42 500
　　贷：预付账款　　292 500
借：预付账款　　4 500
　　贷：银行存款　　4 500

2. 其他应收款

1）其他应收款的内容

其他应收款是企业在销售商品或者提供劳务以外形成的、与其他单位或个人之间的应收款项，如企业内部单位周转用的备用金、押金付出、内部员工预借差旅费借款等。企业由于不同原因以货币资金借出时，构成一项应收债权，以备用金报账、押金收回、内部员工差旅归回报账后，这项债权随之转销。

2）账户设置和账务处理

“其他应收款”属于资产类账户。其他应收款发生时记入借方；其他应收款转销时记入贷方；该账户余额一般在借方，反映尚未报销或转销的其他应收款项。该账户应按债务人名称设置明细账。

企业应定期对其他应收款进行清查，与对方债务人进行账务核对，并及时进行债权清理，以免发生坏账损失。若企业对其他应收款计提坏账准备，可参照本章第三节应收账款坏账准备的计提方法进行账务处理。

【例 3-13】 2012 年 2 月 5 日，A 公司以银行存款 45 000 元预付职工 W 差旅费，同年 2 月 25 日职工 W 报销差旅费 43 500 元，余款 1 500 元以现金退回。以上事项应分别作会计分录：

① 支付职工 W 预借差旅费时：

借：其他应收款——职工 W　　45 000
　　贷：银行存款　　45 000

② 职工 W 报销差旅费并交回余款时：

借：管理费用　　43 500
　　库存现金　　1 500
　　贷：其他应收款——职工 W　　45 000

3. 应收利息和应收股利

应收利息是指企业按照权责发生制的要求，所确认的一定会计期间特定债权产生的、应归属于该期间的利息收入，如企业投资购买的国债、其他公司发行的债券或金融债券等。购买这些债权性投资后，企业应按约定的利率、投资金额、计息期间等因素，于每一会计期末计算该期的应收利息。在企业计算出应收利息但尚未实际收到货币资金之前，产生这种债权。企业一旦收到应收利息，则应收债权随之转销。

应收股利是指企业在所属会计期间应收但未收的股权投资的现金收益。例如，企业进行的股权性投资，在会计期末，接受投资的企业宣告发放但实际未用现金支付的股利。按权责发生制要求，接受投资的企业宣告发放但实际未用现金支付的股利构成投资企业的一项债权，企业一旦收到现金股利，则应收债权随之转销。

“应收利息”和“应收股利”均属于资产类账户。企业根据投资金额、约定利率和计息期间计算出的应收利息，或应收被投资单位宣告发放的现金股利金额，记入借方；收回应收利息或应收股利时，记入贷方；该账户余额一般在借方，表示尚未收回的应收利息或应收股利金额。该账户下应按投资种类设置明细账。

【例 3-14】 2012 年 7 月 1 日，A 公司购买 T 公司发行的到期一次还本付息的 3 年期公司债券，2012 年 12 月 31 日计算的该债券 6 个月应收利息为 125 000 元。该事项应作会计分录：

① 计提应收利息时：

借：应收利息——T 公司 125 000

　　贷：投资收益 125 000

② 待债券到期、收到利息时（125 000×6＝750 000）：

借：银行存款 750 000

　　贷：应收利息——T 公司 750 000

第五节 应收债权融资和出售

应收债权是企业持有的尚未收回的债权，在企业发生财务困难、或债权收回存在一定难度的情况下，可以将持有的应收账款等应收债权作为抵押物向银行借款，或将其出售给银行或其他单位，以获取现金增强自身的支付能力。

企业将其应收债权作为抵押物向银行取得借款时，一般按短期借款借入、利息支付和本金偿还的程序进行核算，同时，应设置备查簿，记录用于抵押的应收债权的详细情况，如应收债权的账面价值、债务人名称、质押期限及抵押借款等。

【例 3-15】 2012 年 1 月 10 日，A 公司销售一批产品，货款为 430 000 元，增值税率为 17%，增值税额为 73 100 元，购货方承诺同年 12 月 10 日支付货款和增值税款。2012 年 4 月 1 日，由于季节性采购需要，A 公司以该应收账款作为抵押物，向银行取得 6 个月期限的短期借款 400 000 元，年利息为 6%，按季向银行支付利息。以上事项应分别作会计分录：

① 1 月 10 日销售产品时：

借：应收账款 503 100

　　贷：主营业务收入 430 000

　　　　应交税费——应交增值税（销项税额） 73 100

② 4 月 1 日取得短期借款时：

借：银行存款 400 000

　　贷：短期借款 400 000

③ 6 月 30 日支付 4 月至 6 月的利息时：

借：财务费用　　　　6 000
　　贷：银行存款　　　　6 000

④ 9 月 30 日偿还本金并支付 7 月至 9 月份付息时：

借：短期借款　　　　400 000
　　财务费用　　　　6 000
　　贷：银行存款　　　　406 000

用于抵押的应收账款的抵押期限、取得的银行借款等详细情况应在设置的备查簿中进行明细记录。

应收债权的出售，是企业将无法收回的应收债权出售给银行或其他金融机构，受理的银行或其他金融机构从受让的应收债权总额中扣除双方约定的费用，将应收债权净额支付给企业的一种融资活动。一般而言，银行或其他金融机构在受让应收债权后，在应收债权到期无法收回款项时，不能向出售应收债权的企业进行追偿。因此，企业出售应收债权时，应将所出售应收债权、为该应收债权计提的坏账准备等一并转销，并确认出售损益。

【例 3-16】2012 年 3 月 10 日，A 公司销售一批产品，货款为 300 000 元，增值税率为 17%，增值税额为 51 000 元，购货方承诺同年 10 月 10 日支付货款和增值税款。2012 年 12 月 10 日，A 公司向银行出售该应收账款，出售价款 286 000 元转入银行存款户。以上事项应分别作会计分录：

① 发出产品时：

借：应收账款　　　　351 000
　　贷：主营业务收入　　　　300 000
　　　　应交税费——应交增值税（销项税额）　　　　51 000

② 出售应收账款、并确认出售损失时：

借：银行存款　　　　286 000
　　财务费用　　　　65 000
　　贷：应收账款　　　　351 000

若出售应收债权的企业与受让的银行或其他金融机构签订了附有追索权的出售协议，则银行或其他金融机构在受让的应收债权到期无法从债务人处收回款项时，有权向出售应收债权的企业行使追索权，出售应收债权的企业则有义务按照约定金额自银行或其他金融机构回购全部或者部分应收债权。在这种情况下，企业应按照以应收债权为质押取得借款的核算方法进行会计核算。

思 考 题

1. 什么是应收票据？应收票据有哪几种类型？
2. 应收票据贴现收入如何计算？
3. 与应收票据相比，应收账款有什么特点？
4. 备抵法下坏账准备的计提方法有几种？说明每种方法的优缺点。
5. 其他应收款包括哪些内容？

练　习　题

1. 2012年3月1日，Z公司销售产品一批，价款100 000元，增值税税率为17%，产品发出当日收到购买方一张面值117 000元的带息商业承兑汇票，期限6个月，票面年利率为8%。Z公司于2012年4月1日将该汇票向银行贴现，年贴现率为9%。票据到期日，贴现银行收回票据款项。

要求：

(1) 根据以上事项编制销售产品、收到票据和票据贴现的会计分录。

(2) 作出票据到期日贴现银行不能收回贴现款，将贴现票据退回Z公司的会计分录。

2. Z公司采用“应收账款余额百分比法”核算坏账准备，坏账准备的计提比例为应收账款余额的5%，公司从2009年开始计提坏账准备。其他有关资料如下：

(1) 2009年12月31日，应收账款账户的借方余额为2 000 000元；

(2) 2010年11月31日，确认一笔坏账损失，金额为110 000元；

(3) 2010年12月31日，应收账款账户的借方余额为2 500 000元；

(4) 2011年5月10日，确认一笔坏账损失，金额为82 000元；

(5) 2011年12月31日，应收账款账户的借方余额为2 200 000元；

(6) 2012年4月，原已确认的坏账中有52 000元又收回，并转入银行存款；同时转销一笔坏账损失30 000元；

(7) 2012年12月31日，应收账款账户借方余额为1 300 000元。

要求：根据以上资料编制各年计提坏账准备、转销坏账损失的会计分录。

3. 2012年6月18日，Z公司将一笔1 000 000元的应收账款以无追索权的方式让售给B财务公司，售价850 000元。

要求：根据以上资料编制让售应收账款的会计分录。

4. Z公司销售一批产品，货款500 000元，增值税税额85 000元。根据购货合同约定，Z公司提供的现金折扣条件为：2/10、1/20、$N/30$，计算现金折扣时不考虑增值税。

要求：采用总价法按不同的现金折扣条件编制Z公司赊销产品、收回款项的会计分录。

第四章

存　货

第一节　概述

1. 存货概念及内容

在资产负债表中，“存货”是由若干个相关内容合并的项目。存货包括企业库存的以备生产或提供劳务过程中耗用的各种一次性消耗的材料、各种能够多次使用的周转材料，处在生产过程中的在产品和半成品、已经完工但尚未出售的产成品或商品等。存货按经济用途可分为以下几类。

（1）原材料，指企业在生产过程中一次性耗用、构成产品实体的各种主要材料、辅助材料、外购配件、修理用备件、包装材料、燃料等。为建设固定资产或者在建工程而购买的各种材料、备件等，不作为流动资产，而归类为工程物资进行核算和管理。

（2）在产品，指企业已经进入制造过程但尚未完工的产品，包括正处在各个生产工序加工的产品、已经完成生产加工过程但尚未检验或已经完成检验但尚未办理入库手续的产品。

（3）半成品，指已经完成一定生产过程并检验合格且已办理入库手续的半成品。这些半成品尚需进一步加工才能对外销售。与在产品不同的是，半成品是已经完成一定的生产加工过程、需要办理入库手续的产品，而在产品是处在生产加工过程、未完成全部加工过程不需要办理入库手续的产品。

（4）产成品，指制造业企业已经完成全部加工过程并已经验收入库、等待销售的成品。企业接受对外加工完成的产成品在交付委托方之前，应视同企业产成品进行管理。

（5）周转材料，指企业在生产经营活动或管理活动中能够多次使用但不符合固定资产定义的各种包装物、工具、器具、家具等周转材料。

（6）商品，指商品流通企业外购或委托加工完成验收入库手续、用于销售的各种商品。

2. 存货的特点

在企业生产经营过程中，存货处于不断购进、消耗、销售或库存状态中，因而，表现出以下特点。

（1）存货资金周转有其特定的规律性。由存货形态的不断变化而带动的资金运动过程，首先是以货币资金购进材料进入库存开始，到材料进入生产过程成为在产品，再到完成生产过程成为产成品，最后完成销售过程、收回货款又成为货币资金的一个资金循环过程。从货币资金开始最终又回到货币资金的循环过程，称为存货资金循环，存货资金的不断循环称为存货资金周转。在一般的制造业企业，一个会计年度内会完成几个或十几个存货资金的周转过程。

（2）存货的流动性较强。理论上讲，存货通常会在一年或超过一年的一个营业周期内被销售或耗用，并不断地重复，进入下一个生产周期。从这一角度看，存货是一项变现能力和流动性很强的资产。但与货币资金、交易性金融资产、应收债权等流动资产相比，其变现能力和流动性比较弱，与固定资产、投资性房地产和无形资产相比，其变现能力和流动性又比较强。

（3）存货资金的投入是一次性的，消耗是一次性的，投资收回也是一次性的。企业购买材料时，需一次性支付采购成本及相关采购税费；材料进入生产过程后构成产品实体，其消耗是一次性的。有些材料虽然不构成产品实体，但其在生产过程中也是一次性的被耗用；产品进入销售过程后，通过销售收入收回，在成本补偿过程中，对材料消耗的补偿同样是一次性的。

（4）存货管理难度大。存货包含的内容很多，占用的资金量也比较大，管理要点很多。如在采购环节，容易出现采购数量、质量和价格等方面的问题，因而，存货管理是企业资金管理的一个难点和重点。

第二节 存货确认和初始计量

1. 存货确认条件

存货必须在符合资产定义的前提下，同时满足下列两个条件才能确认：第一，与该存货有关的经济利益很可能流入企业；第二，该存货的成本能够可靠计量。

是否属于企业存货应以企业是否拥有存货的法定所有权作为标准，而不是根据存货存放地点是否在企业中作出判断，即企业只要拥有存货的法定所有权，无论其是否存放在企业，都应作为企业的存货进行确认。在确认存货时，以下特殊情况需要注意。

（1）在途存货。对于存货销售方已经按照销售合同确认为销售、存货的所有权及相应的风险和报酬已经转移给购货方，但销售方尚未发出商品或销售方已经发出商品、购货方尚未收到的在途存货，应作为购货方的存货确认。

（2）代销商品。一般而言，代销商品的所有权属于委托方，受托方只是代理销售。因而，委托代销商品应由委托方确认为存货。

（3）购货约定。对于约定在未来某一时间购入存货的行为，由于存货的所有权和相应的风险和报酬尚未转移给购买方，因而，购买方不能确认为存货。

2. 存货初始计量

企业取得的存货应以历史成本计量。存货历史成本一般包括存货的采购成本、加工成本和存货到达存放地点或达到可使用状态前所发生的其他成本。企业取得存货一般有外购、自制或委托加工、投资人投入和接受捐赠等途径。不同途径取得的存货，其历史成本的构成不同。

(1) 外购存货成本，包括外购存货的购买价款、构成存货成本的相关税费、运输费、装卸费和保险费等。其中构成存货成本的相关税费，包括进口存货支付的关税、加工应税消费品应交纳的消费税等。

(2) 自制存货成本，按照制造过程中发生的实际成本计量，包括制造过程中发生的直接成本和间接成本。其中，直接成本指存货制造过程中发生的直接材料费、直接人工费、燃料动力费等，间接成本包括存货制造过程中发生的固定资产折旧费、劳动保护费等间接费用。

(3) 委托加工存货成本，按照委托加工过程发生的实际成本计量，包括委托加工材料的采购成本，进一步加工支付的加工费、运输费、装卸费和按规定应当计入加工存货成本的税费等。

(4) 投资人作为投资投入的存货成本，一般按投资协议确认的价值计量。

(5) 接受捐赠存货成本，按以下不同情况进行计量：捐赠方提供有关发票等凭证的，按发票上注明的金额和应支付的相关税费计量存货成本；捐赠方没有提供发票等有关凭证的，按如下顺序计量其成本：同类或者类似存货存在活跃市场的，按同类或者类似存货的市场价格估计的价值，加上应支付的相关税费作为存货成本；同类或者类似存货不存在活跃市场的，按该存货的预计未来现金流量的净值作为存货成本。

(6) 盘盈存货成本，按同类或者类似存货的市场价格计量。

(7) 通过非货币性资产交换、债务重组或企业合并等方式取得的存货，分别按相关会计准则的规定进行实际成本的计量。

第三节 原材料

(一) 原材料按实际成本计量

“原材料”属于资产类账户。企业以购入等方式取得原材料时以实际成本记入借方；发出或其他原因减少原材料时以实际成本记入贷方；该账户余额在借方，反映库存原材料的实际成本。该账户应按原材料类别和品种设置明细账。

在原材料按实际成本计量时，原材料账户的借方发生额、贷方发生额和期末余额均按原材料的实际成本记录。

1. 原材料增加

1) 外购原材料

A. 原材料验收和货款结算同时完成

在这种情况下，企业一方面完成原材料的验收入库，另一方面结清货款。

【例 4-1】 A 公司以银行存款购入原材料甲，数量 10 吨，不含税单价为 2 700 元，增值税率为 17%。共应支付货款 27 000 元，增值税款 4 590 元。以上交易应作会计分录：

借：原材料——甲　27 000
　　应交税费——应交增值税（进项税额）　4 590
　　贷：银行存款　31 590

B. 原材料已经验收但货款尚未支付

企业完成原材料的验收入库但尚未支付货款的情况又分为两种：以商业汇票承诺付款和未承诺付款期。此时，企业如果收到销售方的销货发票等结算凭证，应根据不同情况分别作相应的账务处理。

【例 4-2】以［例 4-1］为例，若 A 公司以已经承兑的商业汇票承诺三个月后付款，则应作会计分录：

借：原材料——甲　27 000
　　应交税费——应交增值税（进项税额）　4 590
　　贷：应付票据　31 590

若 A 公司没有作付款时间的承诺，则应作会计分录：

借：原材料——甲　27 000
　　应交税费——应交增值税（进项税额）　4 590
　　贷：应付账款　31 590

如果企业采购的原材料已经验收入库，但在发票账单等结算凭证尚未收到、货款尚未支付的情况下，月度内暂不进行原材料的总分类核算，可按实际收到的原材料品种和数量进行明细分类核算，待收到有关发票、账单等凭证后再进行原材料采购的账务处理。如果月末仍未收到发票账单等结算凭证，为了保证账实相符，应对该购入原材料成本暂估并进行有关账务处理，下月初，再用红字冲销。待收到发票账单等结算凭证时，再进行原材料采购的账务处理。

【例 4-3】2013 年 7 月 10 日，A 公司购入一批原材料乙，材料已验收入库，但直至月末尚未收到销售方的发票账单等结算凭证。按该原材料的市场价格，A 公司估计其价格为 29 250 元。以上事项应作会计分录：

① 7 月 10 日原材料入库时：

借：原材料——乙　29 250
　　贷：应付账款——暂估应付账款　29 250

② 8 月 1 日将暂估入账的原材料以红字冲回时：

借：原材料——乙　[29 250]
　　贷：应付账款——暂估应付账款　[29 250]

③ 若 8 月 15 日 A 公司收到销售方的发票账单等结算凭证，该原材料实际采购成本为 30 000 元，增值税率为 17%，进项税额为 5 100 元。货款和税款以银行存款支付。以上交易应作会计分录：

借：原材料——乙　30 000
　　应交税费——应交增值税（进项税额）　5 100
　　贷：银行存款　35 100

C. 预付货款

企业采购原材料时，有时销售方要求购买方按销售合同预付部分或者全部货款，待原材料发出后，再按实际款项进行结算。这部分内容在第三章第四节已有相关介绍，这里不再重复。

2）自制、接受投资人投入和接受捐赠原材料

企业自制并已验收入库的原材料，其实际制造成本构成原材料入库成本，应作会计分录：

借：原材料

　　贷：生产成本

企业接受投资人投入的原材料，应按投资各方确认的价值，作为初始成本进行账务处理。

【例 4-4】 A 公司接受投资人 H 公司投入的一批原材料乙作为投资，H 公司提供的增值税专用发票上注明的原材料价款为 100 000 元，增值税率为 17%，进项税额为 17 000 元。以上事项应作会计分录：

借：原材料——乙	100 000	
应交税费——应交增值税（进项税额）	17 000	
贷：实收资本——H 公司		117 000

企业接受非政府补助方面捐赠的原材料，应按捐赠方提供的增值税专用发票上列示的金额作为初始成本并进行账务处理。

【例 4-5】 A 公司接受 H 公司捐赠的一批原材料丙，H 公司提供的增值税专用发票上注明的原材料价款为 80 000 元，增值税率为 17%，进项税额为 13 600 元。以上事项应作会计分录：

借：原材料——丙	80 000	
应交税费——应交增值税（进项税额）	13 600	
贷：营业外收入		93 600

3）委托加工物资

“委托加工物资”属于资产类账户。企业委托加工材料的成本、发生的各项加工费用记入借方；加工完成、收回委托加工材料和剩余材料的成本记入贷方；该账户的借方余额反映已经发出委托加工但尚未收回的委托加工材料成本。该账户应按委托加工材料的品种设置明细账。

需要交纳消费税的委托加工材料，由受托加工方代收代交的消费税，应分别根据以下不同情况进行处理：第一，委托加工材料收回后直接用于销售的，由受托加工方代收代交的消费税计入委托加工材料成本；第二，委托加工收回后用于连续生产消费品的，由受托加工方代收代交的消费税一般可准予抵扣。

【例 4-6】 A 公司委托 H 公司加工一批应税消费品，委托加工材料成本为 200 000 元，以银行存款支付加工费用 40 000 元。H 公司提供委托加工劳务适用的增值税率为 17%，适用的消费税率为 20%。A 公司收回委托加工材料后用于连续生产消费品。以上事项应分别作会计分录：

① 发出委托加工材料时：

借：委托加工物资　　200 000

　　贷：原材料　　200 000

② 支付加工费用时：

借：委托加工物资　　40 000

　　贷：银行存款　　40 000

③ 支付增值税额和消费税额：

应交增值税额＝40 000×17%＝6 800(元)

消费税组成计税价格＝(200 000＋40 000)÷(1－20%)＝300 000(元)

应交消费税额＝300 000×20%＝60 000(元)

借：应交税费——应交增值税（进项税额）　　6 800

　　应交税费——应交消费税　　60 000

　　贷：银行存款　　66 800

以上委托加工材料成本为 240 000 元。

④ 若 A 公司收回委托加工材料后直接用于销售，则交纳的消费税构成委托加工材料的成本，应作会计分录：

支付应交纳的消费税时：

借：委托加工物资　　60 000

　　贷：银行存款　　60 000

收回委托加工材料（300 000＝2000 000＋40 000＋60 000）时：

借：产成品　　300 000

　　贷：委托加工物资　　300 000

4）进口原材料

企业进口原材料，应按照国家有关法律规定交纳关税，交纳的关税构成进口原材料成本。

A. 关税概念及纳税人

关税是国家授权海关依法对进出境货物、物品征收的一种税。其中进口货物按类别、原产地以及国家关税政策，分别采用从价定率、从量定额、复合征税的方法，以比例税率、定额税率、复合税率和滑准税率等形式计征。

关税的纳税人有两种，一种是贸易性进出口货物的纳税人，指进出口货物的收货人或发货人；另一种是非贸易性进出口物品的纳税人，指进出境物品的所有人，包括该物品的所有人和推定为所有人的人。关税的征税对象是准许进出境的货物和物品。货物是指贸易性货物；物品指入境旅客随身携带的行李物品、个人邮递物品、各种运输工具上的服务人员携带进口的自用物品、馈赠物品以及其他方式入境的个人物品。

B. 关税税率

关税税率分为进口关税税率、出口关税税率和特别关税。

我国进口关税设有最惠国税率、协定税率、特惠税率、普通税率、关税配额税率等。

适用不同税率的国家或者地区名单，由国家有关部门确定。我国对进口商品大部分实行从价税，少部分实行从量税、复合税和滑准税。

我国出口税率为一栏税率，即出口税率，并仅对少数资源性产品及竞相杀价、盲目出口、需要规范出口秩序的半制成品征收出口关税。

特别关税包括报复性关税、反倾销税与反补贴税、保障性关税等。征收特别关税的货物、适用国别、税率、期限和征收办法，由国家有关部门决定。

C. 关税应纳税额的计算

应纳关税的基本计算公式为

应纳关税税额＝关税完税价格×税率

由于关税分从价税、从量税、复合税和滑准税四种计税方法。因此，上述公式应具体分为

（1）从价税应纳税额的计算公式：

应纳关税税额＝应税进（出）口货物数量×单位完税价格×税率

（2）从量税应纳税额的计算公式：

应纳关税税额＝应税进（出）口货物数量×单位货物税额

（3）复合税应纳税额的计算公式：

应纳关税税额＝应税进（出）口货物数量×单位货物税额
＋应税进（出）口货物数量×单位完税价格×税率

（4）滑准税应纳税额的计算公式：

应纳关税税额＝应税进（出）口货物数量×单位完税价格×滑准税率

在计算进口关税税额时，首先确定该进口货物属于一般贸易方式进口，还是特殊贸易方式进口；其次分别按不同的方法确定完税价格；再次根据进口货物的原产地确定其适用的税率；最后计算应纳税额。

一般贸易进口货物完税价格的确定有两种方法：

第一种方法是依据成交价格确定关税完税价格。进出口货物的成交价格，因为有不同的成交条件，所以有不同的价格形式，具体包括到岸价格（CIF）、离岸价格（FOB）、成本加运费价格（CFR）。其对应的进口货物关税完税价格计算公式为

进口货物关税完税价格＝CIF 价格
＝FOB 价格＋运费＋保险费
＝CFR 价格＋保险费

第二种方法是进口货物海关估价法。如果进口货物的价格不符合成交价格条件，或者成交价格不能确定，海关应当依次以相同或类似货物成交价格方法、倒扣价格方法、计算价格方法及其他合理方法确定的价格为基础，估定完税价格。

企业应根据进出口货物时从海关取得的有关凭证及其他会计凭证进行账务处理。

【例 4-7】 A 公司从国外进口一批商品，到岸价折合人民币为 950 000 元，商品已运抵入库，货款尚未支付。该货物适用的进口关税税率为 30%，增值税税率为 17%。以上事项应作会计分录：

$$应纳进口关税税额 = 950\ 000 \times 30\% = 285\ 000(元)$$
$$进口商品成本 = 950\ 000 + 285\ 000 = 1\ 235\ 000(元)$$
$$应纳增值税税额 = 1\ 235\ 000 \times 17\% = 209\ 950(元)$$

① 材料验收入库、支付增值税并计算应交关税税额时：

借：库存商品　　1 235 000
　　应交税费——应交增值税（进项税额）　　209 950
　　贷：应交税费——应交进口关税　　285 000
　　　　应付账款　　950 000
　　　　银行存款　　209 950

② 交纳关税时：

借：应交税费——应交进口关税　　285 000
　　贷：银行存款　　285 000

以非货币性资产交换、债务重组方式增加的原材料，其会计确认、计量和账务处理分别在第十一章和第十五章中介绍。

2. *原材料发出*

由于同一品种原材料在同一市场的不同时间或同一时间不同市场的采购成本不同，在企业存在多批次原材料库存的情况下，就会产生原材料在领用发出时，按哪一批次的采购成本计算发出原材料成本的问题，即原材料成本如何在发出成本和库存成本之间进行分配的问题。以实际成本进行原材料核算，发出原材料成本的计量方法主要有先进先出法、移动加权平均法、月末一次加权平均法和个别计价法等。

1）先进先出法

先进先出法，是在库存原材料账面余额中，假设先购入的存货先发出，发出存货的成本为先购入存货的成本，库存存货的成本则为后购入存货成本的一种计量方法。

【例 4-8】A 公司原材料甲发出成本的计量采用先进先出法。2012 年 8 月份原材料甲的购进、发出和结存情况如表 4-1 所示。

表 4-1　存货明细账（原材料名称及规格：甲）　　单位：元

2012 年		摘要	收入			发出			结存		
月	日		数量/千克	单价	金额	数量/千克	单价	金额	数量/千克	单价	金额
8	1	期初结存							400	4.00	1 600
8	3	购入	200	4.50	900				400 200	4.00 4.50	1 600 900
8	4	购入	700	5.00	3 500				400 200 700	4.00 4.50 5.00	1 600 900 3 500
8	10	发出				400 100	4.00 4.50	1 600 450	100 700	4.50 5.00	450 3 500

续表

2012年		摘要	收入			发出			结存		
月	日		数量/千克	单价	金额	数量/千克	单价	金额	数量/千克	单价	金额
8	23	购入	300	4.00	1 200				100 700 300	4.50 5.00 4.00	450 3 500 1 200
8	25	发出				100 700	4.50 5.00	450 3 500	300	4.00	1 200
8	31	期末结存	1 200		5 600	1 300		6 000	300	4.00	1 200

表4-1原材料甲发出成本和库存成本的计算过程如下：

$$10日发出成本 = 400 \times 4 + 100 \times 4.5 = 2\ 050(元)$$

$$25日发出成本 = 100 \times 4.5 + 700 \times 5 = 3\ 950(元)$$

2012年8月31日资产负债表上甲材料的库存成本＝1 600＋900＋3 500＋1 200－2 050－3 950＝1 200（元）

采用先进先出法，可以随时确定原材料的发出成本和库存成本，从而保证产品生产成本计算的及时性。但这种方法在会计核算方面的显著不足是，如果一种原材料的库存是由不同批次购入且成本不同时，原材料发出成本和库存成本的核算就显得烦琐，对原材料发出频繁的企业更是如此。该方法对财务报告带来的一个显著后果是，在物价上涨的情况下，产品的生产成本会由于原材料成本降低而降低，同期利润会增高，同时原材料的库存成本不能真实反映报告期原材料的市场价格水平；反之，在物价下降的情况下，产品的生产成本会由于原材料成本提高而提高，同期利润会降低，同时原材料的库存成本也不能真实反映报告期原材料的市场价格水平。

2）移动加权平均法

移动加权平均法，是以每批次购入原材料的成本加原有库存原材料的成本为总成本，除以每批次购入的原材料数量加原有库存原材料的数量之和，计算出原材料加权平均单位成本，再据以计算发出原材料成本和库存原材料成本的一种方法。移动加权平均法计算加权平均单位成本的公式如下：

$$移动加权平均单位成本 = \frac{原有原材料库存成本 + 本批次购入原材料成本}{原有原材料库存数量 + 本批次购入原材料数量}$$

由于加权平均单位成本可能存在除不尽的问题，为了保证期末各原材料库存数量、单位成本与总成本的一致性，应先按加权平均单位成本计算期末库存原材料的成本，再倒推出本月发出原材料的成本。

【例4-9】A公司对原材料甲采用移动加权平均法进行发出成本的计量。2012年8月份原材料甲的购进、发出和结存情况如表4-2所示。

表 4-2　存货明细账（原材料名称及规格：甲）　　单位：元

2012 年		摘要	收入			发出			结存		
月	日		数量/千克	单价	金额	数量/千克	单价	金额	数量/千克	单价	金额
8	1	期初结存							400	4.00	1 600
8	3	购入	200	4.50	900				600	4.17	2 500
8	4	购入	700	5.00	3 500				1 300	4.62	6 000
8	10	发出				500	4.62	2 304	800	4.62	3 696
8	23	购入	300	4.00	1 200				1 100	4.45	4 896
8	25	发出				800	4.45	561	300	4.45	1 335
8	31	期末结存	1 200		5 600	1 300		5 870	300	4.45	1 335

表 4-2 中原材料甲发出成本和库存成本计算过程如下：

8 月 10 日原材料甲的移动加权平均单位成本＝(1 600＋900＋3 500)
÷（400＋200＋700）≈4.62（元）

当日原材料甲的库存成本＝800×4.62＝ 3 696（元）

当日原材料甲的发出成本＝6 000－3 696 ＝ 2 304（元）

8 月 23 日原材料甲的移动加权平均单位成本＝（3 696＋1 200）÷（800＋300）≈4.45（元）

当日原材料甲的库存成本＝300 × 4.45 ＝ 1 335（元）

当日原材料甲的发出成本＝4 896－1 335＝3 561（元）

采用移动加权平均法，也可以随时确定原材料的发出成本和库存成本，从而保证产品生产成本计算的及时性。但这种方法在会计核算方面显著的不足是，如果一种原材料的购入批次太多，计算移动加权平均单位成本的工作量就比较大。这种方法对财务报告的影响是，在原材料采购成本变化不大的情况下，各期原材料的发出成本和库存成本比较均衡，而在原材料采购成本波动比较大的情况下，这种方法可以均衡由于采购成本变化给产品生产成本和利润带来的影响。

3）月末一次加权平均法

月末一次加权平均法，是以期初库存原材料数量与本期购入原材料数量之和作为权数，计算本期原材料加权平均单位成本，再据以计算本期发出原材料成本和库存原材料成本的一种方法。月末一次加权平均法计算加权平均单位成本的公式如下：

$$\text{月末一次加权平均单位成本}=\frac{\text{期初原材料库存成本}+\text{本期各批次原材料采购成本之和}}{\text{期初原材料库存数量}+\text{本期各批次原材料采购数量之和}}$$

【例 4-10】A 公司对原材料甲采用月末一次加权平均法进行发出成本的计量。2012 年 8 月份原材料甲的购进、发出和结存情况如表 4-3 所示。

表 4-3 存货明细账（原材料名称及规格：甲） 单位：元

2012年		摘要	收入			发出			结存		
月	日		数量/千克	单价	金额	数量/千克	单价	金额	数量/千克	单价	金额
8	1	期初结存							400	4.00	1 600
8	3	购入	200	4.50	900				600		
8	4	购入	700	5.00	3 500				1 300		
8	10	发出				500			800		
8	23	购入	300	4.00	1 200				1 100		
8	25	发出				800			300		
8	31	期末结存	1 200		5 600	1 300	4.50	5 850	300	4.50	1 350

表 4-3 原材料甲的发出成本和库存成本计算过程如下：

8月 31 日原材料甲移动加权平均单位成本＝(1 600＋900＋3 500＋1 200)÷(400＋200＋700＋300)＝4.50(元)

当月原材料甲的库存成本＝300×4.50＝1 350(元)

当月原材料甲的发出成本＝7 200－1 350＝5 850(元)

采用月末一次加权平均法，只能在月末才能计算出本期各种原材料的加权平均单位成本，并计算和结转各种原材料的发出成本，因而，平时原材料发出只记录数量，不记录金额，简化了会计核算工作量。但这种方法在会计核算方面的显著不足是，由于平时对发出原材料只记录数量、不记录金额，因而，无法随时了解各种原材料的发出成本和库存成本，也不能保证产品生产成本计算的及时性；这种方法对财务报告的影响是，在原材料采购成本变化不大的情况下，各期原材料的发出成本和库存成本比较均衡，而在原材料采购成本波动比较大的情况下，这种方法可以均衡由于采购成本变化给产品生产成本和利润带来的影响。

移动加权平均法和月末一次加权平均法，使得原材料的实物流动与其成本流动分离。

4）个别计价法

个别计价法，是按各批次原材料的实际采购成本，计算其发出成本和库存成本的一种计量方法。采用这种方法，可以做到原材料的实物流动与其成本流动完全一致，发出原材料成本和期末库存原材料成本完全符合该原材料的实际采购成本。这种方法对会计核算的影响是，需要对每种原材料的品种规格、购入时间、单位成本和存放地点等做详细记录，以备发出时能够准确区别，因而，会计核算的工作量大；这种方法对财务报告的影响是，由于各种原材料是按实际采购成本进行发出计量，因此，计算的产品生产成本和利润比较客观，不受材料价格上涨或下降的影响。这种方法一般适用于不能替代使用的原材料以及为特定项目专门购入或制造的原材料，如为生产船舶、飞机、起重设备、珠宝和房产等专门采购的原材料。

(二) 原材料按计划成本计量

1. 账户设置

原材料按计划成本核算的方法，指各种原材料的日常收入、发出和库存均按计划采购成本计量，月末，再将实际采购成本与计划采购成本的差异在发出原材料与库存原材料之间进行分配，将发出和库存原材料计划成本调整为实际成本的一种方法。

原材料计划采购成本，是企业根据每种原材料的市场价格水平，自行制订的各种原材料的计划采购成本。原材料按计划成本方法核算，原材料账户的借方、贷方和余额均按计划采购成本反映，计划采购成本与实际采购成本的差异则通过设置“材料成本差异”账户进行调整。

“材料成本差异”属于备抵类账户。原材料实际采购成本大于计划采购成本发生的“超支”金额，记入借方；原材料实际采购成本小于计划采购成本发生的“节约”金额、原材料实际采购成本与计划采购成本发生的差异分配金额（超支用蓝字，节约用红字），记入贷方；该账户的借方余额反映库存原材料应承担的“超支”金额，贷方余额则反映库存原材料应承担的“节约”金额。

“材料采购”属于资产类账户。企业采购原材料发生的实际采购成本记入借方；原材料入库验收后以计划采购成本记入贷方；实际采购成本大于计划采购成本发生的“超支”额，从该账户的贷方转入“材料成本差异”账户的借方，若实际采购成本小于计划采购成本发生的“节约”额，从该账户的借方转入“材料成本差异”账户的贷方；材料成本差异结转后，该账户无余额。

2. 账务处理

采用计划成本进行原材料核算的流程为：第一，对原材料进行合理的品种和规格分类。第二，分品种和规格制定原材料计划采购成本。同时，为了使原材料的计划采购成本尽可能与实际采购成本接近，减少材料成本差异发生金额，企业应根据每一品种和规格的原材料市场价格变化情况，定期对计划采购成本进行修订。第三，定期（一般为每月末）对本期的原材料计划采购成本、发生的材料成本差异、发出原材料计划成本进行汇总，计算材料成本差异率。材料成本差异率的计算公式为

$$材料成本差异率=\frac{期初库存原材料的成本差异+本期购入原材料的成本差异}{期初库存原材料的计划采购成本+本期购入原材料的计划采购成本}\times 100\%$$

本期发出原材料和期末库存原材料应承担材料成本差异的计算公式分别为

$$本期发出原材料应承担的材料成本差异=发出原材料的计划成本总额\times 材料成本差异率$$

$$期末库存原材料应承担的材料成本差异=库存原材料的计划成本总额\times 材料成本差异率$$

第四，根据以上公式，计算出本期发出原材料应承担的材料成本差异额，进行计划成本的调整。

【例 4-11】 A 公司原材料甲的计划采购成本为每千克 50 元。2012 年 8 月份原材料甲的购进、发出和结存情况如表 4-4 所示。

表 4-4　存货明细账（原材料名称及规格：甲）　　单位：元

2012年		摘要	收入			发出			结存		
月	日		数量/千克	单价	金额	数量/千克	单价	金额	数量/千克	单价	金额
8	1	期初结存							400	50.00	20 000
8	3	购入	200						600		30 000
8	4	购入	700						1 300		65 000
8	10	发出				500			800		40 000
8	23	购入	300						1 100		55 000
8	25	发出				800			300		15 000
8	31	期末结存	1 200			1 300			300	50.00	15 000

“材料成本差异”账户期初为贷方余额 1 600 元。

本期原材料甲的实际采购成本合计数为 57 600 元（不含税），计划采购成本合计数为 60 000元（1 200 元×50.00 元），本期发生材料成本差异为 2 400 元（贷方）；本期发出材料的计划成本为 65 000 元（1 300 元×50.00 元）。以上事项应分别作会计分录：

① 购买原材料，尚未付款：

借：材料采购——甲　　57 600

　　应交税费——应交增值税（进项税额）　　9 792

　　贷：应付账款　　67 392

② 原材料验收入库：

借：原材料——甲　　60 000

　　贷：材料采购——甲　　60 000

③ 发出材料：

借：生产成本　　65 000

　　贷：原材料——甲　　65 000

④ 结转材料成本差异：

借：材料采购——甲　　2 400

　　贷：材料成本差异——甲　　2 400

⑤ 计算材料成本差异，并调整发出材料成本：

材料成本差异率 ＝（1 600＋2 400）÷（20 000 ＋ 60 000）＝ －5%

由于“材料成本差异”的期初余额和本期发生额均在贷方，因而，本期材料成本差异为节约额（以负号表示）。

⑥ 本期发出材料应承担的材料成本差异＝ 65 000×（－5%）＝ －3 250（元）。

借：生产成本　　[3 250]

　　贷：材料成本差异——甲　　[3 250]

本期库存材料应承担的材料成本差异＝15 000×（－5%）＝－750（元）。

本期期末，该余额表现在“材料成本差异”账户为贷方余额。

采用计划成本方法，可以简化原材料的日常核算：同一品种规格原材料的增加、减少和库存业务，只需按事先制定的计划成本核算金额。计划采购成本与实际采购成本发生的差异，在月末一次进行调整，这样避免了采用先进先出法等实际成本方法进行原材料发出核算时程序过于烦琐的缺点；同时，可以以计划采购成本为标准，对原材料采购业绩进行考核。即通过对原材料实际采购成本与计划采购成本的对比，计算实际采购成本与计划采购成本产生的差异，并通过对差异的分析，寻找产生差异的原因，据以考核原材料采购部门的工作绩效。

计划成本方法在会计核算方面显著的不足是，由于平时对购进、发出和库存原材料按计划采购成本进行核算，因而，无法直接了解各种原材料的发出成本和库存成本，也不能保证产品生产成本计算的及时性。同时，每月末要计算材料采购成本差异率，对发出原材料成本进行调整，也增加了月末会计核算工作量。在原材料采购成本与计划采购成本差异不大的情况下，各期原材料的发出成本和库存成本比较均衡，而在原材料采购成本波动比较大的情况下，均衡了由于采购成本变化给产品生产成本和利润带来影响。

第四节 周转材料

（一）包装物

1. 包装物的概念及分类

包装物是指为了包装产品并随同产品流转的各种包装物，如桶、箱、瓶等。包装物按流转方式不同，可分为以下几类：

（1）生产过程用于包装产品、其成本构成产品成本的一部分、不再回收的包装物。

（2）随同产品出售、单独计价、不再回收的包装物。

（3）出租、出借给购货方的包装物。

包装物采购成本的构成与原材料相同，不再重复。

2. 账户设置和账务处理

“周转材料——包装物”属于资产类账户。企业购入包装物、在验收入库时以实际采购成本记入借方；发出包装物时以实际成本记入贷方；该账户的余额在借方，反映库存包装物的实际成本。

取得包装物的账务处理与原材料相同。发出包装物，因类别不同，账务处理过程也不同，分述如下：

（1）生产过程用于包装产品、其成本构成产品成本的一部分、不再回收包装物的账务处理。由于包装物成本构成产品成本的一部分，因而，领用包装物的成本应记入相关产品的生产成本或制造费用。

【例 4-12】 A 公司基本车间为包装产品 P，领用一批包装物，其实际成本为 18 000 元。该事项应作会计分录：

借：生产成本——P　　18 000
　　贷：周转材料——包装物　　18 000

如果包装物单独计价、不构成产品成本，应计入“销售费用”账户。

(2) 随同产品出售、单独计价、不再回收包装物的账务处理。在这种情况下，出售包装物取得的收入与销售产品取得的收入应分别计算，计入其他业务收入，同时，按销售包装物价格收取增值税，并结转销售包装物的成本。

【例 4-13】 A 公司销售一批产品，并随同产品包装销售一批单独计价包装物，包装物的售价为 20 000 元，增值税率为 17%，该批包装物的实际成本为 18 000 元。该事项应作会计分录：

① 随同产品销售时：

借：银行存款　　23 400
　　贷：应交税费——应交增值税（销项税额）　　3 400
　　　　其他业务收入　　20 000

② 结转包装物销售成本时：

借：其他业务成本　　18 000
　　贷：周转材料——包装物　　18 000

(3) 出租包装物的账务处理。企业出租包装物取得的收入应计入其他业务收入，出租包装物的成本应计入其他业务成本。由于出租的包装物一般可以周转使用，因而，其成本转销应分期进行，分别采用一次转销法和五五转销法。

一次转销法，是在领用包装物时，将其成本一次性计入当期其他业务成本的方法。

五五转销法，是在领包装物时转销其成本的 50%，报废时再转销剩余 50%的成本。在“周转材料——包装物”明细分类账户下，再分别设置“在库”“在用”和“转销”三个明细账户。

【例 4-14】 A 公司出租一批包装物，租金收入为 35 100 元（含增值税为 17%），该批包装物实际成本为 23 500 元，出租时，收取押金 50 000 元。A 公司包装物核算采用五五转销法。该事项应分别作会计分录：

① 出租时：

借：周转材料——包装物（在用）　　23 500
　　贷：周转材料——包装物（在库）　　23 500

② 收取押金时：

借：银行存款　　50 000
　　贷：其他应付款　　50 000

③ 第一次转销出租包装物成本的 50%时：

借：其他业务成本　　11 750
　　贷：周转材料——包装物（转销）　　11 750

④ 包装物报废时，再转销剩余 50%的成本，分录相同。同时，报废该包装物（若无残值）：

借：周转材料——包装物（转销）　　23 500
　　贷：周转材料——包装物（在用）　　23 500

⑤ 租用方退回包装物、A公司结转租金收入并退回押金：

不含税收入＝35 100÷(1＋17%)＝30 000(元)

增值税销项税额＝30 000×17%＝5 100(元)

应退回押金＝50 000－35 100＝14 900(元)

借：其他应付款　　50 000

　贷：其他业务收入　　30 000

　　应交税费——应交增值税（销项税额）　　5 100

　　银行存款　　14 900

以上所述为包装物按实际成本核算的方法，若包装物采用计划成本核算方法，与原材料采用计划成本方法核算相同，不再重复。

(二) 低值易耗品

1. 低值易耗品的概念及分类

低值易耗品是指在企业生产经营活动中可以多次周转使用但单位价格较低，不能列入固定资产的工具、器具、办公用具等。低值易耗品具有固定资产的性质，只是由于价值低，而成为存货中一个特殊的类别。

低值易耗品按用途可分为生产工具、管理用具、家具用具、劳动保护用具和其他低值易耗品等。

2. 账户设置和账务处理

“周转材料——低值易耗品”属于资产类账户。企业购入低值易耗品、在验收入库时按实际采购成本记入借方；发出低值易耗品时以实际成本记入贷方；该账户的余额在借方，反映库存低值易耗品的实际成本。

取得低值易耗品的核算与原材料相同，但由于低值易耗品兼有固定资产和流动资产的双重特性，其会计核算采取了既不同于固定资产、又不同于流动资产的特殊发出计量方法。这些方法分别为一次摊销法、使用期限摊销法和五五摊销法等。

(1) 一次摊销法，指在低值易耗品发出时，将其实际成本一次性计入相关费用之中的一种方法。这种方法适用于使用时间短、价值比较低、消耗量比较大的低值易耗品发出的核算。

【例 4-15】 A公司企业管理部门领用一批低值易耗品，成本为120 000元，该低值易耗品采用一次摊销法。该事项应作会计分录：

借：管理费用　　120 000

　贷：周转材料——低值易耗品　　120 000

(2) 使用期限摊销法，指在低值易耗品发出时，按其预计使用期限、将实际成本平均分期计入相关费用之中的一种方法。这种方法适用于使用时间长、价值比较高、消耗量不大的低值易耗品发出的核算。在“周转材料——低值易耗品”二级账户下，应分别设置“在库”“在用”和“转销”三个明细账户。

【例 4-16】 A公司企业管理部门领用一批低值易耗品，成本为120 000元，该低值易耗品耗品预计使用12个月。若采用使用期限摊销法，应分别作会计分录：

① 领用时：

借：周转材料——低值易耗品（在用） 120 000

  贷：周转材料——低值易耗品（在库） 120 000

② 每月摊销10 000元（120 000元/12月）时：

借：管理费用 10 000

  贷：周转材料——低值易耗品（摊销） 10 000

③ 12个月后，“周转材料——低值易耗品（摊销）”账户贷方发生额合计数为120 000元。报废时：

借：周转材料——低值易耗品（摊销） 120 000

  贷：周转材料——低值易耗品（在用） 120 000

（3）五五摊销法，指在低值易耗品发出时和报废时，分别将其实际成本的50%计入相关费用之中的一种方法。使用这种方法，账户设置和使用与使用期限摊销法基本相同。

【例4-17】A公司企业管理部门领用一批低值易耗品，成本为120 000元，该低值易耗品预计使用12个月。若采用五五摊销法，应分别作会计分录：

① 领用时：

借：周转材料——低值易耗品（在用） 120 000

  贷：周转材料——低值易耗品（在库） 120 000

② 摊销60 000元（120 000元/2）时：

借：管理费用 60 000

  贷：周转材料——低值易耗品（摊销） 60 000

③ 待报废时再作相同会计分录。同时，作以下会计分录：

借：周转材料——低值易耗品（摊销） 120 000

  贷：周转材料——低值易耗品（在用） 120 000

第五节 存货期末计量

1. 成本与可变现净值孰低法的概念

由于受市场价格、供求关系等因素变化的影响，在资产负债表日，企业各种存货的市场价格与其在入库时的实际成本相比，可能会存在一定的差异：市场价格高于存货账面成本、市场价格等于存货账面成本、市场价格低于存货账面成本等情况。前述第一种情况表明库存存货发生升值，第二种情况表明库存存货价值没有发生变化，第三种情况则表明库存存货发生贬值。按会计信息谨慎性的质量要求，资产负债表日，企业存货应按成本与可变现净值孰低法计量。

成本与可变现净值孰低法，指期末存货以账面成本与可变现净值两者中的较低者进行计量的方法。其中账面成本，指存货购入时的历史成本。即按各种实际成本发出方法（先进先出法等）计算的期末库存存货的实际成本；可变现净值，指在期末若将存货变现，所能获取的净现金流入量。可变现净值的获取，应以取得的可靠证据为基础，同时考虑存货的存在状态等因素综合加以确定：第一，产成品等直接用于销售的存货，其可变现净值以估计的销售价格减去相关成本、费用和交纳税费后的净额确定。第二，用于生产消耗的原材料、在产品等需要进一步加工的存货，可变现净值以其成为产成品的销售价格减去达到可销售状态还需要发生的相关成本、费用和交纳税费后的净额确定。第三，按订单生产的存货，其可变现净值以合同确定的销售价格减去达到可销售状态还需要发生的相关成本、费用和交纳税费后的净额确定。

当存在以下情况之一，期末存货应当按可变现净值计量，并对可变现净值低于存货账面成本的差额计提存货跌价准备：第一，产成品的市场价格持续下跌，并且在可预见的未来无回升的可能。第二，原材料或者周转材料的市场价格低于其账面成本。第三，使用某原材料生产的产品成本大于其销售价格。第四，其他足以证明存货实质上已经发生减值。

2. *存货跌价准备的计提方法*

存货跌价准备的计提方法有以下三种：单项对比法，指对每一品种的存货账面成本与其可变现净值进行对比，计提存货跌价准备的方法；类别对比法，指对每一类别的存货账面成本与其可变现净值进行对比，计提存货跌价准备的方法；综合对比法，指对全部存货账面成本总额与其可变现净值总额进行对比，计提存货跌价准备的方法。

【例 4-18】A 公司存货分为甲、乙、丙三大类别，每类别存货分别有三个品种。各品种存货的成本及可变现净值如表 4-5 所示。

表 4-5 期末存货账面成本与可现变净值孰低对比表 单位：元

项目		数量/千克	成本		可变现净值		单项对比法	类别对比法	综合对比法
			单价	总额	单价	总额			
甲类存货	a	200	300	60 000	310	62 000	60 000		
	b	110	180	19 800	160	17 600	17 600		
	c	300	320	96 000	310	93 000	93 000		
	小计			175 800		172 600		172 600	
乙类存货	d	300	160	48 000	165	49 500	48 000		
	e	130	410	53 300	400	52 000	52 000		
	f	400	330	132 000	310	124 000	124 000		
	小计			233 300		225 500		225 500	
丙类存货	g	250	280	70 000	270	67 500	67 500		
	h	320	130	41 600	120	38 400	38 400		
	i	150	510	76 500	500	75 000	75 000		
	小计			188 100		180 900		180 900	
	合计			597 200		582 600	575 500	579 000	582 600

从表 4-5 的计算过程可以看出，采用单项对比法，a 和 d 存货账面成本低于其可变现净值，没有发生跌价损失，可不计提存货跌价准备。其他存货账面成本都高于其可变现净值，发生了存货跌价损失，需要计提存货跌价准备；采用类别对比法，三类存货账面成本均高于其可变现净值，发生了存货跌价损失，需要计提存货跌价准备；采用综合对比法，存货账面成本总额高于可变现净值总额，应计提存货跌价准备。

已经计提存货跌价准备的存货，如果下一个会计期间其市场价格又发生了反弹，则根据反弹程度，将前期计提的存货跌价准备再进行转销，直到转销至零为止。

3. 账户设置和账务处理

"存货跌价准备"属于备抵类账户。计提的存货跌价准备记入贷方；已计提的存货跌价准备得以恢复或其他原因冲销的存货跌价准备记入借方；该账户的余额在贷方，反映已经计提的存货跌价准备。以"存货跌价准备"账户的贷方余额抵减各存货账户的借方余额之和，即为存货的账面价值。

(1) 采用单项对比法分析表 4-5 所示数据，应作会计分录：

借：资产减值损失——存货跌价损失　　21 700
　　贷：存货跌价准备——b　　2 200
　　　　　　　　　　　c　　3 000
　　　　　　　　　　　e　　1 300
　　　　　　　　　　　f　　8 000
　　　　　　　　　　　g　　2 500
　　　　　　　　　　　h　　3 200
　　　　　　　　　　　i　　1 500

(2) 采用类别对比法分析表 4-5 所示数据，应作会计分录：

借：资产减值损失——存货跌价损失　　18 200
　　贷：存货跌价准备——甲类存货　　3 200
　　　　　　　　　　　乙类存货　　7 800
　　　　　　　　　　　丙类存货　　7 200

(3) 若采用综合对比法分析表 4-5 所示数据，应作会计分录：

借：资产减值损失——存货跌价损失　　14 600
　　贷：存货跌价准备　　14 600

若下一会计期间，存货可变现净值回升至 590 000 元，存货跌价准备账户的余额应为 7200 元（597 200 元－590 000 元），则应转回存货跌价准备 7 400 元（14 600 元－7 200 元）。应作会计分录：

借：存货跌价准备　　7 400
　　贷：资产减值损失——存货跌价损失　　7 400

第六节　存货清查

存货清查就是通过对存货进行盘点和查对，来确定存货的实存数量与账存数量是否相符，保证存货核算的真实性和监督存货安全完整的一种方法。存货清查可能出现三种结果：盘盈、盘亏和账实相符。对于出现的存货盘盈和盘亏情况需要进行专门的账务处理。

1. 存货清查结果的处理程序

存货清查结果的账务处理分为两个步骤：第一步，在报经有关部门批准前，根据“存货盘点盈亏报告表”，按盘盈或盘亏、毁损存货的实际成本调整存货的账面价值，使存货达到账实相符，同时，将其记入“待处理财产损溢——待处理流动资产损溢”账户，并报送有关部门批准。第二步，经有关部门批准后，根据存货盘盈或盘亏、毁损的不同原因，将待处理财产损溢金额分别转入有关科目。

2. 存货清查结果的账务处理

1）存货盘盈

企业盘盈的存货，多因日常收发计量或计算差错而引起，应及时调整增加存货的实存数，按同类或类似存货的市场价格作为其实际成本，记入“待处理财产损溢——待处理流动资产损溢”账户。报经批准后，转销待处理财产损溢，同时冲减管理费用。

【例 4-19】A 公司对存货进行清查时盘盈一批原材料甲，该批原材料的市场价格为 120 000 元。经核查，该批盘盈原材料属于计量仪器不准确所致。以上事项应分别作会计分录：

① 盘盈时：

借：原材料——甲　　120 000

　　贷：待处理财产损溢——待处理流动资产损溢　　120 000

② 报经相关部门批准后，冲减当期管理费用时：

借：待处理财产损溢——待处理流动资产损溢　　120 000

　　贷：管理费用　　120 000

2）存货盘亏

企业盘亏或毁损的存货，应根据“存货盘点盈亏报告表”及时办理存货销账手续，调整减少存货的实存数，按盘亏或毁损存货的实际成本，记入“待处理财产损溢——待处理流动资产损溢”账户。

对于购进原材料、周转材料、在产品、产成品发生非正常损失引起的盘亏应负担的增值税，也应一并转入“待处理财产损溢——待处理流动资产损溢”。若存货按计划成本法核算，还需计算其成本差异，使“待处理财产损溢——待处理流动资产损溢”反映其实际损溢金额。

对不同原因造成存货的盘亏，在报经批准后，分别进行账务处理：属于定额内自然损耗造成的短缺，经批准后计入管理费用；属于日常收发计量差错和管理不善造成的短缺或毁损，应计算可收回残料的价值，并确认应收保险公司和责任人的赔偿款，将扣除残料价值、可以收回的保险公司以及过失人的赔偿款后的净损失，计入管理费用；属于自然灾害或意外事故造成的非常损失，经批准后在扣除过失人或保险公司赔偿款后的净损失，计入营业外支出。

【例 4-20】A 公司在存货清查中盘亏一批原材料乙，该批原材料成本为 130 000 元，增值税率为 17%。经核实，属于定额内损耗。以上事项应分别作会计分录：

① 盘亏时：

借：待处理财产损溢——待处理流动资产损溢　　152 100

　　贷：原材料　　130 000

　　　　应交税费——应交增值税（进项税额转出）　　22 100

② 核销时：

借：管理费用　　152 100

　　贷：待处理财产损溢——待处理流动资产损溢　　152 100

思 考 题

1. 什么是存货？存货包括哪些内容？存货有什么特点？
2. 存货确认的条件有哪些？
3. 不同方式取得存货的成本如何计量？
4. 发出存货的计量方法有哪些？其优缺点如何？
5. 原材料与周转材料的账务处理有何区别？
6. 什么是计划成本法？计划成本法有哪些优点和缺点？
7. 什么是存货的可变现净值？确定存货可变现净值应考虑哪些因素？
8. 如何确定某一会计期末应计提的存货跌价准备金额？
9. 什么是存货盘盈和盘亏？如何进行账务处理？

练 习 题

1. 2012 年 6 月，Z 公司购入一批原材料，增值税专用发票上注明的材料价款为 100 000元，增值税税额为 17 000 元。

(1) 原材料已验收入库，货款和增值税款均以银行存款支付。

(2) 货款和增值税款已经支付，但材料尚在运输途中：①6 月 15 日，以银行存款支付款项；②6 月 20 日，材料运抵公司并验收入库。

(3) 材料已验收入库，但发票账单尚未到达公司：①6 月 25 日，材料运抵公司并验收入库，但发票账单尚未到达；②6 月 30 日，发票账单仍未到达，以该批材料估价 105 000 元入账；③7 月 1 日，用红字冲回上月末估价入账的材料成本；④7 月 5 日，发票账单到达公司，以银行存款支付货款及税款。

要求：分别编制上述不同情况下，Z 公司购入原材料的会计分录。

2. 2012 年 7 月 25 日，Z 公司购入的一批低值易耗品已运达企业并验收入库，但发票账单尚未到达；7 月 31 日，发票账单仍未到达，Z 公司以该批低值易耗品估价 60 000 元入账；8 月 5 日，发票账单到达企业，增值税专用发票上列明的低值易耗品价款为 58 000 元，增值税额为 9 860 元，供货方代垫运费 300 元。以上款项已通过银行转账支付。

要求：根据以上资料，编制 Z 公司购入低值易耗品的会计分录。

3. Z 公司购入原材料甲 10 000 件，单价 25 元，货款共计 250 000 元，增值税税额为

42 500 元，以上款项已通过银行转账支付，但材料尚在运输途中。待所购材料运达公司后，验收时发现短缺 200 件，原因待查。假设短缺 200 件为意外原因造成，由保险公司赔偿 4 600 元，其余损失计入营业外支出。

要求：根据以上资料编制原材料购入、发生短缺和处理短缺的会计分录。

4. 2012 年 4 月，Z 公司甲材料购进、发出和结存情况如表 4-6 所示。

表 4-6 原材料明细账（原材料名称及规格：甲材料） 单位：元

2012 年		摘要	收入			发出			结存		
月	日		数量/千克	单价	金额	数量/千克	单价	金额	数量/千克	单价	金额
4	1	期初结存							1 000	50.00	50 000
4	5	购进	1 200	55.00	66 000				2 200		
4	8	发出				1 500			700		
4	15	购进	1 600	54.00	86 400				2 300		
4	18	发出				1 000			1 300		
4	25	购进	800	56.00	44 800				2 100		
4	28	发出				1 200			900		
4	30	本月合计	3 600		197 200	3 700			900		

要求：分别采用先进先出法、全月一次加权平均法和移动加权平均法，计算甲材料本月发出和期末结存的实际成本。

5. Z 公司基本生产车间领用一批包装物用于产品包装（不单独计价、构成产品成本），其实际成本为 50 000 元。

要求：编制领用包装物的会计分录。

6. Z 公司出租包装物一批，实际成本为 72 000 元，收取押金 80 000 元。包装物每月租金为 10 000 元，按月从押金中扣除。Z 公司对该批包装物采用五五摊销法摊销。

要求：编制包装物出租的会计分录。

7. Z 公司基本生产车间领用一批低值易耗品，实际成本为 36 000 元。低值易耗品报废时取得残料收入 300 元存入银行。

要求：根据以上资料，分别编制低值易耗品发出采用一次摊销法和五五摊销法的会计分录。

8. 2012 年 4 月 1 日，Z 公司原材料期初余额的计划成本为 50 000 元，材料成本差异为节约差 3 000 元。4 月份，该种原材料的实际采购成本为 247 000 元，计划成本为 230 000 元，本月发出该种原材料的计划成本为 250 000 元，其中，基本生产车间领用 235 000 元，车间一般消耗 12 000 元，管理部门领用 3 000 元。

要求：①按计划成本方法编制原材料采购、发出、结转材料成本差异的会计分录；②计算本月材料成本差异率；③分摊材料成本差异，并作相关会计分录；④计算月末结存原材料的实际成本。

9. 从 2008 年起，Z 公司采用成本与可变现净值孰低法对存货进行期末计量。①2008 年 12 月 31 日，甲产品的账面成本为 120 000 元，可变现净值为 100 000 元。②2009 年 12 月 31 日，甲产品的账面成本为 150 000 元，可变现净值为 135 000 元，存货跌价准备账户的贷方余额为 6 000 元。③2010 年 12 月 31 日，甲产品的账面成本为 100 000 元，可变现净值为 95 000 元，存货跌价准备账户的贷方余额为 8 000 元。④2011 年 12 月 31 日，甲产品的账面成本为 110 000 元，可变现净值为 115 000 元，存货跌价准备账户的贷方余额为2 000 元。⑤2012 年 12 月 31 日，甲产品的账面成本为 160 000 元，可变现净值为 155 000 元。

要求：根据以上资料，分别编制 Z 公司各年计提甲产品跌价准备的会计分录。

10. Z 公司在存货清查中发现甲材料账面余额大于实际余额 3 000 元。盘亏原因查明，属于管理不善造成的毁损 1 000 元，由过失人赔偿，其他部分属于材料的自然损耗所致。

要求：根据以上资料编制存货发生盘亏及盘亏处理的会计分录（不考虑增值税）。

第五章

投　资

第一节　概述

1. 投资的概念和分类

企业投资有广义和狭义之分。广义投资既包括企业对内的固定资产、投资性房地产、无形资产等投资，也包括企业对外的权益性投资、债权性投资、期货投资等。狭义投资仅指企业对外的权益性投资、债权性投资和期货投资等，本章主要介绍狭义投资的会计确认、计量和账务处理。

按不同标准，投资可分为以下几类。

1）按投资性质分类

按性质分类，投资可分为权益性投资、债权性投资和混合性投资。

（1）权益性投资是指为获得另一企业的投资人权益而进行的投资，因而，也称为股权投资。通过权益性投资，投资方企业依据在被投资单位的股权份额或与其他投资方的协议，可获得对其财务政策、经营活动等的控制权、重大影响、共同控制等权利。权益性投资的主要形式有，以现金或者非现金资产对被投资单位进行的股权投资、购买被投资单位股票等。

（2）债权性投资是指企业将其闲置资金让渡于其他单位使用，从而获取高于银行存款利息收益的投资行为。通过债权性投资，投资方企业具有到期向被投资单位收取利息和收回本金的权利。债权性投资的主要形式有购买国债、购买其他公司发行的债券和委托贷款等。

（3）混合性投资是指既有权益性又有债权性特点的投资。混合性投资的主要形式有购买其他公司发行的可转换公司债券等。

2）按投资变现能力分类

（1）变现能力强的投资。变现能力，指在证券市场上随时变为现金的能力。能够在公开市场上进行交易的股票、债券和基金等，都是变现能力强的投资。

（2）变现能力弱的投资，指不能在证券市场上随时变为现金的投资种类。不能够在公开市场上进行交易的股票、债券和基金等，都是变现能力弱的投资。

3）按投资目的分类

按投资目的分类，对外投资可分为交易性投资、持有至到期投资和长期股权投资等。

(1) 交易性投资，指准备随时变现或者不准备持有至到期的各种投资。交易性投资的主要形式有企业购买的，可以在公开市场上交易的股票、债券、基金和权证等。这类投资按其持有时间的不同，又可分为交易性金融资产投资和可供出售金融资产投资。

(2) 持有至到期投资，指不准备随时交易、准备持有至到期的投资。持有至到期投资的主要形式是进行长期债券投资。

(3) 长期股权投资，指以控制、产生重大影响、与其他投资人共同控制另一企业财务政策、经营政策等为目的的投资。

2. 投资的特点

企业进行权益性投资、债权性投资等活动，主要是为了通过对其他企业的投资，谋求更大的市场、取得更多的收益。与对内投资相比，企业对外投资具有以下特点。

(1) 通常投资于金融资产。企业对外投资的形式，主要包括交易性金融资产投资、持有至到期投资、可供出售金融资产投资和长期股权投资等。其中前三项主要以货币资金进行投资，后一项内容可以货币资金投资，也可以非现金资产投资。但无论以何种资产投资，对于投资方而言，形成的资产通常都是金融资产。

(2) 投资性质不同。在对外投资的几项内容中，持有至到期投资通常属于债权性质的投资，投资方与被投资单位形成债权人与债务人的关系；长期股权投资属于股权性质的投资，投资方与被投资单位形成股东与接受投资单位的关系；而对于交易性金融资产和可供出售金融资产而言，如果进行股票投资，投资方与被投资单位形成股东与被投资单位的关系，如果进行债券投资，投资方与接受投资单位形成债权人与债务人的关系。

(3) 投资收益的形式不同，金额差异大。由于投资性质不同，投资方与被投资单位的关系不同，投资收益的形式就不同。债权人的收益是按约定的利率取得利息，同时，由于利率水平是投资时双方已经达成的约定，因而，其金额是固定的；股东的收益是接受被投资单位进行的利润分配，并且视被投资单位的状况而定，因而，其金额是不固定的。与债权人相比，股东有获得高收益的可能性。

(4) 投资风险差异大。由于债权性投资中，投资方按约定利率获得利息收益，因而，其风险很小。如果债务人有很强的经济实力和良好的信誉，债权性投资几乎没有风险。但是，股权投资成功与否，受很多因素的影响，任何一个因素都可能导致股权投资的失败。

第二节　交易性金融资产投资

1. 交易性金融资产的概念及特点

交易性金融资产，指准备随时变现、以公允价值计量且其变动计入当期损益的投资，具有变现能力强、持有时间短的特点。一般而言，企业进行交易性金融资产投资，是作为对暂时闲置货币资金的一种利用。在金融资产中，满足下列特点之一的，应当划分为交易性金融资产：

(1) 取得交易性金融资产的目的，主要是近期出售。例如，企业以赚取差价为目的从二级市场购入的股票、债券和基金等。

(2) 属于进行集中管理的可辨认金融资产工具组合的一部分，且有客观证据表明企业近期采用短期获利方式对该组合进行管理。例如，企业基于投资策略和风险管理的需要，将某些金融资产进行组合，从事短期获利活动。

(3) 属于衍生金融工具，如国债期货、远期合同、股指期货等。当这些金融资产公允价值变动大于零时，应将其相关变动金额确认为交易性金融资产，同时计入当期损益。但是，如果衍生金融工具被企业指定为有效套期关系中的套期工具，该衍生金融工具初始确认后的公允价值变动应根据其对应的套期工具不同，采用不同的方法进行核算。

2. 交易性金融资产的计量

交易性金融资产的入账时间，以支付现金或者转移非现金资产、取得交易性金融资产的时间作为其投资确认的时间；交易性金融资产初始价值和后续价值计量，均采用公允价值计量模式，期末公允价值变动差额计入当期损益。

企业在证券市场上进行投资取得的交易性金融资产，以取得时的公允价值作为初始成本，进行投资时发生的交易费用计入当期损益；如果取得的交易性金融资产所支付的价款中包含有已宣告但尚未发放的现金股利或者债券利息，应从初始投资成本中扣除，单独作为应收股利或者应收利息；在持有期间按投资合同确定的债券利息或现金股利，应分别确认为各期的投资收益；资产负债表日，企业应当对投资的交易性金融资产按当日的公允价值计量，并将公允价值的变动差额计入当期损益；处置交易性金融资产投资时，将处置时该资产的公允价值与账面价值的差额确认为投资收益，同时，调整公允价值变动损益。

3. 账户设置和账务处理

1) 账户设置

“交易性金融资产”属于资产类账户。企业取得投资资产时，以初始成本记入借方；处置投资资产时，以其账面价值记入贷方；该账户的余额在借方，反映企业持有但尚未处置的交易性金融资产的公允价值。该账户下应按投资种类设置明细账。

“投资收益”属于损益类账户。企业进行交易性金融资产投资和其他金融资产投资所获得的收益，记入贷方；发生的投资损失记入借方；期末，无论是贷方余额或是借方余额，均应转入“本年利润”账户，结转后该账户无余额。

“公允价值变动损益”属于损益类账户。资产负债表日，交易性金融资产公允价值大于其账面价值的差额（收益）记入贷方；公允价值小于其账面价值的差额（损失）记入借方；期末，无论是贷方余额还是借方余额，均应转入“本年利润”账户，结转后该账户无余额。

“应收利息”属于资产类账户。企业进行债权性投资时按分期付息方式计算的应收利息记入借方；到期收回利息记入贷方；该账户余额在借方，反映企业应收未收的债权投资利息。该账户下应按投资种类设置明细账。

“应收股利”属于资产类账户。企业进行股权性投资的应收股利记入借方；收回股利记入贷方；该账户余额在借方，反映企业应收未收股利。该账户下应按投资种类设置明细账。

2）账务处理

企业取得、期末以公允价值计量、转让或处置交易性金融资产时，应以取得的有关凭证进行相应的账务处理。

【例 5-1】2012 年 3 月 10 日，A 公司以银行存款 2 080 000 元从二级市场购买 X 公司发行的股票 200 000 股，每股 10.4 元，其中包含已宣告但尚未支付的现金股利 0.4 元，另外支付交易费用 2 500 元。A 公司将该项投资划为交易性金融资产，且持有该股票后对 X 公司无重大影响。

A 公司与该项投资活动相关的交易或者事项还有：同年 5 月 20 日收到 X 公司发放的现金股利 80 000 元；6 月 30 日 X 公司股票价格为每股 12.5 元；9 月 20 日将 X 公司股票以每股 14 元的价格全部出售。以上交易或者事项应分别作会计分录：

① 2012 年 3 月 10 日，取得交易性金融资产时：

借：交易性金融资产——成本	2 000 000	
应收股利	80 000	
投资收益	2 500	
贷：银行存款		2 082 500

② 2012 年 5 月 20 日，收到 X 公司发放的现金股利时：

借：银行存款	80 000	
贷：应收股利		80 000

③ 2012 年 6 月 30 日，确认股票公允价值变动收益 500 000 元（12.5－10＝2.5 元；200 000×2.5＝500 000 元）时：

借：交易性金融资产——公允价值变动	500 000	
贷：公允价值变动损益		500 000

④ 2012 年 9 月 20 日，出售股票收回款项时：

借：银行存款	2 800 000	
公允价值变动损益	500 000	
贷：交易性金融资产——成本		2 000 000
——公允价值变动		500 000
投资收益		800 000

【例 5-2】2012 年 1 月 1 日，A 公司以银行存款 530 000 元从二级市场购买 Y 公司发行的债券（含已到期但尚未领取的利息 30 000 元），另外支付交易费用 2 000 元。该债券面值 500 000 元，期限 3 年，剩余期限 2 年，票面利率为 12%，每半年付息一次。A 公司将该项投资划为交易性金融资产。

在 A 公司持有该债券期间，发生的与该投资有关的其他事项包括：2012 年 1 月 5 日，收到 2011 年下半年利息 30 000 元；2012 年 6 月 30 日，该债券的公允价值为 502 000 元（不含利息），同时确认当期利息 30 000 元；2012 年 7 月 5 日，收到 2012 年上半年债券利息 30 000 元；2012 年 12 月 31 日，该债券的公允价值为 501 500 元（不含利息），同时确认当期债券利息 30 000 元；2013 年 1 月 5 日，收到 2012 年下半年利息 30 000 元；2013 年 6 月 30 日，将该债券出售，取得收入 531 500 元（含 2013 年上半年利息 30 000 元）。

以上交易或者事项应分别作会计分录：

① 2012 年 1 月 1 日购买债券时：

借：交易性金融资产——成本　500 000

　　应收利息　30 000

　　投资收益　2 000

　贷：银行存款　532 000

② 2012 年 1 月 5 日，收到 2011 年下半年利息时：

借：银行存款　30 000

　贷：应收利息　30 000

③ 2012 年 6 月 30 日，确认当期债券公允价值变动损益和投资收益时：

借：交易性金融资产——公允价值变动　2 000

　贷：公允价值变动损益　2 000

借：应收利息　30 000

　贷：投资收益　30 000

④ 2012 年 7 月 5 日，收到 2012 年上半年债券利息 30 000 元时：

借：银行存款　30 000

　贷：应收利息　30 000

⑤ 2012 年 12 月 31 日，确认当期债券公允价值变动损益和投资收益时：

借：公允价值变动损益　500

　贷：交易性金融资产——公允价值变动　500

借：应收利息　30 000

　贷：投资收益　30 000

⑥ 2013 年 1 月 5 日，收到 2012 年下半年债券利息 30 000 元时：

借：银行存款　30 000

　贷：应收利息　30 000

⑦ 2013 年 6 月 30 日，将该债券出售，取得收入 531 500 元（含 2012 年上半年利息 30 000 元)时：

借：应收利息　30 000

　贷：投资收益　30 000

借：银行存款　531 500

　　公允价值变动损益　1 500

　贷：交易性金融资产——成本　500 000

　　　　　　　　　　——公允价值变动　1 500

　　应收利息　30 000

　　投资收益　1 500

第三节　持有至到期投资

1. 持有至到期投资的概念、特点及目的

1）持有至到期投资的概念

持有至到期投资是指到期日固定、回收金额固定或可确定、有明确意图持有至到期日且有能力持有至到期的非衍生金融投资。

通常情况下，持有至到期投资主要是企业进行长期债权投资，包括企业持有的在活跃市场有公开报价的国债、企业债券以及金融债券等。对于已归类为持有至到期投资的金融资产，企业应当在每个资产负债表日对其持有的意图和能力进行持续的评价。如果测试表明企业不再准备将其持有至到期，则应当将其重新分类为可供出售的金融资产。

企业不能将下列非衍生金融资产划分为持有至到期投资：在初始确认时即被指定为以公允价值计量且其变动计入当期损益的非衍生金融资产；在初始确认时被指定为可供出售的非衍金融资产；符合贷款和应收款项定义的非衍生金融资产。

2）持有至到期投资的特点

(1) 该金融资产到期日固定、回收金额固定或可确定。企业在进行持有至到期投资时，与债务方就有关投资期限、投资收益金额、投资收益获取形式等有了约定，即明确了投资人在确定的期间内获得或者应收取现金流量的金额和时间。因此，从投资人角度看，可以不考虑债务人可能发生的重大支付风险。同时，在投资持有期间，即使社会投资收益水平发生变化，企业也可以按照约定的投资收益金额和投资收益获取形式取得收益。

(2) 企业有明确意图持有至到期日。有明确意图持有至到期，指企业进行投资时，就有明确的意图将其持有至到期日，除非发生企业不能控制、预期不会重复发生且难以合理预计的独立事项，否则将持有至到期日。出现以下情况之一的，表明企业没有明确意图将金融资产持有至到期：第一，持有该金融资产的期限不确定；第二，出现市场利率变化、投资收益率变化、融资来源变化等情况时，会将该金融资产出售，但无法控制、预期不会重复发生且难以合理预计的独立事项引起的金融资产除外；第三，该金融资产的发行方可以按照明显低于摊余成本的金额清偿；第四，其他表明企业没有明确意图将该金融资产持有至到期的情况。

(3) 企业有能力将该金融资产持有至到期。有能力持有至到期，指企业有足够的财力资源，并不受外部因素影响将投资持有至到期。存在下列情况之一的，表明企业没有能力将具有固定期限的金融资产持有至到期：第一，没有可利用的财务资源持续地为该金融资产投资提供资金支持，以使该金融资产投资持有至到期；第二，受法律、行政法规的限制，使企业难以将该金融资产持有至到期；第三，其他表明企业没有能力将具有固定期限的金融资产投资持有至到期的情况。

需要指出的是，企业在将债权性投资划分为持有至到期投资时，并不意味着必须将其持有至到期。企业应在每个资产负债表日，对其持有到期投资的意图和能力进行评价。如果企业的持有意图或能力发生了变化，应当将持有至到期投资重新分类为可供出售的金融资产。

3）持有至到期投资的目的

（1）使长期闲置资金获得高于银行存款利息的收益。企业在正常的生产经营过程中，一般不会产生大量的、长期闲置的货币资金。但有时会由于一些特殊原因而产生大量的、长期闲置的货币资金。例如，通过股权融资或负债融资取得了大量的货币资金，又由于一些突发性原因，使得投资项目发生暂时性或者永久性搁浅。这种情况就会使得取得的货币资金长期闲置。为了使得这部分长期闲置资金取得高于银行存款利息的收益，同时有效避免进行其他投资可能带来的风险，将其投资于政府债券等其他投资种类，可以达到闲置资金保值和增值的目的。

（2）投资于持有至到期投资可使投资资金获得一定的流动性。企业将大量的、长期闲置的资金投资于持有至到期投资，并不意味着这种投资一定要持有至到期。企业的生产经营活动面临着非常大的不确定性，如果在投资没有到达到期日，企业又因面临好的市场机会而需要资金，那么，可将持有至到期投资变现。如果企业将大量的、长期闲置的资金投资于土地使用权、投资性房地产等长期资产，那么当生产经营活动需要资金时，就不能适时变现。

（3）为特定投资目的积累资金。以持有至到期投资方式为未来某一特定投资目的积累资金，是这种投资的一个重要目的。如企业为了归还尚未到期的公司债券本息，可以建立专门的偿债基金，在偿债基金专户存款用于清偿公司债券之前，可用这笔货币资金购买债券，以获取高于银行存款利息的收益。企业也可以将相当于年折旧金额的货币资金用于长期债权性投资，以积累固定资产更新所需资金。

2. 持有至到期投资的计量

1）持有至到期投资初始计量

持有至到期投资初始确认时，应以其公允价值和相关交易费用之和作为初始成本入账，实际支付的价款中包含已到付息日但尚未领取的债券利息，应单独确认为应收利息；同时，应当计算确定投资的实际利率，并在该持有至到期投资预期存续期间或者更短期间内保持不变。

持有至到期投资的主要形式是债券投资。企业进行债券投资时，发行债券的债务方确定的债券票面利率与债券市场利率可能相等，也可能不相等。如果债券票面利率与债券市场利率相等，投资的公允价值与投资债券的面值就相等，称为面值购买。如果债券票面利率高于债券市场利率，则投资的公允价值大于投资债券的面值，称为溢价购买。溢价购买债券是对债券票面利率大于债券市场利率的高收益作出的提前付出。如果债券票面利率小于债券市场利率，则投资的公允价值小于投资债券的面值，称为折价购买。折价购买债券是对债券票面利率低于债券市场利率的低收益得到的提前补偿。

实际利率是指将金融资产或者金融负债在预期存续期间或者适用的更短期间内的未来现金流量，折现为该金融资产或者金融负债当前价值所使用的利率。企业在确定实际利率时，应当根据金融资产或者金融负债所有合同条款，预计未来现金流量。与实际利率对应的是名义利率，也称合同利率或者票面利率，是金融资产的投资人与被投资单位在合同中约定的利率。名义利率在金融资产或者金融负债预期存续期间内不变。

由于金融资产合同各方之间支付或者收取的、属于实际利率组成部分的各项交易费用以及溢折价等，应当在确定实际利率时予以考虑，因而，实际利率可能等于、高于或者低于名义利率，两者之差应在金融资产或者金融负债存续期间内或者适用的更短期间内进行调整。

持有至到期投资通常是在公开市场上进行交易取得的，因而，其会计计量采用公允价值计量模式，即以持有至到期投资取得时的公允价值和相关交易费用之和，作为其初始计量成本。

2）持有至到期投资后续计量

企业应当采用实际利率法，按摊余成本对持有至到期投资进行后续计量。实际利率法，是指按照金融资产或金融负债（含一组金融资产或金融负债）的实际利率计算其摊余成本及各期利息收入或利息费用的方法。摊余成本是指该金融资产的初始确认金融经下列调整后的结果：①扣除已偿还的本金；②加上或减去采用实际利率法将该初始确认金额与到期日金额之间的差额进行摊销形成的累计摊销额；③扣除已发生的减值损失。

企业应在持有至到期投资持有期间，采用实际利率法，按照摊余成本和实际利率计算确认利息收入，计入投资收益。实际利率应当在取得持有至到期投资时确定，实际利率与票面利率差别较小的，也可按票面利率计算利息收入，计入投资收益。

3. 账户设置和账务处理

1）账户设置

“持有至到期投资”属于资产类账户。企业取得持有至到期投资的以成本记入借方；出售或到期收回持有至到期投资的以账面价值记入贷方；该账户余额在借方，反映企业持有至到期投资的摊余成本。该账户应当设置“成本”“利息调整”“应计利息”三个明细账户，分别用来核算持有至到期投资的面值、持有至到期投资的溢价和折价以及摊销情况、一次还本付息的持有至到期投资在资产负债表日应计提的利息。

“持有至到期投资减值准备”属于备抵类账户。期末计提持有至到期投资减值准备记入贷方；转销持有至到期投资减值、因持有到期投资价值已恢复转回的减值准备记入借方；该账户余额在贷方，反映企业已计提但尚未转销的持有至到期投资减值准备。该账户应当按照持有至到期投资类别和品种设置明细账。

2）账务处理

持有至到期投资的利息收入，应该区分到期一次还本付息的债券投资和分期付息、到期还本的债券投资，分别进行账务处理。持有至到期投资为到期一次还本付息的债券投资时，企业应在资产负债表日按照债券票面利率计算应收利息；持有至到期投资为分期付息、到期还本的债券投资时，企业应在资产负债表日按照债券票面利率计算应收利息，实际收到利息时，再减少应收利息。

【例 5-3】 2009 年 1 月 5 日，A 公司以银行存款 1 000 000 元购入 H 公司发行的债券，准备持有至债券到期。该债券于 1 月 5 日发行，面值 1 000 000 元，3 年期限，票面利率为 10%，每年 1 月 3 日付息，到期还本。以上交易和事项应分别作会计分录：

① 2009 年 1 月 5 日，购入债券时：

	借方	贷方
借：持有至到期投资——成本	1 000 000	
贷：银行存款		1 000 000

② 2009 年 12 月 31 日，确认当期利息收入时：

借：应收利息 100 000

贷：投资收益 100 000

③ 2010 年 1 月 3 日，收到利息时：

借：银行存款 100 000

贷：应收利息 100 000

2010 年确认当期利息收入和收到利息的会计分录与 2009 年相同。

④ 2011 年 12 月 31 日，确认利息收入时：

借：应收利息 100 000

贷：投资收益 100 000

⑤ 2012 年 1 月 5 日，到期收回投资和利息

借：银行存款 1 100 000

贷：应收利息 100 000

持有至到期投资——成本 1 000 000

【例 5-4】 2009 年 1 月 5 日，A 公司以银行存款 1 060 000 元溢价购入 M 公司发行的债券，准备持有至到期。该债券于 1 月 5 日当日发行，面值为 1 000 000 元，3 年期限，票面利率为 10%，每年 1 月 3 日付息，到期还本。A 公司采用实际利率法确认持有至到期投资的利息收入。以上交易和事项应作会计分录：

① 2009 年 1 月 5 日，购入债券时：

借：持有至到期投资——成本 1 000 000

——利息调整 60 000

贷：银行存款 1 060 000

② 确认每年的利息收入：

本金和利息的现值之和＝1 000 000×（P/F，i，3）＋1 000 000×10%×（P/A，i，3）

投资成本＝1 060 000（元）

令：1 000 000×（P/F，i，3）＋1 000 000×10%×（P/A，i，3）＝1 060 000（元）

以内插法计算的投资实际利率 $i \approx 7.69\%$。

各期利息收入如表 5-1 所示。

表 5-1 利息收入计算表 单位：元

年份	期初摊余成本①	实际利息②＝①×实际利率	现金流入③＝面值×票面利率	期末摊余成本④＝①＋②－③
2009	1 060 000	81 514	100 000	1 041 514
2010	1 041 514	80 092	100 000	1 021 606
2011	1 021 606	78 394*	1 100 000	0

*尾数调整：78 394＝1 100 000－1 021 606（元）

③ 2009 年 12 月 31 日，确认利息收入时：

借：应收利息　100 000

　贷：投资收益　81 514

　　持有至到期投资——利息调整　18 486

④ 2010 年 1 月 3 日，收到利息时：

借：银行存款　100 000

　贷：应收利息　100 000

⑤ 2010 年 12 月 31 日，确认利息收入时：

借：应收利息　100 000

　贷：投资收益　80 092

　　持有至到期投资——利息调整　19 908

⑥ 2011 年 1 月 3 日，收到利息时：

借：银行存款　100 000

　贷：应收利息　100 000

⑦ 2011 年 12 月 31 日，确认利息收入时：

借：应收利息　100 000

　贷：投资收益　78 394

　　持有至到期投资——利息调整　21 606

⑧ 2012 年 1 月 5 日，到期收回投资和利息时：

借：银行存款　1 100 000

　贷：应收利息　100 000

　　持有至到期投资——成本　1 000 000

【例 5-5】 2009 年 1 月 5 日，A 公司以银行存款 970 000 元的折价购入 N 公司发行的债券，准备持有至债券到期。该债券于 1 月 5 日当日发行，面值为 1 000 000 元，3 年期限，票面利率为 10%，每年 1 月 3 日付息，到期还本。A 公司采用实际利率法确认持有至到期投资的利息收入。以上交易和事项应作会计分录：

① 2009 年 1 月 5 日，购入债券时：

借：持有至到期投资——成本　1 000 000

　贷：银行存款　970 000

　　持有至到期投资——利息调整　30 000

② 确认每年的利息收入：

本金和利息的现值之和＝1 000 000×$(P/F, i, 3)$ ＋1 000 000×10%×$(P/A, i, 3)$

投资成本＝970 000（元）

令：1 000 000×$(P/F, i, 3)$ ＋1 000 000×10%×$(P/A, i, 3)$ ＝970 000（元）

以内插法计算的投资实际利率 $i \approx 11.25\%$。

各期利息收入如表 5-2 所示。

表 5-2 利息收入计算表 单位：元

年份	期初摊余成本 ①	实际利息 ②=①×实际利率	现金流入 ③=面值×票面利率	期末摊余成本 ④=①+②-③
2009	970 000	109 125	100 000	979 125
2010	979 125	110 152	100 000	989 277
2011	989 277	110 723*	1 100 000	0

*尾数调整：110 723=1 100 000-989 277（元）

③ 2009 年 12 月 31 日，确认利息收入时：
借：应收利息 100 000
　　持有至到期投资——利息调整 9 125
　　贷：投资收益 109 125
④ 2010 年 1 月 3 日，收到利息时：
借：银行存款 100 000
　　贷：应收利息 100 000
⑤ 2010 年 12 月 31 日，确认利息收入时：
借：应收利息 100 000
　　持有至到期投资——利息调整 10 152
　　贷：投资收益 110 152
⑥ 2011 年 1 月 3 日，收到利息时：
借：银行存款 100 000
　　贷：应收利息 100 000
⑦ 2011 年 12 月 31 日，确认利息收入时：
借：应收利息 100 000
　　持有至到期投资——利息调整 10 723
　　贷：投资收益 110 723
⑧ 2012 年 1 月 5 日，到期收回投资和利息时：
借：银行存款 1 100 000
　　贷：应收利息 100 000
　　　　持有至到期投资——成本 1 000 000

从以上例子可以看出，在面值购买债券的情况下，每个资产负债表日，按债券票面面值乘以债券票面利率，计算出该会计期间的应收利息，计入当期投资收益。面值购买债券情况下，债券应收利息与投资收益相等。在溢价购买债券的情况下，按债券票面面值乘以债券票面利率，计算出该会计期间的应收利息，再减去债券溢价转销额，构成当期投资收益。溢价购买债券情况下，实际投资收益小于应收利息。在折价购买债券的情况下，按债券票面面值乘以债券票面利率，计算出该会计期间的应收利息，再加上债券折价转销额，计入当期投资收益。在折价购买债券的情况下，实际投资收益大于应收利息。

持有至到期投资到期时，无论面值购买、溢价购买或折价购买，其摊余成本都是面值和应收利息之和。在面值购买情况下，每个资产负债表日，按票面面值计算应收利息，持有日到期时，可收回投资的本金和利息。持有期间的应收利息已经分期计入各期的投资收益。在溢价购买情况下，每个资产负债表日，按票面面值计算应收利息，再计算溢价转销，待持有日到期时，债券溢价已经转销为零，可收回投资的本金和利息。持有期间的应收利息已经分期计入各期的投资收益。在折价购买情况下，每个资产负债表日，按票面面值计算应收利息，再计算折价转销，持有日到期时，债券折价已经转销为零，可收回投资的本金和利息。持有期间的应收利息已经分期计入各期的投资收益。

4. 持有至到期投资减值

在资产负债表日，如果持有至到期投资价值出现非临时性下降，即出现减值现象，则应采用一定的方法对其进行减值测试，按其减值金额，计提持有至到期投资减值准备。判断持有至到期投资价值出现非临时下降，从而可以计提投资减值准备的客观依据有：①发行方或债务方发生严重的财务困难；②债务方违反了合同条款，如偿付利息或本金发生违约或逾期等；③债权人出于经济或法律等方面因素的考虑，对发生财务困难的债务人作出让步；④债务人很可能倒闭或进行其他财务重组；⑤因发行方发生重大财务困难，该金融资产无法在活跃市场继续交易；⑥无法辨认一组金融资产中的某项资产的现金流量是否已经减少，但公开的数据对其进行总体评价后，该组金融资产自初始确认以来的预计未来现金流量确已减少且可计量；⑦债务人经营所处的技术、市场、经济或法律环境等发生重大不利变化，使权益工具投资人可能无法收回本金；⑧权益工具投资的公允价值发生严重或非暂时性下跌；⑨其他表明金融资产发生减值的客观证据。

如果出现以上情况，表明持有至到期投资出现减值。企业应当对持有至到期投资进行减值测试。测试时，可以根据企业的实际情况，将持有至到期投资分为单项减值重大和非重大两类。对于单项减值重大的持有至到期投资项目，应单独进行减值测试；对于单项减值非重大项目，可以进行单独测试，也可以与其他有类似信用风险的持有至到期投资项目进行投资组合风险测试。

对于单独进行减值测试的持有至到期投资项目，如果有客观证据表明其发生了减值，可以通过计算资产负债表日该投资项目的未来现金流量现值，并与其账面价值进行比较，确定该投资项目的减值金额。若现值低于其账面摊余价值，其差额即为该持有至到期投资项目发生的减值金额。

采用组合方式对持有至到期投资进行减值测试的方法，将在第十三章介绍。

企业确定了持有至到期投资减值金额后，应根据取得的有关凭证作相应的账务处理。

【例 5-6】 A 公司以银行存款 5 000 000 元按面值购买 X 公司发行的公司债券，债券期限为 5 年，年利率 6%。若公司在购买债券后第四年的 12 月份获悉，X 公司由于财务困难，到期只能支付债券本金的 70%。

根据以上资料，A 公司在购买债券第四年的资产负债表日应计提持有至到期投资减值准备 1 500 000 元（5 000 000 元×30%）：

借：资产减值损失　　1 500 000

　　贷：持有至到期投资减值准备　　1 500 000

5. 持有至到期投资重分类

企业持有至到期投资的意图或能力发生变化时，可以将持有至到期投资重分类为可供出售金融资产，以备变现，并以公允价值进行后续计量。在重分类日，企业应按持有至到期投资的公允价值作为可供出售金融资产的初始成本计量，将持有至到期投资的账面价值与公允价值的差额计入所有者权益，在该可供出售金融资产发生减值或终止确认时转出，计入当期损益。

【例 5-7】 由于资金调度原因，A 公司将原划分为持有至到期投资的 X 公司债券重分类为可供出售的金融资产。该债券在重分类日的公允价值 552 000 元，投资成本 500 000 元，应计利息 40 000 元。以上事项应作会计分录：

借：可供出售的金融资产	552 000	
贷：持有至到期投资——成本		500 000
——应计利息		40 000
资本公积——其他资本公积		12 000

6. 持有至到期投资处置

持有至到期投资的处置可以分为两种情形：一是提前出售，二是到期收回。提前出售持有至到期投资，实际收到的款项与持有至到期投资账面价值的差额，计入当期损益。如果提前处置的持有至到期投资已计提减值准备，也应当同时转销；如果处置部分持有至到期投资，应按该项投资的总平均成本确定其处置部分的成本，并按相应比例结转已计提的减值准备。到期收回持有至期投资的确认、计量和账务处理已在本节第三部分介绍，这里不再重复。

【例 5-8】 2012 年 7 月 1 日，A 公司将持有的 D 公司债券出售，该债券在 2011 年 7 月 1 日以面值购买时的成本为 800 000 元，期限 3 年，票面利率 5%。出售时取得收入 848 000 元，全部转入银行存款户。以上事项应作会计分录：

借：银行存款	848 000	
贷：持有至到期投资——成本		800 000
——应计利息		40 000
投资收益		8 000

第四节 可供出售金融资产投资

1. 可供出售金融资产的概念

可供出售金融资产，指初始确认时即被指定为可供出售的非衍生金融资产，以及除下列各类资产以外的金融资产：贷款和应收账款、持有至到期投资、以公允价值计量且其变动计入当期损益的金融资产。相对于交易性金融资产和持有至到期投资，可供出售金融资产的持有意图不明确。例如，企业购买的没有划分为以公允价值计量且其变动计入当期损益的金融资产或者持有至到期投资的在活跃市场有报价的股票、债券等。

企业购买的在活跃市场有报价的金融资产，可以划分为以公允价值计量且其变动计入当期损益的金融资产，也可以划分为可供出售的金融资产。如果购买的金融资产有明确的到期日、回收金额固定或者可确定的金融资产，还可以划分为持有至到期投资。一项金融资产具体划分到上述哪一类别，主要取决于企业管理层的投资意图和风险管理对策等因素。

2. 可供出售金融资产的确认和计量

可供出售金融资产确认和计量的基本原则是：①按其交易的公允价值和相关交易费用之和作为初始入账价值。如果支付的价款中包含已到付息日但尚未领取的债券利息，或者已宣告但尚未发放的现金股利，应单独确认为应收项目；②资产负债表日，按其公允价值计量，所产生的公允价值变动损益计入所有者权益；③持有期间取得的利息或者现金股利，计入当期投资收益；④处置可供出售金融资产取得的价款与该金融资产账面价值的差额，计入投资损益。同时，将原计入所有者权益的公允价值变动累计额对应处置部分的金额转出，计入投资损益。

3. 账户设置和账务处理

"可供出售金融资产"属于资产类账户。企业取得可供出售金融资产的成本记入借方；出售可供出售金融资产的账面余额记入贷方；该账户余额在借方，反映企业持有可供出售金融资产的摊余成本。该账户下应设"成本""利息调整""应计利息"和"公允价值变动"等几个明细账户。其中，"成本"用来记录债券投资的面值和股票投资的取得成本；"利息调整"用来记录债权投资的溢价或折价及摊销情况；"应计利息"用来记录一次还本付息的债券投资在资产负债表日计提的票面利息。

【例 5-9】 2011 年 1 月 5 日，A 公司以银行存款 1 060 000 元购入 S 公司发行的债券，将其归入可供出售金融资产。该债券于 1 月 5 日当日发行，面值 1 000 000 元，3 年期限，票面利率 10%，每年 1 月 3 日付息，到期还本。A 公司采用实际利率法确认可供出售金融资产的利息收入。2011 年 12 月 31 日，该债券的公允价值为 1 100 000 元；2012 年 12 月 31 日，债券的公允价值为 991 514 元；2013 年 3 月 1 日，A 公司将该债券全部售出，取得转让收入 1 040 000 元。以上交易和事项应分别作会计分录：

① 2011 年 1 月 5 日，购入债券时：

借：可供出售金融资产——成本　　1 000 000

　　　　　　　　　　——利息调整　　60 000

　贷：银行存款　　1 060 000

② 确认每年的利息收入：

本金和利息的现值之和＝1 000 000×$(P/F, i, 3)$ ＋1 000 000×10%×$(P/A, i, 3)$

投资成本＝1 060 000（元）

令：1 000 000×$(P/F, i, 3)$＋1 000 000×10%×$(P/A, i, 3)$＝1 060 000（元）

以内插法计算的投资实际利率 i≈7.69%。

各期利息收入如表 5-3 所示。

表 5-3 利息收入计算表 单位：元

年份	期初摊余成本①	实际利息②=①×实际利率	现金流入③=面值×票面利率	期末摊余成本④=①+②-③
2011	1 060 000	81 514	100 000	1 041 514
2012	1 041 514	80 092	100 000	1 021 606
2013	1 021 606	78 394*	1 100 000	0

*尾数调整：78 394=1 100 000-1 021 606（元）

③ 2011 年 12 月 31 日，确认利息收入时：

借：应收利息　　100 000

　　贷：投资收益　　81 514

　　　　可供出售金融资产——利息调整　　18 486

④ 2011 年 12 月 31 日，确认公允价值变动：

公允价值变动=1 100 000-1 041 514=58 486（元）

借：可供出售金融资产——公允价值变动　　58 486

　　贷：资本公积——其他资本公积　　58 486

⑤ 2012 年 1 月 3 日，收到利息时：

借：银行存款　　100 000

　　贷：应收利息　　100 000

⑥ 2012 年 12 月 31 日，确认利息收入时：

借：应收利息　　100 000

　　贷：投资收益　　80 092

　　　　可供出售金额资产——利息调整　　19 908

⑦ 2012 年 12 月 31 日，确认公允价值变动：

公允价值变动=991 514-1 021 606=-30 092（元）

借：资本公积——其他资本公积　　30 092

　　贷：可供出售金融资产——公允价值变动　　30 092

⑧ 2013 年 1 月 3 日，收到利息时：

借：银行存款　　100 000

　　贷：应收利息　　100 000

⑨ 2013 年 3 月 1 日，出售债券时：

借：银行存款　　1 040 000

　　投资收益　　10 000

　　贷：可供出售金融资产——成本　　1 000 000

　　　　　　　　　　　　——利息调整　　21 606

　　　　　　　　　　　　——公允价值变动　　28 394

借：资本公积——其他资本公积　　28 394

　　贷：投资收益　　28 394

第五节 长期股权投资

1. 长期股权投资概述

1）长期股权投资的概念

长期股权投资是企业以现金或非现金资产投资于被投资单位、取得相应股权，并按所持股权比例分享被投资单位权益及承担风险的一种投资形式。长期股权投资一般是基于企业长远发展的需要，通过股权投资方式，对被投资单位实施控制、共同控制或产生重大影响，以扩大投资单位的生产经营规模，或与被投资单位进行资产整合，形成某种经营优势等。

2）长期股权投资的类型

按照对被投资单位产生的影响程度和结果不同，长期股权投资可以划分为以下四种类型。

（1）控制，是指一个企业能够决定另一个企业的财务和经营政策，并能据以从另一个企业的经营活动中获取利益的权力。需要强调的是，控制的性质是一种权力或法定权力，其主体是唯一的，不存在两方或多方的控制主体，其内容主要是被控制单位的财务和经营政策。拥有控制权的企业通常被称作母公司，被控制的企业通常被称作子公司。

（2）共同控制，是指企业按照合同约定，与其他合营方一同对被投资单位的经营活动实施控制的权力。由两个或两个以上的企业以共同控制的形式投资的企业叫做合营企业。合营企业的特点在于，合营企业的各方都受到合同或协议的限制或约束，合营企业的重大财务和经营决策须得到合营各方的同意才能通过，单独一方无权通过决策。合营各方的权责约定可以体现在合营企业的章程中，也可以单独订立协议。

（3）重大影响，是指企业对另一企业的财务和经营政策有参与决策的权力，但并不能够对其实施控制或与其他企业一起对其实施共同控制。如果企业在投资后对另一企业产生重大影响，则被投资单位称为投资企业的联营企业。一般情况下，投资企业在直接或间接拥有被投资单位20%及以上至50%（包含50%）的表决权资本时，就认为对被投资单位产生重大影响，除非有明确的证据表明这种情况下不能参与被投资单位的生产经营决策。

（4）无控制、无共同控制且无重大影响。投资企业与被投资单位之间的关系除上述三种情形以外，可归入无控制、无共同控制且无重大影响一类。这种情况说明投资企业既不能对被投资单位实施控制，也不能与其他企业一起对被投资单位实施共同控制，也不能对被投资单位产生重大影响。通常表现为投资企业直接拥有被投资单位20%以下（不含20%）的表决权资本。

3）长期股权投资的特点

（1）长期股权投资通常是企业出于战略发展需要而进行的投资。与前述交易性金融资产投资、持有至到期投资和可供出售金融资产投资不同，长期股权投资通常不是将暂时闲置的货币资金进行投资，为了取得高于银行存款利息的收益，而是企业为谋求更大的发展，通过资产重组或者兼并等方式实现对另一企业的控制、共同控制或者重大影响等。长期股权投资行为可能发生于同一产业链的上、下游企业之间，也可能发生于不同产业的企业之间。通过同一产业链企业之间的重组或者兼并，使得企业的规模更大、成本更低、实现优势互补，也可迅速提升企业的技术水平和市场影响力。而不同产业链企业之间的重组兼并，则可分散经营风险。

(2) 长期股权投资的资产形式不限于货币资金。与前述交易性金融资产投资、持有至到期投资和可供出售金融资产投资不同，长期股权投资的投资形式具有多样性特点，不限于以货币资金进行投资，可以投资企业和被投资单位双方接受的任何形式的资产进行投资。一般情况下，投资的非现金资产需要进行资产价值的评估。

(3) 长期股权投资的金额大，未来收益的不确定性强。由于长期股权投资一般通过重组或者兼并方式完成，因而，无论只是对被投资单位一个业务进行的投资，还是对一个企业整体进行的投资，所需资金量一般都比较大；长期股权投资未来是否有收益，或者收益多少，取决于被投资单位的经营状况。若被投资单位经营状况好，投资方可能获得好的投资收益；若被投资单位经营状况不好，投资方就不会获得好的投资收益；若被投资单位经营出现亏损，投资方还要承担亏损。

(4) 投资风险很大。长期股权投资带来了企业之间的资产重组，资产重组后产生的企业之间关系的变化、人力资源的重组、文化理念和经营理念的差异等，都是影响长期股权投资成功与否的因素。同时，由于是股权性质的投资，其流动性很弱，其转让也受到很多限制，因而，股权投资中包含的经营风险、收益风险、市场风险、转让风险等都很大。

2. 长期股权投资初始计量

长期股权投资的初始计量是为了确定长期股权投资取得时的初始投资成本，即取得长期股权投资时的实际支出。长期股权投资的取得方式多种多样，不同方式取得的长期股权投资，其初始投资成本的确定方法也不尽相同。长期股权投资的取得方式可以分为两类：一类是通过企业合并取得，另一类是通过其他方式取得。

1) 企业合并形成的长期股权投资

企业合并是两个或两个以上单独的企业合并形成一个报告主体的交易或事项。按照合并方式，企业合并可以分为吸收合并、新设合并和控股合并三种类型。吸收合并之后，合并企业取得被合并企业的资产并承担相应负债之后持续存在，被合并企业宣告解散；新设合并之后，参与合并的企业全部解散，由新成立的企业持有全部资产和负债；控股合并之后，合并企业取得被合并企业的控制权，合并企业与被合并企业以母子公司关系的形式持续存在。本节所述企业合并形成的长期股权投资，是指企业控股合并形成的长期股权投资。按控股合并的主体和范围不同，长期股权投资又可分为同一控制下企业合并形成的长期股权投资和非同一控制下企业合并形成的长期股权投资。

A. 同一控制下企业合并形成的长期股权投资

(1) 概念。同一控制下的企业合并，指参与合并的企业在合并前后均受同一方或相同的多方最终控制，且该控制是非暂时性的。其中，同一方是指同一个母公司，即企业合并发生在同一个母公司控制的企业集团内部的母公司与子公司之间或子公司与子公司之间。企业之间的合并是否属于同一控制下的企业合并，需要综合构成企业合并交易事项的各方面情况，按照实质重于形式的原则进行判断。

(2) 合并成本初始计量。同一控制下企业合并成本，按合并方在被合并方账面所有者权益中所占的份额计量。合并方可以选择多种方式支付合并对价，包括支付现金、转让非现金资产、承担债务以及发行权益性证券等。①合并方以支付现金、转让非现金资产或承担债务的方式支付合并对价的，应当在合并日按照取得被合并方所有者权益账面价值的份额作为长期股权投资的初始投资成本，即长期股权投资的入账价值。长期股权投资的初始投资成本与支付的现金、转让的非现金资产、承担的债务面值之间产生的差额，首先应当调整（调增或者调减）资本公积（资本溢价或股本溢价），资本公积（资本溢价或股本溢价）的余额不足冲减时，需要进一步冲减留存收益。合并方在或承担债务的过程中支付的手续费、佣金等相关费用，应当计入所承担债务的初始计量金额。为企业合并所发生的其他费用，如审计费用、法律服务费用、评估咨询费用等应直接计入当期管理费用。②合并方以发行权益性证券的方式支付合并对价的，应当在合并日按照取得被合并方所有者权益账面价值的份额作为长期股权投资的初始投资成本，即长期股权投资的入账价值，同时应当按照发行股份的面值总额作为股本。长期股权投资的初始投资成本与所发行的股份面值之间产生的差额，首先应当调整（调增或者调减）资本公积（资本溢价或股本溢价），资本公积（资本溢价或股本溢价）的余额不足冲减时，需要进一步冲减留存收益。合并方在发行权益性证券的过程中发生的手续费、佣金等相关费用，应当抵减权益性证券的溢价收入；溢价收入不足冲减的，需要进一步冲减留存收益。合并方在合并过程中发生的各项直接费用，如审计服务费、评估服务费、法律服务费等，应当在发生时直接计入当期损益。合并方实际支付的价款或对价中包含已宣告但尚未发放的现金股利或利润，作为应收项目处理。另外，需要注意的是，合并方在按照合并日应享有被合并方账面所有者权益的份额确定长期股权投资初始投资成本的前提是，合并方与被合并方的会计政策保持一致。否则，应该基于重要性原则，按照合并方的会计政策对被合并方的资产、负债的账面价值进行调整，在此基础上再计算长期股权投资的初始投资成本。

（3）账户设置和账务处理。“长期股权投资”属于资产类账户。长期股权投资的增加记入借方；长期股权投资的收回、转让或其他原因的减少记入贷方；该账户的余额在借方，反映长期股权投资的账面价值。该账户下应按长期股权投资的名称设置明细账。

【例 5-10】Z1 和 Z2 属于同一母公司 M 控股的两个子公司。2012 年 3 月 1 日，Z1 和 Z2 签订协议，Z1 以账面原值 10 000 000 元、累计折旧 2 000 000 的固定资产和 5 000 000 的银行存款作为合并对价，换取 Z2 公司 60％的普通股股份。2012 年 5 月 10 日，Z1 获取 Z2 的实际控制权。当日 Z2 所有者权益的账面价值为 20 000 000 元，Z1 资本公积账面余额为 1 200 000 元，同时，Z1 支付各项服务费用共计 100 000 元。以上事项应分别作会计分录：

① 合并日 5 月 10 日，Z1 支付合并对价、并取得 Z2 实际控制权时：

借：固定资产清理	8 000 000	
累计折旧	2 000 000	
贷：固定资产		10 000 000
借：长期股权投资	12 000 000	
资本公积	1 000 000	
贷：固定资产清理		8 000 000

　　银行存款　5 000 000

② Z1 支付相关服务费用时：

借：管理费用　100 000

　　贷：银行存款　100 000

【例 5-11】S1 和 S2 属于同一母公司 M 控股的两个子公司。2012 年 5 月 5 日，S1 和 S2 签订协议，S1 以增发股票的形式支付合并对价，换取 S2 公司 70%的股份。2012 年 8 月 5 日，S1 以增发的每股面值 1 元的普通股股票 50 000 000 股换取 S2 的股权，当日 S2 所有者权益总额为 80 000 000 元。同时，S1 支付手续费、佣金等发行费用 1 000 000 元。以上事项应作会计分录：

借：长期股权投资　56 000 000

　　贷：股本　50 000 000

　　　　资本公积——股本溢价　6 000 000

借：资本公积——股本溢价　1 000 000

　　贷：银行存款　1 000 000

B. 非同一控制下企业合并形成的长期股权投资

（1）概念。非同一控制下的企业合并，指参与合并的企业在合并前后不受同一方或相同的多方最终控制的合并。由于非同一控制下的企业合并主体在合并之前没有任何关系，因此合并交易时的对价应当以公允价值作为计量基础。非同一控制下企业合并成本，即长期股权投资的初始投资成本，是合并方支付对价的公允价值。

（2）合并成本初始计量。合并交易一次完成的，合并成本包括购买方付出的资产、发生或承担的负债、发行的权益性证券的公允价值之和。合并交易经过多次分步完成的，合并成本为每一单项交换交易的成本之和。如果企业合并前长期股权投资采用成本法核算，企业合并后的长期股权投资的初始成本应为原账面价值加上购买日新支付对价的公允价值；如果企业合并前的长期股权投资采用权益法核算，长期股权投资在购买日的初始投资成本为原权益法下的账面价值加上购买日新支付对价的公允价值。合并交易中实际支付的价款或对价中包含的合并方应享有的被合并方已宣告但尚未发放的现金股利或利润应确认为应收项目，不构成取得长期股权投资的初始投资成本。合并交易以发行权益性证券作为支付对价，或以承担债务作为支付对价而发行债券时发生的手续费或佣金等，不属于企业为进行合并而发生的直接费用，应当按照发行权益行证券或债券的相关要求处理。

（3）账务处理。

【例 5-12】Z1 和 Z2 不存在同一母公司的控股子公司关系。2012 年 5 月 10 日，Z1 和 Z2 签订协议，Z1 以账面原值 10 000 000 元、累计摊销 2 000 000 元的专利权和 2 000 000 元银行存款作为合并对价，换取 Z2 公司 70%的普通股股份。2012 年 6 月 10 日，Z1 获取 Z2 的实际控制权。当日 Z2 的所有者权益的账面价值为 20 000 000 元，同时，Z1 支付各项服务费用共计 200 000 元。以上事项应作会计分录：

借：长期股权投资　14 000 000

　　累计摊销　2 000 000

　　管理费用　200 000

贷：无形资产　　10 000 000
　　银行存款　　2 200 000
　　营业外收入　　4 000 000

2）其他方式形成的长期股权投资

企业除通过合并方式取得长期股权投资外，还可通过合营投资和联营投资等方式取得长期股权投资。企业投资方式不同，长期股权投资初始投资成本计量也不同。通过合营投资和联营投资等方式取得长期股权投资主要包括以下几种途径。

A. 通过支付现金取得的长期股权投资

企业通过支付现金取得的长期股权投资，应当按照实际支付的购买价款作为初始投资成本，包括购买过程中支付的手续费等支出。所支付价款中包含的被投资单位已宣告但尚未发放的现金股利或利润应当确认为应收项目，不构成取得长期股权投资的成本。

【例 5-13】 M 公司于 2012 年 3 月 1 日以每股 50 元的价格买入 Z 公司 1 500 000 股份，占其 30％的股权。同时支付相关费用 200 000 元。取得该股权后，M 公司能够对 Z 公司的生产经营决策产生重大影响。以上事项应作会计分录：

借：长期股权投资　　75 200 000
　贷：银行存款　　75 200 000

B. 通过发行权益性证券方式取得的长期股权投资

企业通过发行权益性证券方式取得的长期股权投资的初始投资成本，是所发行权益性证券的公允价值，但不包括应向被投资单位收取的已宣告但尚未发放的现金股利或利润。企业发行权益性证券耗费的直接费用，如支付给券商的手续费、佣金等，不构成取得长期股权投资的成本，应从权益性证券溢价收入中扣除；溢价收入不足冲减的，应冲减盈余公积和未分配利润。

在确定发行的权益性证券的公允价值时，如果发行的权益性证券存在公开市场，有明确市价可供遵循的，应以该证券的市价作为确定其公允价值的依据，同时应考虑该证券的交易量、是否存在限制性条款等因素的影响；如果发行的权益性证券不存在公开市场，没有明确市价可供遵循的，应考虑以被投资单位的公允价值为基础确定权益性证券的价值。

【例 5-14】 2012 年 8 月 15 日，M 公司通过增发面值 1 元、总计 50 000 000 股普通股股票，取得 Z 公司 25％的股权。该普通股的公允价值为 120 000 000 元。M 公司在增发股票的过程中支付的相关费用为 5 000 000 元。M 公司取得该股权后，能够对 Z 公司的生产经营决策产生重大影响。以上事项应作会计分录：

借：长期股权投资　　12 000 000
　贷：股本　　5 000 000
　　　资本公积——股本溢价　　6 500 000
　　　银行存款　　500 000

C. 通过投资人投入取得的长期股权投资

企业通过投资人投入的方式取得的长期股权投资，原则上应当按照投资合同或者协议约定的价值作为初始投资成本，但合同或协议约定的价值不公允的除外。投资人投入的长期股权投资，指投资人以其持有的对第三方的投资作为出资投入企业。

在确定投资人投入的长期股权投资的公允价值时，有关权益性投资存在活跃市场的，应当参照活跃市场中的市价确定其公允价值；不存在活跃市场，无法按照市场信息确定其公允价值的，应当将按照一定的估值技术等合理的方法确定的价值作为其公允价值。

【例 5-15】 Z1 公司收到 M 股东持有的 Z2 公司的普通股股票作为出资。投资各方在合同中约定，该项长期股权投资作价 5 000 000 元，占 Z1 公司注册资本的 20%，Z1 公司当时注册资本是 20 000 000 元。以上事项应作会计分录：

借：长期股权投资	5 000 000
贷：实收资本	4 000 000
资本公积——股本溢价	1 000 000

D. 通过债务重组、非货币性资产交换等方式取得的长期股权投资

通过债务重组、非货币性资产交换等方式取得的长期股权投资，初始投资成本应按照债务重组和非货币性资产交换准则的规定确定。

3. 长期股权投资后续计量

企业在持有长期股权投资期间，应根据持有股权的目的、份额、对被投资单位的影响程度以及是否存在活跃市场、公允价值能否可靠计量等进行划分，分别采用成本法和权益法进行账务处理。

1）长期股权投资的成本法

A. 成本法的定义及适用范围

成本法，指长期股权投资的账面价值按初始投资成本计量，除追加、减少投资和收到清算性股利外，一般不对长期股权投资的账面价值进行调整的一种账务处理方法。成本法适用于投资企业对被投资单位实施控制或无控制、无共同控制且无重大影响等情况。

B. 成本法下长期股权投资的计量和账务处理

企业在持有长期股权投资期间，可能发生的交易或事项主要包括追加投资、收回投资、收到被投资单位发放的现金股利或利润以及股票股利等。

在不改变投资类型的情况下，企业追加投资的成本应增加长期股权投资的初始投资成本；企业收回的投资应减少长期股权投资的初始投资成本；企业收到的被投资单位发放的现金股利或利润，可能出现三种情况：

第一，被投资单位发放的投资企业取得长期股权投资时已宣告，但尚未发放的现金股利或利润。

第二，被投资单位发放的投资企业持有长期股权投资期间的现金股利或利润，即投资企业的持有收益。一般情况下，被投资单位宣告分派现金股利或利润时，投资企业应按享有的份额确认为当期投资收益。但是，投资企业确认的投资收益仅限于被投资单位接受投资后产生的累计净利润的分配额。

第三，被投资单位发放的投资企业持有长期股权投资之前产生的现金股利或利润，即清算性股利。投资企业实际收到的现金股利或利润，超过其应该确认的投资收益部分，则应确认为清算性股利冲减初始投资成本。持有收益和清算性股利可按下列公式计算：

应冲减的初始投资成本金额＝(投资后至本次分配止被投资单位累计分派的现金股利或利润－投资后至上期末止被投资单位累计实现的净利

润）×持股比例－投资企业已冲减的初始投资成本

应确认的投资收益＝投资企业当期应获得的现金股利或利润－应冲减的初始投资成本金额

投资企业当期应获得的现金股利或利润＝被投资单位当期宣告分派的现金股利或利润×持股比例

以上公式表明，如果投资企业获得的现金股利或利润小于等于所获得的被投资单位在接受投资后产生的累计净利润的分配额，应按获得的现金股利或利润确认投资收益；如果投资企业获得的现金股利或利润大于所获得的被投资单位在接受投资后产生的累计净利润的分配额，应将其差额作为清算性股利，冲减长期股权投资的初始投资成本。

投资企业收到的被投资单位发放的股票股利时，只做备忘记录，应于除权日注明所增加的股数，以反映股份的变化情况，不做账务处理。

【例 5-16】 2012 年 1 月 15 日，M 公司购入 Z 公司 2011 年 12 月 31 日发行的 20 000 000普通股 10％的股份，每股股价 5 元，支付交易费用 5 000 元。Z 公司 2012 年 3 月 20 日宣告发放 2011 年的现金股利为每股 0.2 元，并于 2012 年 5 月 20 日发放。以上事项 M 公司应分别作会计分录：

① 2012 年 1 月 15 日取得长期股权投资时：

借：长期股权投资　　10 005 000

　　贷：银行存款　　10 005 000

② 2012 年 3 月 20 日 Z 公司宣告发放现金股利：

计算应确认的投资收益和应冲减的初始投资成本金额：

投资后至本次分配止被投资单位累计分派的现金股利或利润＝20 000 000×0.2

＝4 000 000(元)

投资后至上期末止被投资单位累计实现的净利润＝0

应冲减的初始投资成本金额＝(4 000 000－0)×10％－0＝400 000

投资企业当期应获得的现金股利或利润＝4 000 000×10％＝400 000

应确认的投资收益＝400 000－400 000＝0

借：应收股利　　400 000

　　贷：长期股权投资　　400 000

③ 2012 年 5 月 20 日收到发放的现金股利时：

借：银行存款　　400 000

　　贷：应收股利　　400 000

2）长期股权投资的权益法

A. 权益法的定义及适用范围

权益法是指投资以初始投资成本计量后，在投资持有期间根据投资企业享有被投资单位所有者权益的份额的变动，对长期股权投资的账面价值进行相应调整的一种账务处理方法。权益法适用于投资企业对被投资单位实施共同控制或重大影响的投资类型。

B. 权益法下长期股权投资的计量和账务处理

(1) 初始投资成本的调整。企业取得长期股权投资时，应对取得的长期股权投资的初始投资成本进行调整，即按照初始投资成本与应享有被投资单位可辨认净资产的公允价值份额较高者确认长期投资的入账价值。可辨认净资产的公允价值是指被投资单位可辨认资产的公允价值减去负债及或有负债价值后的余额。①初始投资成本大于取得投资时应享有被投资单位可辨认净资产公允价值份额的，该部分差额从本质上是投资企业通过购买作价体现的被投资单位商誉及不符合确认条件的资产价值。该部分差额不要求对长期股权投资的初始投资成本进行调整。②初始投资成本小于取得投资时应享有被投资单位可辨认净资产公允价值份额的，该部分差额体现为双方在交易作价过程中转让方的让步，该部分经济利益流入作为收益处理，计入取得投资当期的营业外收入，同时调增长期股权投资的初始投资成本。

【例 5-17】2012 年 8 月 1 日，M 公司以银行存款 5 000 000 元和 3 000 000 元，分别购入 Z1 公司 25%的普通股股票和 Z2 公司 30%的普通股股票，并分别支付手续费等相关费用 100 000 元和 50 000 元。Z1 公司和 Z2 公司可辨认净资产的公允价值分别为 20 000 000 元和 15 000 000 元。以上事项应分别作会计分录：

① 取得 Z1 公司长期股权投资时（由于取得长期股权投资的初始投资成本 5 100 000 元大于应享有的 Z1 公司可辨认净资产公允价值的份额 20 000 000 元×25%＝5 000 000 元，所以不调整长期股权投资的入账价值）：

借：长期股权投资——大地公司 5 100 000

　　贷：银行存款 5 100 000

② 取得 Z2 公司长期股权投资时（由于取得长期股权投资的初始投资成本 3 050 000 元小于应享有 Z2 公司可辨认净资产公允价值的份额 15 000 000 元×30%＝4 500 000 元，其差额调增长期股权投资的初始投资成本，同时计入营业外收入）：

借：长期股权投资——Z2 3 050 000

　　贷：银行存款 3 050 000

借：长期股权投资——Z2 1 450 000

　　贷：营业外收入 1 450 000

（2）投资损益的确认。企业取得长期股权投资后，应当按照应享有或应分担的被投资单位实现净利润或发生净亏损的份额（法规或章程规定不属于投资企业的净损益除外），确认投资损益，并调整长期股权投资的账面价值。企业在确认应享有或应分担被投资单位的净利润或净亏损时，应该在被投资单位账面净利润的基础上，考虑以下因素的影响进行适当的调整：①被投资单位采用的会计政策及会计期间与投资企业不一致的，应按投资企业的会计政策及会计期间对被投资单位的财务报表进行调整。②以取得投资时被投资单位资产、负债的公允价值为基础对被投资单位净利润进行调整。长期股权投资的初始投资成本已经按照应享有被投资单位可辨认净资产公允价值的份额进行了调整，即投资企业的长期股权投资是按照被投资单位有关资产和负债的公允价值为基础来确认的，而被投资单位的净利润是以其资产、负债的账面价值为基础计算的，为了统一口径，应将被投资单位以资产、负债的账面价值为基础计算的净利润调整为投资企业取得投资时以被投资单位资产、负债的公允价值为基础计算的净利润后，投资企业按应享有的份额确认投资收益，并调整“长期股权投资——损益调整”的账面价值。但符合下列条件之一的投资企业可以以被投资单位的账面净利润为基础，计算确认投资损益，同时应在会计报表附注中说明不能按照会计准则的规定进行核算的原因：第一，投资企业无法合理确定取得投资时被投资单位各项可辨认资产和负债的公允价值；第二，投资时被投资单位可辨认净资产的公允价值与其账面价值相比，两者之间的差额不具有重要性；第三，其他原因导致无法取得被投资单位的有关资料，不能按照会计准则中规定的原则对被投资单位的净利润进行调整的。

【例 5-18】 2012 年 7 月 20 日，M 公司取得 Z 公司 40％的普通股股权，支付价款 50 000 000 元。取得投资时，Z 公司可辨认净资产的公允价值为 150 000 000 元。除表 5-4 所列项目外，Z 公司其他资产和负债的公允价值与账面价值相等。

表 5-4 资产价值评估表 单位：元

项目	账面原值	已提折旧或摊销	公允价值	预计使用年限	M 公司取得投资后剩余使用年限
固定资产	10 000 000	5 000 000	6 000 000	20	10
无形资产	5 000 000	3 000 000	1 000 000	10	4
合计	15 000 000	8 000 000	7 000 000		

设 Z 公司当年实现净利润 1 000 000 元，M 公司与 Z 公司会计年度及采用的会计政策相同，固定资产、无形资产均按直线法计提折旧和摊销，预计净残值均为 0。

2012 年 12 月 31 日，M 公司在确定其应享有的投资收益时，应在 Z 公司实现净利润的基础上，根据取得投资时 Z 公司有关资产的账面价值与其公允价值差额的影响进行调整：

固定资产公允价值与账面价值差额应调整增加的折旧额＝（6 000 000÷10）－（10 000 000÷20）＝100 000（元）

无形资产公允价值与账面价值差额应调整增加的摊销额＝（1 000 000÷4）－（5 000 000÷10）＝－250 000（元）

调整后的净利润＝1 000 000－100 000－（－250 000）＝1 150 000（元）

M 应享有的份额＝1 150 000×40％＝460 000（元）

M 公司根据应享有的份额确认投资收益的会计分录为

借：长期股权投资——Z 公司（损益调整） 460 000

　贷：投资收益 460 000

（3）取得现金股利或利润。企业从被投资单位取得的现金股利或利润，属于被投资单位所有者权益的减少，应抵减长期股权投资的账面价值。在被投资单位宣告分派现金股利或利润时，应区别以下情况分别处理：①从被投资单位分得的现金股利或利润未超过已确认投资收益的，应抵减长期股权投资的账面价值。②从被投资单位分得的现金股利或利润超过已确认投资收益，但未超过投资后被投资单位实现的账面净利润中投资企业享有的份额，应作为投资收益处理。③从被投资单位分得的现金股利或利润超过已确认投资收益，同时也超过了投资后被投资单位实现的账面净利润中投资企业应享有的份额部分，应作为投资成本的收回。

【例 5-19】 沿用［例 5-18］，若 2013 年 5 月 1 日 Z 公司宣告分派现金股利 1 000 000 元。M 公司按持股比例应分得 400 000 元现金股利，未超过已确认投资损益 460 000 元。以上事项应作会计分录：

借：应收股利　　400 000

　　贷：长期股权投资——Z 公司（损益调整）　　400 000

（4）超额亏损的确认。当被投资单位发生亏损时，投资企业按应分担的被投资单位发生净亏损的份额，确认投资损失，并冲减长期股权投资的账面价值。由于投资企业承担有限责任，因此投资企业在确认投资损失时，原则上应以长期股权投资及其他实质上构成对被投资单位净投资的长期权益减记至零为限。投资企业负有承担额外损失义务的除外。"其他实质上构成对被投资单位净投资的长期权益"通常是指长期应收项目。例如，投资企业对被投资单位的长期债权，如果该债权没有明确的清收计划，且在可预见的未来期间不准备收回，则实质上构成对被投资单位的净投资。投资企业在确认应分担被投资单位发生的亏损时，具体应按照以下顺序处理：①减记长期股权投资的账面价值；②在长期股权投资的账面价值减记至零的情况下，对于未确认的投资损失，应当以其他实质上构成对被投资单位净投资的长期权益项目账面价值为限，继续确认投资损失冲减长期应收项目的账面价值；③经过上述处理，按照投资合同或协议约定，投资企业人需要承担额外义务的，应按预计将承担的义务金额确认预计负债，预计当期投资损失；④如果经过上述处理后，仍有未确认的亏损分担额，投资企业应做备忘记录。

被投资单位以后期间实现盈利时，先冲减备忘记录中应分担的亏损额，然后按以上相反顺序分别减记已确认的预计负债，恢复其他长期权益及长期股权投资账面价值，同时确认投资收益。

【例 5-20】 A 公司持有 B 公司 40%的股权，能够对 B 公司施加重大影响。2011 年 12 月 31 日该项长期股权投资的账面价值为 50 000 000 元。B 公司 2012 年由于一项主要经营业务市场条件发生变化，当年发生亏损 80 000 000 元。假设 A 公司在取得该投资时，B 公司各项可辨认资产、负债的公允价值与其账面价值相等，双方所采用的会计政策及会计期间也相同。则 A 公司当年度应确认的投资损失为 32 000 000 元。确认上述投资损失后，长期股权投资的账面价值为 18 000 000 元。以上事项应作会计分录：

借：投资收益　　32 000 000

　　贷：长期股权投资——损益调整　　32 000 000

如果 B 公司当年发生亏损为 160 000 000 元，则 A 公司应作会计分录：

借：投资收益　　50 000 000

　　贷：长期股权投资——损益调整　　50 000 000

借：投资收益　　14 000 000

　　贷：预计负债　　14 000 000

（5）被投资单位除净损益以外所有者权益的其他变动。采用权益法核算时，投资企业对于被投资单位除净损益以外所有者权益的其他变动，在持股比例不变动的情况下，应按照持股比例与被投资单位除净损益以外所有者权益的其他变动中归属于本企业的部分，相应调整长期股权投资的账面价值，同时增加或减少资本公积。

【例 5-21】A 公司持有 B 公司 30% 的股份，能够对 B 公司施加重大影响。当期 B 公司因持有可供出售金融资产公允价值的变动计入资本公积的金额为 11 000 000 元，除该事项外，B 公司当期实现的净利润为 66 000 000 元。假设 A 公司与 B 公司适用的会计政策、会计期间相同，投资时 B 公司有关资产、负债的公允价值与其账面价值亦相同。A 公司在确认应享有被投资单位所有者权益变动时，应作会计分录：

借：长期股权投资——损益调整	19 800 000
——其他权益变动	3 300 000
贷：投资收益	19 800 000
资本公积——其他资本公积	3 300 000

（6）被投资单位发放的股票股利。企业收到的被投资单位发放的股票股利时，只作备忘记录，不作任何账务处理，但应于除权日注明所增加的股数，以反映股份的变化情况。

3）长期股权投资的期末计量

期末，企业应该对持有的长期股权投资进行减值测试。如果存在减值迹象，应当按照相关准则的规定计提减值准备。如果企业持有的是对子公司、合营公司以及联营公司的投资，应当按照资产减值准则的规定确定其可收回金额及应予计提的减值准备；如果企业持有的投资对被投资单位不具有控制、共同控制且重大影响、在活跃市场中没有报价、公允价值不能可靠计量的长期股权投资，应当按照金融工具确认和计量准则的规定确定其预计未来现金流量的现值及应予计提的减值准备。长期股权投资计提减值准备后，不得转回。

4）长期股权投资的处置

企业对长期股权投资的处置主要包括将长期股权投资在二级市场出售、债务重组转出、非货币性资产交换转出等行为。企业在出售长期股权投资时，应按所售股权的份额结转长期股权投资的账面价值。出售所得价款与处置长期股权投资账面价值之间的差额，应确认为处置损益。采用权益法核算的长期股权投资，原计入资本公积的金额，在处置时亦应进行结转，将与所出售股权相对应的部分在处置时自资本公积转入当期损益。

【例 5-22】M 公司拥有 Z 公司 30% 有表决权的普通股股份。2012 年 12 月 31 日，M 将其全部出售，所得出售价款 25 000 000 元全部转入银行存款。截至该年年底，该项长期股权投资的账面价值为 20 000 000 元，其中，投资成本 16 000 000 元，损益调整5 000 000元，计入资本公积的其他权益变动 2 000 000 元，计提长期股权投资减值准备 3 000 000 元。以上事项应作会计分录：

借：银行存款	25 000 000
长期股权投资减值准备	3 000 000
贷：长期股权投资——Z 公司（成本）	16 000 000
——Z 公司（损益调整）	5 000 000
——Z 公司（其他权益变动）	2 000 000
投资收益	5 000 000
借：资本公积——其他资本公积	2 000 000
贷：投资收益	2 000 000

4. 长期股权投资核算方法的转换

长期股权投资的核算方法主要有成本法和权益法两种，这两种方法分别适用于四种不同的投资类型。投资企业在持有长期股权投资期间可能会追加或减少投资，或者有其他的投资变动。这些变动可能会引起投资类型的变化，从而需要对核算方法进行转换。

1）成本法转换为权益法

长期股权投资的核算由成本法转为权益法，主要有两个原因：一是因投资企业追加投资，使原来对被投资单位不具有控制、共同控制或重大影响，且在活跃市场中没有报价，公允价值不能可靠计量的长期股权投资，因追加投资导致持股比例上升，能够对被投资单位施加重大影响或实施共同控制；二是因投资企业出售被投资单位的股份，投资企业由原来对被投资单位实施控制转为具有重大影响或与其他投资方一起实施共同控制。

A. 追加投资导致由成本法改为权益法

追加投资导致持股比例上升，能够对被投资单位施加重大影响或实施共同控制，从而由成本法改为权益法的，应区别原持有的长期股权投资部分和追加投资新增的长期股权投资部分，分别进行账务处理。

(1) 原持有的长期股权投资部分。应将长期股权投资的账面价值调整为初始投资时的长期股权投资成本与按照原持股比例计算确定应享有原取得投资时被投资单位可辨认净资产公允价值份额两种较高者，两者形成的差额若为正，则不作调整，若为负，则一方面应调整长期股权投资的账面价值，另一方面应同时调整留存收益。

(2) 追加投资新增的长期股权投资部分。应按新增投资的成本与取得该部分投资时应享有被投资单位可辨认净资产公允价值的份额较高者，确认长期股权投资的入账成本，差额若为正，则不作调整，若为负，则计入取得投资当期的营业外收入。

(3) 对于最初取得投资后至新取得投资的交易日之间被投资单位可辨认净资产公允价值的变动应归原持股比例的部分，属于在此期间被投资单位实现净利润中应享有份额的，一方面应当调整长期股权投资的账面价值，另一方面应调整留存收益；属于其他原因导致的被投资单位可辨认净资产公允价值变动中原应享有的份额，在调整长期股权投资账面价值的同时，应当计入“资本公积——其他资本公积”账户。

【例 5-23】 2012 年 1 月 1 日，M 公司以 2 000 000 元的价格购入 Z 公司 10%有表决权的普通股。2013 年 1 月 1 日，M 公司又以 10 000 000 万的价格购入 Z 公司 20%有表决权的普通股。至此，M 公司持有 Z 公司 30%的股份。2011 年 12 月 31 日和 2012 年 12 月 31 日，Z 公司可辨认净资产公允价值分别为 24 000 000 元和 32 000 000 元。2012 年度，Z 公司实现净利润 6 000 000 元，按照净利润的 10%计提盈余公积，未分派现金股利。以上事项 M 公司应分别作会计分录：

① 2012 年 1 月 1 日，M 公司购入 Z 公司 10%的股票：

借：长期股权投资 2 000 000

　　贷：银行存款 2 000 000

② 2013 年 1 月 1 日，M 公司追加对 Z 公司 20%的股票投资：

借：长期股权投资 10 000 000

　　贷：银行存款 10 000 000

③ 成本法转换为权益法时，对于原持有的长期股权投资部分：

借：长期股权投资——成本　　400 000

　贷：盈余公积　　40 000

　　　利润分配——未分配利润　　360 000

④ 对于被投资企业可辨认净资产变动的处理：

借：长期股权投资——损益调整　　600 000

　　　　　　　　——其他权益变动　　200 000

　贷：资本公积——其他资本公积　　200 000

　　　盈余公积　　60 000

　　　利润分配——未分配利润　　540 000

B. 出售投资导致由成本法改为权益法

因投资企业出售被投资单位的股份，投资企业由原来对被投资单位实施控制转为具有重大影响或与其他投资方一起实施共同控制时，应由成本法转换为权益法。具体应按以下步骤处理。

(1) 应按处置或收回投资的比例结转应终止确认的长期股权投资成本。

(2) 剩余长期股权投资的成本应按剩余的长期股权投资成本与按照剩余持股比例计算最初投资时投资企业应享有被投资单位可辨认净资产公允价值的份额较高者确认，差额应调整留存收益。

(3) 对于最初取得投资后至转变为权益法核算之间被投资单位实现净利润（扣除已发放及已宣告发放的现金股利和利润）中应享有的份额，一方面应当调整长期股权投资的账面价值，另一方面调整留存收益；其他原因导致被投资单位所有者权益变动中应享有的份额，在调整长期股权投资账面价值的同时，调整资本公积。

2) 权益法转换为成本法

长期股权投资的核算由权益法改为成本法，主要有两种原因：一是因投资企业追加投资，使原来对被投资单位施加重大影响或实施共同控制的长期股权投资，因追加投资导致持股比例上升，变为能够对被投资单位实施控制的长期股权投资；二是因为投资企业出售被投资单位的股份，投资企业由原来对被投资单位施加重大影响或实施共同控制的长期股权投资，变为对被投资单位不具有控制、共同控制或重大影响，且在活跃市场中没有报价、公允价值不能可靠计量的长期股权投资。

A. 追加投资导致由权益法改为成本法

投资企业追加投资，使原来对被投资单位施加重大影响或实施共同控制的情况，因追加投资导致持股比例上升，变为能够对被投资单位实施控制，从而使权益法改为成本法。应在追加投资时对原权益法下长期股权投资的账面余额进行调整，将有关长期股权投资的账面余额调整至最初取得成本，在此基础上加上追加日新支付对价的公允价值，作为购买日长期股权投资的成本。

【例 5-24】2011 年 2 月 10 日，M 公司以 20 000 000 元的价款取得 Z 公司 40%的股权，采用权益法核算。2012 年 3 月 10 日，M 公司又以 13 000 000 元的价款取得 Z 公司 20%的股权。至此，M 公司持有 Z 公司 60%的股权，改成本法核算。M 公司已按权益法确认了Z公司2011年度实现的净利润中应享有的份额2 000 000元。假设投资时，Z公司可辨认净资产账面价值与公允价值相等，未分配现金股利，M公司按照净利润的10%提取盈余公积。以上事项应作会计分录：

① M公司调整权益法核算的长期股权投资账面余额：

借：盈余公积　200 000
　　利润分配——未分配利润　1 800 000
　　贷：长期股权投资——损益调整　2 000 000

② M公司追加投资时：

借：长期股权投资　13 000 000
　　贷：银行存款　13 000 000

B. 出售投资导致由权益法改为成本法

因投资企业出售被投资单位的股份，投资企业原来对被投资单位实施重大影响或实施共同控制的长期股权投资，变为对被投资单位不具有控制、共同控制或重大影响，且在活跃市场中没有报价、公允价值不能可靠计量的长期股权投资，应终止采用权益法，改按成本法核算，并以权益法下长期股权投资的账面价值作为按照成本法核算的初始投资成本。

改按成本法核算后，被投资单位分得的现金股利或利润未超过转换时被投资单位账面留存收益中投资企业享有的部分，作为成本法下的清算性股利，应冲减长期股权投资的成本，而不作为投资收益。自投资企业分得的现金股利或利润超过转换时被投资单位账面留存收益中投资企业享有的部分，确认投资收益。

思考题

1. 企业对外投资的内容、类型和特点分别有哪些？

2. 交易性金融资产投资、持有至到期投资、可供出售金融资产投资和长期股权投资各有什么特点？

3. 在资产负债表中，各种对外投资的价值如何反映？

4. 各种对外投资出现跌价或者减值的原因分别是什么？其账务处理有何区别？

5. 什么是同一控制下的企业合并？如何确定其初始投资成本？

6. 什么是非同一控制下的企业合并？如何确定其初始投资成本？

7. 什么是成本法？其适用范围及账务处理要点有哪些？

8. 什么是权益法？其适用范围及账务处理要点有哪些？

9. 成本法和权益法账务处理的主要区别是什么？

10. 什么情况下成本法应转换为权益法核算？什么情况下权益法应转换为成本法核算？

练习题

1. 2012年6月30日，Z公司以468 000元的价格购入B公司发行的债券，作为交易性金融资产，并支付相关税费 2 000 元。该债券于 2010 年 7 月 1 日发行、面值 450 000 元、期限 5 年、票面利率 4%、每年 7 月 1 日付息一次，到期还本。2012 年 12 月 31 日，Z 公司将该债券转让，转让价款 460 000 元。

要求：根据以上资料编制该交易性金融资产购买、计息和转让的会计分录。

2. 2010 年 1 月 1 日，Z 公司以银行存款 2 006 000 元购入 B 公司发行的 3 年期公司债券，发生相关税费 9 000 元。该债券面值为 2 000 000 元，票面利率为 5%，每年末付息到期还本。Z 公司准备将其持有至到期。已知：(P/A，5%，3) =2.723 2；(P/F，5%，3) =0.863 8；(P/A，3%，3) =2.828 6；(P/F，3%，3) =0.915 1。

要求：

(1) 利用插值法计算该债券的实际利率；

(2) 作出债券购入、每年计息（以实际利率法计算）、收到利息和到期收回本金的会计分录。

3. 2012 年 1 月 10 日，Z 公司以每股 6.5 元（含每股现金股利 0.1 元）的价格购入 B 公司普通股 100 000 股，作为可供出售金融资产，并支付税金和手续费 5 000 元；2012 年 4 月 5 日，收到 B 公司发放的现金股利；2012 年 6 月 30 日，该股票每股公允价值 7.5 元；2012 年 9 月 25 日，将该股票以每股 8.6 元的价格转让，收到价款 860 000 元。

要求：根据以上资料编制该可供出售金融资产购入、收到现金股利、公允价值变动和转让的会计分录。

4. Z 公司和 B 公司在合并之前不存在任何投资关系。根据 Z 公司和 B 公司达成的合并协议，Z 公司以发行的权益性证券作为合并对价，取得 B 公司 100% 的股权。Z 公司增发的权益性证券为每股面值 1 元的普通股股票，共增发 25 000 000 股，每股公允价值 3 元，另以银行存款支付直接合并费用 600 000 元。

要求：根据以上资料编制 Z 公司进行长期股权投资的会计分录。

5. Z 公司和 B 公司为同一母公司的两个子公司。Z 公司和 B 公司达成合并协议，约定 Z 公司以固定资产和银行存款作为合并对价，取得 B 公司 60% 的股权。Z 公司投出固定资产的账面原值为 25 000 000 元，已计提折旧 6 000 000 元，未计提固定资产减值准备，支付银行存款 15 000 000 元。企业合并日，B 公司所有者权益总额账面价值为 60 000 000 元。

要求：编制 Z 公司通过同一控制下的企业合并取得长期股权投资的会计分录。

6. 2008 年 6 月 10 日，Z 公司以 856 000 000 元（包括相关税费）取得 C 公司普通股股票 300 000 股作为长期股权投资，该项投资占 C 公司普通股股份的 1%，Z 公司采用成本法核算。2008 年度，C 公司实现净利润 9 260 000 元，当年未进行股利分配；2009 年度，C 公司实现净利润 13 280 000 元，2010 年 3 月 5 日，C 公司宣告 2009 年度股利分配方案，每股分派现金股利 0.2 元；2010 年度，C 公司发生亏损 2 150 000 元，当年未进行股利分配；2011 年度，C 公司实现净利润 7 590 000 元，2012 年 4 月 5 日，C 公司宣告 2011 年度股利分配方案，每股分派现金股利 0.1 元。

要求：根据以上资料编制 Z 公司长期股权投资和各年投资收益核算的会计分录。

7. 2011 年 1 月 1 日，Z 公司购入 D 公司股票 20 000 000 股作为长期股权投资，占 D

公司普通股股份的30%，Z公司采用权益法核算。投资当日D公司可辨认净资产公允价值为300 000 000元且与其账面价值之间的差额较小，Z公司根据D公司账面净损益计算确认投资损益。2011年度，D公司净收益15 000 000元；2012年3月10日，D公司宣告2011年度利润分配方案，每股分派现金股利0.15元；2012年度，D公司报告净亏损6 000 000元，当年未进行利润分配。

要求：根据以上资料编制Z公司长期股权投资和各年投资收益核算的会计分录。

8. 2011年1月1日，Z公司以银行存款6 320 000元购买（包括交易税费）E公司10%的股份作为作为长期股权投资，Z公司采用成本法核算。2012年1月5日，Z公司再次以银行存款17 560 000元（包括交易税费）购入E公司25%的股份作为长期股权投资。至此，Z公司已累计持有E公司35%的股份，因此，对E公司的股权投资改按权益法核算。2010年12月31日，E公司可辨认净资产公允价值为54 620 000元；2011年度，E公司报告净收益8 250 000元，未进行利润分配；2011年12月31日，E公司可辨认净资产公允价值为65 120 000元。

要求：根据以上资料编制Z公司进行长期股权投资和转换核算方法的会计分录。

第六章 固定资产

第一节 概述

1. 固定资产的概念及分类

固定资产是企业为了生产商品、提供劳务、出租或者经营管理而持有的，使用寿命超过一个会计年度的有形资产。企业的固定资产种类繁多、形态各异、用途不一，在对各项固定资产进行准确核算和管理之前，必须进行合理的分类。目前，会计实务中对固定资产的分类主要有以下四种。

1）按经济用途分类

（1）生产经营用固定资产，是指直接服务于企业生产、经营过程的各类固定资产，如生产经营用的房屋、建筑物、机器、设备、器具、运输工具等。

（2）非生产经营用固定资产，是指不直接服务于生产、经营过程的各类固定资产，包括职工宿舍、食堂、浴室、理发室等用于职工生活福利方面的房屋及建筑物、机器设备和其他固定资产。

按经济用途分类，可以归类反映企业生产经营用固定资产和非生产经营用固定资产之间的组成变化情况，借以考核和分析企业固定资产的资产管理和利用情况，从而促进固定资产的合理配置，充分发挥其效用。

2）按使用情况分类

（1）使用中固定资产，是指正在使用的经营性和非经营性固定资产。一些特殊的资产虽未处于使用状态，但是也属于使用中固定资产，如由于季节性或大修理等原因暂停使用的固定资产，企业以经营租赁的方式租出的固定资产以及内部替换使用的固定资产等。

（2）未使用固定资产，是指企业经营所需要的，准备使用而暂时不能启用的固定资产。这样的资产包括已完工或已购建但尚未交付使用的新增固定资产，因进行改建、扩建等原因暂停使用的固定资产，企业购入但尚待安装的固定资产，因经营任务变更而停止使用的固定资产或主要备用设备等。

（3）不需用固定资产，是指企业由于历史原因形成的现在不合适使用或根本不需用而准备处置的固定资产。

按使用情况分类，有利于企业掌握固定资产的使用情况，便于分析比较固定资产的利用效率，判断固定资产预期可为企业带来的经济利益，合理地确定固定资产减值准备及折旧的计提标准，正确地核算固定资产价值，促进固定资产的合理利用。

3）按所有权分类

（1）自有固定资产是指企业所拥有的、可供企业自由支配的固定资产。

（2）租入固定资产是指企业通过租赁的方式从其他单位租入的固定资产。企业对租入固定资产依照租赁合同拥有使用权，同时负有支付租金的义务，但固定资产的所有权仍属于出租人。租入的固定资产可以分为以经营租赁方式租入的固定资产和以融资租赁方式租入的固定资产。实际上，以经营租赁方式租入的固定资产是不作为企业的固定资产进行会计核算的，而以融资租赁方式租入的固定资产则需要作为企业的固定资产进行会计核算。

按所有权分类，有利于企业掌握固定资产的归属和核算范围。

4）按来源分类

按来源分类，固定资产可划分为外购的固定资产、自行建造的固定资产、融资租赁的固定资产、投资人投入的固定资产、接受捐赠的固定资产、盘盈的固定资产、非货币性资产交换取得的固定资产以及债务重组取得的固定资产等。

按来源分类，有利于企业掌握各项固定资产的来源，对各项固定资产的取得成本进行明确的核算。

2. 固定资产的特点

固定资产是企业赖以生存的物质基础，也是支撑企业发展的重要资源。与其他资产相比，固定资产具有以下主要特点。

（1）固定资产的持有目的是为了生产商品、提供劳务、出租或者经营管理。企业持有的固定资产是企业的劳动工具或手段，而不是直接用于出售的产品。这是固定资产区别于存货、长期股权投资等其他资产的一个重要特点。这里指的“出租”是用以出租的机器设备类固定资产，但是不包括用来进行融资租赁业务的机器设备，也不包括用来进行经营租赁业务的建筑物。用来进行融资租赁业务的机器设备属于融资租赁资产，用来进行经营租赁业务的建筑物属于投资性房地产，两者都不能归入固定资产的范畴。

（2）固定资产的使用寿命通常超过一个会计年度。固定资产的使用寿命，指企业使用固定资产的预计期间，或者该固定资产所能生产产品或提供劳务的数量。通常情况下，固定资产的使用寿命就是指固定资产的预计使用期间，如办公楼、厂房等自有自用建筑物的预计使用期限。但是并不是所有的固定资产都可以预估使用期限，因此有的固定资产的使用寿命是通过其所能生产的产品和提供的劳务数量来表示的，如发电设备按其发电量、汽车等运输工具按其行驶里程来估计使用寿命。超过一个会计年度的使用寿命，成为固定资产区别于流动资产的一个重要标志。

（3）固定资产是有形资产。这一特点将固定资产和无形资产区分开来。有些资产虽然具备了固定资产的许多特点，如其持有目的是为了生产商品、提供劳务或者经营管理，使用寿命超过一个会计年度，但是不具有实物形态，因此不属于固定资产。还有一些有形的实物资产，如工业企业使用的工具、备件等，施工企业使用的模具、挡板等，尽管也具备了固定资产的一些特点，但是由于数量多、价值低，在实务中通常确认为存货。

3. 固定资产价值表现方式

固定资产的价值表现方式有原始价值、账面净值和公允价值等。

固定资产原值，指固定资产在购置或者建造过程中发生的全部支出，是决定折旧费多少的基本因素。固定资产原值形成后，一般不能随意进行增加或者减少。

固定资产账面净值，指固定资产原值减去累计折旧后的余额，账面净值会随着累计折旧的不断增加而相应减少，当累计折旧与固定资产原值相等时，其账面净值为零。

固定资产的公允价值，指熟悉情况的双方自愿进行固定资产交换或者债务清偿的金额。固定资产公允价值与其账面价值可能相等，但大多数情况下两者不相等。

第二节　固定资产的确认和初始计量

1. 固定资产的确认条件

一项资产确认为固定资产，除了要符合固定资产的定义和特点之外，还要满足固定资产的两个确认条件。

(1) 与该固定资产有关的经济利益很可能流入企业。企业确认固定资产时，需要判断与该项固定资产有关的经济利益是否很可能流入企业。如果与该项固定资产有关的经济利益很可能流入企业，并同时符合固定资产确认的其他条件，就可以将其确认为固定资产。判断与某项固定资产有关的经济利益是否很可能流入企业，主要是看与该固定资产所有权相关的风险和报酬是否转移到了企业。通常情况下，取得固定资产所有权是判断与固定资产所有权相关的风险和报酬转移到企业的一个重要标志，但并不是唯一标志。有些情况下，虽然一项固定资产的所有权不属于企业，但与该项固定资产有关的经济利益能够流入企业。这就意味着与该项固定资产所有权相关的风险和报酬实质上已经转移到企业，因此，应该将该项固定资产予以确认，如企业通过融资租赁取得的固定资产。

(2) 该固定资产的成本能够可靠地计量。成本能够可靠计量是资产确认的一项基本条件。企业在确认固定资产时，其取得时发生的成本必须能够可靠地计量，且应有确凿、可靠的凭证为依据，使其具有可验证性。但由于固定资产建设成本多、建设工期长并需要办理工程竣工验收手续等，工程成本有时可能需要根据工程预算、工程造价等资料对固定资产成本进行估计，待办理竣工决算后再按照实际成本调整原来的估计成本。

2. 固定资产的初始计量

固定资产的初始计量，就是对固定资产取得成本进行的计量。固定资产取得时发生的各项成本和费用构成固定资产的成本，包括企业为购建某项固定资产并使其达到预定可使用状态前所发生的一切合理的、必要的支出。由于企业取得固定资产的渠道有多种，不同来源渠道取得固定资产的成本也不尽相同。

(1) 外购固定资产的成本，包括购买价款、相关税费、使固定资产达到预定可使用状态前所发生的可归属于该项资产的运输费、装卸费、安装费和专业人员服务费等。

(2) 自行建造固定资产的成本，由建造该固定资产达到预定可使用状态前所发生的必要支出构成。这些必要支付包括工程材料成本、人工成本、机械使用费、相关税费、应予以资本化的借款费用以及分摊的间接费用等。按建造方式不同，自行建造固定资产又可分为自营建造和出包建造两种方式，不论通过何种方式建造固定资产，其成本均以其建造时发生的实际支出计量。

(3) 投资人投入固定资产的成本，应以投资合同或协议约定的价值作为其成本进行计量。如果投资合同或协议约定的价值不公允，则应以该项固定资产的公允价值作为成本进行计量。

(4) 在原有基础上进行改建、扩建固定资产的成本，由该项固定资产原来的成本，加上由于改建、扩建而使该项固定资产达到预定可使用状态前发生的支出，减去改建、扩建过程中发生的变价收入后的差额作为成本进行计量。

(5) 接受捐赠固定资产的成本，分为两种情况：第一，捐赠方提供了有关凭证的，按凭证上标明的金额，加上接受捐赠应交纳的相关税费，作为成本进行计量；第二，捐赠方没有提供有关凭证的，按以下顺序确定其成本：①同类或类似固定资产存在活跃市场的，以同类或类似固定资产的市场价格作为参照，估计其价值，再加上相关税费，作为成本进行计量。②同类或类似固定资产不存在活跃市场的，按该固定资产预计的未来现金流量的现值，作为成本进行计量。③接受捐赠的固定资产不是全新的，可按照上述方法确定的价值，减去该项固定资产按估计的新旧程度计算的净值，作为成本进行计量。

(6) 盘盈固定资产的成本，如果同类或类似固定资产存在活跃市场，按其重置成本减去估计折旧费后的差额，作为成本进行计量；同类或类似固定资产不存在活跃市场，按该固定资产预计的未来现金流量的现值，作为成本进行计量。

通过债务重组换入、非货币性资产交换取得、融资租入等渠道取得固定资产，其成本计量可参照相关章节内容。

3. 账户设置和账务处理

1) 账户设置

“固定资产”属于资产类账户。企业由于各种原因增加的固定资产的原值记入借方；由于各种原因减少的固定资产的原值记入贷方；该账户余额在借方，反映固定资产账面原值。该账户下应按固定资产项目设置明细分类账，并采用“固定资产卡片”方式，按固定资产类别、使用部门和固定资产项目进行明细核算。

“工程物资”属于资产类账户。企业为工程建设采购的物资的实际成本记入借方；领用工程物资的实际成本记入贷方；该账户的余额在借方，反映企业库存的各种工程物资的成本。该账户下应按“专业材料”“专用设备”“工器具”等设置明细账。

“在建工程”属于资产类账户。企业发生的与固定资产有关的后续支出，包括固定资产发生的日常修理费用、大修理费用、更新改造支出、房屋的装修费用等，满足固定资产准则规定的固定资产确认条件的，也在本账户核算；不满足固定资产确认条件的，应该在“管理费用”等账户核算。企业自营建造、安装工程所发生的各项支出以及预付、补付出包工程的价款等记入借方；已经验收交付使用的固定资产的实际成本记入贷方；该账户的余额在借方，反映企业尚未达到预定可使用状态的在建工程的成本。该账户下应按“建筑工程”“安装工程”“在安装设备”“待摊支出”以及单项工程等设置明细账。

2）固定资产增加的账务处理

A. 外购固定资产

外购固定资产是否达到预定可使用状态，需要根据具体情况进行分析判断。如果购入不需要安装的固定资产，购入后即可发挥作用，因此，购入后即达到预定可使用状态。如果购入需要安装的固定资产，只有安装调试后达到设计要求或合同规定的标准，该项固定资产才可以发挥作用，达到预定可使用状态。因此需要区分购入不需要安装的固定资产和购入需要安装的固定资产。

（1）购入不需要安装的固定资产。①购入固定资产并取得增值税专用发票。企业购入固定资产并取得增值税专用发票，应按取得的增值税专用发票上注明的价款，作为固定资产原值，增值税专用发票上注明的增值税税额、随固定资产购置发生的运费结算凭证上注明的增值税税额，作为增值税进项税额。随固定资产购置发生的其他相关税费，计入固定资产的原值。②购入固定资产未取得增值税专用发票。企业购入固定资产未取得增值税专用发票，其支付的买价、增值税额和其他相关税费以及固定资产达到预定可使用状态前发生的其他支出之和，构成固定资产原值。

【例 6-1】 2012 年 3 月 16 日和 3 月 20 日，A 公司分别购入用于生产且不需要安装的机器设备两台。3 月 16 日购入的机器设备增值税专用发票上注明，设备价款 2 000 000 元，增值税税额 340 000 元。同时，运费结算单上注明支付物流公司运费 2 000 元，可按 7%的税率进行进项税抵扣。另外支付装卸费等共计 1 000 元。以上款项已经通过银行转账支付；3 月 20 日购入的固定资产价款 1 170 000 元（含增值税价），未取得增值税专用发票，且尚未付款。另外，以银行存款支付物流公司运输费 5 000 元，装卸费 3 000 元。以上交易和事项应分别作会计分录：

① 购入取得增值税专用发票的设备时：

借：固定资产　　2 002 860

　　应交税费——应交增值税（进项税额）　　340 140

　　贷：银行存款　　2 343 000

② 购入未取得增值税专用发票的设备时：

借：固定资产　　1 178 000

　　贷：应付账款　　1 170 000

　　　　银行存款　　8 000

（2）购入需要安装的固定资产。购入需要安装的固定资产，在交付使用前，应将其购买时支付的价款、应计入固定资产成本的相关税费和其他费用，作为在建工程成本核算，待固定资产交付使用之后，再作为固定资产核算。

【例 6-2】 2012 年 3 月 20 日，A 公司购入需要安装的生产设备一台，取得的增值税专用发票上注明的价款 1 000 000 元，增值税税额 170 000 元。同时，支付运输费用 1 000 元、装卸费用等其他费用 2 000 元。以上款项均通过银行转账付讫。安装过程领用专用材料价值 10 000 元，支付安装人工资 20 000 元，这两项费用尚未支付。同年 3 月 25 日生产设备安装完成并交付使用。

① 购入设备时：

借：在建工程　　1 002 930

　应交税费——应交增值税（进项税额）　　170 070

　贷：银行存款　　1 173 000

② 发生安装费用时：

借：在建工程——工程成本　　30 000

　贷：在建工程——工程材料　　10 000

　　应付职工薪酬　　20 000

③ 设备安装完成并交付使用时：

借：固定资产　　1 032 930

　贷：在建工程——工程成本　　1 032 930

（3）外购固定资产的特殊情况。

①一次购入多项没有单独标价的固定资产。如果企业以一次购入多项没有单独标价的固定资产，则应当按照各项固定资产公允价值的比例进行成本分配，分别确认各项固定资产的成本。

【例 6-3】 A 公司一次购入三台功能不同的生产设备甲、乙、丙。三台设备的总价款 5 000 000 元，增值税税额 85 000 元，装卸费等其他相关费用 100 000 元。以上款项通过银行转账付讫。三台设备的公允价值分别是甲 1 040 000 元、乙 2 600 000 元、丙 1 560 000 元。

第一步，按公允价值计算成本分摊比例：

甲设备＝1 040 000÷(1 040 000＋2 600 000＋1 560 000)＝20％

乙设备＝2 600 000÷(1 040 000＋2 600 000＋1 560 000)＝50％

丙设备＝1 560 000÷(1 040 000＋2 600 000＋1 560 000)＝30％

第二步，按成本分摊比例分别计算三台设备的成本：

甲设备＝5 100 000×20％＝1 020 000(元)

乙设备＝5 100 000×50％＝2 550 000(元)

丙设备＝5 100 000×30％＝1 530 000(元)

以上交易应作会计分录：

借：固定资产——甲设备　　1 020 000

　　　　　——乙设备　　2 550 000

　　　　　——丙设备　　1 530 000

　应交税费——应交增值税（进项税额）　　850 000

　贷：银行存款　　5 950 000

② 超过正常信用条件延期支付价款。企业在购买固定资产的时候，有时会通过分期付款方式延期支付全部或部分价款。如果付款期限较长（通常 3 年以上），超过正常信用付款期限，该项交易就具备了融资的性质。所以，以分期付款方式购入的固定资产成本应以各期付款的现值之和来确定。为了对固定资产融资费用进行专门核算，企业应设置“未

确认融资费用”账户。该账户属于资产类账户，发生未确认融资费用时记入借方；摊销融资费用时记入贷方；该账户的余额在借方，反映未确认融资费用的余额。未确认融资费用应当在付款期限内进行摊销。在固定资产达到预定可使用状态的之前，摊销的融资费用构成固定资产成本；达到预定可使用状态之后，摊销的融资费用计入当期损益。

【例 6-4】 2010 年 1 月 1 日，A 公司购入一台需要安装的机器设备，设备价款 100 000 元，增值税税额 17 000 元，另支付安装费用 10 000 元。A 公司与销售方签订的合同中约定，该项设备在采购当日支付 25 000 元价款和 17 000 元的增值税，余款分别在 2010 年、2011 年和 2012 年年末分三次平均支付，假设市场平均利率保持在 10％不变。该设备在 2010 年 12 月 31 日安装完成并交付使用。

第一步，计算设备现值。

设备价款现值＝25 000＋25 000×（P/A，10％，3）＝25 000＋25 000×2.49＝87 250（元）

融资本金＝25 000×（P/A，10％，3）＝25 000×2.49＝62 250（元）

根据以上计算结果作会计分录：

借：在建工程　87 250

　　应交税费——应交增值税（进项税额）　17 000

　　未确认融资费用　12 750

　贷：长期应付款　75 000

　　　银行存款　42 000

第二步，各期未确认融资费用的分摊。

表 6-1　A 公司未确认融资费用分摊表　　单位：元

日期 ①	分期付款额 ②	确认的融资费用 ③＝期初⑤×10％	应付本金减少额 ④＝②－③	应付本金余额 ⑤＝期初⑤－④
2010-01-01	—	—	—	62 250
2010-12-31	25 000	6 225	18 775	43 475
2011-12-31	25 000	4 347.5	20 652.5	22 822.5
2012-12-31	25 000	2 177.5	22 822.5*	0
合计	75 000	12 750	62 250	0

* 为了便于尾数调整，最后一期的应付本金减少额应与上期应付本金余额相等。因此，在最后一期应首先确认④应付本金减少额，再确认③确认的融资费用

① 2010 年 12 月 31 日支付设备款并确认融资费用时：

借：长期应付款　25 000

　　在建工程　6 225

　贷：银行存款　25 000

　　　未确认融资费用　6 225

② 支付安装费用时：

借：在建工程　10 000

　贷：银行存款　10 000

③ 固定资产安装完成并交付使用时：

借：固定资产 103 475

贷：在建工程 103 475

④ 2011 年 12 月 31 日支付设备款并确认融资费用时：

借：长期应付款 25 000

财务费用 4 347.5

贷：银行存款 25 000

未确认融资费用 4 347.5

⑤ 2012 年 12 月 31 日支付设备款并确认融资费用时：

借：长期应付款 25 000

财务费用 2 177.5

贷：银行存款 25 000

未确认融资费用 2 177.5

B. 自行建造固定资产

(1) 自营建造固定资产。企业在核算自营建造固定资产成本时，购置工程物资支付的增值税，符合抵扣条件的，应作为进项税额单独反映，不构成工程物资的成本；若在建工程在达到预定可使用状态之前需要进行试运行，则在此过程发生的相关试运行成本计入在建工程成本，试运行过程中生产产品所获得的收入用于冲减在建工程成本；在固定资产达到预定可使用状态之前，出现盘盈、盘亏、报废、毁损的工程物资，应根据减去材料价值以及保险公司、过失人赔偿部分后的差额调整在建工程成本；在固定资产达到预定可使用状态之后，出现盘盈、盘亏、报废、毁损的工程物资时，应将扣除残值收入和相关责任人赔偿后的余额，计入营业外支出；固定资产达到预定可使用状态、并完成竣工决算，其自营建造过程中所发生的全部成本构成固定资产原值；如果固定资产达到预定可使用状态，但尚未完成竣工决算，可将自营建造过程中发生的暂估成本，作为固定资产成本入账，待完成竣工决算后，再予以调整。固定资产竣工完成后，若有剩余的工程物资，应视其处置情况进行账务处理。如果转作库存材料用作生产，则应按照剩余工程物资的账面价值，计入“原材料”账户；如果对外出售，则应按其他业务收入处理，同时按所出售工程物资的账面价值，结转成本。

【例 6-5】 2012 年 7 月 15 日，A 公司准备自行建造一座厂房，购入一批工程物资，价值 1 000 000 元，增值税 170 000 元，款项已通过银行转账付讫。该工程共领用工程物资 800 000 元、生产用原材料 100 000 元，工程人员工资 80 000 元；公司辅助生产车间为工程提供劳务服务，分配劳务成本 50 000 元。同年年底，工程完工并交付使用。以上事项应分别作会计分录：

① 购入工程物资时：

借：工程物资 1 170 000

贷：银行存款 1 170 000

② 领用工程物资和生产用原材料时：

借：在建工程——自营工程 900 000

贷：工程物资 800 000

原材料 100 000

③ 计提工程人员薪酬时：

借：在建工程——自营工程 80 000

贷：应付职工薪酬 80 000

④ 分配的辅助生产劳务成本时：

借：在建工程——自营工程 50 000

贷：生产成本——辅助生产成本 50 000

⑤ 工程达到预定可使用状态并交付使用时：

借：固定资产 1 030 000

贷：在建工程——自营工程 1 030 000

(2) 出包建造固定资产。出包建造固定资产是自行建造固定资产的另一种方式。企业通常通过招标，将需要建造的工程项目发包给承包商。企业与中标的承包商签订建造承包合同，企业负责筹集资金和组织管理工程设备等，承包商负责工程项目的具体建造实施。通常情况下，企业在工程建造之初会支付给承包商一定的工程预付款，以后再按施工进度支付剩余款项；工程进行中，再根据工程进度与承包单位按期结算工程款，进行工程成本核算；工程完工时，也构成工程成本；工程完工交付使用并完成竣工决算时，应按竣工决算的成本金额结转工程成本；如未完成竣工决算，则应按照暂估的价值计算工程成本，待竣工决算完成后再进行调整。

【例 6-6】 A 公司准备建造一间厂房，通过招标方式将工程建造出包给承包商。承包合同中商定的工程总造价 5 000 000 元，同时商定工程开工时 A 方预付工程款的 20%，工程进度达 50%时预付款总额达到工程总造价的 80%，工程完工并验收后结算工程余款。以上事项应作会计分录：

① 预付 20%工程款时：

借：预付账款——出包工程 1 000 000

贷：银行存款 1 000 000

② 工程进度达到 50%，第二次预付工程款并计算工程成本时：

借：在建工程——出包工程 4 000 000

贷：预付账款——出包工程 1 000 000

银行存款 3 000 000

③ 工程完工、验收后结清工程余款时：

借：在建工程——出包工程 1 000 000

贷：银行存款 1 000 000

④ 厂房建造完成后交付使用时：

借：固定资产 5 000 000

贷：在建工程——出包工程 5 000 000

C. 融资租赁固定资产

(1) 融资租赁的概念。企业可以通过租赁方式租入固定资产。租赁是指在约定的时间内，出租人将资产的使用权让渡给承租人，以获取租金的协议。租赁可分为经营租赁和融资租赁，本节介绍作为承租人的融资租赁的账务处理。融资租赁，指出租人实质上转移了与所有权有关的全部风险和报酬的一种租赁方式。融资租赁方式下，固定资产应视同承租方自有固定资产进行核算和管理，其固定资产的所有权最终可能转移，也可能不转移。一项租赁业务是否属于融资租赁，需要满足以下条件之一：①租赁期届满时，租赁资产的所有权转移给承租人。②承租人有购买租赁资产的选择权，所订立的购买价款预计将远低于行使选择权时租赁资产的公允价值。这里的“远低于”，一般是指购买价款低于行使选择权时租赁资产公允价值的5%。③租赁期占租赁资产尚可使用寿命的大部分，通常为75%及以上。④承租人在租赁开始日的最低租赁付款额现值，几乎相当于租赁开始日租赁资产的公允价值，通常为最低租赁付款额现值占租赁资产公允价值的90%及以上。同时，出租人在租赁开始日的最低租赁收款额现值，几乎相当于租赁开始日租赁资产公允价值。⑤租赁资产性质特殊，如果不做较大改造，只有承租人才能使用。

经营租赁是一种为满足企业生产经营临时需要而进行的租赁。经营租赁的租期较短，只占被租赁资产使用寿命的一小部分，且在租赁期届满时，承租人应将租赁资产归还给出租人。由于经营租赁的出租人享有租赁资产的所有权，因此，出租人要计提租赁资产的折旧费。同时，要为租出资产支付有关保险费、维护保养等。而承租人只需要按约定的金额向出租方支付租赁费，并计入相关费用。因而，经营租赁方式下，承租人不能将租入的固定资产作为自有固定资产进行核算，只能通过备查账进行记录和管理。

(2) 融资租赁固定资产的账务处理。①租赁开始日，承租人应将租赁资产的公允价值与其最低租赁付款额现值两者中的较低者作为租入固定资产的入账价值，将最低租赁付款额作为长期应付款的入账价值，两者差额作为未确认融资费用。最低租赁付款额是指在租赁期内，承租人应支付或可能被要求支付的各种款项（不包括或有租金和履约成本），加上由承租人或与其有关的第三方担保的资产余值之和。其中，或有租金是指金额不固定、以时间长短以外的其他因素（如销售量、使用量、物价指数等）为依据计算的租金；履约成本是指租赁期内为租赁资产支付的各种使用费，如技术咨询和服务费、人员培训费、维修费、保险费等；资产余值是指在租赁开始日估计的租赁期届满时租赁资产的公允价值。如果承租方有购买租赁固定资产的选择权，所定立的价格预计远低于行使选择权时租赁固定资产的公允价值，那么，这个购买价格应包括在最低租赁付款额内。作为承租人，在计算最低租赁付款额的现值时，应当确定折现率。如果能够知悉出租方租赁内含利率，应以出租方的租赁内含利率作为折现率；否则，应采用租赁合同规定的利率作为折现率。如果以上两者均无法知悉，应以同期银行贷款利率作为折现率。承租人发生的初始直接费用，如承租人在租赁谈判和签订租赁合同过程中发生的、可归属于租赁项目的手续费、律师费、差旅费、印花税等，以及承租人为租入固定资产而发生的贸易手续费、银行手续费、运输费、运输保险费、仓储保管费用、财产保险费、相关税金、商检费、安装调试费等，应构成租入固定资产的成本。②租赁期内，承租人应该按照实际利率法，在租赁期内对未确认融资费用进行分摊，且应采用与自有固定资产一致的折旧政策计提租赁固定资产的折旧费。③租赁期届满，作为承租人通常区分以下几种情况对租赁资产进行处理。第一，返还租赁资产。第二，优惠续租租赁资产。如果承租人行使优惠续租选择权（即承租人续租的租金低于或等于行使优惠续租选择权日的正常租金的70%），则视同该项租赁一直存在而作出相应的账务处理；如果承租人没有续租，根据租赁合同规定须向出租人支付违约金。第三，购买租赁资产。承租人行使优惠购买选择权购买租赁资产的，在支付购买价款的同时，将固定资产从融资租赁转入自有固定资产的相关明细账户。

【例6-7】2008年1月1日，A公司以融资租赁方式从租赁公司租入一台不需要安装的机器设备。租赁公司的设备成本为500 000元，租赁开始日该设备的公允价值为500 000元。租赁合同约定的租赁期限为5年，每年年末支付租金118 708元，租赁期满设备所有权转移给A公司。已知租赁公司的内含利率为6%，同期银行贷款利率为8%；该设备的预计使用寿命为5年，税法规定的机器设备折旧年限为8年。会计计量与税法均不考虑残值，采用直线法计提折旧。以上交易和事项应分别作会计分录：

① 租入机器设备时：

租赁开始日该设备的公允价值＝500 000（元）

最低租赁付款额现值＝118 708×（P/A，6%，5）＝118 708×4.2124≈500 000（元）

最低租赁付款＝118 708×5＝593 540（元）

未确认融资费用＝593 540－500 000＝93 540（元）

借：固定资产——融资租入固定资产　　500 000

　　未确认融资费用　　93 540

　　贷：长期应付款——应付融资租入固定资产租赁费　　593 540

② 2008年12月31日相关账务处理：

支付租金时：

借：长期应付款——应付融资租入固定资产租赁费　　118 708

　　贷：银行存款　　118 708

计提折旧时：

借：制造费用　　100 000

　　贷：累计折旧　　100 000

③ 分摊未确认融资费用如表6-2所示。

表6-2　未确认融资费用分摊表　　单位：元

日期 ①	年租金额 ②	确认的融资费用 ③＝期初⑤×6%	应付本金减少额 ④＝②－③	应付本金余额 ⑤＝期初⑤－④
2008-01-01				500 000
2008-12-31	118 708	30 000	88 708	411 292
2009-12-31	118 708	24 678	94 030	317 262

续表

日期 ①	年租金额 ②	确认的融资费用 ③＝期初⑤×6%	应付本金减少额 ④＝②－③	应付本金余额 ⑤＝期初⑤－④
2010-12-31	118 708	19 036	99 672	217 590
2011-12-31	118 708	13 056	105 652	111 938
2012-12-31	118 708	6 770	111 938*	0
合计	593 540	93 450	50 000	0

* 为了便于尾数调整，最后一期的应付本金减少额应与上期应付本金余额相等。最后一期应先确认④应付本金减少额，再确认③确认的融资费用

借：财务费用　30 000

　　贷：未确认融资费用　30 000

以后各年支付租金、计提折旧及确认融资费用的账务处理，除每年确认的融资费用金额不同外，其他与2008年相同，这里不再重复。

④ 租赁期届满时：

借：固定资产　500 000

　　贷：固定资产——融资租入的固定资产　500 000

D. 投资人投入固定资产

投资人投入的固定资产，应当按照投资合同或协议约定的价值来进行初始计量，但合同或协议预定的价值不公允的除外；若合同或协议约定的价值不公允，则应按照该固定资产的公允价值确定投入固定资产的初始成本；投资人投入固定资产时，如果提供了增值税专用发票，则增值税专用发票上允许抵扣的增值税不构成固定资产成本，作为进项税额单独反映；如果确定的固定资产成本与允许抵扣的增值税之和大于投资合同或协议中约定的投资人的出资额，其差额计入所有者权益。

【例 6-8】 A公司收到投资人投入的一台不需要安装的机器设备。合同约定，该设备价值1 000 000元，增值税专用发票上注明的增值税额为170 000元，按设备价值的90%作为投资人的出资额。以上事项应作会计分录：

借：固定资产　1 000 000

　　应交税费——应交增值税（进行税额）　170 000

　　贷：实收资本　900 000

　　　　资本公积　270 000

E. 接受捐赠固定资产

企业接受捐赠的固定资产，如果捐赠方提供了增值税专用凭证，应按发票上注明的价款作为固定资产成本。发票上注明的增值税额，符合抵扣条件的应作为进项税额单独列示，不计入固定资产的成本，不符合抵扣条件的则构成固定资产的成本入账；捐赠方没有提供相关凭证时，如果同类或类似固定资产存在活跃市场，可参照同类或类似固定资产的市场价格作为成本入账；如果同类或类似固定资产不存在活跃市场，则应按该固定资产预计未来现金流量的现值作为成本入账。企业在接受固定资产捐赠过程中所承担的相关支

出，如运输费用、安装费用等也构成接受捐赠固定资产的成本。

【例 6-9】A 公司接受捐赠不需用安装的机器设备一台。捐赠者提供的增值税专用发票上标明的设备价款 1 000 000 元，增值税额 170 000 元。A 公司以银行存款支付运杂费 5 000 元。以上事项应作会计分录：

借：固定资产　1 005 000
　应交税费——应交增值税（进项税额）　170 000
　贷：营业外收入　1 170 000
　　银行存款　5 000

F. 盘盈固定资产

财产清查中出现的盘盈固定资产，如果同类或类似固定资产活跃市场，应按照同类或类似固定资产的市场价格，减去按该项固定资产的新旧程度估计的价值损耗后的余额作为成本入账；如果同类或类似固定资产不存在活跃市场，则应按照该固定资产预计未来现金流量的现值作为成本入账。

固定资产盘盈净值及转销在“待处理财产损溢——待处理固定资产损溢”账户核算。同时，还应设置“以前年度损益调整”账户。该账户属于损益类账户，盘盈固定资产的净值记入贷方；转销时记入借方；该账户的余额在贷方，反映尚未转销的固定资产盘盈价值。

【例 6-10】A 公司在财产清查中发现账外设备一台。同类设备的市场价格为 20 000 元，估计累计折旧 5 000 元。A 公司适用的所得税税率为 25%，提取法定盈余公积的比例为 10%。以上事项应分别作会计分录：

① 固定资产盘盈时：
借：固定资产　15 000
　贷：待处理财产损溢——待处理固定资产损溢　15 000

② 转销固定资产盘盈时：
借：待处理财产损溢——待处理固定资产损溢　15 000
　贷：以前年度损益调整　15 000

③ 计算递延所得税时：
借：以前年度损益调整　3 750
　贷：递延所得税负债　3 750

④ 结转以前年度损益并提取法定盈余公积时：
借：以前年度损益调整　11 250
　贷：利润分配——未分配利润　10 125
　　盈余公积——法定盈余公积　1 125

G. 存在弃置义务固定资产的核算

如果特殊行业的企业拥有具有弃置义务的固定资产，在确定其初始入账成本时，还应考虑该固定资产的弃置费用。弃置费用，通常是指根据国家法律和行政法规、国际公约等规定，企业承担的环境保护和生态恢复等义务所发生的固定资产在弃置时的支出，如油气资产、核电站核设施等在弃置和恢复环境义务时的支出。弃置费用发生的金额与其现值比较，通常相差较大，因此需要考虑货币时间价值。对于这些特殊行业的特定固定资产，企业应当根据或有事项相关准则，按照现值计算确定应计入固定资产初始成本的弃置费用和相应的预计负债，在固定资产使用寿命内，按预计负债的摊余成本和实际利率计算确定的利息费用计入财务费用。一般企业固定资产的报废清理费用不属于弃置费用，应作为固定资产处置费用处理。

企业在确认具有弃置义务的固定资产成本时，按照固定资产的购建成本和弃置费用的现值之和，作为固定资产成本，进行初始计量。弃置费用的现值，确认为预计负债。

【例 6-11】 A 公司下设一家核电公司。经国家批准，2010 年 1 月 1 日建造完成一座造价 20 000 000 元的核电站并交付使用，预计使用寿命为 10 年。根据法律规定，该核电站使用期满后，A 公司应对其进行拆除，并对其造成的污染进行治理，届时预计可能发生的拆除和环境治理费用为 1 000 000 元，假设实际利率保持 10%不变。以上事项就会分别作会计分录：

① 核电站交付使用时：

核电站工程造价＝20 000 000 元

核电站弃置费用现值＝1 000 000×（P/F，10%，10）

＝1 000 000×0.3855＝385 500（元）

核电站的入账成本＝20 000 000＋385 500＝20 385 500（元）

借：固定资产　　20 385 500

　贷：在建工程　　20 000 000

　　预计负债　　385 500

② 每年应负担的利息费用如表 6-3 所示。

表 6-3　利息费用分摊表　　单位：元

日期	利息费用 ①＝②×10%	预计负债的账面价值 ②＝上期②＋①
2010-01-01		385 500.00
2010-12-31	38 550.00	424 050.00
2011-12-31	42 405.00	466 455.00
2012-12-31	46 645.50	513 100.50
2013-12-31	51 310.05	564 410.55
2014-12-31	56 441.06	620 851.61
2015-12-31	62 085.16	682 936.77
2016-12-31	68 293.68	751 230.44
2017-12-31	75 123.04	826 353.49
2018-12-31	82 635.35	908 988.83
2019-12-31	91 011.17*	1 000 000.00

* 尾数调整：91 011.17＝1 000 000.00－908 988.83

2010 年 12 月 31 日应承担利息费用：

借：财务费用　　38 550

　贷：预计负债　　38 550

以后年度利息费用的结转参照 2010 年的账务处理，不再重复。

第三节　固定资产后续计量

1. 固定资产折旧

1）折旧概念

折旧是指在固定资产使用寿命内，按照确定的方法对应计折旧额进行合理的分摊。应计折旧额，指应当计提折旧的固定资产的原价扣除其预计净残值后的金额。已计提减值准备的固定资产，在计提折旧费时还应当扣除已计提的固定资产减值准备金额。预计净残值，指假定固定资产预计使用寿命已满并处于使用寿命终了状态时，预计处置该项固定资产所获取的收入扣除预计处置费用后的余额。

2）固定资产的折旧范围

企业在计提固定资产折旧时，应按照以下规定来确定应计提折旧的固定资产的范围。

（1）应当对所有的固定资产计提折旧，但是已提足折旧仍继续使用的固定资产和单独计价入账的土地除外。

（2）应当按月计提固定资产折旧。固定资产达到预定可使用状态时开始计提折旧，终止确认时或划分为持有待售非流动资产时停止计提折旧。当月增加的固定资产，当月不提折旧，从下月起计提折旧；当月减少的固定资产，当月仍计提折旧，从下月起不再计提折旧。

（3）固定资产提足折旧后，不论能否继续使用，均不再计提折旧，提前报废的固定资产也不再补提折旧。提足折旧是指已经提足该固定资产的应计折旧额。

（4）已达到预定可使用状态但尚未办理竣工决算的固定资产，应当按照估计价值确定其成本，并计提折旧。待办理竣工决算后再按实际成本调整原来的暂估价值，但不需要调整已经计提的折旧额。

3）影响固定资产折旧的因素

影响固定资产折旧的因素主要有以下几个方面。

（1）固定资产原值。固定资产原值是其初始入账成本，是影响固定资产折旧费多少的基本因素。

（2）固定资产预计净残值。固定资产预计净残值是指假定固定资产预计使用寿命已满并处于使用寿命终了的预期状态时，处置该项固定资产预计所取得的收入扣除预计处置费用后的余额。计提固定资产折旧时，需要从固定资产原值中将其预计净残值扣除。

（3）固定资产预计使用寿命。固定资产预计使用寿命是指企业使用固定资产的预计持续期间，或者固定资产所能生产产品或提供劳务的估计总量。企业在确定固定资产预计使用寿命时，应考虑以下因素：预计生产能力或实物产量、预计有形损耗和无形损耗和法律或者类似规定对该固定资产使用的限制。

（4）折旧方法。计提折旧费的方法有几种，在固定资产原值、净残值、预计使用寿命等几个因素都不变的情况下，采用不同的折旧方法计算的某一会计期间折旧费不相等，有时会相差很大。因此，采用不同的折旧方法将直接影响到固定资产折旧费在各个会计期间的分摊，是影响固定资产折旧的一项重要因素。

（5）固定资产减值准备。固定资产在计提减值准备后，应当在剩余使用寿命内，根据调整后的固定资产账面价值扣除预计净残值，重新计算应计提折旧基数。

需要说明的是，固定资产的使用年限、预计净残值、采用的折旧方法一经确定，不得随意变更。如需变更，应当在会计报表附注中予以说明。

4）固定资产折旧方法

目前，会计核算中可供选择的固定资产折旧方法主要有三种，即年限平均法、工作量法和加速折旧法。企业应当根据与固定资产有关的经济利益的预期实现方式，合理选择折旧方法。

A. 年限平均法

年限平均法，指将固定资产的应计提折旧总额平均分摊到预计使用寿命期限内的一种折旧方法。年限平均法的计算公式如下：

固定资产年折旧额＝（固定资产原值－预计净残值）÷预计使用寿命

固定资产年折旧率＝固定资产年折旧额/固定资产原值×100%

固定资产年折旧率还可通过以下公式计算：

固定资产年折旧率＝（1－预计净残值率）÷预计使用寿命

固定资产月折旧率＝固定资产年折旧率÷12

固定资产月折旧额＝固定资产原值×固定资产月折旧率

预计净残值率＝（预计净残值÷固定资产原值）×100%

预计净残值＝预计残值收入－预计清理费用

【例 6-12】 2012 年 2 月 1 日，A 公司于购入一台不需要安装的机器设备，原值（不含税）2 000 000 元，预计使用寿命 10 年。设备报废后预计净残值 50 000 元，预计清理费用 5 000 元。A 公司采用平均年限法计提折旧费的计算过程如下：

固定资产年折旧额＝（2 000 000－50 000）÷10＝195 000（元）

固定资产年折旧率＝（195 000÷2 000 000）×100%＝9.75%

固定资产月折旧率＝9.75%÷12＝0.812 5%

固定资产月折旧额＝2 000 000×0.812 5%＝16 250（元）

A 公司从 2012 年 3 月起，在未来 10 年内，如果不发生其他异常情况，每月以 16 250 元对这台机器设备计提折旧费。

从［例 6-12］的计算过程可以看出，采用这种方法，在固定资产预计使用寿命内，每期计算的折旧额相等。这种方法的优点在于应用简便，易于理解和计算；缺点是没有考虑固定资产的使用效能在预计使用期内的非均衡释放，因此，不符合收入与费用配比原则。一般来说，固定资产的使用效能通常会随其使用期的增加而呈递减趋势，所以，每期相等的折旧费与逐渐减少的经济利益的流入不匹配。平均年限法主要适用于各期使用效率和使用强度基本相同的固定资产。

B. 工作量法

工作量法，是根据固定资产在每一会计期间完成的实际工作量计提折旧的一种方法。固定资产在某一会计期间生产产品或提供劳务的数量越多，利用程度越高，计提的折旧费也越多；反之，计提的折旧费越少。工作量法的计算公式如下：

某项固定资产单位工作量折旧额＝（固定资产原值－预计净残值）÷预计总工作量

该项固定资产月折旧额＝ 该项固定资产某月实际工作量×单位工作量折旧额

【例 6-13】 A 公司购入一台不需要安装的机器设备，原值 1 000 000 元（不含税）。设备报废后预计净残值 50 000 元，预计总工作小时数为 50 000 小时，某月该项固定资产完成工作量 500 小时。A 公司采用工作量法计提折旧：

单位工作量折旧额＝（1 000 000－50 000）÷50 000＝19（元）

固定资产月折旧额＝500×19＝9 500（元）

C. 加速折旧法

加速折旧法又称为递减折旧费用法。采用这种方法，固定资产使用前期计提的折旧较多，后期计提的折旧较少。加速折旧法除了双倍余额递减法，还包括年数总和法。采用加速折旧法主要基于以下考虑：第一，固定资产的使用效能逐年递减。通常情况下，固定资产在使用前期效能较高，能为企业带来较高的收益。随着固定资产的损耗，效能逐渐降低，维护费用增加，为企业带来的收益也逐渐减少。因此，在固定资产的使用前期多提折旧，后期少提折旧，更加符合收入与费用相配比的原则。第二，未来经营风险不确定。在市场经济条件下，企业面临的未来经营风险往往存在很大的不确定性，因此，在固定资产使用前期多提折旧有利于规避风险，以加速固定资产成本的收回。第三，固定资产的市场价值贬值较快。固定资产一经投入使用，其市场价值就会迅速贬值，因此，通过加速计提折旧可使固定资产账面价值与市场价值保持大致相符。第四，所得税因素。加速折旧可以延迟所得税交纳的时间，使企业在纳税方面得到一定的好处。

加速折旧法有很多具体方法，目前，我国有关规范规定可以采用的加速折旧法有双倍余额递减法和年数总和法。

（1）双倍余额递减法，是在不考虑固定资产预计净残值的情况下，根据每年年初固定资产的账面净值乘以双倍于年限平均法下的折旧率，计算固定资产折旧额的一种方法。采用这种方法，由于固定资产账面价值随着折旧的计提会逐年减少，因而，以一个固定的折旧率乘以不断递减的账面净值计算出来的折旧额也是逐年递减的。双倍余额递减法的计算公式如下：

固定资产年折旧率＝2÷预计使用寿命×100％

固定资产月折旧率＝固定资产年折旧率÷12

固定资产月折旧额＝年初固定资产账面净值×固定资产月折旧率

从以上计算公式可以看出，采用双倍余额递减法计算折旧费时，折旧率在整个折旧期限内不变，而折旧基数在逐年减少。但如果一直按照以上公式计算某项固定资产的折旧费，会产生两个问题，即折旧期限会超过预计使用寿命，同时，在计算折旧费时没有考虑预计净残值。解决这两个问题，在运用双倍余额递减法时，理论上讲，当某一折旧年度按双倍余额递减法计算的折旧额小于按年限平均法计算的折旧额时，改为按年限平均法计提

折旧，判断公式为

按双倍余额递减法计算的折旧额＜（账面价值－净残值）÷剩余使用寿命

但在会计实务中，为了计算简便，在固定资产使用寿命到期前两年改为按年限平均法计提折旧，即将固定资产账面净值扣除预计净残值后的余额在最后两年内平均分摊。固定资产的账面价值不应低于预计净残值。

【例 6-14】 A 公司购入一台新机器设备，按双倍余额递减法计提折旧。该设备购入价格 60 000 000 元，预计使用年限 10 年，预计净残值 2 000 000 元。A 公司各年应计提的折旧费如表 6-4 所示。

表 6-4 双倍余额递减法计提折旧计算表 单位：万元

年数	年初净值	折旧率	折旧额	累计折旧	年末净值
1	6 000.00	0.20	1 200.00	1 200.00	4 800.00
2	4 800.00	0.20	960.00	2 160.00	3 840.00
3	3 840.00	0.20	768.00	2 928.00	3 072.00
4	3 072.00	0.20	614.40	3 542.40	2 457.60
5	2 457.60	0.20	491.52	4 033.92	1 966.08
6	1 966.08	0.20	393.22	4 427.14	1 572.86
7	1 572.86	0.20	314.57	4 741.71	1 258.29
8	1 258.29	0.20	251.66	4 993.37	1 006.63
9	1 006.63		403.32	5 396.68	603.32
10	603.32		403.32	5 800.00	200.00

（2）年数总和法，指以固定资产原值减去预计净残值之后的应计提折旧额为基数，乘以一个以固定资产尚可使用寿命为分子、以预计使用寿命年数总和为分母的逐年递减的比例计算折旧费的方法。采用这种方法，以逐年递减的折旧率乘以一个不变的应计折旧额计算出来的折旧额也是逐年递减的。其计算公式如下：

固定资产年折旧率＝尚可使用寿命÷年数总和×100%

年数总和＝固定资产预计使用寿命×（1＋固定资产预计使用寿命）÷2

固定资产月折旧率＝固定资产年折旧率÷12

固定资产月折旧额＝（固定资产原值－预计净残值）×固定资产月折旧率

从以上计算公式可以看出，采用年数总和法计算折旧费时，折旧基数在整个折旧期限内不变，而折旧率逐年降低。

【例 6-15】 A 公司购入一台新机器设备，按年数总和法计提折旧。该设备购入价格 1 600 000 元，预计使用寿命 5 年，预计净残值 100 000 元。A 公司各年应计提的折旧费如表 6-5 所示。

表 6-5 年数总和法计提折旧计算表 单位：万元

年数	应计折旧额	折旧率	折旧额	累计折旧	年末净值
1	150.00	5/15	50.00	50.00	160.00
2	150.00	4/15	40.00	90.00	70.00
3	150.00	3/15	30.00	120.00	40.00
4	150.00	2/15	20.00	140.00	20.00
5	150.00	1/15	10.00	150.00	10.00

5）账户设置和账务处理

“累计折旧”属于备抵类账户。企业按一定折旧方法计算的折旧额记入贷方；因处置、报废、盘亏等原因减少固定资产而转销的累计折旧额记入借方；期末余额在贷方，反映企业计提的固定资产累计折旧额。该账户可按固定资产的类别或项目设置明细账。

在企业，固定资产折旧费构成相关使用部门的成本或费用。基本生产车间所使用固定资产的折旧费，计入其制造费用；企业管理部门所使用固定资产的折旧费，计入管理费用；销售部门所使用固定资产的折旧费，计入销售费用；自行建造固定资产过程中所使用固定资产的折旧费，计入工程成本；经营租出的固定资产的折旧费，计入管理费用；未使用固定资产计提的折旧费，计入管理费用。

实际工作中，固定资产折旧是通过编制“固定资产折旧计算表”进行的。由于企业固定资产的增、减变动事项不频繁，通常可以采用简便的方法计算折旧费，即在上月已提折旧额的基础上，加上月新增的固定资产应计提的折旧额，减去上月减少的固定资产应计提的折旧额。

【例 6-16】 2012 年 6 月 30 日，A 公司编制的固定资产折旧计算表如表 6-6 所示。

表 6-6 固定资产折旧计算表 单位：元

使用部门	固定资产项目	上月折旧额	上月增加固定资产		上月减少固定资产		本月折旧额	费用分配
			原值	月折旧	原值	月折旧		
第一车间	厂房	50 000					50 000	制造费用
	机器设备	100 000	310 000	30 000			130 000	
	小计	150 000					180 000	
第二车间	厂房	20 000					20 000	制造费用
	机器设备	60 000			350 000	30 000	30 000	
	小计	80 000					50 000	
厂部	办公楼	50 000					50 000	管理费用
	办公设备	5 000					5 000	
	运输工具	20 000					20 000	
	小计	75 000					75 000	
销售部门	办公楼	20 000					20 000	销售费用
	办公设备	2 000	51 000	10 000			12 000	
	小计	22 000					32 000	
合计		327 000	361 000	40 000	350 000	30 000	337 000	

以上事项应作会计分录：

借：制造费用——第一车间 180 000

——第二车间 50 000

管理费用 75 000

销售费用 32 000

贷：累计折旧 337 000

6）固定资产使用寿命、预计净残值和折旧方法的复核

企业至少应于每年年度终了，对固定资产的使用寿命、预计净残值和折旧方法进行复核。如果发现固定资产的使用寿命以及预计净残值与原先的估计数有重大差异，应当对原估计数进行调整；如果发现与固定资产有关的经济利益的预期实现方式有重大转变，则应相应地改变原先采用的折旧方法。

2. 固定资产的后续支出

固定资产的后续支出，指固定资产在使用过程中发生的更新改造支出、修理费用等。固定资产后续支出的处理原则为：凡是符合固定资产确认条件的，计入固定资产成本，同时将被替换部分的账面价值予以扣除，即后续支出资本化；不符合固定资产确认条件的后续支出，计入当期损益，即后续支出费用化。

1）后续支出资本化

固定资产发生可资本化的后续支出时，应将该固定资产的原价、已计提的累计折旧以及减值准备全部转销，将其账面价值转入在建工程，并在此基础上重新确定固定资产的原值。固定资产转入在建工程后应停止计提折旧。应予以资本化的后续支出在发生时，通过“在建工程”账户核算，待工程完工并达到预定可使用状态时，再从在建工程转为固定资产，并按照重新确定的原值、预计净残值、预计使用寿命和采用的折旧方法计提折旧。

【例 6-17】2009 年 12 月 3 日，A 公司购入一套价值 5 000 000 元（不含税）的生产线，预计使用寿命为 5 年，预计净残值为 0 元。2012 年 1 月 20 日，为了扩大产能，A 公司决定对该生产线进行更新改造，并于 2012 年 5 月 25 日完成更新改造工程、达到预定可使用状态并交付使用。该工程改造共领用原材料 300 000 元，应付职工薪酬 200 000 元，取得残料变卖收入 80 000 元。改造后的生产线预计使用寿命提高到 10 年，预计净残值仍为 0 元。A 公司对该生产线使用年限平均法计提折旧。以上事项应分别作会计分录：

① 对生产线进行扩建改造时：

借：在建工程 3 000 000

累计折旧 2 000 000

贷：固定资产 5 000 000

② 生产线改造发生的材料费、人工费，以及取得残料变卖收入：

借：在建工程 3 200 000

贷：工程物资 3 000 000

应付职工薪酬 200 000

借：银行存款 80 000

贷：在建工程 80 000

③ 生产线改造完成并交付使用时：

借：固定资产　　6 120 000

　　贷：在建工程　　6 120 000

④ 从 2012 年 6 月 1 日起，按更新改造后的原值和折旧方法计提折旧费：

每月应计提折旧数额＝6 120 000÷10÷12＝51 000（元）

借：制造费用　　51 000

　　贷：累计折旧　　51 000

2）后续支出费用化

与固定资产有关的维护或修理费用等后续支出，不能满足固定资产确认条件的，应费用化，按其使用部门分别在发生时计入成本或费用：基本生产车间发生的费用计入制造费用、管理部门发生的费用计入管理费用、销售部门发生的费用计入销售费用。

【例 6-18】 A 公司对管理部门使用的一台办公设备进行维修，该维修事项共消耗有关材料价值 50 000 元，人工费 5 000 元，维修工作当日完成。以上事项应作会计分录：

借：管理费用　　55 000

　　贷：原材料　　50 000

　　　　应付职工薪酬　　5 000

3. 固定资产减值

企业应当在期末对固定资产的账面价值与可收回金额进行比较，按账面价值与可收回金额孰低的原则进行计量。其中，可收回金额是指资产处置时的净收入与预期从该资产持续使用和使用寿命结束时处置中取得的现金流量的现值两者之中的较高者。企业应当在期末或者年度终了时，对固定资产进行逐项清查，如果其可收回金额低于账面价值，应当对可收回金额低于其账面价值的差额计提固定资产减值准备。固定资产的减值损失一经确认，以后的会计期间不得转回。

1）固定资产减值迹象的判断

企业在资产负债表日应当判断固定资产是否存在可能发生的减值迹象。固定资产的减值迹象，可以从企业外部信息源和企业内部信息源两方面加以判断。

从企业外部信息源看，如果出现以下迹象，表明固定资产可能发生减值：

(1) 固定资产的市价在当期大幅度下跌，其跌幅明显高于因时间而退役或正常使用而预计的下跌；

(2) 企业经营所处的经济、技术或者法律等环境以及固定资产所处的市场在当期或者将在近期发生重大变化，从而对企业产生不利影响；

(3) 市场利率或者其他市场投资报酬率在当期已经提高，从而影响企业计算固定资产预计未来现金流量现值的折现率，导致资产可收回金额大幅度降低等。

从企业内部信息源来看，如果出现以下迹象，表明固定资产可能发生减值：

(1) 有证据表明固定资产已经陈旧过时或者其实体已经损坏；

(2) 固定资产已经或者将要被闲置、终止使用或者计划提前处置；

(3) 企业内部报告的证据表明固定资产的经济绩效已经低于或者将低于预期等。

企业在判断某项固定资产存在减值迹象后，应当估计该项固定资产的可收回金额。如果估计的可收回金额低于固定资产的账面价值，应当将该项固定资产的账面价值减记至可收回金额，减记的金额确认为资产减值损失。固定资产减值损失确认以后，需要对发生减值的固定资产在未来期间的折旧额进行相应的调整，使该项固定资产在剩余使用寿命内能够分摊调整后的账面价值。

2）账户设置和账务处理

“固定资产减值准备”属于备抵类账户。固定资产发生减值金额记入该贷方；以减值准备转销固定资产减值损失记入借方；该账户的余额在贷方，反映企业计提但尚未转销的固定资产减值准备。

【例 6-19】 2008 年 12 月 6 日，A 公司购入一台不需要安装的机器设备，价值 10 000 000 元，增值税 1 700 000 元，款项已通过银行转账付讫。该设备预计使用寿命 10 年，预计净残值为 0 元。2011 年 12 月 31 日和 2012 年 12 月 31 日，A 公司计算该设备估计可收回金额分别为 6 300 000 元和 5 500 000 元。以上事项应分别作会计分录：

① 购入固定资产时：

借：固定资产	10 000 000	
应交税费——应交增值税（进项税额）	1 700 000	
贷：银行存款		11 700 000

② 2009～2011 年，每年计提固定资产折旧时：

年折旧额＝10 000 000 /10 ＝1 000 000（元/年）

借：制造费用	1 000 000	
贷：累计折旧		1 000 000

③ 2011 年 12 月 31 日计提减值准备时：

固定资产账面净值＝10 000 000（原值）－3 000 000（累计折旧）＝ 7 000 000（元）

应计提减值准备＝7 000 000－6 3000 000 ＝ 700 000（元）

借：资产减值损失	700 000	
贷：固定资产减值准备		700 000

④ 2012 年 12 月 31 日计提固定资产折旧时：

调整后的固定资产年折旧额 ＝ 6 300 000/7 ＝ 900 000（元/年）

借：制造费用	900 000	
贷：累计折旧		900 000

⑤ 2012 年 12 月 31 日，固定资产的可收回金额（5 500 000 元）高于其账面价值（6 300 000－900 000＝5 400 000 元），但是已计提的固定资产减值准备不得转回，所以不作任何账务处理。

⑥ 2013～2018 年，每年计提固定资产折旧时：

借：制造费用	900 000	
贷：累计折旧		900 000

第四节 固定资产处置

1. 固定资产处置概念

企业的固定资产，会由于各种原因退出正常工作状态而进入处置阶段。导致固定资产退出正常工作状态的原因大致分为两类：一是由于企业对外出售、捐赠等原因导致固定资产退出正常工作状态；二是由于企业遭受自然灾害、经济纠纷败诉、固定资产使用寿命到期等原因导致固定资产退出正常工作状态。固定资产满足下列条件之一，就应当予以终止确认。

（1）该固定资产处于处置状态。处于处置状态的固定资产不再用于生产产品、提供劳务、出租或者经营管理，不再符合固定资产的定义，应予终止确认。

（2）该固定资产预期通过使用或处置不能产生经济利益。具有这一特点表明其不再符合固定资产的定义和确认条件，应予终止确认。

2. 账户设置和账务处理

“固定资产清理”属于资产类账户。处置固定资产的账面净值、固定资产清理过程中发生的清理费用和其他相关税费记入借方；固定资产清理过程中取得的处置收入、残值收入及赔款收入等记入贷方；期末，如果余额在贷方，反映清理收入大于清理费用的清理净收益；期末，如果余额在借方，反映清理费用大于清理收入的清理净损失。一项固定资产清理业务完成后，无论是贷方的清理净收益，还是借方的清理净损失，均应转入“营业外收入”或“营业外支出”账户，结转后，该账户无余额。

1）固定资产出售、报废、捐赠和毁损

固定资产出售、报废、捐赠、毁损时有四个步骤：固定资产转入清理、支付清理过程中应支付的费用及税金、取得出售价款或残料及赔偿款项和计算清理损益等。企业应根据取得的有关凭证进行相应的账务处理。

【例 6-20】 2012 年 9 月 1 日，A 公司出售闲置机器设备一台。该设备于 2006 年 8 月 10 日购入，原值 5 000 000 元，预计使用寿命为 10 年，预计净残值为 0 元，按直线法计提折旧。在出售过程中共支付清理费用 5 000 元，该设备的出售价格 2 300 000 元，增值税率 17%，销项税为 391 000 元。以上款项已转入银行存款。以上事项应分别作会计分录：

① 固定资产转入清理时：

	借方	贷方
借：固定资产清理	2 000 000	
累计折旧	3 000 000	
贷：固定资产		5 000 000

② 支付清理费用时：

	借方	贷方
借：固定资产清理	5 000	
贷：银行存款		5 000

③ 取得设备出售价款时：

	借方	贷方
借：银行存款	2 691 000	
贷：固定资产清理		2 300 000
应交税金——应交增值税（销项税额）		391 000

④ 计算清理损益、并转入当期损益时：

借：固定资产清理 295 000

贷：营业外收入 295 000

2）其他方式处置固定资产

企业以其他方式，如债务重组、对外投资以及非货币性资产交换转出的固定资产，分别参照债务重组、长期股权投资、非货币性资产交换等章节的相关内容，这里不再重复。

3. 持有待售的固定资产

持有待售固定资产，指在当前状况下仅根据出售同类固定资产的惯例就可以直接出售且极可能出售的固定资产，如已经与买方签订了不可撤销的销售协议等。同时满足以下条件的固定资产可以划分为持有待售固定资产：第一，企业已经就处置该固定资产作出决议；第二，企业已经与受让方签订了不可撤销的转让协议；第三，该项转让将在一年内完成。对于持有待售的固定资产，企业应当调整该项固定资产的预计净残值，使该项固定资产的预计净残值能够反映其公允价值减去处置费用后的金额，但不得超过符合持有待售条件时该项固定资产的原账面价值，原账面价值高于预计净残值的差额，应作为资产减值损失计入当期损益。

4. 固定资产清查

企业应当定期或至少每年年末对固定资产进行清查。如果固定资产出现盘盈或者盘亏的情况，应当查明原因，撰写书面报告，经股东大会等类似机构批准后，在期末结账前处理完毕。如果盘盈或者盘亏的固定资产在期末结账前尚未经过批准，在对外提供财务报告时应仍按上述规定处理，并在会计报表附注中作出说明；如果将来批准处理的金额与已处理的金额不一致，应按其差额调整会计报表相关项目的年初数。

企业在清查过程中发现盘盈的固定资产，应作为前期差错处理，调整以前年度损益，为此，应设置“以前年度损益调整”账户。该账户属于损益账户。财产清查或其他原因产生的以前年度损益调整的收益记入贷方；财产清查或其他原因产生的以前年度损益调整的损失记入借方；该账户的贷方余额，反映以前年度损益调整的收益大于损失的净收益；借方余额，则反映以前年度损益调整的收益小于损失的净损失。以前年度损益调整事项完成以后，无论是贷方余额还是借方余额均应入“利润分配”账户。

【例 6-21】 A 公司在财产清查过程中盘盈一台机器设备。该设备的重置成本为 500 000 元，按同类设备目前的市场价格和其新旧程度估计净值为 300 000 元。

① 盘盈固定资产时：

借：固定资产 500 000

贷：累计折旧 200 000

以前年度损益调整 300 000

② 将以前年度损益调整账户余额转入“利润分配”时：

借：以前年度损益调整 300 000

贷：利润分配——未分配利润 300 000

【例 6-22】 A 公司在财产清查中发现盘亏一台机器设备。该设备原值 200 000 元，已计提折旧 50 000 元，已计提减值准备 20 000 元。经查实，该设备在本月一次事故中完全毁损，经公司有关部门决定，事故责任人承担赔偿责任100 000元。以上事项应作会计分录：

① 发现盘亏固定资产时：

借：待处理财产损溢——待处理固定资产损溢	130 000	
累计折旧	50 000	
固定资产减值准备	20 000	
贷：固定资产		200 000

② 对盘亏固定资产进行处理时：

借：其他应收款	100 000	
营业外支出——盘亏损失	30 000	
贷：待处理财产损溢——待处理固定资产损溢		130 000

思 考 题

1. 固定资产的取得途径主要有哪些？
2. 影响固定资产折旧的因素主要包括哪些？
3. 试分析不同固定资产折旧方法的优缺点？
4. 融资租赁的确认条件包括哪些？
5. 固定资产存在减值的迹象主要有哪些？

练 习 题

1.2012年9月5日，Z公司购入一台不需要安装机器设备，设备价款为1 000 000元，增值税170 000元，支付运输费3 000元，以上款项均通过银行转账支付。设备在购入当日投入使用；10月15日，购入一台需要安装的设备，设备价款为2 000 000元，增值税340 000元，运输费5 000元，以上款项均通过银行存款支付。设备在安装过程共耗费原材料100 000元，职工薪酬5 000元。10月20日设备安装完毕投入使用。

要求：根据以上资料编制固定资产购入的会计分录。

2.2012年7月1日，Z公司购入一台不需要安装的大型机器设备。该设备的不含税价款为20 000 000元，增值税3 400 000元。其中增值税款已通过银行转账支付，设备价款在以后的4年中平均支付，支付日期为每年的6月30日。假设银行利率保持10%不变。

要求：根据以上资料编制固定资产购入和分期付款的会计分录。

3.Z公司自建一座厂房。2011年3月15日开始施工建设，当日通过银行转账付款购入一批工程物资，价款5 000 000元，增值税850 000元（设该进项税额不可抵扣），工程物资已验收入库；3月16日，领用工程物资2 000 000元，领用生产用原材料200 000元（购买时支付的增值税率17%）；8月25日，领用工程物资2 800 000元；11月30日，工程建造完成并交付使用。工程建造期间，企业辅助生产部门为工程提供水、电等劳务费用共计8 000元，应付工程人员薪酬320 000元。该费用在工程完工时一次结算。

要求：根据上述资料编制自建固定资产的相关会计分录。

4.2012 年 6 月 20 日，Z 公司固定资产建设情况如下：建造完工的厂房交付使用，工程总造价 2 000 000 元，预计使用寿命 10 年，预计净残值 100 000 元。该项固定资产采用平均年限法计提折旧；购入机器设备一台，价值 1 000 000 元，同时支付增值税 170 000 元（支付的进项税可以抵扣），预计使用寿命 5 年，预计净残值 100 000 元。该项固定资产采用年数总和法计提折旧；购入产品生产线一条，价值 8 000 000 元，同时支付增值税 136 000 元（可以抵扣），预计使用寿命 7 年，预计净残值为 200 000 元。该项固定资产采用双倍余额递减法计提折旧。

要求：根据上述资料编制各项固定资产第一个月计提折旧费的会计分录。

5.Z 公司对火灾中毁损的一台机器设备进行清理。该设备原值为 200 000 元，已计提折旧 100 000 元，已计提减值准备 20 000 元。对该设备进行清理时发生清理费用 10 000 元，已通过银行转账支付。另外，公司可以从保险公司获取 50 000 元保险赔偿，设备残料变卖收入估计 2 000 元，保险赔偿和残料变卖收入均通过银行存款收妥。

要求：根据以上资料编制清理固定资产的会计分录。

第七章

无形资产

第一节 概述

1. 无形资产概念及内容

无形资产，指企业拥有或者控制的没有实物形态的可辨认的非货币性资产。企业的无形资产主要包括以下内容。

（1）专利权，指国家专利主管机关依法授予发明创造专利申请人，对其发明创造在法定期限内所享有的专有权利。我国法律规定的专利权包括发明专利权、实用新型专利权和外观设计专利权。专利权是一种有期限的财产权，法律规定的保护期满后，专利权自动终止。

（2）非专利技术，又称专有技术，指企业持有的不为外界所知的、在生产经营活动中已经采取的、不享有法律保护的、可以带来经济效益的各种技术和诀窍。非专利技术一般包括工业专有技术、商业贸易专有技术以及管理专有技术等。非专利技术不受法律保护，没有有效期限，其有效性取决于企业的保密技术。

（3）商标权，指企业专门在某种指定的商品或产品上使用特定的名称或图案的权利。商标是用来辨认特定商品或劳务的标记，经商标局核准注册的商标为注册商标，商标注册人享有商标专用权，受法律保护。商标权包括独占使用权和禁止权。独占使用权是指商标权享有人在商标注册的范围内独家使用其商标的权利；禁止权是指商标权享有人排除和禁止他人对商标独占使用权进行侵犯的权利。

（4）著作权，又称版权，指作者对其创作的文学、科学和艺术作品依法享有的某些特殊权利。著作权包括作品发表权、署名权、修改权和保护作品完整权，这一类权利是作者的人身权；还包括复制权、发行权、出租权、展览权、表演权、放映权、广播权、信息网络传播权、摄制权、改编权、翻译权、汇编权等，这一类权利是作者的财产权。

（5）特许权，又称经营特许权、专用权，指企业在某一地区经营或销售某种特定商品的权利或是一家企业接受另一家企业使用其商标、商号、技术秘密等的权利。我国相关法律规定的特许权通常有两种形式：一种是由政府机构授权，准许企业使用或在一定地区享有经营某种业务的特权，如水、电、邮电通信等专营权、烟草专卖权等；另一种指企业依照签订的合同，有限期或者无限期使用另一家企业的某些权利，如连锁店分店使用总店的名称等。

（6）土地使用权，指国家允许企业在一定期间内对国有土地享有开发、利用、经营的权利。我国《土地管理法》规定，我国土地实行公有制，任何单位和个人不得侵占、买卖或者以其他形式非法转让。在我国，企业取得土地使用权的方式主要包括行政划拨、外购以及接受捐赠等。

2. 无形资产的分类

（1）按来源分类。无形资产按来源可以分为外部取得的无形资产和内部开发的无形资产。外部取得的无形资产，主要是指通过行政划拨、购买、接受投资、接受捐赠、非货币性资产交换、债务重组、企业合并等渠道获得的无形资产，如土地使用权、专利权、特许权等；内部开发的无形资产，主要是指企业内部各部门自行研究开发的各项无形资产，如专利权、非专利技术、商标权等。

（2）按使用寿命能否确定分类。无形资产按使用寿命能否确定，可以分为使用寿命有限的无形资产和使用寿命不确定的无形资产。使用寿命有限的无形资产，指法律或合同规定了使用期限的无形资产，如专利权、商标权、特许权等；使用寿命不确定的无形资产，指法律或合同没有规定使用期限、企业又无法合理确定其受益期限的无形资产，如非专利技术等。

3. 无形资产的特点

（1）无形资产不具有实物形态。无形资产通常表现为某种权利、某项技术或某种获取超额利润的综合能力，它们通常都不具有实物形态。与企业的很多有形资产相比，无形资产给企业带来的经济利益往往很难单独区分开来。有形资产主要通过实物的转移或磨损来为企业创造价值，而无形资产为企业创造价值的过程往往很难识别。

（2）无形资产具有可辨认性。无形资产具有可辨认性，一方面表明无形资产能够从企业中分离或者划分出来，并能单独用于出售或转让等，而不需要同时处置在同一获利活动中的其他资产，在某些情况下，无形资产也有可能与有关的合同一起用于出售或转让；另一方面表明无形资产产生于合同性权利或其他法定权利，无论这些权利是否可以从企业或其他权利和义务中转移或者分离。

（3）无形资产属于非货币性资产。非货币性资产是指企业持有的货币资金和将以固定和可确定的金额收取的资产以外的其他资产。由于无形资产一般没有发达的交易市场，不易转化为现金，给企业带来的风险和经济利益都是不确定的，因此不属于以固定或可确定的金额收取的资产，应属于非货币性资产。

（4）无形资产在创造经济效益方面存在较大的不确定性。例如，企业的商标，一开始可能并不被社会所认可，不一定给企业带来经济利益。但一旦商标成为名牌，即可得到市场的认同，其“身价”就很昂贵，名牌产品的威力也很难用数字估量。因此，无形资产未来经济利益的不确定性主要体现在它所代表的未来经济利益是不确定的。

第二节　无形资产的确认和初始计量

1. 无形资产的确认和初始计量原则

一项资产要确认为无形资产，除了要符合无形资产的定义外，还要满足无形资产的确认条件：第一，该项资产产生的经济利益很可能流入企业；第二，该项资产的成本能够可靠地计量。

无形资产的初始计量通常按实际成本进行计量，即以取得无形资产并使其达到预定用途而发生的全部支出作为无形资产的成本。来源不同的无形资产的成本构成不尽相同。

(1) 外购无形资产。外购无形资产的成本，主要包括购买价款、相关税费以及直接归入使该项无形资产达到预定用途所发生的其他各项支出，如使无形资产达到预定用途所发生的专业服务费用、测试费等，不包括为引入新产品进行宣传发生的广告费、管理费及无形资产已经达到预定用途后发生的费用。如果购买无形资产时采取分期付款的形式，且信用期限较长（通常在3年以上），实际上就具有了融资的性质，其确认和计量可以参照分期付款购入固定资产的处理方法。

(2) 自行开发的无形资产。企业在核算自行开发无形资产的成本时，需要区分研究阶段和开发阶段。

研究是指为获取新技术和新知识进行的有计划的研究工作。研究阶段的特点在于其具有的计划性和探索性。研究活动是否能形成成果，即通过开发是否能形成无形资产具有很大的不确定性，企业也无法证明其研究活动一定能够形成可以为企业带来经济利益的无形资产。因此，研究阶段发生的支出应费用化，计入当期损益。开发是指在进行商业性生产或使用前，将研究成果予以应用，以生产出新的或具有实质性改进的材料、装置或者产品；或者不具有商业性生产规模的试生产设施的设计、建造和运营等。开发阶段的特点在于其形成成果的可能性很大。开发阶段以研究阶段为基础，开发活动是研究活动的延伸，且形成新产品或新技术的基本条件已经具备。因此，开发阶段发生的费用应资本化，构成无形资产成本。开发阶段发生的费用必须满足以下条件才能予以资本化，计入无形资产成本：①完成该无形资产以使其能够使用或出售在技术上具有可行性；②具有完成该无形资产并使用或出售的意图；③无形资产产生经济利益的方式，包括能够证明运用该无形资生产的产品存在市场或无形资产自身存在市场，无形资产在内部使用的，应当证明其有用性；④有足够的技术、财务资源和其他资源支持，以完成该无形资产的开发，并有能力使用或出售该无形资产；⑤归属于该无形资产开发阶段的支出能够可靠的计量。

(3) 投资人投入的无形资产。投资人投入的无形资产，应按照投资合同或协议约定的价值确定成本，但合同或协议约定的价值不公允的除外。合同或协议约定的价值不公允的，应按照无形资产的公允价值入账。

(4) 接受捐赠的无形资产。企业接受捐赠的无形资产时，应按捐赠方提供的相关发票上的价格加上支付的相关税费确定入账价值。如果捐赠方没有提供相关发票，则应参照同类或类似无形资产的活跃市场价格估计无形资产的价值，再加上支付的相关税费确定入账价值。如果同类或类似无形资产不存在活跃市场，则应按接受捐赠的无形资产的预计未来现金流量的现值确定入账价值。

(5) 其他方式取得的无形资产。企业通过其他方式，如通过非货币性资产交换、债务重组、企业合并等方式取得的无形资产，分别见本教材相关章节的内容，不再重复。

2. 账户设置和账务处理

1) 账户设置

“无形资产”属于资产类账户。企业无形资产的增加记入借方；无形资产的摊销、转让或其他原因发生的无形资产的减少记入贷方；该账户余额在借方，反映企业无形资产的实际余额。该账户下应按无形资产的类型和品种设置明细账。

“研发支出”属于资产类账户。企业研发过程中发生的各项支出记入借方；将研发支出转为费用或无形资产时记入贷方；该账户的余额在借方，反映尚未转为费用或无形资产的研发支出金额。

由于研发支出分为研究支出和开发支出，其中研究支出在每期期末转入当期损益，开发支出在形成无形资产时转为资产，因而，“研发支出”账户应按“费用化支出”和“资本化支出”设置明细账户，分别核算研发过程中的费用化支出和资本化支出。

2) 账务处理

A. 外购无形资产

外购无形资产，应根据付款方式不同作相应的账务处理。如果外购无形资产通过分期付款方式完成，应分期进行融资费用的分摊。

【例 7-1】 2012 年 1 月 1 日，A 公司分别购入一项专利权和一项非专利技术，其价格分别为 200 000 元和 10 000 000 元。公司以银行存款支付专利权购买费用，由于非专利技术金额较大，双方在转让协议中约定通过分期付款方式支付，五年付清。同时约定，购买时支付转让费 2 000 000 元，剩余款项分 4 次支付，每次 2 000 000 元，并于每年 12 月 31 日付款，假设银行利率保持 10%不变。以上事项应分别作会计分录：

① 购入专利权时：

借：无形资产——专利技术	200 000	
贷：银行存款		200 000

② 2012 年 1 月 1 日，购入非专利技术并计算各年融资费用分摊金额：

非专利技术成本的现值＝2 000 000＋2 000 000×（P/A，10%，4）

＝2 000 000＋2 000 000×3.169 9＝8 339 800（元）

未确认融资费用＝10 000 000－8 339 800＝1 660 200（元）

融资本金＝2 000 000×（P/A，10%，4）＝2 000 000×3.169 9＝6 339 800（元）

借：无形资产——非专利技术	8 339 800	
未确认融资费用	1 660 200	
贷：银行存款		2 000 000
长期应付款		8 000 000

③ 各期未确认融资费用的分摊如表 7-1 所示。

表 7-1 未确认融资费用分摊表 单位：元

日期 ①	分期付款额 ②	确认的融资费用 ③＝期初⑤×10%	应付本金减少额 ④＝②－③	应付本金余额 ⑤＝期初⑤－④
2012-01-01				6 339 800
2012-12-31	2 000 000	633 980	1 366 020	4 973 780
2013-12-31	2 000 000	497 378	1 502 622	3 471 158
2014-12-31	2 000 000	347 115.8	1 652 884.2	1 818 273.8
2015-12-31	2 000 000	181 726.2	1 818 273.8*	
合计	8 000 000	1 660 200	6 339 800	0

* 为了便于尾数调整，最后一期的应付本金减少额应与上期应付本金余额相等。因此，在最后一期应首先确认④应付本金减少额，再计算③确认的融资费用

④ 2012 年 12 月 31 日，支付款项 2 000 000 元：

借：长期应付款 2 000 000
　　财务费用 633 980
　　贷：银行存款 2 000 000
　　　　未确认融资费用 633 980

⑤ 2013 年 12 月 31 日，支付款项 2 000 000 元：

借：长期应付款 2 000 000
　　财务费用 497 378
　　贷：银行存款 2 000 000
　　　　未确认融资费用 497 378

⑥ 2014 年 12 月 31 日，支付款项 2 000 000 元：

借：长期应付款 2 000 000
　　财务费用 347 115.8
　　贷：银行存款 2 000 000
　　　　未确认融资费用 347 115.8

⑦ 2015 年 12 月 31 日，支付款项 2 000 000 元：

借：长期应付款 2 000 000
　　财务费用 181 726.2
　　贷：银行存款 2 000 000
　　　　未确认融资费用 181 726.2

企业外购土地使用权通常确认为无形资产。土地使用权用于自行开发建造厂房等地上建筑物时，其外购成本仍作为无形资产核算，并对土地使用权和地上建筑物分别进行摊销和折旧。但是以下两种情况除外：第一，企业外购的房屋建筑物支付的价款中，如果同时包含了土地以及建筑物的价值，应当对支付的价款按合理的方法在土地使用权和地上建筑物之间进行分配，如果确实无法进行合理分配的，应全部作为固定资产确认。第二，房地产开发企业取得的土地使用权用于建造对外出售的房屋建筑物，相关的土地使用权应当计

入所建造的房屋建筑物成本。另外，如果企业改变土地使用权的用途，将其用于出租或作为增值目的时，应将其转换为投资性房地产。

B. 自行研发无形资产

自行研发无形资产，应对不同研发阶段发生的费用进行不同的账务处理。

【例 7-2】 A公司准备研发一种专利技术。经过各部门的论证，于2012年10月形成甲、乙两个方案，分别由两个研发团队同时进行。研究方案的论证过程共支出相关费用100 000元。经过一年时间的研发，甲方案于2013年10月开发成功，并申请专利。该项目共消耗原材料500 000元，研发人员薪酬2 000 000元，其他相关费用200 000元；同时，乙方案宣告开发失败，该项目共消耗原材料600 000元，研发人员薪酬2 300 000元，其他相关费用200 000元。以上事项应分别作会计分录：

① 支付方案论证费用时：

借：研发支出——费用化支出	100 000	
贷：银行存款		100 000
借：管理费用	100 000	
贷：研发支出——费用化支出		100 000

② 甲方案费用发生、并形成无形资产时：

借：研发支出——资本化支出	2 700 000	
贷：原材料		500 000
应付职工薪酬		2 000 000
银行存款		200 000
借：无形资产	2 700 000	
贷：研发支出——资本化支出		2 700 000

③ 乙方案费用发生、并转入当期损益时：

借：研发支出——资本化支出	3 100 000	
贷：原材料		600 000
应付职工薪酬		2 300 000
银行存款		200 000
借：管理费用	3 100 000	
贷：研发支出——资本化支出		3 100 000

C. 投资人投入和接受捐赠的无形资产

企业在收到投资人投入的无形资产时，按投资合同或协议约定的价值或公允价值、在股本中所占份额等分别确认其入账价值，其差额在“资本公积——资本溢价（或股本溢价）”进行调整。企业接受捐赠的无形资产，作为营业外收入的一项内容，计入当期损益。

【例 7-3】 A公司接受投资人投入一项专利技术，双方协议该无形资产的价值为1 000 000元，并约定按无形资产价值的50%计入实收资本，其余部分作为资本溢价。同时，公司接受捐赠的财务软件一套，捐赠方未提供发票，同类财务软件的市场价格为100 000元。以上事项应分别作会计分录：

① 收到投资人投入无形资产时：

借：无形资产　　1 000 000
　　贷：实收资本　　500 000
　　　　资本公积——资本溢价　　500 000

② 接受捐赠无形资产时：

借：无形资产　　100 000
　　贷：营业外收入　　100 000

第三节　无形资产后续计量

1. 无形资产摊销

作为一项长期资产，企业持有无形资产的受益期较长，其取得成本应该在其受益期内进行摊销。无形资产的受益期通常与其使用寿命相一致，因此，企业在取得无形资产时首先应该确定其使用寿命。对于使用寿命能够确定的无形资产，应当将取得成本在其寿命期内进行摊销；对于使用寿命无法确定的无形资产，其取得成本不需要进行摊销，但应当在每个期末进行减值测试，出现减值迹象时要计提减值准备。

(1) 无形资产使用寿命的确定。无形资产的使用寿命分为法定寿命和经济寿命。其中，法定寿命是指相关法律、规章或合同中规定的无形资产的使用寿命；经济寿命是指一项无形资产可以为企业带来经济利益的年限。由于受技术进步、市场竞争等因素的影响，无形资产的经济寿命往往短于法定寿命。因此，在估计无形资产的使用寿命时，应当综合考虑各方面因素的影响，合理确定无形资产的使用寿命。

通常情况下，通过合同权利或其他法定权利取得的无形资产，其使用寿命不应超过合同权利或其他法定权利的期限。如果合同权利或其他法定权利能够在到期时因续约而延续，当有证据表明企业续约不需要付出重大成本时，续约期可以包括在使用寿命的估计中。

如果没有明确的合同或者法律规定对无形资产的使用寿命进行判断，企业应当综合各方面的情况，如企业的历史经验、聘请相关专家进行论证、与同行业的情况进行比较等，确定无形资产的使用寿命。如果确实无法确定无形资产的使用寿命，则应将该无形资产定性为使用寿命不确定的无形资产。

企业至少应当于每年年度终了时，对无形资产的使用寿命进行复核，如果有证据表明无形资产的使用寿命不同于以前的估计，如由于合同续约或无形资产应用条件的改善而延长了其使用寿命等，对于使用寿命有限的无形资产应当变更其摊销年限，对于使用寿命不确定的无形资产，如果有证据表明其使用寿命是有限的，应当按照使用寿命有限的无形资产进行确认和计量。

(2) 无形资产应计摊销额的计量。无形资产应计摊销额，是指使用寿命有限的无形资产的成本扣除预计净残值后的金额。通常情况下，使用寿命有限的无形资产，其净残值应当视为零，但是下列情况除外：第一，有第三方承诺在无形资产使用寿命结束时购买该无形资产；第二，可以根据活跃市场得到预计残值信息，并且该市场在无形资产使用寿命结束时很可能存在。如果无形资产在摊销前已计提减值准备，在计算应计摊销额时，还应将计提的减值准备扣除。

（3）无形资产的摊销期和摊销方法。使用寿命有限的无形资产应该在其使用寿命期限内进行合理摊销。摊销时，当月增加的无形资产，从当月开始摊销；当月减少的无形资产，从当月停止摊销。使用寿命有限的无形资产摊销一般采用年限平均法或工作量法，对一些受技术因素影响较大的专利权和专有技术等类似无形资产，也可以采用类似固定资产加速折旧法的方法进行摊销。

（4）账户设置和账务处理。"累计摊销"属于备抵类账户。企业根据一定方法计算的无形资产的摊销额记入贷方；处置无形资产时应转销的累计摊销额记入借方；该账户余额在贷方，反映无形资产的累计摊销额。无形资产的摊销额应根据其受益部门计入相关部门费用：企业无形资产的摊销额，计入管理部门费用；以经营租赁方式出租的无形资产的摊销额，计入其他业务成本；专门用于生产某种产品的无形资产的摊销额应构成产品成本的一部分，计入生产车间的制造费用。

【例 7-4】 A 公司自行研发的一项专利技术的初始成本为 1 200 000 元，按年限平均法进行摊销，预计使用寿命 5 年，预计净残值为 0 元。

该项无形资产月摊销额＝1 200 000÷5÷12＝20 000（元）

借：管理费用　　20 000

　　贷：累计摊销　　20 000

2. 无形资产减值

企业应当在资产负债表日判断无形资产是否存在可能发生减值的迹象。如果存在减值迹象，则应当对无形资产的可收回金额与账面价值进行比较。如果无形资产的可收回金额低于其账面价值，说明无形资产发生了减值，应将无形资产的账面价值减记至可收回金额。无形资产的减值损失一经确认后，不得转回。

"无形资产减值准备"属于备抵类账户。企业根据一定的方法计提的减值准备额记入贷方；无形资产处置时转出的减值准备数记入借方；该账户余额在贷方，反映已计提减值准备的累计数额。

【例 7-5】 A 公司对一项无形资产的可收回净额进行计量。根据相关资料计算，该无形资产可收回净额为 200 000 元，账面价值为 250 000 元。A 公司对该无形资产计提减值准备 50 000 元。以上事项应作会计分录：

借：资产减值损失　　200 000

　　贷：无形资产减值准备　　200 000

第四节　无形资产处置

1. 无形资产出售

企业出售无形资产，表明准备放弃无形资产的所有权。由于出售无形资产属于非日常经营活动，因此，出售损益应计入当利得或损失；如果出售的无形资产已计提减值准备，应在出售时予以转销。

【例 7-6】 A 公司出售一项专利技术，价格 1 000 000 元。该专利技术账面原值 1 500 000元，已累计摊销 500 000 元，计提减值准备 200 000 元。出售无形资产应交纳的营业税税率为5%，城市维护建设税税率为7%，教育费附加为3%。以上事项应作会计分录：

借：银行存款 1 000 000
　累计摊销 500 000
　无形资产减值准备 200 000
　贷：无形资产 1 500 000
　　应交税费——应交营业税 50 000
　　　　——应交城市维护建设税 3 500
　　　　——应交教育费附加 1 500
　　营业外收入 145 000

2. 无形资产出租

无形资产出租，是企业将无形资产的使用权让渡给他人、从而收取租金的一种经营活动。无形资产以经营租赁方式出租时，企业仍保留对无形资产的所有权，因此，取得的租金收入应确认为收入，同时结转出租无形资产的成本。需要注意的是，将土地使用权出租时，应将其账面价值转为投资性房地产。

【例 7-7】 A公司将一项商标权予以出租，期限五年，年租金80 000元，每年计提无形资产摊销额32 000元，适用的营业税税率5%。以上事项应分别作会计分录：

① 每年收取租金时：

借：银行存款 80 000
　贷：其他业务收入 80 000

② 每年计提无形资产摊销额时：

借：其他业务成本 32 000
　贷：累计摊销 32 000

③ 每年收取租金时应交税费时：

借：营业税金及附加 4 000
　贷：应交税费——应交营业税 4 000

3. 无形资产报废

存在以下情况时，无形资产已不能为企业带来经济利益：第一，某项无形资产已被其他新技术等所替代，并且该项无形资产已无使用价值和转让价值；第二，某项无形资产已超过法律保护期限，并且已不能为企业带来经济利益；第三，其他足以证明某项无形资产已经丧失了使用价值和转让价值的情形。

无形资产预期不能为企业带来经济利益时，应将其报废并予以转销，账面净值转入当期损益。

【例 7-8】 A公司准备注销一项专利权。注销前，该专利权账面原值为1 000 000元，已计提累计摊销500 000元，已计提减值准备200 000元。

借：累计摊销 500 000
　无形资产减值准备 200 000
　营业外支出 300 000
　贷：无形资产——专利权 1 000 000

思 考 题

1. 无形资产的特点主要表现在哪些方面?

2. 无形资产的确认应满足哪几个条件? 如何理解?

3. 无形资产的研究支出和开发支出如何界定? 其账务处理有何区别?

4. 我国无形资产的摊销期限是如何规定的?

5. 无形资产一般可以采用哪些摊销方法? 我国企业通常采用什么摊销方法?

练 习 题

1. Z公司2012年12月份发生的有关无形资产交易或者事项如下:

(1) 12月5日购入一项专利权,支付专利权转让费及有关手续费共计158 000元。按合同约定,公司在合同签订日先行支付50 000元,其余款项在产品上市以后再行支付。

(2) 12月10日,公司成功申请一项专利。申请专利过程中发生注册费5 300元、聘请律师费8 000元。

(3) 12月12日,由于开发市场的需要,购入B公司服装商标使用权一项,一次性支付款项1 800 000元。

(4) 12月18日,接受B公司以土地使用权向本公司进行投资。经专业评估师评估,土地使用权的价值为8 600 000元,拆换成公司每股面值为1元的普通股股票4 300 000股。

(5) 12月20日,公司出售一项专利权的所有权。出售价格为130 000元,出售时无形资产的账面余额为115 000元,计提减值准备3 000元。

(6) 12月26日,公司将其拥有的一项专利权出租给B公司,期限5年。合同约定,B公司每年支付使用费300 000元。该项无形资产每年摊销额为120 000元。

(7) 12月31日,进行一项专利权的摊销。该专利权购买成本为280 000元,公司确定的摊销年限为10年。

(8) 12月31日,一项专利权预计可收回金额为160 000元。该专利权的取得成本为220 000元,按10年摊销。本年为第2年,此前该项无形资产没有计提减值准备。

要求:根据以上资料编制相关会计分录。

2. 2012年1月1日,Z公司的董事会批准研发某项新型技术,该公司董事会认为,研发项目具有可靠的技术和财务等资源的支持,并且一旦研发成功将降低该公司的生产成本。该公司在研究开发过程中发生材料费用6 000 000元、人工费用3 000 000元、使用其他无形资产的摊销费用500 000元以及其他费用2 000 000元,总计11 500 000元,其中,符合资本化条件的支出为5 000 000元。2012年12月31日,该项新型技术已经达到预定用途。

要求:根据上述资料编制Z公司归集研发支出以及新型技术已经达到预定用途的会计分录。

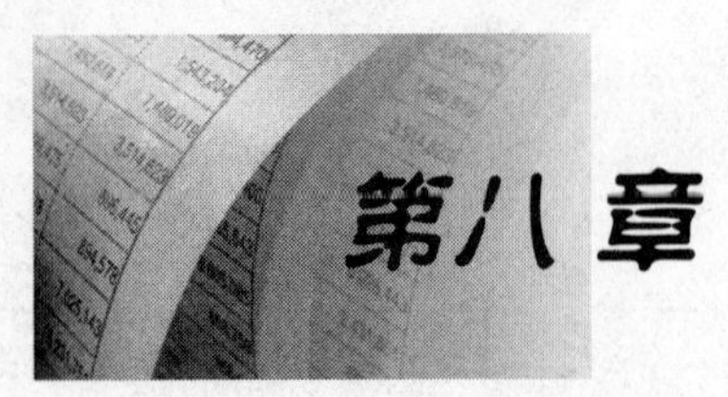

第八章 投资性房地产

第一节 概述

1. 投资性房地产的概念

投资性房地产，指为赚取租金或资本增值，或者两者兼有而持有的房地产。房地产是土地和房屋及其权属的总称。在我国，土地的所有权归属于国家或集体，企业只能取得土地使用权。因此，房地产中的土地是指土地使用权；房屋，指土地上的房屋等建筑物及构筑物。

投资性房地产与企业持有的其他房地产的主要区别在于持有的目的不同。企业用于生产经营的厂房、办公楼等属于固定资产；企业用于生产经营的土地使用权等归属于无形资产；企业用于销售的房地产归属于存货。这些房地产与投资性房地产在实物形态上可能并没有太大差别，但是持有的目的不是为了赚取租金或资本增值，因此，以上几类房地产不能归属于投资性房地产。

投资性房地产在不同企业的作用不同，给企业带来的收益也不同。对于专业经营房地产的企业而言，围绕房地产展开的经营活动属于日常经营活动，因此形成的租金收入或转让增值收益应确认为主营业务收入；对于非专业经营房地产的企业而言，围绕投资性房地产展开的经营活动属于与日常经营相关的活动，因此形成的租金收入或转让增值收益应确认为其他业务收入。

2. 投资性房地产的范围

1）投资性房地产的范围

投资性房地产的范围包括已出租的土地使用权、持有并准备增值后转让的土地使用权和已出租的建筑物。

A. 已出租的土地使用权

已出租的土地使用权，指企业通过出让或转让方式取得的、以经营租赁方式出租的土地使用权。企业通过出让方式取得土地使用权，指企业在一级市场上以交纳土地出让金的方式取得土地使用权，是向国家购买的一项财产使用权；企业通过转让方式取得土地使用权，指企业在二级市场上购买其他企业持有的土地使用权。

企业只有在与其他企业签订了以其拥有的土地使用权为标的物的经营租赁协议，并且在该租赁协议已经开始执行时，才能将该土地使用权确认为投资性房地产。企业计划用于出租但尚未出租的土地使用权，以及企业以经营租赁方式租入后再转租给其他单位的土地使用权，不能确认为投资性房地产。

B. 持有并准备增值后转让的土地使用权

持有并准备增值后转让的土地使用权，指企业取得的、准备增值后转让的土地使用权。按照国家有关规定认定的闲置土地，不属于持有并准备增值后转让的土地使用权，也就不能确认为投资性房地产。闲置土地，指土地使用者依法取得国有建设用地使用权后，未经原批准用地的人民政府批准，超过约定、规定的期限未动工开发建设的国有建设用地。

C. 已出租的建筑物

已出租的建筑物，指企业拥有产权并以经营租赁方式出租的建筑物，包括自行建造或开发活动完成后用于出租的建筑物。企业在判断和确认已出租的建筑物时，应当遵循以下要点。

(1) 企业拥有该建筑物的产权。企业以经营租赁方式租入后又转租给其他单位的建筑物，不能确认为投资性房地产。

(2) 企业已经与其他单位签订了租赁协议，约定以经营租赁方式出租的建筑物。一般应自租赁协议规定的租赁期开始日起，经营租出的建筑物才属于已出租的建筑物。通常情况下，对企业持有以备经营出租的空置建筑物，如果董事会或类似权力机构，作出书面决议，明确表明将其用于经营出租且持有意图短期内不再发生变化的，即使尚未签订租赁协议，也应视为投资性房地产。这里的空置建筑物，指企业新购入或自行建造或开发完成但尚未使用的建筑物，以及不再用于日常生产经营活动且经整理后达到可经营出租状态的建筑物。

(3) 企业将建筑物出租，按租赁协议向承租人提供的相关辅助服务在整个协议中的意义不重大。企业如果在将其办公楼出租时，提供相应的维护、保洁等日常辅助服务，且这些服务在整个协议中的意义不重大，已出租的建筑物则属于投资性房地产。

2) 不属于投资性房地产的情况

A. 自用房地产

自用房地产，指企业为生产商品、提供劳务或者经营管理而持有的房地产，如企业固定资产中用于生产经营的厂房和办公楼，无形资产中用于生产经营的土地使用权等。

B. 作为存货的房地产

作为存货的房地产，指房地产开发企业在正常经营过程中销售的或为销售而正在开发的商品房和土地。由于这类房地产的生产和销售构成企业的主营业务活动，产生的现金流量也与企业的其他资产密切相关，因此，应归入企业的存货，不能确认为投资性房地产。房地产企业依法取得的用于开发后出售的土地使用权归入存货后，即使企业决定待其增值后再转让的，也不得将其确认为投资性房地产。

3）特殊情况的判断

A. 关联企业之间租赁的房地产

关联企业之间租赁的房地产，出租方应将以经营租赁方式出租的房地产确认为投资性房地产，但在编制合并财务报表时，应作为企业集团的自用房地产。

B. 部分出租部分自用的房地产

如果企业的房地产部分自用或作为存货出售，部分用于赚取租金或资本增值，只要不同用途的部分能够单独计量和出售，就应当分别确认为不同的资产。

3. 投资性房地产的特点

1）资性房地产是企业资产的一种特殊表现形式

投资性房地产的主要形式是企业出租的建筑物和土地使用权，企业从事房地产投资的实质是一种让渡资产使用权的经营活动。投资性房地产的租金收入是让渡资产使用权的使用费收入，也构成企业为完成其所从事的经营活动以及与之相关的投资活动形成的经济利益总流入的一部分。为此，企业进行投资性房地产这一特殊资产的储备，以便在恰当的时机对这部分资产进行经营，从而取得高于其他资产的投资收益是十分必要的。

2）投资性房地产在用途上与非投资性房地产有很大区别

一般而言，企业拥有的房地产主要用于自身的生产经营活动和管理活动，出于赚取租金或资本增值的目的，企业可能进行房地产的投资，从而形成投资性房地产。投资性房地产区别于自用房地产的主要标志是两者的用途不同。为此，企业在进行房地产投资时，应明确其用途。自用车间厂房、办公楼、建筑物的投资在形成时确认为固定资产，用于赚取租金或资本增值目的的投资在形成时确认为投资性房地产。将自用固定资产与投资性房地产加以区别，可以单独反映企业拥有的投资性房地产的经营状况。

3）投资性房地产的后续计量有两种模式

与其他资产类别不同，投资性房地产的后续计量有两种模式可以选择，即可以选择成本计量模式或公允价值计量模式对投资性房地产进行后续计量。为了保证会计确认和计量的可验证性，一般情况下，企业应当采用成本计量模式，只有在有确凿证据表明企业所持有的全部投资性房地产的公允价值能够持续可靠取得的，才可以采用公允价值模式进行后续计量。同一企业在同一会计期间只能选择其中一种计量模式对所持有的全部投资性房地产进行后续计量。

第二节　投资性房地产的确认和初始计量

1. 投资性房地产的确认

投资性房地产只有在符合资产定义的前提下，并同时满足以下两个条件，才能予以确认：第一，与该投资性房地产有关的经济利益很可能流入企业；第二，该投资性房地产的成本能够可靠计量。

投资性房地产确认的时点为：已出租的土地使用权和已出租的建筑物，一般为租赁开始日；持有并准备增值后转让的土地使用权，为企业将自用土地使用权停止自用、准备增值后转让的日期；对于企业持有以备经营出租的空置建筑物和在建建筑物，在董事会或类似机构作出书面决议将其用于经营出租，且持有意图短期内不会发生变化的，即使尚未签订租赁协议，也应视为投资性房地产。

2. 投资性房地产的初始计量

投资性房地产应当按照成本进行初始计量。由于投资性房地产的取得方式不同，其初始成本的构成也有所差异。投资性房地产的获取方式主要包括外购、自行建造以及其他方式取得。

(1) 外购的投资性房地产。外购的投资性房地产只有在购入的同时开始出租，才能作为投资性房地产加以确认。外购投资性房地产的成本，包括购买价款、相关税费和可直接归属于该资产的其他支出。企业购入房地产，自用一段时间后再改为出租或用于资本增值的，应先将外购的房地产确认为固定资产或无形资产，自租赁开始日或用于资本增值之日，再从固定资产或无形资产转换为投资性房地产。

(2) 自行建造的投资性房地产。自行建造或开发完成的房地产，只有在自行建造或开发活动完成的同时开始对外出租的，才能将其确认为投资性房地产。自行建造投资性房地产的成本，由建造该项资产达到预定可使用状态前所发生的必要支出构成，包括土地开发费、建筑成本、安装成本、应予以资本化的借款费用、支付的其他费用和分摊的间接费用等。建造过程中发生的非正常损失，直接计入当期损益，不计入建造成本。企业自行建造的房地产达到预定可使用状态后一段时间才对外出租的，应先将自行建造的房地产确认为固定资产、无形资产或存货，自租赁开始日起，再从固定资产、无形资产或存货转换为投资性房地产。

(3) 其他方式取得的投资性房地产。以其他方式，如非货币性资产交换、债务重组等方式取得的投资性房地产，其初始计量应按照相关会计准则的规定进行。

第三节 以成本模式计量的投资性房地产

1. 账户设置

“投资性房地产”属于资产类账户。企业以外购、自行建造或通过其他方式取得的投资性房地产、或将自用房地产转换为投资性房地产时记入借方；转让、出售或将投资性房地产转换为其他用途而减少的投资性房地产时记入贷方，该账户余额在借方，反映企业采用成本模式计量的投资性房地产的成本。该账户可按投资性房地产的类别和项目进行明细核算。

“开发成本”属于成本类账户。企业发生的投资性房地产成本记入借方；投资性房地产项目建设完工、分配完工项目成本记入贷方；该账户余额在借方，反映尚未完工的投资性房地产成本。该账户下应按投资性房地产项目设置明细账。

“投资性房地产累计折旧（摊销）”属于备抵类账户。企业计提投资性房地产折旧额（摊销额）时在贷方；转让、出售投资性房地产、将投资性房地产转为非投资性房地产而转出的累计折旧（摊销），或由成本模式转换为公允价值模式而转出的投资性房地产的累计折旧（摊销）时在借方；该账户余额在贷方，反映企业投资性房地产计提的累计折旧额（摊销额）。

“投资性房地产减值准备”属于备抵类账户。企业计提投资性房地产减值准备时在贷方；转让、出售投资性房地产或将投资性房地产转为非投资性房地产而转出减值准备时在借方；该账户余额在贷方，反映企业投资性房地产计提减值准备数额。

2. 账务处理

1）外购投资性房地产

企业外购房地产并同时全部对外出租时，直接确认为投资性房地产。

企业外购房地产并同时部分对外出租部分自用时，应将其取得时的成本按照不同用途部分的房地产的公允价值进行分配。对外出租部分应承担的成本确认为投资性房地产，自用部分应承担的成本，确认为固定资产。

企业外购房地产没有同时对外出租时，首先将其确认为固定资产，待将该项固定资产出租时，再按照非投资性房地产转换为投资性房地产的事项进行账务处理。

【例 8-1】 A 公司以银行存款 20 000 000 元的购入一处 20 层的办公楼，并决定 1～10 层为自用，其余楼层对外出租。当日，A 公司与租赁方签订协议，出租 11～20 层，租期 5 年。该写字楼的公允价值为：1～10 层为 10 000 000 元，11～20 层为 15 000 000 元。A 公司采用成本模式对投资性房地产进行计量，不考虑其他税费。

该写字楼 1～10 层应分配的成本＝20 000 000×10 000 000 ÷（10 000 000＋15 000 000）＝8 000 000（元）

该写字楼 11～20 层应分配的成本＝20 000 000×15 000 000 ÷（10 000 000＋15 000 000）＝12 000 000（元）

以上事项应作会计分录：

借：固定资产　　8 000 000

　　投资性房地产　　12 000 000

　　贷：银行存款　　20 000 000

2）自行建造的投资性房地产

自行建造的投资性房地产在达到预定可使用状态之前，与自行建造固定资产的账务处理相同：全部开发成本，即土地开发费、建筑安装成本、应予以资本化的借款费用、支付的其他费用等构成建造成本；如果房地产建造完工后企业直接对外出租，再将建造成本转为投资性房地产；如果房地产建造完工后没有对外出租，首先确认为固定资产，待其对外出租时，再按非投资性房地产转换为投资性房地产进行账务处理。

【例 8-2】 A 公司将自行建造的一栋写字楼出租。该写字楼的开发成本为 35 000 000 元，A 公司对投资性房地产采用成本模式计量。以上事项应作会计分录：

借：投资性房地产　　35 000 000

　　贷：开发成本　　35 000 000

3）其他方式取得的投资性房地产

企业通过其他方式取得投资性房地产，如非货币性资产交换、债务重组等，参照第十三章、第十五章相关内容。

4）非投资性房地产转换为投资性房地产

房地产转换，是由于房地产的用途发生变化而对房地产进行的重分类。对房地产转换进行的确认和计量，应当以企业相关决策机构的决议为依据。例如，企业董事会或类似机构就改变房地产用途形成的正式书面决议，或房地产因用途改变而发生实际状态上的改变。在投资性房地产转换的账务处理中，还要确定投资性房地产转换日。投资性房地产转换日，指房地产的用途发生改变、状态发生改变的日期。非投资性房地产转换投资性房地产，主要包括以下几种情况。

A. 作为存货的房地产转换为投资性房地产

作为存货的房地产转换为投资性房地产，一般是指房地产开发企业将其持有的开发产品以经营租赁的方式对外出租。这种情况下，转换日即为房地产的租赁开始日，即承租人有权行使其使用租赁资产权利的日期；一般企业自行建造或开发完成但尚未使用的建筑物，在企业董事会或类似机构正式作出的书面决议中明确表明将用于经营出租，且持有意图短期内不会发生变化的，也应该视为作为存货的房地产转换为投资性房地产，转换日为企业董事会或类似机构作出书面决议的日期。

作为存货的房地产转换为投资性房地产时，应在转换日按存货的账面价值转换为投资性房地产的入账价值，如果已计提存货跌价准备，应将其一并转销。

【例 8-3】 2012 年 10 月 20 日，A 公司下设一子公司 F 为房地产开发企业。F 公司自行建造一栋写字楼，开发成本共计 35 000 000 元。10 月 30 日，公司将整栋写字楼出租，租赁开始日为 2013 年 1 月 1 日。公司对投资性房地产采用成本模式计量，不考虑其他因素。以上事项应分别作会计分录：

① 写字楼建造完成时：

借：开发产品　　35 000 000

　贷：开发成本　　35 000 000

② 租赁开始日：

借：投资性房地产　　35 000 000

　贷：开发产品　　35 000 000

B. 自用房地产转换为投资性房地产

企业自用房地产用于对外出租的，应在租赁开始日，将其转换为投资性房地产。对于不再用于日常生产经营活动且经整理后达到可对外出租状况的房地产，如果企业董事会或类似机构正式作出的书面决议中明确将其用于经营出租，且持有意图短期内不会发生变化的，也应该视为自用房地产转换为投资性房地产，转换日为企业董事会或类似机构作出书面决议的日期。

自用的房地产转换为投资性房地产时，企业应在转换日，将自用房地产的原值、已计提折旧或摊销的金额一并转销。如果转换为投资性房地产的自用房地产已计提减值准备，也应全部转销。

【例 8-4】 A 公司决定将一处自用厂房对外出租，租赁日为 2012 年 10 月 1 日。该厂房原值 5 000 000 元，已计提折旧 2 000 000 元。A 公司对投资性房地产采用成本模式计量，不考虑其他因素。以上事项应作会计分录：

借：投资性房地产　　5 000 000

　累计折旧　　2 000 000

　贷：固定资产　　5 000 000

　　投资性房地产累计折旧　　2 000 000

3. 后续计量

1）投资性房地产的折旧或摊销

采用成本模式计量的投资性房地产，可参照固定资产或无形资产后续计量相关方法计提折旧或进行摊销，采用摊余成本进行计量。

【例 8-5】 A 公司将一处厂房出租。该厂房建造成本为 2 400 000 元，预计使用寿命 10 年，预计净残值为 0 元。公司对投资性房地产采用成本模式计量、并采用年限平均法计提折旧。

该厂房月折旧额＝2 400 000÷10÷12＝20 000（元）

以上事项应作会计分录：

借：其他业务成本　　20 000

　　贷：投资性房地产累计折旧　　20 000

2）投资性房地产的减值

对以成本模式计量的投资性房地产，可参照固定资产或无形资产减值相关方法，在资产负债表日判断其是否存在减值迹象。经减值测试后发生减值的，应当计提减值准备，如果已计提减值准备的投资性房地产的价值得以恢复，不允许转回。

【例 8-6】 A 公司在对资产进行盘点时发现一栋对外出租的房地产出现减值迹象，经减值测试后，确定其可收回金额为 10 000 000 元。盘点日该房地产的账面价值为 12 000 000元，减值金额为 2 000 000 元。以上事项应作会计分录：

借：资产减值损失　　2 000 000

　　贷：投资性房地产减值准备　　2 000 000

3）投资性房地产的后续支出

（1）资本化支出。与投资性房地产有关的后续支出，符合投资性房地产确认条件的，应予以资本化，计入投资性房地产的成本，如对投资性房地产进行改扩建、装修等发生的支出。投资性房地产的资本化后续支出的核算，可参照固定资产后续支出的核算方法进行。

（2）费用化支出。与投资性房地产有关的后续支出，不符合投资性房地产确认条件的，应予以费用化，计入当期损益，如对投资性房地产进行日常维护所发生的支出等。一般情况下，投资性房地产发生的费用化支出应计入当期损益。

【例 8-7】 2012 年 6 月 20 日，A 公司对外出租的一栋写字楼的租赁合同到期。公司拟将该写字楼重新装修后继续对外出租。装修前，该写字楼的建造成本 20 000 000 元，已计提折旧 5 000 000 元。装修工程于 2012 年 9 月 30 日完工，共发生装修费用 2 100 000 元，其中应付职工薪酬 100 000 元。装修完工后，公司于 2012 年 10 月 20 日与租赁方签订租赁合同，将该写字楼对外出租。2012 年 11 月 20 日，该写字楼的供暖系统发生故障，支付维修费用 10 000 元。以上事项应分别作会计分录：

① 2012 年 6 月 20 日，装修写字楼时：

借：在建工程　　15 000 000

　　投资性房地产累计折旧　　5 000 000

　　贷：投资性房地产　　20 000 000

② 发生装修费用时：

借：在建工程　　2 100 000

　贷：银行存款　　2 000 000

　　应付职工薪酬　　100 000

③ 装修工程完成时：

借：固定资产　　17 100 000

　贷：在建工程　　17 100 000

④ 2012 年 10 月 20 日，对外出租时：

借：投资性房地产　　17 100 000

　贷：固定资产　　17 100 000

⑤ 2012 年 11 月 20 日，发生维修费用时：

借：其他业务成本　　10 000

　贷：银行存款　　10 000

4）投资性房地产的转换

（1）投资性房地产转换为自用房地产。企业将原本用于经营租赁赚取租金或为了资本增值而持有的投资性房地产，改变用途而用于生产商品、提供劳务或经营管理时，应将其转换为固定资产或无形资产。转换日即为房地产达到自用状态，即企业开始将房地产自用于生产商品、提供劳务或经营管理的日期。

【例 8-8】 A 公司对外出租的一栋厂房租赁合同到期，公司拟将其改为自用。租赁合同到期时，该厂房已计提折旧 3 000 000 元，计提减值准备 500 000 元，厂房账面原值为 6 000 000 元。以上事项应作会计分录：

借：固定资产　　6 000 000

　投资性房地产累计折旧　　3 000 000

　投资性房地产减值准备　　500 000

　贷：投资性房地产　　6 000 000

　　累计折旧　　3 000 000

　　固定资产减值准备　　500 000

（2）投资性房地产转换为存货。房地产企业将原用于对外经营租赁的投资性房地产改为对外出售的商品时，应将其转换为存货并作相应的账务处理。转换日为租赁期届满、董事会或类似机构作出书面决议将其用于对外销售的日期。

【例 8-9】 A 公司下设一子公司 F 为房地产开发企业，公司将原对外出租的一栋写字楼对外出售。该写字楼的建造成本为 20 000 000 元，已计提折旧 2 000 000 元，计提减值准备 1 000 000 元。以上事项应作会计分录：

借：开发产品　　17 000 000

　投资性房地产累计折旧　　2 000 000

　投资性房地产减值准备　　1 000 000

　贷：投资性房地产　　20 000 000

4. 投资性房地产的处置

投资性房地产处置，主要包括以下各种导致投资性房地产退出正常使用状态的情形：第一，企业对外转让、出售投资性房地产；第二，投资性房地产不断使用而报废；第三，投资性房地产遭受自然灾害发生毁损；第四，因非货币性资产交换或债务重组而导致投资性房地产减少等。

投资性房地产处置的账务处理，可参照固定资产或无形资产处置的相关方法进行。

【例 8-10】 2011 年 3 月 15 日，A 公司将一栋对外出租的写字楼进行出售，价格7 000 000元。该写字楼的建造成本 10 000 000 元，已计提折旧 3 000 000 元，计提减值准备500 000 元。销售款项已于 2011 年 3 月 20 日收妥。以上交易应分别作会计分录：

① 出售写字楼时：

借：应收账款	7 000 000	
贷：其他业务收入		7 000 000
借：其他业务成本	6 500 000	
投资性房地产累计折旧	3 000 000	
投资性房地产减值准备	500 000	
贷：投资性房地产		10 000 000

② 收妥销售款项时：

借：银行存款	7 000 000	
贷：应收账款		7 000 000

第四节　以公允价值模式计量的投资性房地产

1. 采用公允价值计量模式的条件

投资性房地产的后续计量在满足以下条件时可以采用公允价值模式计量。

(1) 投资性房地产所在地有活跃的房地产交易市场。所在地，通常是指投资性房地产所在的城市。对于大中型城市而言，应当为投资性房地产所在城区。

(2) 企业能够从活跃的房地产交易市场上取得同类或类似房地产的市场价格及其他相关信息，从而对投资性房地产的公允价值作出合理的估计。同类或类似的房地产，对建筑物而言，指所处地理位置和地理环境相同、性质相同、结构类型相同或相近、新旧程度相同或相近、可使用状况相同或相近的建筑物；对土地使用权而言，指同一城区、同一位置区域、所处地理环境相同或相近、可使用状况相同或相近的土地。

企业对投资性房地产的计量模式一经确定，不得随意更改。只有在房地产市场比较成熟、能够满足采用公允价值模式条件的情况下，才允许对投资性房地产从成本计量模式变更为公允价值计量模式。成本计量模式转为公允价值计量模式时，应当作为会计政策变更事项进行处理。已采用公允价值模式计量的投资性房地产，不能从公允价值计量模式转为成本计量模式。同时，采用公允价值计量模式时，应当对所有投资性房地产均采用公允价值计量模式计量，不能部分采用成本计量模式计量，部分采用公允价值计量模式计量。

2. 账户设置

投资性房地产采用公允价值模式计量，主要通过“投资性房地产”账户进行核算。为了区分投资性房地产的初始成本和持有期间公允价值变动对投资性房地产价值的影响，应在“投资性房地产”总分类账户下设置“成本”和“公允价值变动”两个明细账户。其中，“投资性房地产——成本”账户用来核算投资性房地产的初始成本，取得投资性房地产时按成本记入借方；处置投资性房地产时按成本记入贷方；期末余额在借方，反映企业期末持有投资性房地产的成本。“投资性房地产——公允价值变动”账户用来核算投资性房地产公允价值的变动数额，投资性房地产公允价值的增加额记入借方；投资性房地产公允价值的减少额记入贷方。

3. 账务处理

1）外购投资性房地产

按公允价值模式计量，企业外购房地产并同时全部对外出租时，其购买价款、相关税费和可直接归属于该资产的其他费用构成投资性房地产的实际成本。

如果外购房地产同时部分对外出租部分自用时，应将其取得时的成本按照不同用途进行房地产公允价值分配，分别构成投资性房地产成本和固定资产成本。

如果外购房地产没有同时对外出租，应将取得房地产时的成本，确认为固定资产，待将该项固定资产出租时，再按照非投资性房地产转换为投资性房地产事项进行账务处理。

【例 8-11】 A 公司购入一处大型厂房，支付价款 5 100 000 元。公司决定将 1～2 区作为自用厂房，3～5 区对外出租。同时，与租赁方签订协议，租期 5 年。该厂房 1～2 区的公允价值为 2 000 000 元，3～5 区的公允价值为 4 000 000 元。

1～2 区应分配的成本＝5 100 000×2 000 000÷(2 000 000＋4 000 000)＝1 700 000(元)

3～5 区应分配的成本＝5 100 000×4 000 000÷(2 000 000＋4 000 000)＝3 400 000(元)

以上交易应作会计分录：

借：固定资产	1 700 000	
投资性房地产——成本	3 400 000	
贷：银行存款		5 100 000

2）自行建造投资性房地产

公允价值模式计量下，自行建造投资性房地产在达到预定可使用状态之前发生的土地开发费、建筑安装成本、应予以资本化的借款费用、支付的其他费用等构成投资性房地产初始成本。同时，根据自行建造房地产的用途分别将其开发成本转入相关资产。

【例 8-12】 A 公司下设一子公司 F 为房地产开发公司。F 公司将自行建造的一栋写字楼出租，该写字楼的开发成本为 65 000 000 元。以上事项应作会计分录：

借：投资性房地产	65 000 000	
贷：开发成本		65 000 000

3）其他方式取得的投资性房地产

企业通过其他方式，如非货币性资产交换、债务重组等方式取得投资性房地产的确认和计量，参照第十三章、第十六章相关内容。

4）非投资性房地产转换为投资性房地产

（1）作为存货的房地产转换为投资性房地产。房地产企业将作为存货的房地产转换为投资性房地产时，应在转换日将作为存货的房地产的公允价值，结转为投资性房地产公允价值；如果计提了存货跌价准备，也应当一并结转；如果转换日房地产的公允价值小于其账面价值，则将其差额，计入当期损益；如果转换日房地产的公允价值大于其账面价值，则将其差额，计入所有者权益。

【例 8-13】 2012 年 10 月 20 日，A 公司下设一子公司 F 为房地产开发公司。F 公司开发完成一处写字楼，该写字楼分为甲座和乙座。其开发成本分别为 35 000 000 元和 30 000 000元。2012 年 10 月 30 日，F 公司分别与两家租赁方签订合同，将写字楼的甲座和乙座同时出租，租赁开始日为 2013 年 1 月 1 日。租赁开始日，甲乙两座写字楼的公允价值分别为 36 000 000 元和 29 000 000 元。以上事项应分别作会计分录：

① 2012 年 10 月 20 日，写字楼建造完成时：

借：开发产品——甲座	35 000 000	
——乙座	30 000 000	
贷：开发成本——甲座		35 000 000
——乙座		30 000 000

② 2013 年 1 月 1 日，租赁开始日：

借：投资性房地产——成本（甲座）	36 000 000	
贷：开发产品——甲座		35 000 000
资本公积——其他资本公积		1 000 000
借：投资性房地产——成本（乙座）	29 000 000	
公允价值变动损益	1 000 000	
贷：开发产品——乙座		30 000 000

（2）自用房地产转换为投资性房地产。公允价值计量模式下，自用房地产转换为投资性房地产时，应在转换日，将自用房地产的公允价值、已计提折旧或摊销数额、已计提减值准备，全部转入投资性房地产各对应账户；如果转换日房地产的公允价值小于其账面价值，将其差额计入当期损益；如果转换日房地产的公允价值大于其账面价值，将其差额计入所有者权益。

【例 8-14】 A 公司将一处自用厂房对外出租，并与租赁方签订合同，协商租赁日开始日为 2012 年 10 月 1 日。该厂房原值 6 000 000 元，已计提折旧 1 000 000 元，计提减值准备 500 000 元。租赁开始日，该厂房的公允价值为 5 000 000 元。以上事项应作会计分录：

借：投资性房地产——成本	5 000 000	
累计折旧	1 000 000	
固定资产减值准备	500 000	
贷：固定资产		6 000 000
资本公积——其他资本公积		500 000

4. 后续计量

1）投资性房地产公允价值的变动

采用公允价值模式对投资性房地产进行后续计量，不需要对投资性房地产计提折旧或摊销，只需在资产负债表日对投资性房地产公允价值变动数额进行调整，并将公允价值变动金额计入当期损益。

【例 8-15】 A 公司将一栋账面价值为 5 000 000 元的写字楼予以出租，租赁开始日为 2012 年 1 月 1 日。2012 年 12 月 31 日和 2013 年 12 月 31 日，该写字楼的公允价值分别为 5 500 000 元和 5 200 000 元。以上事项应作会计分录：

① 2012 年 12 月 31 日，确认公允价值增加额时：

借：投资性房地产——公允价值变动　500 000

　贷：公允价值变动损益　500 000

② 2013 年 12 月 31 日，确认公允价值减少额时：

借：公允价值变动损益　300 000

　贷：投资性房地产——公允价值变动　300 000

2）投资性房地产的后续支出

(1) 资本化支出。公允价值计量模式下，与投资性房地产有关的后续支出，符合投资性房地产确认条件的，应予以资本化，计入投资性房地产的成本，如对投资性房地产的改扩建发生的费用或者装修费用等。

(2) 费用化支出。公允价值计量模式下，与投资性房地产有关的后续支出，不符合投资性房地产确认条件的，应予以费用化，计入当期损益，如对投资性房地产进行日常维护发生的费用等。

【例 8-16】 2012 年 6 月 20 日，A 公司对外出租一栋写字楼的租赁合同到期，公司拟将该写字楼重新装修后继续对外出租。装修前，该写字楼的建造成本 30 000 000 元，公允价值累计增加 2 000 000 元。装修工程于 2012 年 9 月 30 日完工，共发生装修费用 2 100 000 元，其中应付职工薪酬 100 000 元尚未支付。工程完工后，公司与租赁方签订合同，将该写字楼全部对外出租。2012 年 11 月 20 日，该写字楼的供水系统发生故障，A 公司共支付维修费用 5 000 元。以上事项应分别作会计分录：

① 2012 年 6 月 20 日，装修工程开始时：

借：在建工程　32 000 000

　贷：投资性房地产——成本　30 000 000

　　　　　　　　——公允价值变动　2 000 000

② 装修费用发生时，

借：在建工程　2 100 000

　贷：银行存款　2 000 000

　　　应付职工薪酬　100 000

③ 2012 年 9 月 30 日，装修工程完成时：

借：投资性房地产——成本　32 100 000

　　　　　　　——公允价值变动　2 000 000

　贷：在建工程　34 100 000

④ 2012 年 11 月 20 日，支付维修费用时：

借：其他业务成本　5 000

　贷：银行存款　5 000

3）投资性房地产的转换

（1）投资性房地产转换为自用房地产。企业将原用于经营租赁赚取租金或为资本增值而持有的投资性房地产，改用于生产产品、提供劳务或经营管理时，应将其转换为固定资产或无形资产。转换日即为房地产达到自用状态，即企业开始将房地产自用于生产产品、提供劳务或经营管理的日期。

【例 8-17】 A 公司的一栋对外出租的厂房租赁合同到期，公司拟将该厂房改为自用厂房。租赁合同到期时，该厂房的公允价值为 7 000 000 元，账面原值为 6 000 000 元，公允价值累计增加 500 000 元。以上事项应作会计分录：

借：固定资产　　7 000 000
　贷：投资性房地产——成本　　6 000 000
　　　　——公允价值变动　　500 000
　　公允价值变动损益　　500 000

（2）投资性房地产转换为存货。房地产企业将原用于对外经营租赁的投资性房地产改为对外出售的商品时，应将其转换为存货。转换日为租赁期届满、企业董事会或类似机构作出书面决议的日期。

转换日，按转换为存货的投资性房地产的公允价值，作为存货成本，同时将该项投资性房地产的公允价值变动数额一并结转。

【例 8-18】 A 公司下设一子公司 F 为房地产开发企业。2012 年 3 月 18 日，F 公司将原对外出租的一栋写字楼予以销售。出售当日，该写字楼的公允价值为 26 000 000 元，建造成本为 20 000 000 元，公允价值累计减少 2 000 000 元。以上事项在转换日应作会计分录：

借：开发产品　　26 000 000
　投资性房地产——公允价值变动　　2 000 000
　贷：投资性房地产——成本　　20 000 000
　　公允价值变动损益　　8 000 000

5. 投资性房地产的处置

公允价值模式计量下，企业在对投资性房地产进行处置时，应将处置投资性房地产的收入、成本和公允价值变动损益全部结转为其他业务收入和其他业务成本；如果存在转换房地产用途而产生的资本公积，也应同时结转为其他业务收入。

【例 8-19】 2012 年 3 月 15 日，A 公司将一栋对外出租的写字楼出售，取得出售收入 7 000 000元，并已通过银行转账收妥。该写字楼于 2011 年 10 月 20 日由 A 公司一栋自用办公楼转换为投资性房地产，转换日该写字楼的公允价值为 8 000 000 元，建造成本为 10 000 000 元，已计提折旧 3 000 000 元。2011 年 12 月 31 日，该写字楼的公允价值为 8 500 000 元。以上事项应分别作会计分录：

① 2011 年 10 月 20 日，将办公楼转换为投资性房地产时：

借：投资性房地产——成本　　8 000 000
　累计折旧　　3 000 000

贷：固定资产　10 000 000

资本公积——其他资本公积　1 000 000

② 2011 年 12 月 31 日，确认公允价值变动时：

借：投资性房地产——公允价值变动　500 000

贷：公允价值变动损益　500 000

③ 2012 年 3 月 15 日，出售写字楼并取得款项时：

借：银行存款　7 000 000

贷：其他业务收入　7 000 000

借：其他业务成本　8 500 000

贷：投资性房地产——成本　8 000 000

——公允价值变动　500 000

借：公允价值变动损益　500 000

贷：其他业务收入　500 000

借：资本公积——其他资本公积　1 000 000

贷：其他业务收入　1 000 000

思　考　题

1. 什么是投资性房地产？投资性房地产的范围是什么？
2. 投资性房地产与生产经营用房地产的区别是什么？
3. 投资性房地产的计量模式有哪些？各有什么特点？
4. 投资性房地产的取得途径包括哪些？
5. 投资性房地产的后续支出应如何计量？

练　习　题

1. 2012 年 5 月 20 日，Z 公司购入一栋写字楼用于对外出租。当日，Z 公司以银行存款 24 000 000 元支付写字楼购买价款。该写字楼预计使用寿命 20 年，预计净残值为 0 元，Z 公司采用平均年限法计提折旧。Z 公司与租入方签订租赁合同，约定该写字楼的租赁开始日为 5 月 20 日，租赁期为 3 年。按照租赁合同，Z 公司每月收取租金 200 000 元。Z 公司对投资性房地产采用成本模式计量。

要求：根据上述资料，编制投资性房地产购买、出租、计提折旧等相关会计分录。

2. 2012 年 6 月 5 日，Z 公司对外出租的一栋写字楼租赁合同到期，该写字楼账面原值 24 000 000 元，已计提折旧 3 600 000 元。Z 公司决定将该写字楼重新装修后继续对外出租，并与租入方签订了租赁合同，约定在装修完成当日出租。6 月 30 日，写字楼装修完成，装修期间发生材料费 5 500 000 元，职工薪酬 500 000 元。该办公楼装修后的预计使用寿命为 20 年，预计净残值为 0 元。2012 年 12 月 31 日，该写字楼出现减值迹象，经减值测试，其可收回金额为 22 000 000 元。Z 公司对该投资性房地产采用成本模式计量。

要求：根据上述资料编制计提投资性房地产减值准备的会计分录。

3.2012年10月20日，Z公司于开发完成一处写字楼的甲座和乙座。甲座开发成本共计35 000 000元，乙座开发成本共计30 000 000元。2012年10月30日，Z公司与租入方签订租赁合同，将写字楼的甲座和乙座同时出租，租赁开始日为2013年1月1日。租赁开始日，该写字楼的甲座的公允价值33 000 000元，乙座的公允价值31 000 000元。Z公司对投资性房地产采用公允价值模式计量。

要求：根据上述资料编制投资性房地产成本形成和公允价值变动的会计分录。

4.2012年6月20日，Z公司对外出租一座厂房的租赁合同到期，公司准备将该厂房扩建后继续对外出租。装修前，该厂房的建造成本30 000 000元，公允价值累计增加2 000 000元。2012年9月30日装修工程完工，共发生各种装修费用2 100 000元。装修完工后当日，Z公司与租入方签订租赁合同，将该厂房对外出租。2012年11月20日，该厂房的供电线路发生故障，Z公司共支付维修费用3 000元。Z公司对投资性房地产采用公允价值模式计量。

要求：根据以上资料，编制投资性房地产投资、公允价值变动、再投资及对外出租相关会计分录。

5.2011年10月20日，Z公司将一幢写字楼转换为投资性房地产。该办公楼的原值10 000 000元，已计提折旧3 000 000元，转换日的公允价值为8 000 000元。2011年12月31日，该写字楼的公允价值为8 500 000元。2012年5月25日，Z公司将该写字楼出售，销售价格6 500 000元，销售款项已转入银行存款户。Z公司对投资性房地产采用公允价值模式计量。

要求：根据上述资料编制投资性房地产转换、公允价值变动和出售的会计分录。

第九章 油气资产

第一节 概述

1. 石油天然气开采的相关概念

石油天然气行业是为国民经济发展提供重要能源的采矿行业，其生产对象是不可再生的油气资源，其生产活动所依赖的主要是埋藏于地下的油气储量。石油天然气开采过程具有一定的特殊性，其生产经营活动具有高投入、高风险、投资回收期长、油气开采成本与油气价值关系不密切等特点。同时，由于石油和天然气分别属于液态和气态的矿藏，与一般的固态矿藏在形成机理、勘探生产、开采输送、经济价值等方面都有很大的不同，因此，石油天然气企业所遵循的会计核算规范与一般的采矿企业有所不同。

在对石油和天然气的整个生产过程中的经济活动进行会计核算时，首先要明确两个概念，即矿区和油气资产。

（1）矿区，指企业开展油气开采活动所处的区域，具有相同的油藏地质构造或储层条件，以及独立的压力系统和独立的集输系统，可作为独立的开发单元。矿区是计提折耗、进行减值测试等会计确认和计量的基础，是石油天然气会计中的重要概念。矿区的划分应当遵循以下原则，①一个油气藏可作为一个矿区，②若干相邻且地质构造或储层条件相同或相近的油气藏可作为一个矿区；③一个独立集输计量系统为一个矿区；④一个大的油气藏分为几个独立集输系统并分别进行计量的，可分为几个矿区；⑤采用重大新型采油技术并实行工业化推广的区域可作为一个矿区；⑥在同一地理区域内不得将分属不同国家的作业区划分在同一个矿区或矿区组内。

（2）油气资产，指油气开采企业所拥有或控制的井及相关设施和矿区权益。其中，井及相关设施是指在油气开采过程中形成或使用的各项资产，主要包括油气井、套管、油管、抽油设备、井口装置、储存设施、各种海上平台、海底及陆上电缆等。这些资产均属于折耗资产，企业可采用产量法或年限平均法对其计提折耗，折耗额可按单个矿区或矿区组分别计算。矿区权益，指企业取得的在矿区内勘探、开发和生产油气的权利，主要包括探矿权和采矿权。油气资产本质上属于递耗资产。递耗资产是指通过开采、采伐、利用而逐渐耗竭，以致无法恢复或难以恢复、更新或按原样重置的自然资源，如矿藏等。

2. 油气开采活动的主要环节

石油天然气企业的生产过程主要包括矿区权益的取得、油气勘探、油气开发、油气生产等四个环节。石油天然气企业的会计核算，主要是对其生产过程的四个环节进行会计确认和计量。其中，矿区权益主要在第一个环节取得，井及相关设施主要在第二和第三个环节取得。第一、第二个环节的作业对象有可能是探明矿区权益，也有可能是未探明矿区权益；第三、第四个环节的作业对象则主要是探明矿区权益。

第二节 矿区权益

1. 矿区权益概述

（1）矿区权益的概念。矿区权益，指企业取得的在矿区内勘探、开发和生产油气的权利。矿区权益分为探明矿区权益和未探明矿区权益。探明矿区，指已发现探明经济可采储量的矿区；未探明矿区，指未发现探明经济可采储量的矿区。探明经济可采储量，指在现有技术和经济条件下，根据地质和工程分析，可合理确定的能够从已知油气藏中开采的油气数量。

（2）矿区权益支出。矿区权益支出，指企业为了取得一个矿区的探矿权和采矿权（包括未探明和已探明）而发生的购买或者租赁价款，包括支付的探矿权价款、采矿权价款、土地使用权价款、签字费、租赁定金、购买支出、咨询顾问费、审计费以及与获得矿区有关的其他支出。其中，探矿权是指在依法取得的勘查许可证规定的范围内，勘查矿产资源的权利；采矿权是指在依法取得的采矿许可证规定的范围内，开采矿产资源和获得所开采的矿产品的权利；价款是企业通过招标、拍卖、挂牌等市场方式或以协议方式取得国家出资勘查形成的探矿权或采矿权时所支付的对价，以及国有企业补缴其无偿占有国家出资勘查形成的探矿权或采矿权应支付的对价。

2. 账户设置

“油气资产”属于资产类账户。企业取得矿区权益和井及相关设施所支付的各项费用记入借方；企业处置矿区权益和井及相关设施的账面价值记入贷方；该账户的余额在借方，反映企业所持有的各项矿区权益和井及相关设施的账面余额。该账户下可按油气资产的类别、不同矿区或油田名称设置明细账。

与油气开采活动相关的辅助设备和设施，如房屋、机器等应归类于固定资产。

除此之外，油气资产的账务处理还应设置“累计折耗”、“油气资产减值准备”和“油气资产清理”等几个账户，这几个账户的使用方法与前述相关章节介绍的类似账户相同，不再重复。

3. 账务处理

1）矿区权益的初始计量

企业为取得矿区权益而发生的成本应当在发生时予以资本化。矿区权益的取得方式主要有申请和购买两种，其成本也因取得方式的不同而有所差别：①申请取得矿区权益的成本包括探矿权使用费、采矿权使用费、土地或海域使用权支出、中介费以及可直接归属于矿区权益的其他申请费用；②购买取得矿区权益的成本包括购买价款、中介费以及可直接归属于矿区权益的其他购买费用。

矿区权益取得后发生的探矿权使用费、采矿权使用费和租金等维持矿区权益的支出，应当计入当期损益。

【例 9-1】 2012 年 5 月 20 日，A 公司申请取得 C 矿区（未探明矿区）的油气探矿权，以银行存款支付探矿权使用费 200 000 元、探矿权价款 500 000 元、土地使用权 100 000 元和其他相关费用 200 000 元。2012 年 8 月 25 日，支付探矿权使用费 200 000 元。以上事项应分别作会计分录：

① 2012 年 5 月 20 日，取得探矿权发生相关支出时：

借：油气资产——矿区权益（C 矿区）　　1 000 000

　　贷：银行存款　　1 000 000

② 2012 年 8 月 25 日，取得探矿权以后发生相关支出时：

借：管理费用　　200 000

　　贷：银行存款　　200 000

2）矿区权益的后续计量

A. 矿区权益计提折耗

企业应当采用产量法或年限平均法对探明矿区权益计提折耗，计提的折耗额计入当期油气生产成本。其中，产量法又称单位产量法，是以单位产量为基础对探明矿区权益的取得成本和井及相关设施成本计提折耗。采用该方法对油气资产计提折耗时，矿区权益应以探明经济可采储量为基础，井及相关设施以探明已开发经济可采储量为基础，折耗额可按照单个矿区计算，也可按照若干具有相同或类似地质构造特点或储层条件的相邻矿区所组成的矿区组计算。其相关计算公式为

探明矿区权益折耗额＝探明矿区权益账面价值×探明矿区权益折耗率

探明矿区权益折耗率＝探明矿区当期产量÷（探明矿区期末探明经济可开采储量＋探明矿区当期产量）

产量法的基本理论依据为，油气资产的服务潜力随着其使用程度的增加而减退，特定矿区所发生的资本化支出与发现并开发该矿区的探明经济可开采储量密切相关，每一产量单位应当承担相同比例的成本。因此，油气资产按照产量法计提折耗比较符合该类资产价值损耗的特点。

年限平均法，是将油气资产支出平均分摊于各会计期间成本的一种方法。该方法下计算的每期油气资产折耗金额都相等。如果各期间油气产量相对比较稳定，按照年限平均法与按照产量法计提的油气资产折耗并没有显著差异。但是如果各期间油气产量变化较大，按照年限平均法计提油气资产折耗，就有可能歪曲企业某一期间的经营成果。

企业计提油气资产折耗的方法一经确定，不得随意变更。未探明矿区权益不计提折耗。

【例 9-2】 2012 年 1 月 1 日，A 公司以银行存款购买 B 矿区（探明矿区）的石油采矿权，共支付采矿权价款 10 000 000 元、土地使用权支出 5 000 000 元、其他费用 3 000 000 元。截至 2012 年 12 月 31 日，公司在 B 矿区共生产原油 500 万吨，（矿区的探明经济可采

储量为8 500万吨）。公司采用产量法对探明矿区权益计提折耗。以上事项应分别作会计分录：

① 2012年1月1日，购买B矿区采矿权时：

借：油气资产——矿区权益（B矿区） 18 000 000

贷：银行存款 18 000 000

② 2012年12月31日，计提累计折耗时：

应计提累计折耗额＝18 000 000×［500÷（8 500＋500）］＝1 000 000（元）

借：油气生产成本 1 000 000

贷：累计折耗——矿区权益（B矿区） 1 000 000

B. 矿区权益减值测试

一般情况下，企业应该在资产负债表日对所拥有的矿区权益进行减值测试，对矿区权益的减值测试，应当区分探明矿区和未探明矿区两种情况分别进行：①探明矿区权益的减值测试。与井及相关设施、辅助设备及设施的减值测试一样，探明矿区权益的减值测试应当按照资产减值相关方法进行。②未探明矿区权益的减值测试。对于未探明矿区权益，每年应当至少进行一次减值测试。单个矿区取得成本较大的，应当以单个矿区为基础进行减值测试，并确定未探明矿区权益减值金额；单个矿区取得成本较小且与其他相邻矿区具有相同或类似地质构造特点或储层条件的，可按照若干具有相同或类似地质构造特点或储层条件的相邻矿区所组成的矿区组进行减值测试。按矿区组进行减值测试并计提减值准备的，该减值损失不在不同的单个矿区权益之间进行分配，因为未探明的矿区权益中包含很大的风险，分配到单个矿区没有实际意义。

未探明矿区权益公允价值低于账面价值的差额，应当确认为减值损失，计入当期损益。未探明矿区权益减值损失一经确认，不得转回。

【例9-3】2012年12月31日和2013年12月31日，A公司对持有的C矿区（未探明矿区）权益分别进行减值测试，确认其公允价值分别为800 000元和900 000元，该矿区权益的取得成本为1 000 000元。以上事项应分别作会计分录：

① 2012年12月31日，计提减值准备时：

借：资产减值损失 200 000

贷：油气资产减值准备——矿区权益（C矿区） 200 000

② 2013年12月31日，C矿区公允价值上升至900 000元，不作账务处理。

C. 矿区权益性质改变

未探明矿区（组）内发现探明经济可采储量而将未探明矿区（组）转为探明矿区（组）的，应当按照其账面价值转为探明矿区权益。

3）矿区权益的处置

（1）矿区权益转让。由于矿区权益包括探明矿区权益和未探明矿区权益，且又有全部转让和部分转让之分，所以矿区权益的转让业务需要区分不同情况进行账务处理。

转让全部探明矿区权益。企业在转让全部探明矿区权益时，应该将转让所得与矿区权益账面价值之间的差额计入当期损益。同时，将已计提的累计折耗和减值准备转销。

【例9-4】A公司将S矿区（探明矿区）全部转让。该矿区账面原值20 000 000元，已计提折耗 5 000 000 元，已计提减值准备 2 000 000 元。转让收入 10 000 000 元已通过银行转账收妥。以上交易应作会计分录：

借：银行存款　10 000 000
　　累计折耗　5 000 000
　　油气资产减值准备　2 000 000
　　营业外支出　3 000 000
　　贷：油气资产——矿区权益（S矿区）　20 000 000

转让部分探明矿区权益。企业在转让部分探明矿区权益时，应该按照转让部分矿区权益和全部矿区权益的公允价值比例，计算确定转让部分矿区权益的账面原值，以及需要同时结转的累计折耗和减值准备，转让所得与转让部分矿区权益账面价值之间的差额计入当期损益。

【例 9-5】 A 公司将 T 矿区（探明矿区）的部分权益对外转让。转让部分的公允价值为 5 000 000 元，转让价格为 6 000 000 元，转让收入已通过银行转账收妥。T 矿区账面原值 21 000 000 元，已计提折耗 6 000 000 元，已计提减值准备 3 000 000 元，公允价值为 15 000 000 元。以上交易应作会计分录：

T 矿区转让部分的账面原值＝21 000 000×(5 000 000÷15 000 000)＝7 000 000(元)

T 矿区转让部分的累计折耗＝6 000 000×(5 000 000÷15 000 000)＝2 000 000(元)

T 矿区转让部分的减值准备＝3 000 000×(5 000 000÷15 000 000)＝1 000 000(元)

借：银行存款　6 000 000
　　累计折耗　2 000 000
　　油气资产减值准备　1 000 000
　　贷：油气资产——矿区权益（T 矿区）　7 000 000
　　　　营业外收入　2 000 000

转让全部未探明矿区权益，且该矿区权益单独计提减值准备。企业在转让全部未探明矿区权益，且该矿区权益单独计提减值准备时，应该将转让所得与矿区权益账面价值之间的差额计入当期损益，同时结转减值准备。

【例 9-6】 A 公司将 W 矿区（未探明矿区）的全部矿区权益转让，转让价格为 7 000 000元。该矿区账面原值 6 000 000 元，对该矿区权益单独计提减值准备 1 000 000 元。以上交易应作会计分录：

借：银行存款　7 000 000
　　油气资产减值准备　1 000 000
　　贷：油气资产——矿区权益（W 矿区）　6 000 000
　　　　营业外收入　2 000 000

转让全部未探明矿区权益，且该矿区权益以矿区组为基础计提减值准备。企业在转让全部未探明矿区权益，且该矿区权益以矿区组为基础计提减值准备时，如果转让所得大于未探明矿区权益的账面原值，应将其差额确认为收益；如果转让所得小于未探明矿区权益的账面原值，应将转让所得冲减矿区组权益的账面价值，冲减至零为止，不需结转该矿区的减值准备。

【例 9-7】A 公司将 F 矿区（未探明矿区）的全部矿区权益转让，转让价格为 8 000 000元。F 矿区和 G 矿区作为一个未探明矿区组进行减值测试，在 F 矿区转让时，矿区组已计提减值准备 5 000 000 元。F 矿区的账面原值为 6 000 000 元，G 矿区的账面原值为 10 000 000 元。以上交易应作会计分录：

借：银行存款　　8 000 000
　　贷：油气资产——矿区权益（F 矿区）　　6 000 000
　　　　营业外收入　　2 000 000

转让部分未探明矿区权益，且该矿区权益单独计提减值准备。企业在转让部分未探明矿区权益，且该矿区权益单独计提减值准备时，如果转让所得大于部分未探明矿区权益的账面价值，应将其差额确认为收益；如果转让所得小于部分未探明矿区权益的账面价值，应将转让所得冲减该矿区权益的账面价值，冲减至零为止。如果矿区权益分部分全部转让完成后，仍有剩余账面价值，应在期末按剩余账面价值全额计提减值准备。

【例 9-8】A 公司将持有的 H 矿区（未探明矿区）的矿区权益分三部分转让。H 矿区账面原值 10 000 000 元，已单独计提减值准备 2 000 000 元。2012 年 10 月 15 日，将 H 矿区中的 H1 矿区权益转让，转让价格为 5 000 000 元；2012 年 11 月 20 日，将 H 矿区中的 H2 矿区权益转让，转让价格为 2 000 000 元；2012 年 12 月 20 日，将 H 矿区中的 H3 矿区权益转让，转让价格为 2 000 000 元。以上交易应分别作会计分录：

① 2012 年 10 月 15 日，转让 H1 矿区权益时：

借：银行存款　　5 000 000
　　贷：油气资产——矿区权益（H 矿区）　　5 000 000

② 2012 年 11 月 20 日，转让 H2 矿区权益时：

借：银行存款　　2 000 000
　　贷：油气资产——矿区权益（H 矿区）　　2 000 000

③ 2012 年 12 月 20 日，转让 H3 矿区权益时：

借：银行存款　　2 000 000
　　油气资产减值准备　　2 000 000
　　贷：油气资产——矿区权益（H 矿区）　　3 000 000
　　　　营业外收入　　1 000 000

④ 如果转让 H3 矿区权益价格为 500 000 元，则应作以下会计分录：

借：银行存款　　500 000
　　贷：油气资产——矿区权益（H 矿区）　　500 000
借：资产减值损失　　500 000
　　贷：油气资产减值准备　　500 000

转让部分未探明矿区权益，且该矿区权益以矿区组为基础计提减值准备。企业在转让部分未探明矿区权益，且该矿区权益以矿区组为基础计提减值准备时，如果转让所得大于部分未探明矿区权益的账面原值，应将其差额确认为收益；如果转让所得小于部分未探明矿区权益的账面原值，应将转让所得冲减矿区组权益的账面价值，冲减至零为止。

【例 9-9】 A 公司将其持有的 M 矿区（未探明矿区）的矿区权益分两部分转让，M 矿区和 N 矿区作为一个矿区组进行减值测试。M 矿区的账面原值为 6 000 000 元，在转让时，矿区组已计提减值准备 5 000 000 元。N 矿区的账面原值为 1 0 000 000 元。2012 年 12 月 10 日，公司将 M 矿区中的 M1 矿区转让，转让价格为 3 000 000 元。2012 年 12 月 20 日，公司将 M 矿区中的 M2 矿区转让，转让价格为 5 000 000 元。以上交易应分别作会计分录：

① 2012 年 12 月 10 日，转让 M1 矿区时：

借：银行存款　　3 000 000

　　贷：油气资产——矿区权益（M1 矿区）　　3 000 000

② 2012 年 12 月 20 日，转让 M2 矿区时：

借：银行存款　　5 000 000

　　贷：油气资产——矿区权益（M2 矿区）　　3 000 000

　　　　营业外收入　　2 000 000

（2）矿区权益弃置。企业如果因最终未能发现探明经济可采储量而放弃未探明矿区权益的，应按照放弃时的账面价值转销未探明矿区权益并计入当期损益。因未完成义务工作量等因素导致发生的放弃成本，计入当期损益。

【例 9-10】 A 公司拟放弃没有发现经济可采储量的 C 矿区（未探明矿区）。放弃时，C 矿区的矿区权益账面原值 1 000 000 元，已计提减值准备 500 000 元。以上事项应作会计分录：

借：管理费用　　500 000

　　油气资产减值准备　　500 000

　　贷：油气资产——矿区权益（C 矿区）　　1 000 000

第三节　油气勘探

1. 油气勘探相关概念

油气勘探，指为了识别勘探区域或探明油气储量而进行的地质调查、地球物理勘探、钻探活动以及其他相关活动。油气勘探支出，指为了识别可以进行勘查的区域和对特定区域探明或进一步探明油气储量而发生的地质调查、地球物理勘探、钻探区域探井和勘探型详探井、评价井和资料井以及维持未开发储量而发生的支出。油气勘探支出包括钻井勘探支出和非钻井勘探支出。其中，钻井勘探支出主要包括钻探区域探井、勘探型详探井、评价井和资料井以及维持未开发储量等活动而发生的支出；非钻井勘探支出主要包括进行地质调查、地球物理勘探等活动而发生的支出。油气勘探支出有可能发生在取得矿区之前，也有可能发生在取得矿区之后。

2. 账户设置和账务处理

1）账户设置

“油气勘探支出”属于成本类账户。企业进行油气勘探发生的钻井勘探费用记入借方；油气勘探费用的结转记入贷方；该账户余额在借方，反映尚未结转的钻井勘探支出。该账户下应按油气勘探成本计算对象设置明细账。

“勘探费用”属于损益类账户。企业发生的各项非钻井勘探费用、各项钻井勘探费用中属于未发现探明经济可采储量的钻井勘探费用记入借方；期末结转损益时记入贷方；期末结转损益后该账户无余额。

2）账务处理

A. 钻井勘探费用的账务处理

企业用于钻井勘探的各项费用应当进行资本化处理。资本化处理方法有成果法和全部成本法两种。其中成果法，指以矿区为成本归集和计算中心，发生的与探明经济可采储量直接相关的钻井勘探费用构成相关资产成本；如不能确定钻井勘探费用是否发现了探明经济可采储量，应在一年内对其进行暂时资本化处理；与发现探明经济可采储量不直接相关的费用，作为当期费用处理。全部成本法，是将勘探活动中发生的全部费用构成相关资产成本，不论这些费用的发生是否与探明经济可采储量的发现有关。

我国会计准则规定，钻井勘探支出在完井后，应分别按照以下情况进行处理：①确定该井发现了探明经济可采储量的，将钻探该井的费用结转为井及相关设施成本。②确定该井未发现探明经济可采储量的，将钻探该井的费用扣除净残值后的余额计入当期损益。③确定部分井段发现了探明经济可采储量的，将发现探明经济可采储量的有效井段的钻井勘探费用结转为井及相关设施成本，无效井段钻井勘探累计费用转入当期损益。④未能确定该探井是否发现探明经济可采储量的，在完井后一年内将钻井勘探费用予以暂时资本化。⑤完井一年后仍未能确定该探井是否发现探明经济可采储量的，在同时满足以下条件的，将钻探该井的资本化支出继续暂时资本化，否则计入当期损益：第一，该井已发现足够数量的储量，但要确定其是否属于探明经济可采储量，还需要实施进一步的勘探活动；第二，进一步的勘探活动已在实施中或已有明确计划并即将实施。⑥钻井勘探费用已费用化的探井又发现了探明经济可采储量的，已费用化的钻井勘探费用不作调整，重新钻探和完井发生的费用应当予以资本化。

从以上规定可以看出，我国会计准则规定的钻井勘探费用资本化原则借鉴了成果法的基本思想。

【例 9-11】 2011 年 6 月，A 公司在对 I 矿区进行钻井勘探的过程中发生钻井勘探费用 1 700 000 元。其中，以银行存款支付各项费用 1 000 000 元，领用原材料 500 000 元，应付职工薪酬 200 000 元。2012 年 5 月，公司完成对 I 矿区的钻井勘探工作，探明经济可采储量为 2 000 万吨原油。公司在对 I 矿区进行钻井勘探的过程中共发生钻井勘探支出 12 500 000 元。以上事项应作会计分录：

① 2011 年 6 月，发生钻井勘探费用时：

借：油气勘探支出	1 700 000	
贷：银行存款		1 000 000
原材料		500 000
应付职工薪酬		200 000

② 2012 年 5 月，完成钻井勘探、结转全部钻井勘探费用时：

借：油气资产——井及相关设施（I 矿区）　　12 500 000

　贷：油气勘探支出　　12 500 000

B. 非钻井勘探费用的账务处理

非钻井勘探费用发生时应予以费用化，计入当期损益。

【例 9-12】2012 年 3 月，A 公司在对 I 矿区进行地质调查和地球物理勘探过程中，以银行存款支付相关费用 200 000 元，领用原材料 50 000 元，应付职工薪酬 100 000 元。以上事项应作会计分录：

借：勘探费用　　350 000

　贷：银行存款　　200 000

　　原材料　　50 000

　　应付职工薪酬　　100 000

第四节　油气开发

1. 油气开发相关概念

油气开发，指为了取得探明矿区中的油气而建造或更新井及相关设施的活动。油气开发支出，指为了获得探明储量和建造或更新用于采集、处理和现场储存油气的设施而发生的支出，包括开采探明储量的开发井的成本和生产设施的支出，这些生产设施包括矿区输油管、分离器、处理器、加热器、储罐、提高采收率系统和附近的天然气加工设施等。

2. 账户设置和账务处理

“油气开发支出”属于成本类账户。发生的各项油气开发费用记入借方；各项油气开发费用的结转记入贷方；该账户的余额在借方，反映尚未结转的各项油气开发费用余额。

企业进行油气开发活动发生的各项费用，应当根据其用途分别予以资本化，构成油气开发形成的井及相关设施的成本。油气开发形成的井及相关设施的成本项目主要有：①钻前准备费用，包括前期研究、工程地质调查、工程设计、确井定位、清理井场、修建道路等活动发生的费用。②井的设备购置和建造费用，其中井的设备包括套管、油管、抽油设备和井口装置等，井的建造包括钻井和完井。③购建提高采收率系统发生的费用。④购建矿区内集输设施、分离处理设施、计量设备、储存设施、各种海上平台、海底及陆上电缆等发生的费用。

在探明矿区内，钻井至现有已探明层位的支出，作为油气开发支出；为获取新增探明经济可采储量而继续钻至未探明层位的支出，作为钻井勘探支出。

【例 9-13】2012 年 6 月，A 公司对完成油气勘探工作并发现探明经济可采储量的 I 矿区进行油气开发工程施工。同年 8 月 20 日，油气开发工程完工并达到预定可使用状态。开发过程以银行存款支付各项费用 200 000 元，领用原材料 500 000 元，应付职工薪酬 100 000 元。以上事项应分别作会计分录：

① 施工期间各项费用发生时：

借：油气开发支出　　800 000

贷：银行存款　　200 000

原材料　　500 000

应付职工薪酬　　100 000

② 工程达到预定可使用状态时：

借：油气资产——井及相关设施（I矿区）　　800 000

贷：油气开发支出　　800 000

第五节　油气生产

1. 油气生产相关概念

油气生产，指将油气从油气藏提取到地表以及在矿区内收集、拉运、处理、现场储存和矿区管理等活动。油气生产成本，指在油田把油气采集到地面，并对其进行收集、拉运、现场处理加工和储存的活动成本。这里所指的“生产成本”，并非取得、勘探、开发和生产过程中的所有成本，而是在井上进行作业和井的维护中所发生的相关成本，主要包括相关矿区权益折耗、井及相关设施折耗、辅助设备及设施折旧以及在井和设施上进行作业的人工费用、修理和维护费用、消耗的材料和供应品、相关税费等。

2. 账户设置和账务处理

“油气生产成本”属于成本类账户。发生的各项油气生产成本记入借方；各项油气生产成本的结转记入贷方；该账户余额在借方，反映尚未结转的油气生产成本余额。

油气生产企业还要设置“库存商品”账户。该账户借贷双方发生额及余额的内容在第四章有关内容已经介绍，不再重复。

【例 9-14】2012 年 12 月，A 公司在油气生产过程中共发生费用 2 000 000 元。其中，计提油气资产累计折耗 1 000 000 元（矿区权益累计折耗 700 000 元，井及相关设施累计折耗 300 000 元），计提固定资产折旧费 500 000 元，领用原材料 100 000 元，应付职工薪酬 200 000 元，以银行存款支付其他费用 200 000 元。月末结转完工产品的生产成本。以上事项应分别作会计分录：

① 2012 年 12 月，各项费用发生时：

借：油气生产成本　　2 000 000

贷：累计折耗——矿区权益　　700 000

——井及相关设施　　300 000

累计折旧　　500 000

原材料　　100 000

应付职工薪酬　　200 000

银行存款　　200 000

② 月末结转完工产品成本时：

借：库存商品　　2 000 000

贷：油气生产成本　　2 000 000

企业在矿区内废弃井及相关设施的活动，受《中华人民共和国环境保护法》等有关法律法规以及相关协议的约束。例如，在废弃井及相关设施时，必须进行拆除、清理、恢复生态环境等工作。由于油气资产的弃置义务与油气开发活动直接相关，因此，企业应根据预计负债的确认条件，将企业因承担弃置义务而可能发生的支出，按照现值计入井及相关设施的账面价值并确认预计负债，并且在井及相关设施的使用寿命内，采用实际利率法确定各期间应负担的利息费用。企业应在井及相关设施的使用寿命内的每一资产负债表日，对弃置义务和预计负债进行复核。如有必要，企业应对其进行适当调整，使之反映当前最合理的估计。不符合预计负债确认条件的弃置活动支出，应计入当期损益。相关业务处理可参考第六章第二节的有关内容。

思考题

1. 什么是油气资产？油气资产和递耗资产的区别是什么？
2. 什么是矿区权益？矿区权益包括哪些内容？
3. 石油天然气开采活动的主要环节有哪些？
4. 油气勘探支出的会计核算方法有哪些？各有什么特点？
5. 油气开发形成的井及相关设施的成本包括哪些内容？

练习题

1. 2012 年 1 月 1 日，Z 公司购买取得 W 矿区（探明矿区）的石油采矿权，共支付采矿权价款 20 000 000 元、土地使用权价款 5 000 000 元、其他费用 2 000 000 元，以上各项费用全部通过银行转账支付。截至 2012 年 12 月 31 日，Z 公司在 W 矿区共生产原油 300 万吨，W 矿区的探明经济可采储量为 5 100 万吨。Z 公司采用产量法对探明矿区权益计提折耗。

要求：根据以上资料编制 Z 公司取得矿区权益及计提折耗的会计分录。

2. 2012 年 7 月 20 日，Z 公司将 T 矿区（探明矿区）的一部分对外转让。转让部分的公允价值为 9 000 000 元，转让价格为 8 000 000 元。转让收入已通过银行收妥。T 矿区账面原值 36 000 000 元，已计提折耗 6 000 000 元，已计提减值准备 3 000 000 元，公允价值为 27 000 000 元。

要求：根据以上资料编制 Z 公司对外转让矿区权益的会计分录。

3. 2012 年 5 月，Z 公司完成对 X 矿区的地质调查和地球物理勘探活动。期间以银行存款支付相关费用共计 300 000 元，领用原材料共计 100 000 元，应付职工薪酬 200 000 元。2012 年 6 月，Z 公司在对 X 矿区进行钻井勘探过程中，以银行存款支付各项费用 2 000 000 元，领用原材料 600 000 元，应付职工薪酬 300 000 元。2012 年 12 月，Z 公司完成对 X 矿区的钻井勘探工作，发现探明经济可采储量为 5 000 万吨原油。Z 公司发生的钻井勘探费用共计 35 000 000 元。

要求：根据以上资料编制 Z 公司进行油气勘探的会计分录。

4. 2012 年 12 月，Z 公司完成对 X 矿区的油气勘探工作，并发现探明经济可采储量。

2013 年 1 月，Z 公司对 X 矿区进行油气开发工程施工。2013 年 3 月 20 日，油气开发工程完工并达到预定可使用状态。在此期以银行存款支付各项费用 300 000 元，领用原材料 500 000 元，应付职工薪酬 200 000 元。

要求：根据以上资料编制 Z 公司进行油气开发的会计分录。

5. 2012 年 12 月，Z 公司在油气生产过程中共发生支出 3 500 000 元，其中计提的油气资产累计折耗 1 500 000 元（矿区权益累计折耗 1 000 000 元，井及相关设施累计折耗 500 000 元），计提的固定资产折旧费 800 000 元，领用原材料 300 000 元，应付职工薪酬 600 000 元，以银行存款支付其他费用 300 000 元。月末将生产成本结转产品成本。

要求：根据以上资料 Z 公司进行油气生产的会计分录。

第十章 其他非流动资产

第一节 商誉

1. 商誉的概念及特点

商誉是指企业所拥有的可以使其获利能力超过一般企业的一种不可辨认的无形的价值资源。通常情况下，商誉是由于企业的地理位置优越、经营历史悠久、客户资源优质、管理水平先进、企业文化特殊、生产工艺精湛等原因而形成。企业也可以通过合并方式购买其他企业的商誉。与有形资产或无形资产等可辨认资产不同，商誉与企业密切相关，不能脱离企业而单独存在。与其他资产相比，商誉具有以下特点：

(1) 不可辨认性。商誉与企业的整体相关，既不能单独存在又不能单独出售，具有不可辨认性。

(2) 不能单独计量。商誉的价值只有在把企业作为一个整体来看待时才能按总额加以确定。

(3) 可能没有相关取得成本。商誉的创建过程，可能不会发生相关的成本支出。

2. 商誉的分类

商誉通常情况下包括自创商誉和外购商誉。我国会计准则规定，只有外购商誉才能作为一项单独的资产进行确认和计量，自创商誉不能作为单项资产进行会计确认和计量。

(1) 自创商誉，通常是由于企业的地理位置优越、经营历史悠久、客户资源优质、管理水平先进、企业文化特殊、生产工艺精湛等原因而自发形成的商誉。这种企业在经营过程中自发形成的商誉，由于影响因素众多且很难区分而无法计量。

(2) 外购商誉，指企业在合并过程中支付的合并对价与被合并企业可辨认净资产公允价值之间存在的差额。如果企业在合并过程中支付的合并对价大于被合并企业可辨认净资产公允价值，即差额为正，则意味着购买方企业在合并后有望获得赚取超额利润的潜在能力，企业应该作为商誉进行确认；如果企业在合并过程中支付的合并对价小于被合并企业可辨认净资产公允价值，即差额为负，则形成负商誉，企业不能对负商誉作为商誉进行确认，而应该直接计入当期损益。

3. 商誉的确认和计量、账户设置和账务处理

（1）商誉的确认和计量。由于外购商誉可以作为商誉进行确认，所以，企业应该在合并日对其进行确认和计量。外购商誉的初始成本，应按照企业在合并过程中支付的合并对价大于被合并企业可辨认净资产公允价值的差额进行计量。其中，被合并企业可辨认净资产公允价值通过以下公式计算：

被合并企业可辨认净资产公允价值＝被合并企业可辨认资产的公允价值之和－被合并企业负债及或有负债的公允价值之和

（2）账户设置和账务处理。“商誉”属于资产类账户。企业在非同一控制下进行企业合并中确认的商誉记入借方；商誉价值的减少记入贷方；该账户的余额在借方，反映企业拥有商誉的余额。该账户下应按商誉名称设置明细账。

【例 10-1】 2011 年 6 月 15 日，A 公司采取吸收合并方式购买了另一家公司的全部股权。公司以银行存款 20 000 000 元支付合并价款。合并日，被合并方原材料的公允价值为 2 000 000 元，应收账款公允价值 5 000 000 元，固定资产公允价值为 15 000 000 元，无形资产的公允价值为 1 000 000 元，短期借款公允价值为 3 000 000 元，应付账款公允价值为 6 000 000 元，长期借款公允价值为 5 000 000 元。不考虑被合并方其他资产、负债及或有负债的影响。以上交易应作会计分录：

合并商誉＝20 000 000－（2 000 000＋5 000 000＋15 000 000＋1 000 000－3 000 000－6 000 000－5 000 000）＝11 000 000（元）

借：原材料	2 000 000
应收账款	5 000 000
固定资产	15 000 000
无形资产	1 000 000
商誉	11 000 000
贷：银行存款	20 000 000
短期借款	3 000 000
应付账款	6 000 000
长期借款	5 000 000

4. 商誉减值

企业合并所形成的商誉，不需要对其进行摊销，但至少应当在每年年度终了进行减值测试。由于商誉难以独立产生现金流，因此，商誉应当结合与其相关的资产组或者资产组组合进行减值测试。商誉出现减值迹象时，企业应按减值的金额，作以下会计分录：

借：资产减值损失

　贷：商誉减值准备

第二节 其他非流动资产

1. 长期待摊费用

长期待摊费用是指企业已经支出，但摊销期限在 1 年以上（不含 1 年）的各项费用，

包括租入固定资产的改良支出、开办费以及摊销期限在 1 年以上的其他长期待摊费用。长期待摊费用应当单独核算，在费用项目的受益期内平均摊销。

“长期待摊费用”属于资产类账户。长期待摊费用发生时记入借方；长期待摊费用在摊销时记入贷方；该账户余额在借方，反映尚未摊销的长期待摊费用的实际余额。该账户应按长期待摊费用的名称设置明细账。

1）租入固定资产的改良支出

租入固定资产的改良支出是指能够增加租入固定资产的效用或延长使用寿命的改装、翻建、改建等支出。将租入固定资产改良支出确认为长期待摊费用的依据是，承租人从其他单位以经营租赁方式租入固定资产的所有权属于出租人，承租人只享有使用权。双方通常在协议中规定，承租人应按照规定的用途使用，并承担对租入固定资产进行修理和改良责任，即发生的修理和改良支出全部由承租人负担。对租入固定资产进行改良，有助于提高固定资产的效用和功能，但是，由于租入固定资产的所有权不属于承租人，其只获得在租赁有效期内对改良工程的使用权。因此，对租入固定资产进行改良发生的支出，应作为长期待摊费用确认。租入固定资产改良支出，应在租赁期限与固定资产的尚可使用寿命两者中较短的期限内平均摊销，摊销额计入当期损益。

【例 10-2】 2011 年 10 月 15 日，A 公司对以经营租赁方式租入的一台机器设备进行改装。2011 年 12 月 31 日改装工程完成，改装过程中共消耗原材料 300 000 元，职工薪酬 60 000 元。改装完成后 A 公司还有三年的租期。以上事项应分别作会计分录：

① 改装过程中费用发生时：

借：在建工程　　360 000

　　贷：原材料　　300 000

　　　　应付职工薪酬　　60 000

② 改装完成后结转工程费用：

借：长期待摊费用　　360 000

　　贷：在建工程　　360 000

③ 按月对改装费用进行摊销（10 000＝360 000÷3÷12）

借：管理费用　　10 000

　　贷：长期待摊费用　　10 000

2）开办费

开办费是指企业在筹建期间发生的不应计入有关资产成本的各项费用。开办费包括筹建期间工作人员的工资、办公费、差旅费、培训费、印刷费、银行借款利息、律师费、注册登记费以及其他不能计入固定资产和无形资产的支出。开办费可以在企业开始经营、取得营业收入时停止归集，并在开始经营当月一次计入当期损益，也可以在发生时直接计入当期损益。

【例 10-3】 A 公司在筹建期间共发生相关费用 200 000 元。其中，用银行存款支付各项办公费、培训费、印刷费、咨询费、注册登记费等共计 150 000 元，职工薪酬 50 000 元。2012 年 3 月公司正式开始营业。以上事项应分别作会计分录：

① 筹建期间各项开办费发生时：

借：长期待摊费用　200 000

　贷：银行存款　150 000

　　应付职工薪酬　50 000

② 2012 年 3 月，公司开始营业时：

借：管理费用　200 000

　贷：长期待摊费用　200 000

3）其他长期待摊费用

其他长期待摊费用是指除租入固定资产的改良支出和开办费以外的长期待摊费用。如果其他长期待摊费用能够使以后会计期间受益，则应在受益期内平均摊销。如果其他长期待摊费用不能使以后会计期间受益，则应在停止归集之后全部转入当期损益。

2. 长期应收款

长期应收款是指企业开展融资租赁业务产生的应收款项、采取递延方式分期收款的销售商品和提供劳务等活动产生的应收款项。

"长期应收款"属于资产类账户。发生的长期应收款记入借方；收回的长期应收款记入贷方；该账户余额在借方，反映长期应收款的余额。该账户应按债务人名称设置明细账。

"未担保余值"属于资产类账户。租赁开始日，企业采用融资租赁方式租出资产的未担保余值记入借方；租赁期届满，承租人行使了优惠购买选择权或收到承租人交还租赁资产，结转的未担保余值记入贷方；该账户的余额在借方，反映尚未结转的未担保余值。该账户下应按租赁资产的品种设置明细账。

【例 10-4】 A 公司以分期收款方式销售给 B 公司一批产品，该批产品成本为 4 000 000 元，公允价值为 5 000 000 元，销售合同中约定价税合计为 5 850 000 元，增值税 850 000 元在销售时收妥，其余 5 000 000 元在以后的两年内每年年终收取 2 500 000 元。假设不考虑所得税的影响，以上交易应分别作会计分录：

① 销售发生时：

借：长期应收款——B 公司　5 000 000

　银行存款　850 000

　贷：主营业务收入　5 000 000

　　应交税费——应交增值税（销项税额）　850 000

借：主营业务成本　4 000 000

　贷：库存商品　4 000 000

② 以后每期收到款项时：

借：银行存款　2 500 000

　贷：长期应收款——B 公司　2 500 000

3. 递延所得税资产

递延所得税资产是指企业因可抵扣暂时性差异而产生的本期多交的所得税在以后期间应予退还的权利。在所得税费用采用资产负债表债务法确认和计量的情况下，在资产负债表日，企业应根据其资产和负债的账面价值与计税基础的比较，确定资产和负债的暂时性差异。对于本期发生的可抵扣暂时性差异所导致的本期多交的所得税，可以通过抵减以后纳税期间的应交所得税的方式予以退还。因此，本期因可抵扣暂时性差异的产生而多交的所得税，对企业来说就产生了一个将来要向国家要求退税的权利，会计上将这个权利确认为“递延所得税资产”。有关递延所得税的账务处理将在第十九章作专门介绍。

4. 其他非流动资产

其他非流动资产是指不能归入各项非流动资产的资产总称，一般包括特准储备物资、银行冻结存款、冻结物资、诉讼中的财产等。特准储备物资是指经国家批准的在正常范围以外储备的、具有专门用途的、不能参加生产经营周转的物资。银行冻结存款是指被银行冻结，不能支取的存款。冻结物资是指由于某种原因被冻结而不能正常处置的资产。诉讼中的财产是指由于发生产权纠纷，进入司法程序后被法院认定为涉及诉讼、尚未判定所有权归属的资产。其他非流动资产一般不参加企业正常的生产经营周转，不需要进行摊销。企业可以在有关资产账户下设置明细账户，也可以单独设置账户，对非流动资产的增减变动情况进行核算。

思　考　题

1. 什么是商誉？商誉的特点有哪些？
2. 什么是长期待摊费用？长期待摊费用主要包括哪些内容？
3. 什么是长期应收款？
4. 什么是递延所得税资产？

练　习　题

1. M公司与B公司为非同一控制下的子公司。M公司以现金800 000元，账面价值1 000 000元、公允价值2 000 000元的土地使用权，对B公司进行并购。并购过程中还支付相关费用140 000元。合并日，B公司各项资产、负债的公允价值确定如表10-1所示。

表10-1　B公司各项资产、负债的公允价值　　单位：元

项目	账面价值	公允价值
银行存款	100 000	100 000
应收账款（净额）	300 000	180 000
存货	400 000	420 000
无形资产——土地使用权	100 000	1 200 000
固定资产——房屋	600 000	1 000 000
固定资产——设备	500 000	200 000
资产合计	2 000 000	3 100 000
应付账款	200 000	200 000
应付票据	300 000	280 000
负债合计	500 000	480 000
净资产	1 500 000	2 620 000

要求：根据以上资料，编制M公司并购B公司的会计分录。

2. 承题1，若M公司发行股票1 200 000股作为合并对价合并B公司，股票面值为每股1元，公允价值为2元。同时，股票发行过程中还以银行存款支付发行费用40 000元、直接相关费用140 000元。合并日，B公司各项资产、负债的公允价值如表10-1所示。

要求：根据以上资料，编制M公司并购B公司的会计分录。

3. Z公司对经营租入的一项生产设备进行改良，以银行存款支付改良工程款360 000元，租赁期为2年。支付的改良工程费用在租赁期内平均摊销。

要求：根据以上资料，编制支付改良工程费用和摊销改良工程费用的会计分录。

4. 2010年1月6日，Z公司以分期收款方式销售给B公司一批产品，成本为2 000 000元，公允价值为3 000 000元，销售合同中约定价税合计为3 510 000元，增值税510 000元在销售时收妥，其余3 000 000元货款在以后的三年内每年年底收取1 000 000元。

要求：根据以上资料编制Z公司销售产品及收到款项的会计分录（假设不考虑所得税的影响）。

第十一章 非货币性资产交换

第一节 概述

1. 非货币性资产交换的概念

非货币性资产交换，是交易双方以存货、固定资产、无形资产和长期股权投资等非货币性资产进行的交换。该交换基本不涉及或只涉及少量的货币资产。非货币性资产交换双方进行非货币性资产交换，一方面可以满足各自生产经营活动的需要，同时可在一定程度上减少货币性资产的流出。

货币性资产，指企业持有的货币资金和将以固定或可确定的金额收取的资产，包括库存现金、银行存款、应收票据、应收账款、持有至到期投资等。非货币性资产是指货币性资产以外的资产，包括存货、固定资产、无形资产、长期股权投资、不准备持有至到期投资等。非货币性资产区别于货币性资产的基本特点是其在将来为企业带来经济利益的金额不可确定。

2. 非货币性资产交换的认定

非货币性资产交换一般不涉及货币性资产，或只涉及少量的货币性资产用于补价。在非货币性资产交换中，如果由于补价需要而涉及少量货币性资产，那么该事项应当作为正常商品交易，还是作为非货币性资产交换，应当有一个划分标准。我国相关会计准则规定，以补价占整个资产交换金额的比例是否低于25%作为参考比例，即支付的货币性资产占换入资产公允价值（或占换出资产公允价值与支付的货币性资产之和）的比例，或者收到的货币性资产占换出资产公允价值（或占换入资产公允价值和收到的货币性资产之和）的比例低于25%的，视为非货币性资产交换；高于25%（含25%）的，视为货币性资产交换。补价率的计算公式如下：

收到补价方：

补价率＝收到的补价÷换出资产的公允价值或交换价值×100%

支付补价方：

补价率＝支付的补价÷（支付的补价＋换出资产的公允价值或交换价值）×100%

3. 非货币性资产交换不涉及的交易和事项

(1) 与投资人或投资人以外方面的非货币性资产非互惠转让。非互惠转让，指企业将其拥有的非货币性资产无偿转让给其投资人或其他企业，或投资人、其他企业将非货币性资产无偿转让给企业。本章所述的非货币性资产交换，是企业间主要以非货币性资产形式进行的互惠转让，即企业取得一项或多项非货币性资产，必须以付出自己拥有的一项或多项非货币性资产作为代价，而不是单方向的非互惠转让。

(2) 在企业合并、债务重组和发行股票中取得的非货币性资产。在企业合并、债务重组中取得的非货币性资产，其成本计量分别按企业合并、债务重组或金融工具列报相关准则规定确定。

第二节 非货币性资产交换的确认和计量

1. 公允价值计量模式下的确认和计量

非货币性资产交换同时满足下列两个条件的，应当以公允价值和应支付的相关税费作为换入资产的成本，公允价值与换出资产账面价值的差额计入当期损益。

1) 非货币性资产交换具有商业实质

具有商业实质，指满足下列条件之一的非货币性资产交换活动。

(1) 换入资产的未来现金流量金额、时间和风险与换出资产显著不同。具体表现在以下几个方面：第一，换入资产的未来现金流量在风险、时间和金额与换出资产均不相同。第二，未来现金流量的风险、金额相同，但时间不同。即换入资产和换出资产产生的未来现金流量总额相等，获得这些现金流量的风险相同，但现金流入企业的时间不同。第三，未来现金流量的时间、金额相同，但风险不同。风险不同指企业获得现金流量的不确定性产生的差异。第四，未来现金流量的风险、时间相同，但金额不同。

(2) 换入资产与换出资产的预计未来现金流量的现值不同，且其差额与换入资产和换出资产的公允价值相比是重大的。企业如按照上述第一个条件难以判断某项非货币性资产交换是否具有商业实质，即可根据第二个条件，通过对换入资产和换出资产的预计未来现金流量的现值进行比较后判断。资产预计未来现金流量的现值，应当按照资产在持续使用过程和最终处置时预计产生的未来税后现金流量，选择恰当的折现率折现后的金额加以确定。

从市场参与者的角度分析，换入资产和换出资产预计未来现金流量在风险、时间和金额方面可能相同或相似。但是，鉴于换入资产的性质和换入企业经营活动的特点等因素，换入资产与换入企业其他现有资产相结合，能够比换出资产产生更大的作用，使换入企业受该换入资产影响的经营活动部分产生的现金流量，与换出资产明显不同，即换入资产对换入企业的使用价值与换出资产对该企业的使用价值明显不同，使换入资产预计未来现金流量现值与换出资产发生明显差异，因而表明该两项资产的交换具有商业实质。

若企业以一项专利权换入另一企业拥有的长期股权投资，假定从市场参与者来看，该项专利权与该项长期股权投资的公允价值相同，两项资产未来现金流量的风险、时间和金额亦相同，但是，对换入企业来讲，换入该项长期股权投资使该企业对被投资方由重大影响变为控制关系，从而对换入企业产生的预计未来现金流量的现值与换出的专利权有较大差异；另一企业换入的专利权能够解决生产中的技术难题，从而对换入企业产生的预计未来现金流量的现值与换出的长期股权投资有明显差异，因而该两项资产的交换具有商业实质。

2）换入资产或换出资产的公允价值能够可靠地计量

资产存在活跃市场，是资产公允价值能够可靠计量的必备条件。存在以下三种情形之一的，视为公允价值能够可靠计量：

（1）换入资产或换出资产存在活跃市场。

（2）换入资产或换出资产不存在活跃市场，但同类或类似资产存在活跃市场。

（3）换入资产或换出资产不存在同类或类似资产可比市场交易的情况，可采用估值技术确定其公允价值。采用估值技术确定公允价值，必须符合以下条件之一，视为能够可靠计量：第一，采用估值技术确定的公允价值估计数的变动区间很小，即通过估值技术确定的资产的公允价值不是一个单一的数据，但是介于一个变动范围很小的区间内，可以认为资产的公允价值能够可靠计量。第二，在公允价值估计数变动区间内，各种用于确定公允价值估计数的概率能够合理确定，即采用估值技术确定的资产公允价值在一个变动区间内，区间内出现各种情况的概率或可能性能够合理确定，这种情况视为公允价值能够可靠计量。

换入资产和换出资产公允价值均能够可靠计量的，应当以换出资产公允价值作为确定换入资产成本的基础。如果换出资产的公允价值能够可靠确定，应当以换出资产的公允价值作为确定换入资产成本的基础；如果有确凿证据表明换入资产的公允价值更加可靠，则可以换入资产公允价值为基础确定换入资产的成本。

2. 账面价值计量模式下的确认和计量

不具有商业实质或交换涉及资产的公允价值均不能可靠计量的非货币性资产交换，应当按照换出资产的账面价值和应支付的相关税费，作为换入资产的成本，无论是否支付补价，均不确认损益；收到或支付的补价作为确定换入资产成本的调整项目，其中，收到补价方应当以换出资产的账面价值减去补价作为换入资产的成本；支付补价方应当以换出资产的账面价值加上补价作为换入资产的成本。

第三节　非货币性资产交换的账务处理

1. 以公允价值计量的非货币性资产交换

1）换出资产损益的确认和计量

非货币性资产交换具有商业实质、且公允价值能够可靠计量的，应当以换出资产的公允价值和应支付的相关税费作为换入资产的入账价值。如果有确凿证据表明换入资产的公允价值比换出资产公允价值更加可靠，则可以换入资产的公允价值作为其入账价值。

以公允价值计量的非货币性资产交换，不论是否涉及补价，只要换出资产的公允价值与其账面价值不相等，就会产生交换损益。非货币性资产交换的账务处理，视换出资产的类别不同而有所区别。

（1）换出资产为存货的，应当视同销售处理。

（2）换出资产为固定资产或无形资产的，换出资产公允价值与换出资产账面价值的差额，计入营业外收入或营业外支出。

（3）换出资产为长期股权投资的，换出资产公允价值与换出资产账面价值的差额，计入投资收益。

换入资产与换出资产涉及相关税费的，按照相关税费规定计算确定。

2）不涉及补价的非货币性资产交换

非货币性资产交换在具有商业实质，且公允价值能够可靠计量的前提下，应以换出资产的公允价值与应支付的相关税费之和作为换入资产的入账价值，换出资产公允价值与换出资产账面价值的差额扣除应支付的相关税费的余额，计入当期损益。相关计算公式为

换入资产的入账价值＝换出资产的公允价值＋支付的与换入资产相关的税费
　　　　　　　　　　　　－可抵扣的增值税额

应确认的交换损益＝换出资产的公允价值－换出资产的账面价值
　　　　　　　　　　　－支付的与换出资产相关的税费

如果只有换出资产的公允价值能够可靠计量，则以换出资产的公允价值为基础，计算换入资产的入账价值；如果只有换入资产的公允价值能够可靠计量，则以换入资产的公允价值为基础，计算换入资产的入账价值；如果换入资产的公允价值和换出资产的公允价值均能够可靠计量，则以换出资产的公允价值为基础，计算换入资产的入账价值；一般而言，如果不涉及补价，交换双方资产的公允价值应该相等，若只有一方的资产有公允价值，应视同对方资产也具有相同的公允价值。

【例 11-1】 A 公司以一台生产用设备与 B 公司的产品——计算机交换，换入的计算机作为固定资产。A 公司设备原值 1 300 000 元，交换日累计折旧 550 000 元，公允价值 800 000 元;B 公司计算机的生产成本为 1 000 000 元，交换日的市场价格为 800 000 元。A、B 公司的非货币性资产交换具有商业实质。A 公司在交换中发生相关费用 24 000 元，B 公司在交换中发生相关费用 18 000 元。A、B 公司均为增值税一般纳税人，适用的增值税税率均为 17%。以上交易应分别作会计分录：

A 公司：

换入资产的增值税进项税额＝800 000×17%＝136 000(元)

换出设备的增值税销项税额＝800 000×17%＝136 000(元)

根据以上计算结果，应分别作会计分录：

① 将固定资产转入清理时：

借：固定资产清理	750 000	
累计折旧	550 000	
贷：固定资产——设备		1 300 000

② 支付相关费用时：

借：固定资产清理	24 000	
贷：银行存款		24 000

③ 进行非货币性资产交换时：

借：固定资产——计算机 800 000
　　应交税费——应交增值税（进项税额） 136 000
　　贷：固定资产清理 774 000
　　　　应交税费——应交增值税（销项税额） 136 000
　　　　营业外收入 26 000

B公司：

换出计算机的增值税销项税额＝800 000×17％＝136 000（元）

换入设备的增值税进项税额＝800 000×17％＝136 000（元）

根据以上计算结果作会计分录：

借：固定资产——设备 818 000
　　应交税费——应交增值税（进项税额） 136 000
　　贷：主营业务收入 800 000
　　　　应交税费——应交增值税（销项税额） 136 000
　　　　银行存款 18 000
借：主营业务成本 1 000 000
　　贷：库存商品——计算机 1 000 000

3）涉及补价的非货币性资产交换

对于涉及补价的非货币性资产交换，应按以下步骤进行账务处理。

第一步：计算补价率。计算补价率的目的是确定一项交易是货币性资产交易，还是非货币性资产交换。只有当补价率低于25％时，才能作为非货币性资产交换。

第二步：确定换入资产的入账价值和换出资产产生的损益。当非货币性资产交换具有商业实质时，换入资产的入账价值应以换出资产的公允价值作为确定换入资产入账价值的基础。但如果换出资产的公允价值不能可靠计量，而换入资产的公允价值能够可靠计量，则可按换入资产的公允价值作为确定换入资产入账价值的基础。在涉及补价情况下，换入资产的入账价值除受换出资产公允价值、应支付的与换入资产相关的税费外，还受补价的影响。同时，损益的确认和计量也有一定差别。支付补价方和收到补价方应当分别情况处理。

（1）支付补价方：应当以换出资产的公允价值加支付的补价（即换入资产的公允价值）和应支付的相关税费，作为换入资产的入账价值；换入资产入账价值与换出资产账面价值加支付的补价、应支付的相关税费之和的差额，计入当期损益。

换入资产的入账价值＝换出(入)资产公允价值＋支付的补价
＋支付的与换入资产相关的税费－可抵扣的增值税

应确认的交换损益＝换出资产的公允价值－换出资产的账面价值
－支付的与换出资产相关的税费

如果换出资产无公允价值，但换入资产有公允价值，应以换入资产的公允价值为基础，计算换出资产损益。

（2）收到补价方：应以换入资产的公允价值（或换出资产的公允价值减去补价）和应

支付的相关税费，作为换入资产的入账价值；换入资产入账价值加收到的补价之和与换出资产账面价值加应支付的相关税费之和的差额，计入当期损益。

换入资产的入账价值＝换出(入)资产公允价值＋支付的与换入资产相关的税费

－收到的补价－可抵扣的增值税

应确认的交换损益＝换出资产的公允价值－换出资产的账面价值

在涉及补价的情况下，对于支付补价方而言，作为补价的货币性资产构成换入资产所放弃对价的一部分；对于收到补价方而言，作为补价的货币性资产构成换入资产的一部分。

【例 11-2】A公司以一项投资性房地产与B公司持有的交易性金融资产交换。A公司的投资性房地产采用成本计量模式。在交换日，该投资性房地产的账面原值 70 000 000 元，已提折旧 35 000 000 元，交换日的公允价值和计税价格均为 90 000 000 元，营业税税率为 5%；B公司交易性金融资产的账面价值 80 000 000 元，交换日的公允价值 85 000 000元；B公司向A公司支付 5 000 000 元补价；A公司换入交易性金融资产后仍然用于交易目的。B公司换入投资性房地产后仍然作为投资性房地产，并拟采用公允价值计量模式。假设除营业税外，该交换中不涉及其他相关税费。

第一步，计算补价率：

补价率（收到补价方）＝5 000 000÷（85 000 000＋5 000 000）＝5.6%＜25%

补价率（支付补价方）＝5 000 000÷90 000 000＝5.6%＜25%

双方计算结果确定该资产交换属于非货币性资产交换。

第二步，交换双方应分别作会计分录：

A公司：

① 结转换出资产成本和累计折旧时：

借：其他业务成本	35 000 000	
投资性房地产累计折旧	35 000 000	
贷：投资性房地产		70 000 000

② 计算应交纳营业税时：

借：营业税金及附加（90 000 000×5%）	4 500 000	
贷：应交税费——应交营业税		4 500 000

③ 进行非货币性资产交换时：

借：交易性金融资产	85 000 000	
银行存款	5 000 000	
贷：其他业务收入		90 000 000

B公司：

借：投资性房地产	90 000 000	
贷：交易性金融资产		80 000 000
银行存款		5 000 000
投资收益		5 000 000

2. 以账面价值计量的非货币性资产交换

非货币性资产交换不具有商业实质，或虽具有商业实质但换入资产和换出资产的公允价值均不能可靠计量的，应当以换出资产的账面价值为基础确定换入资产的入账价值，无论是否支付补价，均不确认损益。

1）不涉及补价

在不涉及补价的情况下，应以换出资产的账面价值和应支付的相关税费之和作为换入资产的入账价值。

【例 11-3】 A、B公司为同一企业集团控制下的子公司。双方以各自拥有的材料进行交换。A公司甲材料的账面价值 500 000 元，公允价值 600 000 元，为换入材料支付相关费用 18 000 元；B公司乙材料的账面价值 650 000 元，公允价值 600 000 元，该材料已计提存货跌价准备 20 000 元，为换入材料支付相关费用 13 000 元。A、B公司均为增值税一般纳税人，双方换入的材料均作为生产产品用原材料。

由于交换双方属于关联方，其资产交换可以认定为不具有商业实质，因此，应当以换出资产的账面价值为基础确定换入资产的入账价值，均不确认损益。

A公司：

换入乙材料的入账价值＝500 000＋102 000＋18 000－102 000＝518 000（元）

	借方	贷方
借：原材料——乙材料	518 000	
应交税费——应交增值税（进项税额）	102 000	
贷：原材料——甲材料		500 000
应交税费——应交增值税（销项税额）		102 000
银行存款		18 000

B公司：

换入甲材料的入账价值＝650 000－20 000＋102 000＋13 000－102 000＝643 000（元）

	借方	贷方
借：原材料——甲材料	643 000	
应交税费——应交增值税（进项税额）	102 000	
存货跌价准备	20 000	
贷：原材料——乙材料		650 000
应交税费——应交增值税（销项税额）		102 000
银行存款		13 000

2）涉及补价

如果非货币性资产交换未同时满足以公允价值为基础确认换入资产入账价值的条件，同时，该项非货币性交换又涉及补价的，应分别以下情况进行确认和计量。

(1) 支付补价方，应当以换出资产的账面价值，加上支付的补价和相关税费，作为换入资产的入账价值，不确认交换损益。计算公式如下：

换入资产的入账价值＝换出资产的账面价值＋支付的补价＋支付的与换入资产相关的税费－可抵扣的增值税额

(2) 收到补价方，应当以换出资产的账面价值，减去收到的补价、加上支付的与换入资产有关的税费，作为换入资产的入账价值，不确认交换损益。计算公式如下：

换入资产的入账价值＝换出资产的账面价值－收到的补价
＋支付的与换入资产有关的税费－可抵扣的增值税额

【例 11-4】A 公司以一项固定资产与 B 公司持有的长期股权投资交换。A 公司固定资产的账面原值 2 800 000 元，已计提折旧 900 000 元；B 公司长期股权投资的账面价值为 1 600 000元。双方进行交换的非货币性资产的公允价值均不能可靠计量。双方商定，B 公司向 A 公司支付 150 000 元补价。假设交易中没有发生其他相关税费。

第一步：计算补价率。

补价率（收到补价方）＝150 000÷（2 800 000－900 000）＝7.9%＜25%

根据计算结果确定，该交换事项属于非货币性资产交换（支付补价方补价率计算略）。

第二步：交换双方应分别作会计分录：

A 公司：

① 换出资产转入清理时：

借：固定资产清理	1 900 000
累计折旧	900 000
贷：固定资产——专有设备	2 800 000

② 进行非货币性资产交换时：

借：长期股权投资	1 750 000
银行存款	150 000
贷：固定资产清理	1 900 000

B 公司：

借：固定资产——专有设备	1 750 000
贷：长期股权投资	1 600 000
银行存款	150 000

3. 涉及多项资产的非货币性资产交换

1）概述

企业以一项非货币性资产同时换入另一企业的多项非货币性资产，或同时以多项非货币性资产换入另一企业一项非货币性资产，或以多项非货币性资产同时换入另一企业多项非货币性资产，称为涉及多项资产的非货币性资产交换。涉及多项资产的非货币性资产交换中也可能涉及补价。

涉及多项资产的非货币性资产交换，可能无法将换出的某一资产与换入的某一特定资产相对应。首先，应当判断是否符合以公允价值计量的两个条件；其次，确定换入多项资产的入账价值总额；再次，计算每项换入资产公允价值占换入资产公允价值总额的比例；最后，将入账价值总额按照每项换入资产公允价值占换入资产公允价值总额的比例进行分配，确定各项换入资产的入账价值。

涉及多项资产的非货币性资产交换一般可以分为以下几种情况。

（1）资产交换具有商业实质，且各项换出资产和各项换入资产的公允价值均能够可靠计量。这样，换入资产的入账价值总额应当按照换出资产的公允价值总额为基础确定。各项换入资产的入账价值，应当按照各项换入资产的公允价值占换入资产公允价值总额的比例，对换入资产入账价值总额进行分配，确定各项换入资产的入账价值。

（2）资产交换具有商业实质，且换入资产的公允价值能够可靠计量，但换出资产的公允价值不能可靠计量。这种情况下，换入资产的入账价值总额应当按照换入资产的公允价值总额为基础确定。各项换入资产的入账价值，应当按照各项换入资产的公允价值占换入资产公允价值总额的比例，对换入资产入账价值总额进行分配，确定各项换入资产的入账价值。

（3）资产交换具有商业实质，且换出资产的公允价值能够可靠计量，但换入资产的公允价值不能可靠计量。这种情况下，换入资产的入账价值总额应当按照换出资产的公允价值总额为基础确定。各项换入资产的入账价值，应当按照各项换入资产的账面价值占换入资产账面价值总额的比例，对按照换出资产公允价值总额确定的换入资产入账价值总额进行分配，确定各项换入资产的入账价值。

（4）资产交换不具有商业实质，或换入资产和换出资产的公允价值均不能可靠计量。这种情况下，换入资产的入账价值总额应当按照换出资产的账面价值总额为基础确定。各项换入资产的入账价值，应当按照各项换入资产的原账面价值占换入资产的账面价值总额的比例，对按照换出资产账面价值总额为基础确定的换入资产入账价值总额进行分配，确定各项换入资产的入账价值。

2）以公允价值计量的账务处理

【例 11-5】A、B公司均为增值税一般纳税人，适用的增值税税率均为17%。2012年8月，A公司以其拥有的仓库、通用机床和库存商品与B公司拥有的办公楼、运输设备和计算机进行交换。

A公司仓库的账面原值19 000 000元，累计折旧11 000 000元，公允价值1 500 000元；通用机床的账面原值20 000 000元，累计折旧4 000 000元，公允价值13 000 000元；库存商品的账面价值1 500 000元，市场价格2 000 000元，市场价格等于计税价格。

B公司办公楼的账面原值21 000 000元，累计折旧7 000 000元，公允价值24 000 000元；运输设备账面原值6 000 000元，累计折旧2 100 000元，公允价值4 100 000元；计算机账面原值2 800 000元，累计折旧100 000元，公允价值900 000元。B公司向A公司支付补价2 700 000元，其中包括由于换出和换入资产公允价值不同而支付的补价1 000 000元，以及换出资产进项税额大于换入资产销项税额的差额1 700 000元。

销售不动产适用的营业税税率为5%；假设双方都没有为换出资产计提减值准备；A公司换入的办公楼、运输设备和计算均作为固定资产；B公司换入仓库和通用机床作为固定资产，换入的库存商品作为原材料。据此认定，该项涉及多项资产的非货币性资产交换具有商业实质。

第一步：计算补价率：

补价率（收到补价方）＝2 700 000÷30 000 000＝9%＜25%

第二步，双方应分别进行账务处理：

A公司：

（1）计算应交各种税金：

换出库存商品的增值税销项税额＝2 000 000×17%＝340 000(元)

换出通用机床的增值税销项税额＝13 000 000×17％＝2 210 000(元)

换入运输设备和计算机的增值税进项税额＝（4 100 000＋900 000）×17％＝ 850 000(元)

换出仓库应交营业税税额＝15 000 000×5％＝750 000(元)

（2）计算换入资产、换出资产公允价值总额：

换出资产公允价值总额＝15 000 000＋13 000 000＋2 000 000＝30 000 000(元)

换入资产公允价值总额＝24 000 000＋4 100 000＋900 000＝29 000 000(元)

（3）计算换入资产的入账价值总额：

换入资产的入账价值总额＝30 000 000 － 1 000 000＝29 000 000(元)

（4）计算换入各项资产的公允价值占换入资产公允价值总额的比例：

办公楼公允价值占换入资产公允价值总额的比例＝24 000 000÷29 000 000＝82.76％

运输设备公允价值占换入资产公允价值总额的比例＝4 100 000÷29 000 000＝14.14％

计算机公允价值占换入资产公允价值总额的比例＝900 000÷29 000 000＝3.1％

（5）计算换入各项资产的入账价值：

办公楼入账价值＝29 000 000×82.76％ ≈ 24 000 000(元)

运输设备入账价值＝29 000 000×14.14％ ≈ 4100 000(元)

计算机入账价值＝29 000 000×3.1％ ≈ 900 000(元)

根据以上计算结果分别作会计分录：

① 将换出固定资产转入清理时：

借：固定资产清理	24 000 000	
累计折旧	15 000 000	
贷：固定资产——仓库		19 000 000
——设备		20 000 000

② 计算换出仓库应交营业税税额时：

借：固定资产清理	750 000	
贷：应交税费——应交营业税		750 000

③ 进行非货币性资产交换时：

借：固定资产——办公楼	24 000 000	
——运输设备	4 100 000	
——客运汽车	900 000	
应交税费——应交增值税（进项税额）	850 000	
银行存款	2 700 000	
贷：固定资产清理		24 750 000
主营业务收入		2 000 000
应交税费——应交增值税（销项税额）		2 550 000
营业外收入		3 250 000

借：主营业务成本　　1 500 000

　　贷：库存商品　　1 500 000

B公司：

(1) 计算应交各种税金：

换入原材料的增值税进项税额＝2 000 000×17%＝3 400 000(元)

换入通用机床的增值税进项税额＝13 000 000×17%＝2 210 000(元)

换出运输设备、计算机的增值税销项税额＝(4 100 000＋900 000)×17%
＝850 000(元)

换出办公楼应交营业税税额＝24 000 000×5%＝1 200 000(元)

(2) 计算换入资产、换出资产公允价值总额：

换入资产公允价值总额＝15 000 000＋13 000 000＋2 000 000＝30 000 000(元)

换出资产公允价值总额＝24 000 000＋4 100 000＋900 000＝29 000 000(元)

(3) 确定换入资产的入账价值总额：

换入资产的入账价值总额＝29 000 000＋1 000 000＝30 000 000(元)

(4) 计算确定换入各项资产的公允价值占换入资产公允价值总额的比例：

仓库公允价值占换入资产公允价值总额的比例＝15 000 000÷30 000 000＝50%

通用机床公允价值占换入资产公允价值总额的比例＝13 000 000÷30 000 000＝43.33%

原材料公允价值占换入资产公允价值总额的比例＝2 000 000÷30 000 000＝6.67%

(5) 计算确定换入各项资产的入账价值总额：

仓库成本＝30 000 000×50%＝15 000 000(元)

通用机床成本＝30 000 000×43.33%≈13 000 000(元)

原材料的成本＝30 000 000×6.67%≈2 000 000(元)

(6) 根据以上计算结果分别作会计分录：

① 换出资产转入清理时：

借：固定资产清理　　20 600 000

　　累计折旧　　9 200 000

　　贷：固定资产——办公楼　　21 000 000

　　　　　　　——运输设备　　6 000 000

　　　　　　　——计算机　　2 800 000

② 计算换出办公楼应交营业税税额时：

借：固定资产清理　　1 200 000

　　贷：应交税费——应交营业税　　1 200 000

③ 进行非货币性资产交换时：

借：固定资产——厂房　　15 000 000

　　　　　　——通用机床　　13 000 000

　　原材料　　2 000 000

应交税费——应交增值税（进项税额）　　2 550 000
贷：固定资产清理　　21 800 000
　　应交税费——应交增值税（销项税额）　　850 000
　　银行存款　　2 700 000
　　营业外收入　　7 200 000

3）以账面价值计量的账务处理

【例 11-6】因产品结构调整，A 公司将生产用设备、专利技术与 B 公司一处简易仓库和一项长期股权投资进行交换。A 公司换出设备的账面原值 8 000 000 元，累计折旧 1 500 000 元；专利技术账面原值 5 000 000 元，已摊销金额 2 000 000 元。B 公司简易仓库原值 9 500 000 元，累计折旧 2 200 000 元；长期股权投资账面价值 1 000 000 元。设双方公司用于非货币性交换资产的公允价值均不能可靠计量，也未对其拥有的资产计提减值准备。

A、B 公司均应当以换出资产的账面价值总额作为换入资产的入账价值总额，各项换入资产的入账价值，应当按各项换入资产的账面价值占换入资产账面价值总额的比例分配后确定。

A 公司：

（1）计算有关应交税金：

换出设备的增值税销项税额＝(8 000 000 －1 500 000)×17％＝1 105 000(元)

换出专利技术应交营业税税额＝(5 000 000－2 000 000)×5％＝150 000(元)

（2）计算换入资产、换出资产的账面价值总额：

换入资产账面价值总额＝(9 500 000－2 200 000)＋1 000 000＝8 300 000(元)

换出资产账面价值总额＝(8 000 000－1 500 000)＋(5 000 000－2 000 000)

＝9 500 000(元)

（3）确定换入资产的入账价值总额：

换入资产入账价值总额＝9 500 000(元)

（4）计算各项换入资产账面价值占换入资产账面价值总额的比例：

简易仓库占换入资产账面价值总额的比例＝7 300 000÷8 300 000＝87.95％

长期股权投资占换入资产账面价值总额的比例＝1 000 000÷8 300 000＝ 12.05％

（5）确定各项换入资产的入账价值：

简易仓库入账价值＝9 500 000×87.95％＝8 355 250(元)

长期股权投资入账价值＝9 500 000×12.05％＝1 144 750(元)

（6）根据以上计算结果分别作会计分录：

① 换出资产转入清理时：

借：固定资产清理　　6 500 000
　　累计折旧　　1 500 000
　　贷：固定资产——专有设备　　8 000 000

② 进行非货币性资产交换时：

借：固定资产　8 355 250

　　长期股权投资　1 144 750

　　累计摊销　2 000 000

　　营业外支出　1 105 000

　　贷：固定资产清理　6 500 000

　　　　应交税费——应交增值税（销项税额）　1 105 000

　　　　无形资产——专利技术　5 000 000

③ 计算换出专利技术应交营业税税额时：

借：营业外支出　150 000

　　贷：应交税费——应交营业税　150 000

B公司：

(1) 计算应交各种税金：

换入设备的增值税进项税额＝(8 000 000 －1 500 000)×17％＝1 105 000(元)

换出简易仓库应交营业税额＝(9 500 000－2 200 000)×5％＝365 000(元)

(2) 计算换入资产、换出资产的账面价值总额：

换入资产账面价值总额＝(8 000 000 －1 500 000)＋(5 000 000－2 000 000)
＝9 500 000(元)

换出资产账面价值总额＝(9 500 000－2 200 000)＋1 000 000＝8 300 000(元)

(3) 确定换入资产的入账价值总额：

换入资产的入账价值总额＝8 300 000(元)

(4) 计算各项换入资产账面价值占换入资产账面价值总额的比例：

设备占换入资产账面价值总额的比例＝(8 000 000 －1 500 000)÷9 500 000＝68.42％

专有技术占换入资产账面价值总额的比例＝ (5 000 000－2 000 000)÷9 500 000＝ 31.58％

(5) 确定各项换入资产的入账价值总额：

设备的入账价值总额＝8 300 000 ×68.42％＝5 678 860(元)

专利技术的入账价值总额＝8 300 000 ×31.58％＝2 621 140(元)

(6) 根据以上计算结果分别作会计分录：

① 换出资产转入清理时：

借：固定资产清理　7 300 000

　　累计折旧　2 200 000

　　贷：固定资产　9 500 000

② 计算换出简易仓库应交营业税额时：

借：固定资产清理　365 000

　　贷：应交税费——应交营业税　365 000

③ 进行非货币性资产交换时：

借：固定资产——设备　　5 678 860
　　无形资产——专利技术　　2 621 140
　　应交税费——应交增值税（进项税额）　　1 105 000
　　贷：固定资产清理　　7 665 000
　　　　长期股权投资　　1 000 000
　　　　营业外收入　　740 000

思考题

1. 非货币性资产交换的认定标准是什么？
2. 如何理解非货币性资产交换具有商业实质？
3. 非货币性资产交换中，如何确定其补价金额？
4. 非货币性资产交换中，如果换入多项资产，应如何确定每项换入资产的入账价值？

练习题

1. Z公司以其账面价值为850 000元（原值为1 000 000元，累计折旧为150 000元，未计提减值准备）、公允价值为1 170 000元（含税价）的一台设备换入B公司生产的一批钢材。B公司钢材的账面价值为800 000元、公允价值为1 000 000元。Z公司换入钢材作为原材料用于生产产品，B公司换入设备作为固定资产使用。两个公司均为增值税一般纳税人，适用的增值税税率均为17%，计税价格等于公允价值。

要求：根据以上资料编制非货币性资产交换双方公司的相关会计分录。

2. 沿用题1的资料，假设Z公司换出设备的公允价值为1 370 000元（含税价，计税价格为1 000 000元），换入钢材的公允价值仍为1 000 000元，为此B公司向Z公司另支付200 000元补价。

要求：根据以上资料编制非货币性资产交换双方公司的相关会计分录。

3. Z公司以其离主要生产基地较远的仓库与离Z公司主要生产基地较近的B公司的办公楼交换。Z公司换出仓库的账面原值为3 800 000元，已提折旧为500 000元；B公司换出办公楼的账面原值为4 500 000元，已计提折旧为800 000元。Z公司另支付现金100 000元给B公司。假设Z公司换入的办公楼作为办公用房，其换入和换出资产的公允价值不能可靠计量，也未对换出固定资产计提减值准备，Z公司换出资产交纳相关税费为50 000元。B公司换入的仓库作为固定资产。

要求：根据以上资料编制非货币性资产交换双方公司的相关会计分录。

4. Z公司和B公司均为增值税一般纳税企业，其适用的增值税税率均为17%。Z公司为适应经营业务发展的需要，经与B公司协商，将Z公司原生产用的厂房、机床以及库存原材料，与B公司的办公楼、小轿车、客运大轿车交换（均作为固定资产核算）。Z公司换出厂房的账面原值为1 500 000元，已提折旧为300 000元，公允价值为1 000 000元；换出机床的账面原值为1 200 000元，已提折旧为600 000元，公允价值为800 000

元；换出原材料的账面价值为3 000 000元，公允价值和计税价格均为3 500 000元；B公司换出办公楼的账面原值为1 500 000元，已提折旧为500 000元，公允价值为1 500 000元；换出小轿车的账面原值为2 000 000元，已提折旧为900 000元，公允价值为1 000 000元；客运大轿车的账面原值为3 000 000元，已提折旧为800 000元，公允价值为2 400 000元，另支付补价400 000元给Z公司。假设Z公司和B公司换出资产均未计提减值准备，且在交换过程中除增值税外未发生其他相关税费。假定该交易具有商业实质，且公允价值均能够可靠计量。

要求：根据以上资料编制非货币性资产交换双方公司的相关会计分录。

5. Z公司以其持有的一项长期股权投资换入B公司的一项专利权和一台自动化生产设备。Z公司长期股权投资的账面原值为5 000 000元，已计提减值准备600 000元，公允价值为3 800 000元；B公司专利权的账面原值为1 200 000元，累计摊销200 000元，公允价值为1 000 000元；自动化生产设备账面原值为4 200 000元，累计折旧800 000元，公允价值为3 000 000元。Z公司向B公司支付补价款200 000元，并支付相关运费20 000元。假设不考虑增值税及其他税费，交换具有商业实质，且公允价值是可靠的。假设不考虑增值税。

要求：根据以上资料分别作出非货币性资产交换双方公司的相关会计分录。

第十二章 资产减值

第一节 概述

1. 资产减值的概念及范围

资产的重要特点之一是它能够为企业带来经济利益，如果一项资产不能够为企业带来经济利益或者带来的经济利益低于资产的账面价值，那么，该项资产已经不符合资产的定义，不能予以确认，或者不能按原账面价值予以确认。因此，当资产的可收回价值低于其账面价值时，表明资产发生了减值，企业应当确认资产减值损失，并将资产的账面价值减记至可收回金额。

企业资产发生减值时，应当对发生的减值损失加以确认和计量，因此，资产减值包括所有资产的减值。但是，由于企业资产种类很多、特点各异，因而发生减值时的账务处理不同。在本教材的有关章节，已经介绍了交易性金融资产减值、应收账款减值、存货减值等流动资产减值的账务处理，本章只介绍企业部分非流动资产减值账务处理的特点，如对子公司、联营企业和合营企业的长期股权投资，采用成本模式进行后续计量的投资性房地产、固定资产、生产性生物资产、无形资产、商誉和探明石油天然气矿区权益和井及相关设施等。

资产账面价值是指资产期末成本余额，资产可收回价值是指以下两者中的较高者。

(1) 资产的公允价值减去处置费用后的净额。处置费用包括与资产处置有关的各种运杂费、相关税金以及为使资产达到可销售状态所发生的各项直接费等。

(2) 资产未来现金流量的现值，指资产在持续使用过程中和最终处置时所产生的预计未来现金流量的现值。

2. 资产减值的迹象的判断

资产负债表日，企业应当判断资产是否存在可能发生减值的迹象，存在以下迹象的，表明资产可能发生减值：

(1) 资产的市价在当期大幅度下跌，其跌幅明显高于因时间的推移或者正常使用而预计的下跌。

（2）企业经营所处的经济、技术或者法律等环境以及资产所处的市场环境在当期或者将在近期发生重大变化，从而对企业产生不利影响。

（3）市场利率或者其他市场投资报酬率在当期已经提高，从而影响企业计算资产预计未来现金流量现值的折现率，导致资产可收回金额大幅度降低。

（4）企业所有者权益（净资产）的账面价值远高于其市值。

（5）有证据表明资产已经陈旧过时或其实体已经损坏。

（6）资产已经或者将被闲置、终止使用或计划提前处置。

（7）有证据表明资产的经济绩效已经低于或者将低于预期，如资产所带来的现金净流量或者实现的营业利润远远低于预计金额；资产发生的营业损失远远高于原来预计的金额；资产在建造时所需的现金支出远远高于原来的预算；资产在使用或者维护中所需的现金支出远远高于原来的预算。

（8）其他表明资产可能已经发生减值的迹象。

企业在判断资产减值迹象以决定是否需要估计资产可收回金额时，应当遵循重要性原则。根据这一原则，企业资产存在下列情况的，可以不估计其可收回金额：①以前报告期间的计算结果表明，资产可收回金额远高于其账面价值之后又没有发生消除这一差异的交易或者事项的，企业在资产负债表日可以不需重新估计该资产的可收回金额。②以前报告期间的计算与分析表明，资产可收回金额对于资产减值准则中所列示的一种或者多种减值迹象反应不敏感，在本报告期间又发生了这些减值迹象的，在资产负债表日企业可以不需因为上述减值迹象的出现而重新估计该资产的可收回金额。例如，在当期市场利率或者其他市场投资报酬率提高的情况下，如果企业计算资产未来现金流量现值时所采用的折现率不大，可能受到该市场利率或者其他市场投资报酬率提高的影响；或者即使会受到影响，但以前期间的可收回金额敏感性分析表明，该资产预计未来现金流量也很可能相应增加，因而不大可能导致资产的可收回金额大幅度下降的，企业可以不必对资产可收回金额进行重新估计。

第二节　资产可收回金额的计量

1. 估计资产可收回金额的基本方法

资产存在减值迹象的，应当估计其可收回金额，再将所估计的资产可收回金额与其账面价值相比较，以确定资产是否发生了减值。在估计资产可收回金额时，原则上应以单项资产为基础，如果企业难以对单项资产的可收回金额进行估计的，应以该资产所属的资产组为基础确定资产组的可收回金额。资产组的认定在本章第三节相关部分介绍。

资产可收回金额，应当以资产公允价值减去处置费用后的净额与资产预计未来现金流量的现值两者之间较高者确定。因此，估计资产公允价值减去处置费用后的净额和资产预计未来现金流量的现值，是估计资产可收回金额的前提。

在估计资产可收回金额时，出现以下情况可作相应处理：

（1）资产公允价值减去处置费用后的净额与资产预计未来现金流量的现值，只要有一项超过了资产的账面价值，则表明资产没有发生减值，不需再估计另一项金额。

（2）没有确凿证据表明，资产预计未来现金流量的现值显著高于其公允价值减去处置费用后的净额的，可以将资产的公允价值减去处置费用后的净额视为资产的可收回金额。

（3）资产的公允价值减去处置费用后的净额如果无法可靠估计的，应当以该资产预计未来现金流量的现值作为其可收回金额。

2. 资产公允价值减去处置费用后的净额的估计

资产公允价值减去处置费用后的净额，通常指资产假设被出售或者处置时可以收回的净现金收入。其中，资产的公允价值是指在公平交易中，熟悉情况的交易双方自愿进行资产交易的金额；处置费用是指资产处置时发生的与资产处置直接相关的各种税费以及为使资产达到可销售状态所发生的直接费用。

在估计资产公允价值减去处置费用后的净额时，应当按照以下顺序进行：

（1）以公平交易中资产的销售协议价格减去发生的与资产处置直接相关的各种税费的余额，作为资产的公允价值减去处置费用后的净额。如果资产的销售协议价格不易获取，则需要采用其他方法估计资产的公允价值减去处置费用后的净额。

（2）如果资产不存在销售协议但存在活跃市场时，应当根据该资产的市场价格减去处置费用后的余额确定资产的可收回金额。资产的市场价格通常应当按照其买方的出价来确定。但是，如果买方出价难以获得，企业可以资产最近的交易价格作为其公允价值减去处置费用后的净额的估计基础。

（3）如果既不存在资产销售协议又不存在资产活跃市场，企业应当以可获取的最佳信息为基础，根据熟悉情况的交易双方自愿进行公平交易愿意提供的交易价格减去资产处置费用后的余额，估计资产的公允价值减去处置费用后的净额。

如果按照上述方法仍然无法可靠估计资产的公允价值减去处置费用后的净额的，可按该资产预计未来现金流量的现值作为其可收回金额。

3. 资产预计未来现金流量现值的估计

资产预计未来现金流量的现值，应当以资产在持续使用过程中和最终处置时所产生的预计未来现金流量，选择恰当的折现率对其进行折现后的金额来确定。影响资产未来现金流量现值的主要因素有：资产的预计未来现金流量、资产的使用寿命和折现率。以下主要介绍资产未来现金流量和折现率的预计方法。

1）资产未来现金流量的预计

（1）预计资产未来现金流量的基础。对资产未来现金流量的预计，首先应对资产剩余使用寿命内的经济状况进行最佳估计，使得预计的未来现金流量有可靠的基础。例如，出于数据可靠性和操作可行性的考虑，预计未来现金流量一般最多涵盖5年。

（2）资产预计未来现金流量应当包括的内容有：①资产持续使用过程中预计产生的现金流入。②为实现资产持续使用过程中产生的现金流入所必需的预计现金流出。该现金流出应当是可直接归属于或者可通过一定的方法分配到资产中的现金流出。对于在建工程、开发过程中的无形资产等，在预计其未来现金流量时，应当包括预期为使该类资产达到预定可使用（或者可销售状态）所发生的全部现金流出。③资产使用寿命结束时，处置资产的收入减去支付的处置费用后的净现金流量。

（3）预计资产未来现金流量还应当注意以下因素的影响：①以资产的当前状况为基础

预计资产未来现金流量。②预计资产未来现金流量不应当包括筹资活动和所得税收付产生的现金流量。③对通货膨胀因素的考虑应当与折现率相一致。④内部转移价格应当予以调整。

(4) 预计资产未来现金流量的方法。资产未来现金流量，一般可以根据资产未来每期最有可能产生的现金流量进行预测，并且使用单一的未来每期预计现金流量和单一的折现率计算资产未来现金流量的现值。

资产未来现金流量是企业综合相关因素预计出来最有可能产生的数量，但由于影响资产现金流量的每一个因素都带有很大的不确定性，因此，使用单一现金流量计算的资产未来现金流量现值的准确性不高。期望现金流量法是预计资产未来现金流量的另一种方法。期望现金流量法，是对每期现金流量的期望值，按其发生的概率加权计算在各种可能情况下产生的现金流量的方法。

【例 12-1】 A 公司一项固定资产的剩余使用年限为三年，预计该项固定资产在未来三年内正常的情况下，每年可产生的净现金流量分别为 1 000 000 元、500 000 元和 100 000 元。该预计是在正常情况下最有可能产生的现金流量。

【例 12-2】 沿用［例 12-1］，根据公司对该项固定资产相关产品的市场前景的进一步调查，预计未来三年每年的现金流量情况如表 12-1 所示。

表 12-1 各年现金流量概率分布及发生情况 单位：元

项目	行情好（占 30%）	行情一般（占 60%）	行情差（占 10%）
第 1 年	1 500 000	1 000 000	500 000
第 2 年	800 000	500 000	200 000
第 3 年	200 000	100 000	0

按照表 12-1 的资料，A 公司计算该项固定资产每年预计未来现金流量如下：

第 1 年的预计现金流量＝1 500 000×30%＋1 000 000×60%＋500 000×10%

＝1 100 000(元)

第 2 年的预计现金流量＝ 800 000×30%＋500 000×60%＋200 000×10%＝ 560 000(元)

第 3 年的预计现金流量＝200 000×30%＋100 000×60%＋0×10%＝120 000(元)

2) 折现率的选择

为了准确计算资产未来现金流量的现值，企业应当选择适当的折现率。为此，选择的折现率应当是能够反映当前市场货币时间价值和特定资产风险的税前利率。该折现率是企业在进行投资时要求的必要的资产报酬率。

估计资产未来现金流量的现值，通常应当使用单一的折现率。但是，如果资产未来现金流量的现值对未来不同期间的风险差异或者利率的期间结构反应敏感的，企业应当在未来各不同期间采用不同的折现率。

一般情况下，折现率应以计算未来现金流量的资产的市场利率为依据。如果该资产的市场利率无法获得，可以使用替代利率估计。在估计替代利率时，可以企业加权平均资金成本、增量借款利率或者其他相关市场借款利率为基础，进行适当调整后确定。调整时，应当考虑与预计资产现金流量有关的特定风险，以及货币风险和价格风险因素的影响，还应当充分考虑资产剩余寿命期间的货币时间价值、资产未来现金流量金额及其时间的预计离异程度、资产内在不确定性的定价等因素的影响。

3）资产未来现金流量现值的计算

资产未来现金流量现值的计算公式如下：

资产未来现金流量的现值 PV=∑［第 t 年预计资产未来现金流量 NCFt ÷（1+折现率 R）t］

【例 12-3】 2012 年 12 月 31 日，由于未来产品结构调整的需要，A 公司对一项专用设备进行减值测试，该设备的账面价值为 500 000 元。预计的相关减值测试资料如下：该设备存在活跃市场，其市场交易价格为 450 000 元，估计处置费用 20 000 元；设备的尚可使用寿命为 5 年，预计未来前 4 年产生的现金流量分别为 200 000 元、150 000 元、100 000 元、50 000 元，最后一年包括处置产生的现金流量共 40 000 元。公司采用的折现率为 5%，计算的资产未来现金流量的现值如表 12-2 所示。

表 12-2 现值计算表 单位：元

年份	预计未来现金流量	折现率 5%的折现系数	预计未来现金流量的现值
2013	200 000	0.952	190 400
2014	150 000	0.907	136 050
2015	100 000	0.863	86 300
2016	50 000	0.822	41 100
2017	40 000	0.783	31 320
合计	540 000		485 170

该专用设备公允价值减去处置费用后的净额为 430 000 元（450 000 元－20 000 元），设备预计未来现金流量的现值为 485 170 元，应计提资产减值损失 14 830 元（500 000 元－485 170 元）。

4. 外币未来现金流量现值的计算

企业使用资产所收到的未来现金流量是外币，应当按照以下顺序确定资产未来现金流量的现值。

首先，以该资产所产生的未来现金流量的结算货币为基础，预计其未来现金流量，并按照该货币适用的折现率计算资产现值。

其次，将该外币现值按照计算资产未来现金流量现值当日的即期汇率折算，从而折现为按照记账本位币表示的资产未来现金流量的现值。

最后，比较资产公允价值减去处置费用后的净额以及资产的账面价值，确定是否计提资产减值损失以及金额。

第三节　资产减值损失的确认和计量

1. 资产减值损失确认和计量的一般原则

企业对资产进行减值测试后，如果预计可收回金额低于其账面价值，应当将资产的账面价值减记至可收回金额，两者的差额确认为资产减值损失，计入当期损益，同时，计提相应的资产减值准备。

资产减值损失确认后，减值资产的折旧或者摊销费用应当在未来期间作相应调整，以使该资产在剩余使用寿命内，合理地分摊调整后的资产账面价值（扣除预计净残值）。

由于固定资产、无形资产、商誉等非流动资产发生的减值往往属于永久性减值，其价值回升的可能性比较小，同时，出于会计信息可靠性的要求，资产减值损失一经确认，在以后会计期间不能转回。以前期间已经计提的资产减值准备，需要等到资产处置时才可转出。

2. 账户设置和账务处理

“资产减值损失”属于损益类账户。计提资产减值损失时，记入借方；期末结转损益时，记入贷方；结转后，本账户期末无余额。本账户下应当根据不同资产类别，分别设置“固定资产减值损失”“在建工程减值损失”“投资性房地产减值损失”“无形资产减值损失”“商誉减值损失”“长期股权投资减值损失”“生产性生物资产减值损失”等明细账。

“资产减值准备”属于备抵类账户。计提资产减值损失、形成资产减值准备时，记入贷方；核销资产减值时，记入借方；该账户的余额在贷方，反映资产减值准备的余额。本账户下应当根据不同资产类别，分别设置“长期股权投资减值准备”“固定资产减值准备”“在建工程减值准备”“投资性房地产减值准备”“无形资产减值准备”“商誉减值准备”“生产性生物资产减值准备”等明细账。也可将各二级账户作为一级账户设置。

【例 12-4】沿用［例 12-3］的资料，根据测试和计算结果，A 公司应确认的专用设备减值损失为 14 830 元。以上事项应作会计分录：

借：资产减值损失——固定资产减值损失　　14 830

　　贷：固定资产减值准备　　14 830

计提资产减值准备后，该专用设备的账面价值变为 485 170 元，其剩余使用寿命为 5 年，公司应当以此为基础重新计算每年应计提折旧费。如果进一步发生减值，继续按以上原则进行会计确认、计量和账务处理。

3. 资产组减值

1）资产组的认定

A. 资产组的定义

在资产发生减值时，资产可收回金额的预计通常以单项资产为确认和计量对象。如果单项资产的可收回金额难以估计，则应以该资产所属的资产组为基础，确定资产组的可收回金额。

资产组应当由产生现金流入的相关资产组成，是可以认定的最小资产组合，其产生的现金流入应当基本上独立于其他资产或者资产组。

B. 资产组的认定

(1) 能独立产生现金流入是认定资产组的关键因素。即资产组的认定，应当以其产生的现金流入是否独立于其他资产或者资产组的现金流入为依据。例如，企业内部设有若干个生产经营活动相对独立的业务部门，每个业务部门能够独立于其他部门产生现金流入，且属于可认定的最小资产组合，那么，通常可将每个业务部门认定为一个资产组。

(2) 企业生产经营活动方式（如按生产线、业务种类或者区域等）、企业资产的持续使用或者处置方式，是资产组认定的重要依据。例如，企业有多条生产线，各条生产线的生产、日常管理都是独立进行的，那么，每条生产线可以认定为一个资产组；再如，一个企业下设有若干个产品相互独立的车间，每个车间在生产、考核和管理等方面相对独立，那么，每个车间通常认定为一个资产组。

在资产组的认定中，企业几项资产组合生产的产品（或者其他产出）存在活跃市场的，无论这些产品（或者其他产出）是用于对外销售还是在企业内部使用，均表明这几项资产的组合能够独立产生现金流入，在符合其他相关条件的情况下，应当将这些资产组合认定为一个资产组。

C. 资产组认定后不得随意变更

资产组一经确定，在各个会计期间应当保持一致，不得随意变更，即资产组各项资产的构成通常不能随意变更。但是，如果由于企业发生资产重组、变更资产用途等原因导致资产组构成确需变更的，可以变更，并应在附注中作必要说明。

2) 资产组减值测试

与单项资产减值相同，资产组也应对其可收回金额与账面价值进行对比，如果可收回金额低于账面价值，表明资产组发生了减值损失，应当予以确认。资产组减值损失的确认和计量，除应遵循与单项资产相同的原则外，在进行资产组减值测试中，还应当注意以下问题。

A. 资产组账面价值应与其可收回金额的确定基础相一致

资产组的账面价值应当包括可直接归属于资产组和可以合理且一致地分摊至资产组的资产账面价值，通常不应当包括已确认负债的账面价值，但如果不考虑该负债金额，就无法确定资产组可收回金额的除外。

资产组可收回金额，应当按照该资产组公允价值减去处置费用后的净额与其预计未来现金流量的现值两者之间较高者确定。

在处置资产组时，如要求购买方在购买的同时承担一项负债（如预计弃置费用产生的负债等），该负债金额已经确认并计入相关资产账面价值，而且企业只能取得包括上述资产和负债在内的单一公允价值减去处置费用后的净额，为了比较资产组的账面价值和可收回金额，在确定资产组的账面价值以及预计未来现金流量的现值时，应当将已确认的负债金额从中扣除。

资产组账面价值的确定基础只有与其可收回金额的确定基础一致，对比才有意义。

B. 企业总部资产组减值测试

企业总部资产，指企业集团或企业内各事业部独立使用的各项资产。由于总部或者事业部通常是为企业内部各生产经营部门提供管理和服务的，总部资产往往难以脱离其他资产或者资产组产生独立的现金流入，且其账面价值难以完全归属于某一资产组。因此，总部资产通常难以单独进行减值测试，需要与其他相关资产组或者资产组组合进行综合减值测试。

资产组组合，指由若干个资产组组成的最小资产组组合，包括资产组或者资产组组合，以及按合理方法分摊的总部资产部分。

在资产负债表日，如果有迹象表明某项总部资产可能发生减值的，应当计算确定该总部资产所归属的资产组或者资产组组合的可收回金额，然后将其与相应的账面价值相比较，据以判断是否需要计提资产减值损失。

企业对某一资产组进行减值测试时，应当先认定所有与该资产组相关的总部资产，再根据相关总部资产能否按照合理且一致的方法分摊至该资产组，分别进行处理。

(1) 对于总部资产中能够按照合理且一致的方法分摊至各资产组的部分，应当将该部分总部资产的账面价值分摊至各资产组，再据以比较各资产组的账面价值与可收回金额，确定各资产组的减值损失。

(2) 对于总部资产中难以按照合理且一致的方法分摊至各资产组的部分，应当按照以下步骤处理：首先，在不考虑总部资产的情况下，估计和比较各资产组的账面价值和可收回金额，确定各资产组的减值损失；其次，认定由若干个资产组组成的最小资产组组合，该资产组组合应当包括所测试的资产组与可以按照合理且一致的方法将总部资产的账面价值分摊其中的部分；最后，比较所认定的资产组组合的账面价值和可收回金额，确定各资产组组合的减值损失。

3) 账务处理

资产组或者资产组组合的可收回金额低于其账面价值的（含分摊的总部资产和商誉价值），应当确认相应的减值损失。减值损失金额应当按照以下顺序进行分摊，以抵减资产组或者资产组组合中的资产账面价值：首先抵减分摊至资产组中商誉的账面价值；再根据资产组中除商誉之外的其他各项资产的账面价值所占比例，按比例抵减其他各项资产的账面价值。

以上资产账面价值的抵减，应当作为各单项资产的减值损失处理，计入当期损益。抵减后的各资产的账面价值不得低于以下三者之中的最高者：第一，该资产的公允价值减去处置费用后的净额；第二，该资产预计未来现金流量的现值；第三，零。因此而导致的未能分摊的减值损失金额，应当按照相关资产组中其他各项资产的账面价值所占比例进行分摊。

【例 12-5】 A 公司有甲、乙、丙三个事业部。这三个事业部均能产生独立于其他事业部的现金流入，因此，将这三个事业部分别确定为三个资产组。2012 年 12 月，由于公司产品技术升级、进行了产品结构的调整，致使原有资产出现减值。假设 2012 年 12 月 31 日总部资产的账面价值为 8 000 000 元，能够按各资产组资产账面价值的比例分摊总部资产。甲、乙、丙三个资产组资产的账面价值分别为 10 000 000 元、6 000 000 元和 4 000 000 元,合计 20 000 000 元。

(1) 将总部资产价值分配至各资产组：

分配给甲事业部资产组的账面价值＝ 8 000 000 ×(10 000 000 ÷ 20 000 000)＝ 4 000 000(元)

分配给乙事业部资产组的账面价值＝ 8 000 000×(6 000 000÷20 000 000)＝2 400 000(元)

分配给丙事业部资产组的账面价值＝ 8 000 000×(4 000 000÷20 000 000)＝1 600 000(元)

总部资产分配后各资产组账面价值：

分配后甲事业部资产组的账面价值＝10 000 000＋4 000 000＝14 000 000(元)

分配后乙事业部资产组的账面价值＝6 000 000＋2 400 000＝8 400 000(元)

分配后丙事业部资产组的账面价值＝4 000 000＋1 600 000＝5 600 000(元)

(2) 进行减值测试：

甲事业部资产可收回金额预计为 12 200 000 元，发生减值 1 800 000 元；乙事业部资产可收回金额预计为 8 400 000 元，没有发生资产减值；丙事业部资产可收回金额预计为 5 400 000 元，发生资产减值 200 000 元。

(3) 各资产组减值金额在总部资产和事业部资产之间分配：

甲资产组减值金额分配给资产组的金额＝1 800 000×(10 000 000÷14 000 000)
＝1 285 714(元)

甲资产组减值金额分配给总部资产的金额＝1 800 000×(4 000 000÷14 000 000)
＝514 286(元)

丙资产组减值金额分配给资产组的金额＝200 000×(4 000 000÷5 600 000)
＝142 857(元)

丙资产组减值金额分配给总部资产的金额＝200 000×(1 600 000÷5 600 000)
＝57 143(元)

(4) 将各资产组减值金额分配至各项资产：

在计算出每一个资产组资产减值总额后，还应将该资产组的减值金额分配至该组的每一项资产之中。假设甲资产组资产总额为 10 000 000 元（没有负债），其资产构成及账面价值、分摊比例等如表 12-3 所示。

表 12-3 资产组减值损失分摊表 单位：元

资产项目	分摊减值损失前资产账面价值	分摊比例/%	分摊的减值损失	分摊减值损失后的账面价值
办公室	3 000 000	30	385 714.20	2 614 285.80
机器设备	6 000 000	60	771 428.40	5 228 571.60
电子设备	1 000 000	10	128 571.40	871 428.60
合 计	10 000 000	100	1 285 714.00	8 714 286.00

根据以上计算结果，应作会计分录：

借：资产减值损失——固定资产减值损失 1 285 714

贷：固定资产减值准备——办公室 385 714.20

——机器设备 771 428.40

——电子设备 128 571.40

以上减值损失在资产组内资产之间的分配，是假设每一项资产的减值程度均等。但实际情况可能是每一项资产的减值程度并不均等。这种情况下，企业应对资产组内每项资产公允价值减去处置费用后的净额进行单独测算，进行重新调整。假设甲资产组办公室实际的公允价值减去处置费用后的净额为2 914 285.80元，而按分摊减值损失后的账面价值为2 614 285.80元（3 000 000元－385 714.20元），即办公室多分摊减值损失300 000元。进行调整时，应根据资产组内其他资产账面价值的比例，分摊调整金额。分摊计算过程和结果如表12-4所示。

表12-4 资产组减值损失分摊表 单位：元

资产项目	分摊减值损失后资产账面价值	重新分摊比例/%	重新分摊的减值损失	重新分摊减值损失后的账面价值
机器设备	5 228 571.60	85.71	257 130.00	4 971 441.60
电子设备	871 428.60	14.29	42 870.00	828 558.60
小计	6 100 000.20	100	300 000.00	5 800 000.20
办公室	2 614 285.80		(300 000.00)*	2 914 285.80
合计	8 714 286.00			8 714 286.00

* 括号表示减少

根据以上计算结果，应作会计分录：

借：资产减值损失——固定资产减值损失 1 285 714

　贷：固定资产减值准备——办公室 85 714.20

　　　　　　　　　　——机器设备 1 028 558.40

　　　　　　　　　　——电子设备 171 441.40

思考题

1. 资产发生减值的迹象主要包括哪些？企业应如何进行判断？

2. 企业应当如何估计资产的公允价值减去处置费用后的净额？为了达到减值测试的目的，资产公允价值的估计有何特点？

3. 资产组认定应当遵循什么原则？企业应当如何认定资产组？

4. 企业以资产组为基础进行减值测试时，应当如何确认相关资产的减值损失？

5. 总部资产应当如何认定？总部资产的减值测试有何特殊之处？对于总部资产应当如何进行减值测试？

练习题

1. 2009年7月1日，Z公司以6 000 000元购入一项无形资产，其预计使用寿命为10年，预计净残值为0，该无形资产与特定产品的生产无关。Z公司按月进行无形资产摊销。2012年年末，Z公司判断该无形资产发生减值。经减值测试，其可收回金额为2 400 000元，预计尚可使用5年。

要求：根据以上资料，编制2012年12月无形资产摊销以及计提无形资产减值准备的会计分录；编制2013年1月无形资产摊销的会计分录。

2. Z公司的一条生产线由A、B、C三台设备组成，公司将该生产线认定为一个资产组。设2012年年末，A、B、C三台设备的账面价值分别为1 000 000元、3 000 000元和6 000 000元。公司根据有关信息判断该资产组发生了减值，并对其进行了减值测试。预计该生产线尚可使用6年，预计未来现金流量的现值为6 400 000元。该生产线的公允价值无法合理估计。

要求：

(1) 该资产组的可收回金额是多少？

(2) 2012年年末，A、B、C三台设备计提的减值准备分别为多少？

(3) 根据以上计算结果，编制计提资产组减值准备的会计分录。

3. Z公司拥有A、B、C三个资产组。2012年年末，这三个资产组资产的账面价值分别为1 000 000元、1 500 000元和2 000 000元。这三个资产组为三条生产线，预计剩余使用寿命分别为5年、1年和6年，均采用直线法计提折旧。由于市场出现技术更高含量的产品，从而对公司产品产生重大不利影响，为此，Z公司于2012年年末对各资产组进行减值测试。已知Z公司的经营管理活动由总部负责，总部资产包括一栋办公大楼和一个研发中心，其中办公大楼的账面价值为1 500 000元，研发中心的账面价值为500 000元。办公大楼、研发中心的账面价值可以在合理和一致的基础上分摊至各资产组。对于办公大楼、研发中心的账面价值，公司根据各资产组的账面价值和剩余使用寿命加权平均计算的账面价值分摊比例进行分摊。Z公司估计各资产组未来现金流量的现值分别为：A——1 990 000元、B——1 640 000元、C——2 710 000元，假定各资产组的公允价值减去处置费用后的净额难以确定。

要求：计算确定资产组A、B、C和总部资产是否发生了减值，如果发生了减值，相应的减值损失金额为多少？并编制计提资产组资产减值准备的会计分录。

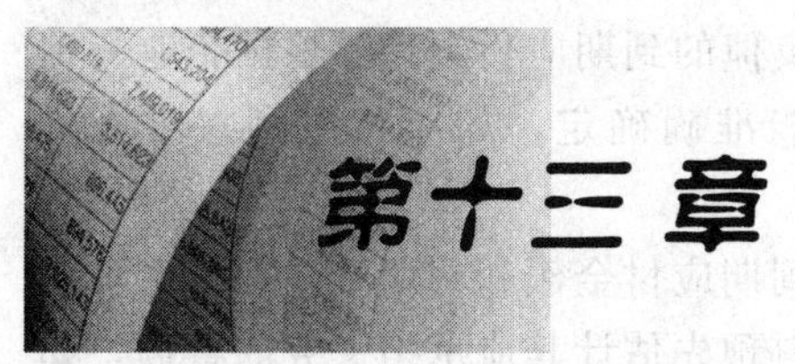

第十三章

流动负债

第一节　概述

1. 负债概念及确认条件

1）负债概念及分类

负债是指企业过去的交易或者事项形成的现时义务，履行该义务预期会导致经济利益流出企业。负债的特点表现在以下几个方面：①负债是企业承担的现时义务；②负债预期会导致经济利益流出企业；③负债是由过去的交易或者事项形成的。

负债按其偿还期限的长短，分为流动负债和非流动负债。

流动负债是指企业过去的交易或者事项形成的、预期将在一年或者超过一年的一个营业周期内偿还的债务，该债务的偿还会导致经济利益流出企业。流动负债主要包括短期借款、应付票据、应付账款、交易性金融负债、预收账款、应付职工薪酬、应付股利、应付利息、应交税费、其他应付款以及在一年内到期的长期负债。流动负债除具备负债的一般特点外，还具有偿还期限短、金额相对较小、需要以企业货币资金等流动资产作为偿还保证等特点。

非流动负债是指企业过去的交易或者事项形成的、预期将在一年或者超过一年的一个营业周期以后偿还的债务，该债务的偿还会导致经济利益流出企业。非流动负债包括长期借款、应付债券和长期应付款等。

2）负债的确认

企业确认一项负债，除了符合负债的定义之外，还应当同时满足以下两个条件：①与该义务相关的经济利益很可能流出企业；②未来流出经济利益的金额能够可靠地计量。

2. 流动负债的分类

1）按照流动负债的金额是否确定分类

按照应付金额是否确定，流动负债可以分为以下三类。

（1）金额确定的流动负债。这类流动负债是指根据合同、契约或法律规定，到期日应付金额确定的负债，如短期借款、应付票据、应付账款、预收账款等。

(2) 金额视经营情况确定的流动负债。这类流动负债的到期应付金额要根据企业一定时期的经营成果确定，经营期结束前，负债金额不能准确确定，如应付股利、应交税费等。

(3) 金额需要估计的流动负债。这类流动负债的到期应付金额和到期日，在资产负债表日均难以确定。企业需要依据以往的经验或相关资料预先估计其应承担义务的金额，如预计负债等。

2) 按照流动负债的产生原因分类

按产生的原因，流动负债可分为以下四类。

(1) 融资形成的流动负债，指企业从银行或者其他金融机构筹集资金而形成的债务，如短期借款等。

(2) 结算过程中形成的流动负债，指企业与外部单位在购销业务或者接受劳务过程中进行结算形成的债务，如应付账款、应付票据等。

(3) 生产经营过程中形成的流动负债，指企业在正常的生产过程中形成的对国家和个人的负债，如应交税费、应付职工薪酬等。

(4) 利润分配过程中形成的流动负债，指企业在利润分配过程中形成的流动负债，如应付股利等。

3. 流动负债的特点

流动负债除了具有负债的一般特点外，还具有以下特点。

(1) 举借流动负债通常是为了补充企业流动资金不足，满足日常生产经营周转的需要。

(2) 由于流动负债举借的目的是满足日常生产经营周转或者临时性资金周转的需要，因此，流动负债的金额一般都不是很大，利息费用也相对较少。

(3) 流动负债的种类很多，包括企业对银行、对其他企业或者单位、对职工、对国家和投资人等方面的债务，除短期借款和带息应付票据通常需要计算利息以外，其他流动负债一般为不带息负债。因此，企业应当充分利用流动负债筹措的资金。

(4) 偿还期限较短，借款期限一般不超过一年或者一个营业周期。

第二节 短期借款

1. 短期借款概念

短期借款是指企业向金融机构或非金融机构借入的，偿还期在一年或一个营业周期内的借款。企业借入短期借款主要是为了补充流动资金的不足。短期借款的主要特点是筹资时间短、筹资金额具有一定弹性，其不足是偿还时间要求严格、对企业偿债能力要求比较高等。

资产负债表日，企业应按借款本金、计息天数和实际利率计算短期借款的利息费用，实际利率与合同约定的名义利率接近时，也可以采用合同约定的名义利率计算利息费用。利息的计算公式如下：

借款利息＝借款本金×借款利率×计息期限

企业与借款银行短期借款利息的结算方式有三种：按月计算并按月支付；按月预提、按季支付；按月预提、在借款到期时与本金一起归还。

2. 账户设置和账务处理

“短期借款”属于负债类账户。企业取得的短期借款记入贷方；归还时记入借方；该账户的余额在贷方，反映企业短期借款的实际余额。

短期借款的账务处理主要包括取得借款、支付借款利息和到期还本付息三个内容。如果短期借款利息按月计算并支付，或者到期一次还本付息且利息金额不大，在支付利息时，可直接计入当期损益；如果短期借款利息分期支付（如按季度），或者到期一次还本付息且数额较大，可按月预先将利息计入当期损益，同时，形成一项流动负债。

【例 13-1】 2012 年 1 月 1 日，A 公司从银行取得短期借款 10 000 000 元，年利率 12%，期限 12 个月，利息每季度结算一次，本金到期一次归还。以上事项应分别作会计分录：

① 取得借款时：

借：银行存款	10 000 000	
贷：短期借款		10 000 000

② 1 月末，计算利息时（每月末作同样账务处理）：

借：财务费用	100 000	
贷：应付利息		100 000

③ 3 月末，支付第一季度利息时（每季末作同样账务处理）：

借：财务费用	100 000	
应付利息	200 000	
贷：银行存款		300 000

④ 2012 年 12 月 31 日，归还本金时：

借：短期借款	10 000 000	
贷：银行存款		10 000 000

第三节 应付票据

1. 应付票据概念

应付票据是企业在赊购过程中因为商业信用的存在而产生的一种负债。应付票据是由出票人出票、委托承兑人在指定日期无条件支付确定的金额给收款人或者持票人的票据。

应付票据是一种期票，是延期付款的证明。商业汇票按照承兑人不同分为商业承兑汇票和银行承兑汇票。采用商业承兑汇票结算，承兑人为付款人；采用银行承兑汇票结算，承兑人为银行。但是对于付款人而言，银行承兑并不代表企业负债的消失，它只是银行为收款方按时收回货款提供的信用保证。因此，无论承兑人为哪一方，商业汇票的最终付款人都是债务人，均形成了企业的一项负债。由于我国商业汇票的付款期限最长不超过 6 个月，因此，应付票据属于流动负债。

2. 账户设置及账务处理

1）不带息商业汇票

“应付票据”属于负债类账户。企业以承兑的商业汇票购买材料或商品记入贷方；商业汇票到期、以银行存款支付票据款时记入借方；该账户的余额在贷方，反映企业（或者承兑银行）已经承兑，但尚未到期支付的商业汇票的实际余额。该账户下应按债权人名称设置明细账。

不带息应付票据的账务处理主要包括购买材料或者商品签发票据、票据到期支付票款两个内容。不带息应付票据不存在支付利息问题，因而，应付票据的面值就是票据到期时的应付金额。票据到期日，如果企业无法支付商业汇票的款项，应分别按以下两种情况处理：如果是商业承兑汇票，将应付票据金额转为对债权人的应付账款；如果是银行承兑汇票，则应将应付票据金额视同在承兑银行的短期借款。

【例 13-2】 2012 年 3 月 1 日，A 公司购进一批原材料，增值税专用发票注明价款为 150 000 元，增值税率 17%，进项税额 25 500 元。企业签发一张期限 3 个月、面值 175 500元的不带息商业承兑汇票，材料已验收入库。A 公司为增值税一般纳税人，采用实际成本法进行原材料的核算。以上交易应分别作会计分录：

① 3 月 1 日，购买原材料、签发商业汇票时：

借：原材料　　150 000

　　应交税费——应交增值税（进项税额）　　25 500

　　贷：应付票据　　175 500

② 6 月 1 日，票据到期支付票款时：

借：应付票据　　175 500

　　贷：银行存款　　175 500

③ 如果企业开出并承兑的商业承兑汇票到期不能按时支付，应作会计分录：

借：应付票据　　175 500

　　贷：应付账款　　175 500

④ 如果是银行承兑汇票，企业到期无力支付时，应作会计分录：

借：应付票据　　175 500

　　贷：短期借款　　175 500

2）带息商业汇票

带息应付票据的账务处理主要包括购买材料或者商品签发票据、按期计息和票据到期支付本金与利息三个内容。带息应付票据的到期值等于票据面值与利息之和；票据到期日，如果企业无法支付商业汇票的款项，应分别按以下两种情况处理：如果是商业承兑汇票，将应付票据金额转为对债权人的应付账款；如果是银行承兑汇票，则应将应付票据金额视同在承兑银行的短期借款。

【例 13-3】 2012 年 9 月 30 日，A 公司购进一批原材料，增值税专用发票注明价款为 1 000 000元，增值税率 17%，进项税额 170 000 元。A 公司开出一张期限为 3 个月、年利率 6%、票面金额为 1 170 000 元的商业承兑汇票。A 公司为增值税一般纳税人，采用实际成本法进行原材料的核算。以上事项应分别作会计分录：

① 9 月 30 日购买原材料、开出商业承兑汇票时：

借：原材料　　1 000 000

　　应交税费——应交增值税（进项税额）　　170 000

　　贷：应付票据　　1 170 000

② 10 月、11 月末计提利息时：

每月利息＝1 170 000×6%÷12＝5 850（元）

借：财务费用　　5 850

　　贷：应付票据　　5 850

③ 12 月 30 日票据到期、支付票据款项及利息时：

借：应付票据　　1 181 700

　　财务费用　　5 850

　　贷：银行存款　　1 187 550

④ 如果上述商业承兑汇票到期，企业无力支付本息和利息，则作如下会计分录：

借：应付票据　　1 181 700

　　财务费用　　5 850

　　贷：应付账款　　1 187 550

⑤ 如果上述票据是银行承兑汇票，票据到期，企业无力偿付本息和利息，银行代 A 公司支付了票据本息款项，则 A 公司应作会计分录：

借：应付票据　　1 181 700

　　财务费用　　5 850

　　贷：短期借款　　1 187 550

除了对应付票据进行总分类和明细分类核算外，为了加强对应付票据的管理，企业还应设置“应付票据备查簿”，详细记录每一笔商业汇票的交易凭证种类、号码、出票日期、到期日、票面金额、收款人等信息，以便了解详细的应付票据情况。待票据到期、支付票据款项后，再逐项注销。

第四节　应付账款

1. 应付账款概念

应付账款是指企业因购入材料物资、商品或者接受劳务，应付未付款而形成的债务。应付账款账务处理的主要内容包括应付账款入账时间的确定和入账金额的计量。

应付账款入账时间的确定，一般应以与购买物资所有权有关的风险和报酬已经转移或劳务已经接受为标志。会计实务中，应区别以下情况对待：第一，在货物、发票同时到达的情况下，应付账款一般待物资验收入库后，按照发票账单金额进行账务处理。这样主要是为了确认所购入的货物在质量、数量和品种上与合同约定的条件相符，以避免因先入账而在验收入库时发现错误再进行调账的情况。第二，货物已到达但发票账单没有到达的情况下，为了在资产负债表上真实反映企业承担的负债，期末将所购货物与应付债务估价入账，下月初再用红字予以冲销。

应付账款一般按发票上注明的应付金额入账，而不按到期应付金额的现值入账。如果购入的资产在形成一笔应付账款时是带有现金折扣的，应付账款入账金额应按总价法进行处理，即按照发票上记载的未扣除现金折扣的金额，确定应付账款的记账金额。企业在规定时间内提前支付款项，享受的现金折扣应冲减财务费用。

2. 账户设置和账务处理

“应付账款”属于负债类账户，企业购买材料、商品或接受劳务发生的应付账款的增加记入贷方；应付账款减少记入借方；该账户的期末余额在贷方，反映尚未归还的应付账款余额。该账户应按债权人的名称设置明细账户。

1）不带现金折扣的应付账款

【例 13-4】 A 公司购进一批原材料，增值税专用发票注明价款为 200 000 元，进项税额 34 000 元，销售方代垫运费 3 000 元（可抵扣进项税额 210 元），价款及税款均未支付，双方约定在 3 个月内付款，材料已经验收入库。A 为增值税一般纳税人，采用实际成本法进行原材料的核算。以上事项应作会计分录：

① 材料验收入库时：

借：原材料　　202 790

　　应交税费——应交增值税（进项税额）　　34 210

　　贷：应付账款　　237 000

② 以银行存款支付货款时：

借：应付账款　　237 000

　　贷：银行存款　　237 000

2）带有现金折扣的应付账款

【例 13-5】 承上例，假设销售方给出的现金折扣条件为（2/10、1/20、N/30），则应作会计分录：

① 材料验收入库时：

借：原材料　　202 790

　　应交税费——应交增值税（进项税额）　　34 210

　　贷：应付账款　　237 000

② 如果 10 天内付款：

借：应付账款　　237 000

　　贷：银行存款　　233 000

　　　　财务费用　　4 000

③ 如果 20 天内付款：

借：应付账款　　237 000

　　贷：银行存款　　235 000

　　　　财务费用　　2 000

④ 如果 20 天后付款：

借：应付账款　　237 000

　　贷：银行存款　　237 000

第五节　预收账款

1. 预收账款概念

预收账款是企业按照合同规定向购货单位或者个人预先收取的货款或者定金。由于企业收款时尚未向购买方发出商品或者提供劳务，相当于占用了购买方的资金，因而，形成了企业对客户的一项负债。待向购买方发出商品后，这项债务随之解除。

2. 账户设置及账务处理

“预收账款”属于负债类账户。企业销售产品、预收账款时记入贷方；以商品或者劳务抵偿预收账款时记入借方；该账户的余额在贷方，反映企业已经预收但尚未以商品或劳务抵偿的预收账款余额。该账户下应按债权人名称设置明细账。

【例 13-6】 A 公司销售一批商品，货款 100 000 元，增值税率 17%，销项税额 17 000 元，向购买方预收订金 50 000 元。预计 2 个月后向购买方交付商品，验货后结清余款。以上事项应作会计分录：

① 收到预付款项时：

借：银行存款　50 000

　　贷：预收账款——B 公司　50 000

② 发出商品时：

借：预收账款　117 000

　　贷：主营业务收入　100 000

　　　　应交税费——应交增值税（销项税额）　17 000

③ 收到剩余的货款时：

借：银行存款　67 000

　　贷：预收账款　67 000

第六节　应付职工薪酬

1. 职工薪酬概念及范围

职工薪酬是指企业为获得职工的服务而给予的各种形式的报酬以及其他相关支出，包括企业为职工在职期间和离职后提供的全部货币性薪酬和非货币性福利。提供给职工配偶、子女或其他被赡养人的福利等，也属于职工薪酬。

1）货币性工资

(1) 工资，包括支付给职工、构成工资总额的计时工资和计件工资，以及支付给职工的超额劳动报酬等。

(2) 奖金，包括生产奖、节约奖、劳动竞赛奖及其他奖金。

(3) 津贴和补贴，包括为了补偿职工特殊或额外的劳动消耗和其他特殊原因支付给职工的保健津贴、技术津贴、年终津贴和其他津贴等。

企业每月或每年以货币资金向职工支付的工资、奖金、各种津贴和补贴等，构成企业成本或费用的一个部分，在尚未以货币资金向职工支付时，同时形成企业对职工的一项负债。企业以货币资金向职工实现支付后，这项负债随之解除。

2）职工福利费

职工福利费是企业按工资总额的一定比例提取的准备用于职工福利的资金，主要用于为职工提供免费午餐、职工医疗卫生、职工生活困难补助等。

3）五险一金

五险一金是企业按照国家有关部门规定的基准和比例计提、向社会保险经办机构交纳的职工医疗保险费、养老保险费、失业保险费、工伤保险费、生育保险费等社会保险；以及企业按照国家有关部门规定的基准和比例计提、向住房公积金管理机构交存的住房公积金。其中，除了工伤保险费、生育保险费由企业全额交纳外，其余均由企业和职工共同交纳。

4）工会经费和职工教育经费

企业为丰富职工文化生活、提高职工技术水平、文化素质和业务素质，每月应按工资总额的一定比例计提工会经费和职工教育经费。计提的工会经费和职工教育经费计入企业的成本或费用，同时形成企业对职工的一项负债。当以货币资金支付了工会经费或职工教育经费后，这项负债随之解除。

5）非货币性福利

非货币性福利，是企业以自己生产的产品或外购商品发放给职工作为福利，或企业将其拥有或者租赁的资产供职工无偿使用的一种福利形式，如企业购置房屋供职工使用、免费向职工提供医疗保健服务等。

6）辞退福利

辞退福利，是企业因解除与职工的劳动关系而给予职工的补偿。例如，由于分离企业办社会职能、实施主辅分离辅业改制而分流安置富余人员、实施重组、改组计划、职工不能胜任工作等原因，企业在职工劳动合同尚未到期之前，解除与职工的劳动关系，或者为鼓励职工自愿接受裁减而给予的补偿。

7）其他与获得职工服务相关的支出

其他薪酬，指除上述薪酬以外的、其他为获得职工服务而给予的薪酬，如企业提供给职工以权益形式结算的认股权，以现金形式结算、但以权益工具公允价值为基础确定的现金股票增值权等。

2. 应付职工薪酬的确认和计量

企业应当在职工为企业提供服务的会计期间，将应付职工薪酬确认为成本或者费用，同时确认为负债。职工薪酬应按职工提供服务的受益对象计入相关成本或者费用：企业基本生产车间职工的薪酬中，属于生产工人的薪酬计入相关生产产品的成本，属于车间管理人员的薪酬应计入制造费用；企业管理人员的薪酬应计入管理费用；企业销售部门人员的薪酬应计入销售费用；与在建工程、无形资产等资产有关的职工薪酬应计入相关资产成本。

对于按国家规定基数和比例计提的各种费用，如“五险一金”、工会经费、职工教育经费等，也应由职工所在部门计入相关成本或者费用；对于国家没有规定基数和比例计提的各种费用，企业应当合理预计当期应付金额并予以预提，当期实际发生额大于预提金额时，应当补提其差额；当期实际发生额小于预提金额时，应当冲回多提金额。

3. 账户设置和账务处理

“应付职工薪酬”属于负债类账户。企业计算出的应付职工薪酬记入贷方；以货币资金实际支付时，记入借方；该账户的余额在贷方，反映企业尚未支付的职工薪酬余额。该账户下应设置“工资”“职工福利”“社会保险费”“住房公积金”“工会经费”“职工教育经费”“非货币性福利”“辞退福利”“股份支付”等明细分类账。

除此之外，职工薪酬的账务处理还涉及相关成本、费用类账户的应用。

1）货币性工资

工资是企业使用职工的知识、技能、时间和精力等而给予职工的一种补偿。工资之所以是一项负债，是因为企业将工资分配计入成本或者费用的日期与实际发放工资的日期不一致。实务中，本期工资往往是在下一期支付，因此，在尚未支付前，企业应付未付的工资构成企业对职工的负债。

工资的账务处理主要包括工资费用的分配以及以货币资金进行的工资发放。

（1）工资费用分配。每月末，企业的人力资源部门或劳资部门根据每位职工的出勤情况或工作数量以及工资标准，编制工资结算单。工资结算单由三部分内容组成：应付工资、代扣款项和实发工资。“工资结算单”通常一式三份，一份由劳资部门存查；一份按职工姓名裁成工资条，发给职工以便核对；最后一份作为财务部门工资核算的原始凭证。每月月末，会计部门根据人力资源部门提供的工资结算单，编制“工资费用分配表”，将本月计算出的应付工资，按照职工提供服务的受益对象，分别计入相关资产成本或者当期费用，并确认为一项负债。

【例 13-7】 2012 年 3 月 30 日，A 公司根据“工资结算单”编制的“工资费用分配表”如表 13-1 所示。

表 13-1 工资费用分配表（2012 年 3 月 30 日） 单位：元

部门	工资总额	医疗保险（占 10%）	基本养老保险（占 20%）	住房公积金（占 10%）	工会经费（占 2%）	职工教育经费（占 1.5%）	合计
基本生产车间工人	252 400	25 240	50 480	25 240	5 048	3 786	362 194
车间管理人员	42 000	4 200	8 400	4 200	840	630	60 270
企业管理人员	47 300	4 730	9 460	4 730	946	709.50	67 875.50
在建工程人员	43 900	4 390	8 780	4 390	878	658.50	62 996.50
销售部门人员	146 900	14 690	29 380	14 690	2 938	2 203.50	210 801.50
合计	532 500	53 250	106 500	53 250	10 650	7 987.50	764 137.50

根据“工资费用分配表”，应作会计分录：

借：生产成本 252 400

　　制造费用 42 000

　　管理费用 47 300

在建工程 43 900

销售费用 146 900

贷：应付职工薪酬 532 500

(2) 工资结算。企业一般按月发放工资，发放工资前，按“工资结算单”中的应发金额发放给职工，代扣个人所得税部分上交国家税收部门。工资发放的形式有两种，一种是发放现金；另一种是非现金支付，将工资直接转入职工工资账户。

【例 13-8】 承上例，以银行存款支付工资并结算代扣个人所得税时，应作会计分录：

借：应付职工薪酬——工资 532 500

贷：银行存款 500 000

应交税费——应交个人所得税 32 500

2) 社会保险、住房公积金、工会经费及职工教育经费

每月月末进行工资费用分配后，企业还应按照社会保险、住房公积金、工会经费及职工教育经费的受益对象，将计提的社会保险等分别计入相关成本或者费用，并确认为一项负债。

【例 13-9】 接［例 13-7］资料，A 公司按照工资总额一定比例，分别提取职工医疗保险、基本养老保险、住房公积金、工会经费及职工教育经费时，应作会计分录：

借：生产成本 109 794

制造费用 18 270

管理费用 20 575.50

销售费用 63 901.50

在建工程 19 096.50

贷：应付职工薪酬——医疗保险 53 250

——公司基本养老保险 106 500

——住房公积金 53 250

—— 工会经费 10 650

—— 职工教育经费 7 987.50

【例 13-10】 2012 年 4 月 10 日，A 公司以银行存款 10 650 元支付职工工会活动经费。以上事项应作会计分录：

借：应付职工薪酬——工会经费 10 650

贷：银行存款 10 650

3) 非货币性福利

非货币性福利是指企业以自己生产的产品、其他有形资产或者外购商品发放给职工作为福利，或为职工无偿提供健康检查等医疗保健服务。非货币性福利通常有以下几种形式。

(1) 以自产产品发放给职工作为福利。企业以其生产的产品提供给职工作为福利的，在账务处理方面有两个内容：一是按照该产品的公允价值和相关税费确定职工薪酬的金额，并按照受益对象计入相关成本或费用；二是发放产品时，采取与正常产品销售相同的处理方式，确认收入并结转成本。

【例 13-11】A 公司共有职工 100 名，其中基本生产车间职工 85 名，企业管理人员 15 名。2012 年 3 月，公司以其生产的电视机作为福利发给职工，每人一台，每台的生产成本为 500 元，不含税售价为 700 元。增值税率为 17%。该事项应确认销售收入 70 000 元，销项税额 11 900 元，营业成本 50 000 元。以上事项应分别作会计分录：

① 发放非货币性福利时：

借：生产成本 69 615

管理费用 12 285

贷：应付职工薪酬——非货币性福利 81 900

② 确认销售收入、结转营业成本时：

借：应付职工薪酬——非货币性福利 81 900

贷：主营业务收入 70 000

应交税费——应交增值税（销项税额） 11 900

借：主营业务成本 50 000

贷：库存商品 50 000

(2) 以外购商品发放给职工作为福利。税法规定，外购商品作为福利发放给职工的，购进商品支付的增值税不允许抵扣。因此，以外购商品作为非货币性福利提供给职工的，应当按照该商品的公允价值和相关税费，计算应计入成本费用的职工薪酬金额。企业在进行账务处理时，应当先通过“应付职工薪酬——非货币性福利”账户归集当期应计入成本费用的非货币性薪酬金额，以确定完整准确的企业人工成本金额。

【例 13-12】A 公司共有职工 100 名，其中基本生产车间职工 85 名，企业管理人员 15 名。2012 年 4 月，公司外购空气清洁器 100 台作为福利发给职工，每台空气清洁器不含税价为 350 元，增值税率 17%。以银行存款共支付商品款 35 000 元、增值税进项税额 5 950元。以上事项应分别作会计分录：

① 外购商品时：

借：库存商品——空气清洁器 40 950

贷：银行存款 40 950

② 确认应付职工薪酬时：

借：生产成本 34 807.50

管理费用 6 142.50

贷：应付职工薪酬 40 950

③ 发放非货币性福利时：

借：应付职工薪酬——非货币性福利 40 950

贷：库存商品 40 950

(3) 将拥有或租赁的资产无偿提供给职工使用。企业将拥有的房屋等资产无偿提供给职工使用的，应当根据受益对象，将资产每期应摊销的费用或计提的折旧计入相关资产成本或费用，同时确认应付职工薪酬；租赁住房等资产供职工无偿使用的，应当根据受益对象，将每期应付的租金计入相关资产成本或费用，并确认应付职工薪酬；难以认定受益对象的，直接计入当期损益（管理费用），并确认应付职工薪酬。

【例 13-13】A 公司为吸引和留住人才，将公司拥有的 5 套住房免费提供给高级技术人才居住，5 套住房每月应计提的折旧费为 15 000 元。以上事项应分别作会计分录：

① 确认职工薪酬支出：

借：管理费用　　15 000

　　贷：应付职工薪酬——非货币性福利　　15 000

② 计提折旧时：

借：应付职工薪酬——非货币性福利　　15 000

　　贷：累计折旧　　15 000

（4）向职工提供企业支付了补贴的商品。企业有时以低于其取得成本的价格向职工提供商品或服务，例如，以低于成本的价格向职工出售住房，其实质是企业向职工提供补贴。企业应根据出售商品或服务合同条款的规定分情况处理：①如果合同规定职工在取得住房等商品或服务后至少应提供服务的年限，企业应将出售商品或服务的价格与其成本间的差额，作为长期待摊费用处理，在合同规定的服务期限内平均摊销，根据受益对象分别计入相关资产成本或者当期损益。②如果合同没有规定职工在取得住房等商品或服务后至少应提供服务的年限，企业应将出售商品或服务的价格与其成本间的差额，作为对职工过去提供服务的一种补偿，直接计入向职工出售商品或服务当期的损益。

【例 13-14】2012 年 1 月，A 公司为留住人才，将 50 套外购公寓分别出售给企业职工。其中，出售给公司管理层 20 套，出售给一线员工 30 套，每套公寓的购买价格为 1 000 000元，出售给职工的价格为每套 700 000 元。出售合同规定，职工在取得住房后必须在公司服务 10 年。不考虑相关税费时，以上事项应分别作会计分录：

① 向职工出售住房时：

借：银行存款　　35 000 000

　　长期待摊费用　　15 000 000

　　贷：固定资产　　50 000 000

② 出售住房后的十年内，每年按直线法摊销长期待摊费用：

借：生产成本　　900 000

　　管理费用　　600 000

　　贷：应付职工薪酬——非货币性福利　　1 500 000

借：应付职工薪酬——非货币性福利　　1 500 000

　　贷：长期待摊费用　　1 500 000

4）辞退福利

（1）辞退福利的含义。辞退福利包括两方面的内容：一是在职工劳动合同尚未到期前，不论职工本人是否愿意，企业解除与职工的劳动关系而给予的补偿；二是在职工劳动合同尚未到期前，为鼓励职工自愿接受裁减而给予的补偿，职工有权利选择继续在职或接受补偿离职。辞退福利通常采用在解除劳动关系时一次性支付补偿的方式，也有采用提高退休后养老金或其他离职后福利的标准，或者将职工工资支付至辞退后未来某一时期的方式。

（2）辞退福利的确认。企业在职工劳动合同到期之前解除与职工的劳动关系，或者为鼓励职工自愿接受裁减而提出给予补偿的建议，同时满足下列条件的，应当确认因解除与职工的劳动关系给予补偿而产生的预计负债，同时计入当期管理费用：①企业已经制订正式的解除劳动关系计划或提出自愿裁减建议，并即将实施。该计划或建议应当包括解除劳动关系或裁减的职工所在部门、职位及数量；根据有关规定按工作类别或职位确定的解除劳动关系或裁减补偿金额；拟解除劳动关系或裁减的时间。这里所称解除劳动关系计划和自愿裁减建议应当经过董事会或类似权力机构的批准。即将实施是指辞退工作一般应当在1年内实施完毕，但因付款程序等原因使部分付款推迟到1年后支付的，视为符合辞退福利预计负债确认条件。②企业不能单方面撤回解除劳动关系计划或裁减建议。如果企业能够单方面撤回解除劳动关系计划或裁减建议，则表明未来经济利益流出不是很可能，因而，不符合负债确认条件。由于被辞退的职工不再为企业带来未来经济利益，因此，对于满足负债确认条件的所有辞退福利，均应当于辞退计划满足预计负债确认条件的当期计入费用，不计入资产成本。

(3) 辞退福利的计量。企业应当严格按照辞退计划条款的规定，合理预计并确认辞退福利产生的负债。辞退福利的计量因辞退计划中职工有无选择权而有所不同：①对于职工没有选择权的辞退计划，应当根据计划条款规定拟解除劳动关系的职工数量、每一职位的辞退补偿等计提应付职工薪酬（预计负债）。②对于自愿接受裁减建议，因接受裁减的职工数量不确定，企业应当参照或有事项的规定，预计将会接受裁减建议的职工数量，根据预计的职工数量和每一职工的辞退补偿等计提应付职工薪酬（预计负债）。③实质性辞退工作在1年内实施完毕，但补偿款项超过1年支付的辞退计划，企业应当选择恰当的折现率，以折现后的金额计量应计入当期管理费用的辞退福利金额，该项金额与实际应支付的辞退福利之间的差额，作为未确认融资费用在以后各期实际支付辞退福利款项时，计入财务费用。

(4) 辞退福利的账务处理。

对于1年内实施完毕的辞退福利，根据辞退福利计划确认的辞退福利金额，应作会计分录：

借：管理费用

　　贷：应付职工薪酬——辞退福利

对于1年内实施完毕，但补偿款超过1年支付的辞退福利，确认因辞退福利产生的预计负债时，按辞退计划确认的辞退福利金额作为应付职工薪酬，以折现后的辞退福利金额作为管理费用，二者的差额确认为未确认融资费用，在以后各期实际支付辞退福利款项时，计入财务费用。

应分别作会计分录：

① 确认辞退福利时：

借：管理费用

　　未确认融资费用

　　贷：应付职工薪酬——辞退福利

② 支付辞退福利款项时：

借：应付职工薪酬——辞退福利

　　贷：银行存款

③ 同时，确认实现的融资费用：

借：财务费用

　贷：未确认融资费用

第七节　应交税费

1. 应交税费概述

企业在一定时期内取得的营业收入和实现的利润，或发生的特定经营行为，要按照规定向国家交纳各种税金。应交税费按权责发生制原则确认。企业计算的各种税费在实际交纳之前，形成对国家的负债。

1）我国税制体系

我国现行税制体系由19个税种组成，按征税对象性质不同，分为以下五大类。

(1) 流转税类。流转税是以流转额为征税对象，对其在流转过程中的特定环节征收的一种税，主要包括增值税、营业税、消费税、关税。

(2) 所得税类。所得税是以纳税人生产、经营所得或其他所得为征税对象，征收的一类税，主要包括企业所得税和个人所得税。

(3) 资源税类。资源税是对我国境内从事国有资源开发，就资源和开发条件的差异而形成的级差收入征收的一种税。

(4) 财产行为税类。财产和行为税主要是对某些财产和行为所征收的税，主要包括房产税、车船税、印花税、契税等。

(5) 特定目的税类。特定目的税是为了达到特定目的而对特定对象和特定行为征收的税，主要包括城市维护建设税、车船购置税、耕地占用税等。

本节只介绍属于价外税的增值税的账务处理，其他价内税费的确认和计量将在第十九章第二节的“费用”部分介绍。

2）账户设置

“应交税费”属于负债类账户。企业计算出各种应交税费时记入贷方；以银行存款实际交纳时记入借方；该账户余额一般在贷方，反映企业应交未交的各种税费。如在借方，表示企业存在预交、多交或尚未抵扣的税金。该账户应按不同税种名称设置明细账。

2. 应交增值税

1）增值税概述

A. 增值税的概念

增值税是以商品（含应税劳务）在流转过程中产生的增值额为计税依据而征收的一种流转税。从理论上讲，增值额是指生产经营者在生产经营过程中新创造的价值。就一个生产单位而言，增值额是这个单位商品销售收入额或经营收入额扣除非增值项目（即生产过程消耗的物化劳动部分，如外购原材料、燃料动力、包装物、低值易耗品和固定资产折旧等）价值后的余额。

征收增值税的各个国家依据允许抵扣已纳税额的扣除项目范围的大小，将增值税分为生产型增值税、收入型增值税和消费型增值税。我国实行消费型增值税。

B. 增值税的纳税人

增值税的纳税人，是在我国境内销售货物、提供应税劳务以及进口货物的单位和个人。按照增值税纳税人的生产经营规模及财务会计核算制度健全程度，增值税的纳税人分为一般纳税人和小规模纳税人两类。

小规模纳税人的认定标准为：第一，从事货物生产或者提供应税劳务为主的纳税人，以及从事货物生产或以提供应税劳务为主并兼营货物批发或者零售的纳税人，年应征增值税销售额在500 000元以下（含500 000元）；第二，对上述规定以外的纳税人，年应税销售额在800 000元以下；第三，年应税销售额超过小规模纳税人标准的其他个人作为小规模纳税人；第四，非生产性单位、不经常发生应税行为的企业可选择作为小规模纳税人。

除认定为小规模纳税人外的其他企业，认定为一般纳税人。

增值税的扣缴义务人：中华人民共和国境外的单位或者个人在境内提供应税劳务，在境内未设有经营机构的，以其境内代理人为扣缴义务人；在境内没有代理人的，以购买方为扣缴义务人。

C. 增值税的纳税范围

增值税的征税对象是纳税人从事生产经营活动或者提供应税劳务所产生的增值额。除此之外，《增值税暂行条例》还规定了增值税的特殊征税范围：

（1）视同销售行为。货物销售一般是指货物所有权已经发生转移并能取得补偿的经济活动。但有些情况下，即使货物并没有对外销售或所有权并没有发生转移，或者货物所有权虽然转移但并未获得报酬，这种行为也属于销售行为，要视同销售征收增值税。视同销售行为包括以下几种情况：①将货物交付其他单位或者个人代销；②销售代销货物；③设有两个以上机构并实行统一核算的纳税人，将货物从一个机构移送至其他机构用于销售，但相关机构设在同一县（市）的除外；④将自产或委托加工的货物用于非增值税应税项目；⑤将自产、委托加工的货物用于集体福利或个人消费；⑥将自产、委托加工或购进的货物作为投资，提供给其他单位或者个体工商户；⑦将自产、委托加工或者购进的货物分配给股东或者投资人；⑧将自产、委托加工或者购进的货物无偿赠予其他单位或者个人。

（2）混合销售行为。混合销售行为是指一项行为既涉及征增值税的货物销售，又涉及不征增值税的劳务提供。混合销售行为是否征收增值税，主要取决于该行为的主体是否是一个以交纳增值税为主的纳税人。如果该主体是一个交纳增值税为主的纳税人，则其所发生的混合销售行为，应交纳增值税；反之，如果该主体是一个交纳营业税为主的纳税人，则其所发生的混合销售行为，应交纳营业税。

（3）兼营行为。纳税人兼营非增值税应税项目的，应分别核算货物或者应税劳务的销售额，以及非增值税应税项目的营业额。未分别核算的，由税务机关核定货物或应税劳务的销售额。

D. 增值税税率

一般纳税人增值税的税率分为三档：一般货物和应税劳务适用的基本税率为17%；属于特定货物（基本生活用品；图书、报纸、杂志、音像制品；农业生产资料和国家有关部门规定的其他货物）适用的低税率为13%；出口货物适用零税率。小规模纳税人的增值税采取简易征收的办法，征收率为3%。

经国务院批准，财政部、国家税务总局联合下发营业税改增值税试点方案，该方案自2012年1月1日起，在上海交通运输业和部分现代服务业开始试点，2012年以后试点范围逐步扩大至北京、浙江、江苏等地。根据试点方案，租赁有形动产适用17%的税率，交通运输业和建筑业适用11%的税率，其他部分现代服务业适用6%的税率。

E. 增值税应纳税额计算

一般纳税人根据应税业务的不同，应纳增值税税额的计算主要有两种情况，即国内销售业务应纳税额的计算、进口业务应纳税额的计算。

（1）国内销售业务应纳增值税额的计算方法。国内销售业务应纳税额的计算公式为

应纳增值税税额＝当期销项税额－当期进项税额

销项税额＝不含税销售额×增值税税率

进项税额＝购货款或接受劳务价款（不含税）×增值税税率

式中，不含税销售额是指纳税人销售货物或者提供应税劳务，向购买方收取的全部价款和价外费用，价外费用主要包括向购买方收取的手续费、补贴、集资费、包装费、包装物租金、运输装卸费、代收款项、代垫款项以及其他各种性质的价外收费。计算公式中进项税额是指准予从销项税额中抵扣的进项税额，准予从销项税额中抵扣的进项税额必须同时符合两个条件，即凭证条件和时间条件。其中凭证条件为，纳税人购进货物或接受应税劳务而向销售方支付的进项税额，必须凭合法的扣税凭证才能抵扣。合法的扣税凭证包括增值税专用发票、海关完税凭证、免税农产品的收购凭证或普通发票、运费的结算单据以及废旧物资普通发票；时间条件为，一般纳税人国内购进普通货物，申请抵扣的防伪税控系统开具的增值税专用发票，必须自该专用发票开具之日起90日内到税务机关认证。一般纳税人进口货物取得的海关完税凭证，应当在开具之日起90天后的第一个纳税申报期结束以前向主管税务机关申报抵扣。企业支付的增值税进项税额并不是全部能够从销项税中抵扣，不能抵扣的情形主要有：①用于非增值税应税项目、免征增值税项目、集体福利或者个人消费的购进货物或者应税劳务；②非正常损失的购进货物及相关的应税劳务；③非正常损失的在产品、产成品所耗用的购进货物或者应税劳务；④国务院财政、税务主管部门规定的纳税人自用消费品；⑤第①～④条规定的货物的运输费用和销售免税货物的运输费用；⑥未取得增值税专用发票的购进货物或应税劳务。

（2）进口货物应纳增值税额的计算方法。增值税的纳税人，进口货物交纳的增值税额，按规定的组成计税价格和适用税率计算，进口货物的组成计税价格，为进口货物所支付的全部价款，包括为进口货物支付的货物价款和关税，如果进口货物属于消费税应税消费品，组成计税价格中还包括进口环节已交纳的消费税额。其中，进口货物所支付的价款是指由海关根据货物的到岸价格为基础确定的关税完税价格，其计算公式为

组成计税价格＝关税完税价格＋关税＋消费税

应纳增值税额＝(关税完税价格＋关税＋消费税)×增值税税率

＝［关税完税价格×(1＋关税税率)÷（1－消费税税率）］×增值税税率

2）增值税明细账户设置

A. 一般纳税人

为了核算一般纳税人企业增值税的发生、抵扣、交纳、退税及转出情况，企业应在“应交税费”总分类账户下设置“应交增值税”“未交增值税”二级明细账户进行核算。

（1）“应交税费——应交增值税”明细账户。“应交税费——应交增值税”明细账户的借方发生额，反映企业购进货物或接受应税劳务支付的进项税额、实际已交纳的增值税、减免税款、出口抵减内销产品应纳税额以及月终转出的当月应交未交的增值税等；贷方发生额反映销售货物或提供应税劳务收取的销项税额、出口货物退税、进项税额转出数和转出多交增值税；期末借方余额，反映企业本期存在尚未抵扣的增值税，期末贷方余额反映本期应交未交增值税。“应交税费——应交增值税”账户采用多栏式，在借方和贷方各设置若干个专栏加以反映。其中借方专栏包括“进行税额”“已交税金”“减免税款”“出口抵减内销产品应纳税额”“转出未交增值税”等；贷方专栏包括“销项税额”“出口退税”“进项税转出”和“转出多交增值税”等。

（2）“应交税费——未交增值税”明细账户。“应交税费——未交增值税”明细账户的借方发生额，反映从“应交税费——应交增值税（转出多交增值税）”专栏转入的企业当月多交的增值税额，以及企业交纳以前月份未交增值税额；贷方发生额反映从“应交税费—应交增值税（转出未交增值税）”专栏转入的企业当月应交未交的增值税额。期末借方余额反映企业多交的增值税，贷方余额反映企业未交的增值税。

B. 小规模纳税人

小规模纳税人增值税的核算采用简易方法，只需设置“应交税费——应交增值税”明细账户。

3）应交增值税的账务处理

A. 一般纳税人一般购销业务

增值税一般纳税人国内采购的物资，增值税专用发票上注明的不含税价款构成物资采购成本，支付的增值税构成进项税额；销售货物或提供应税劳务，增值税专用发票上注明的不含税收入构成营业收入，收取的增值税构成销项税额。

【例 13-15】A 公司为增值税一般纳税人，增值税率 17%，采用实际成本法进行原材料发出的核算。2012 年 4 月采购原材料价款共计 600 000 元，增值税额为 102 000 元。货款已支付，材料已经达到并验收入库；假设该公司当期产品销售收入为 1 200 000 元，增值税额为 204 000 元，货款及税款尚未收到。以上交易应分别作会计分录：

① 购入原材料时：

	借	贷
借：原材料	600 000	
应交税费—应交增值税（进项税额）	102 000	
贷：银行存款		702 000

② 销售产品时：

	借	贷
借：应收账款	1 404 000	
贷：主营业务收入		1 200 000
应交税费——应交增值税（销项税额）		204 000

设该公司本期没有发生其他与增值税相关的交易或事项，则当期应交增值税额为

应交增值税额＝204 000－102 000＝102 000（元）

B. 一般纳税人购进免税农产品

按照增值税暂行条例规定，对农业生产者销售的自产农业产品、古旧图书等部分项目免征增值税。纳税人购进免税货物，不能抵扣增值税，这是国际上通行的做法，但是各国都将购进免税农产品作为特例处理。因此，对于企业购入的免税农产品、收购废旧物资等，可以按买价（或收购金额）的一定比例计算进项税额，并准予从销项税额中抵扣。

【例 13-16】 A 公司收购一批农产品，支付收购价款 500 000 元，收购的农产品已验收入库。免税农产品可按 13％计算可予抵扣的进项税额。以上交易应作会计分录：

可抵扣增值税额＝500 000×13％＝65 000（元）

借：原材料　　435 000
　　应交税费——应交增值税（进项税额）　　65 000
　　贷：银行存款　　500 000

C. 一般纳税人视同销售

视同销售行为需要计算交纳增值税。视同销售可分为确认收入和不确认收入两种情况：一是将自产或者委托加工的货物用于非应税项目，由于该业务发生于企业内部，不需要确认收入，而按成本转账，按用于非应税项目的自产或者委托加工产品的售价或组成计税价格计算增值税额；二是其他情况的视同销售行为，在确认收入的同时计算应交增值税额。

【例 13-17】 A 公司为增值税一般纳税人，以一批自己生产的产品进行对外投资，该批产品的成本为 1 000 000 元，计税价格为 1 500 000 元，适用增值税率 17％。以上事项应作会计分录：

对外投资转出产品应计销项税额＝1 500 000×17％＝255 000（元）

借：长期股权投资　　1 755 000
　　贷：主营业务收入　　1 500 000
　　　　应交税费——应交增值税（销项税额）　　255 000
借：主营业务成本　　1 000 000
　　贷：产成品　　1 000 000

D. 不予抵扣项目

企业购进的货物发生非正常损失，用于免税项目、非增值税应税项目，或者改变用途用于集体福利或者个人消费时，其进项税额不得从销项税额中扣除。具体分为两种情况：一是购进货物时即能认定其进项税额不能抵扣的，则其发生的进项税额直接计入货物的成本，不予抵扣；二是购入货物时，不能直接认定其进项税额能否抵扣的，可先作为增值税进项税额进行账务处理，待不能抵扣项目发生时，再作进项税转出处理。

【例 13-18】 A 公司购买一批工程建设用材料，该材料采购成本 500 000 元，支付增值税进项税额 85 000 元。以上事项应作会计分录：

借：工程物资　　585 000
　　贷：银行存款　　585 000

E. 出口退税

增值税出口退税在“应交税费——应交增值税”二级账户下进行核算。该二级账户下应设置“出口抵减内销产品应纳税额”“出口退税”和“进项税额转出”等明细账户。同时，应设置“应收出口退税”总分类账户，核算企业应收未收和已经收回的退税金额。“应收出口退税”属于资产类账户。企业计算的应收增值税出口退税金额记入借方；收到增值税出口退税金额记入贷方；该账户余额在借方，反映企业应收未收的增值税出口退税金额。

外贸企业出口货物，实行免税并退税政策。免税，指出口环节免征增值税；退税，指出口货物报关后允许退还其在出口环节之前已交纳的增值税。

外贸企业购买货物时的账务处理参照本节有关内容；货物出口销售时，一方面确认收入，另一方面结转商品销售成本；同时，将购进时取得的增值税专用发票上记载的增值税额与按照规定的退税率计算的出口应退增值税的差额，转入营业成本。

【例 13-19】 A 公司下设外贸出口公司从国内购进一批商品，取得的增值税专用发票上注明的价款为 1 000 000 元，增值税率 17%，增值税额 170 000 元，货款和税款均以银行存款付讫。该批商品当月全部出口，出口货物离岸价格折合为人民币 1 022 000 元，销货款已收到。公司在规定时间内办妥退税事宜，退税率 15%，退税款已收到。以上交易应分别作会计分录：

① 购进商品时：

	借方	贷方
借：库存商品	1 000 000	
应交税费——应交增值税（进项税额）	170 000	
贷：银行存款		1 170 000

② 商品出口时：

	借方	贷方
借：银行存款	1 022 000	
贷：主营业务收入		1 022 000
借：主营业务成本	1 000 000	
贷：库存商品		1 000 000

③ 按照购进时取得的增值税专用发票上记载的增值税额与规定的退税率计算的出口应退增值税的差额调整出口商品成本：

$$调整额=170\ 000-1\ 000\ 000\times15\%=20\ 000（元）$$

	借方	贷方
借：主营业务成本	20 000	
贷：应交税费——应交增值税（进项税额转出）		20 000

④ 计算应收的出口退税款：

	借方	贷方
借：应收出口退税	150 000	
贷：应交税费——应交增值税（出口退税）		150 000

⑤ 实际收到退税款时：

	借方	贷方
借：银行存款	150 000	
贷：应收出口退税		150 000

F. 期末结转增值税

采用按月交纳增值税的企业，平时通过“应交税费——应交增值税”多栏式明细账核算增值税涉税业务；月末，结出借方、贷方发生额合计数和差额。如果“应交税费——应交增值税”账户为借方差额，表示本月有尚未抵扣的进项税额，应作为该账户的借方余额，留待下期抵扣；如果为贷方差额，表示本月有应交未交增值税，应将该差额从“应交税费——应交增值税”的借方转至“应交税费——未交增值税”的贷方。

如果企业由主管税务机关核定按日交纳增值税，平时交纳增值税属于预交性质，月末，结出“应交税费——应交增值税”账户的借贷双方的合计数并计算差额。如果是贷方差额，表示本月有应交未交增值税额，应将该差额从借方转至“应交税费——未交增值税”账户贷方；若为借方差额，可能是本月有尚未抵扣的进项税额，还可能包含了本月预交时多交的增值税额。对于多交的税款，要进行结转，从“应交税费——应交增值税（转出多交增值税）”转至“应交税费——未交增值税”。

G. 实际交纳增值税

当月预交、上交当月增值税时，记入“应交税费——应交增值税（已交税金）”的借方，月初结清上月应交增值税或以前欠交的增值税时，记入“应交税费——未交增值税”的借方。

【例 13-20】A 公司为增值税一般纳税人。2012 年 1 月购进原材料支付的进项税额共计 340 000 元，当月销售产品收取的销项税额共计 510 000 元；2 月初上交 1 月份应交增值税额为 100 000 元。该公司 2 月份购进商品支付的进项税额共计 250 000 元，同月销售商品收取的销项税额共计 200 000 元。以上事项应分别作会计分录：

1 月份应纳增值税额＝510 000－340 000＝170 000（元）

① 1 月末转出 1 月份未交增值税时：

借：应交税费——应交增值税（转出未交增值税）　　170 000

　　贷：应交税费——未交增值税　　170 000

② 2 月初交纳 1 月份增值税时：

借：应交税费——未交增值税　　100 000

　　贷：银行存款　　100 000

2 月份“应交税费——应交增值税”账户的借方发生额大于贷方发生额，即发生未抵扣的增值税额 50 000 元，留待下一会计期间抵扣。

若 3 月初交纳了 1 月份欠交的增值税，则作会计分录：

借：应交税费——未交增值税　　70 000

　　贷：银行存款　　70 000

H. 小规模纳税人

小规模纳税人实行简易征收办法，即以不含税销售额与征收率相乘，计算其应交增值税额。由于小规模纳税人不实行进项税抵扣政策，因此，其从一般纳税人处购买的原材料支付的进项税额构成原材料的成本，不单独反映进项税额；销售货物时，其不含税价构成营业收入，以不含税销售额与征收率相乘计算应交增值税额。

【例 13-21】X公司为小规模纳税人。公司从一般纳税人Y企业购入一批原材料，材料已验收入库。增值税专用发票上注明的原材料价款为200 000元，增值税额34 000元，X公司开出商业承兑汇票。公司本期销售一批产品，销售收入总额为309 000元，货款尚未收到。以上交易应分别作会计分录：

① 购进原材料时：

借：原材料	234 000	
贷：应付票据		234 000

② 销售产品时：

不含税价格＝309 000÷（1＋3%）＝300 000（元）

借：应收账款	309 000	
贷：主营业务收入		300 000
应交税费——应交增值税		9 000

第八节 其他流动负债

1. 其他应付款

其他应付款是指与企业的正常采购活动没有直接联系的应付暂收款，主要包括应付经营租出固定资产的租金、出租包装物押金、存入保证金以及其他应付暂收款项。

"其他应付款"属于负债类账户。各种应付、暂收款项在发生时记入贷方；各项应付、暂收款项在偿还时记入借方；该账户的余额在贷方，反映企业各项应付、暂收款项的余额。该账户下可按各项应付、暂收款项的类别或单位、个人设置明细账。

2. 应付利息

应付利息是指企业按照合同约定应支付的利息，包括分期付息、到期还本的长期借款应支付的利息，企业发行债券应支付的利息等。

"应付利息"属于负债类账户。各种应付利息发生时记入贷方；以银行存款支付时记入借方；该账户的余额在贷方，反映企业各种应付利息的余额。该账户下可按各种应付利息的种类设置明细账。

应付利息的账务处理可参照本教材第十四章关于应付利息的相关内容。

3. 应付股利

应付股利是经股东大会或者类似机构审议批准，应分配给投资人的现金股利或利润。企业股东大会或类似机构审议批准的利润分配方案、宣告分派的现金股利或利润，在实际支付前，形成企业对投资人的一项负债。

"应付股利"属于负债类账户，各种应付股利发生时记入贷方；以银行存款支付时记入借方；该账户的余额在贷方，反映企业各种应付股利的余额。该账户下可按投资人名称设置明细账。

应付股利的账务处理可参照本教材第十九章关于利润分配的相关内容。

思　考　题

1. 负债有何特点？如何分类？
2. 流动负债包括哪些内容？
3. 应付票据与应付账款有何区别？
4. 应付职工薪酬核算的内容包括哪些？确认原则是什么？
5. 应交税费核算的内容有哪些？
6. “应交税费——应交增值税”账户借、贷双方分别核算哪些内容？

练　习　题

1. Z公司为增值税一般纳税人，增值税税率为17%，库存材料按实际成本核算。公司2012年4月发生如下与流动负债有关的交易或者事项：

(1) 4月1日从中国银行借入6个月期限的短期借款20 000 000元，年利率6%，利息按月计提，到期与本金一次归还。

(2) 4月5日，公司开出3个月期限的商业承兑汇票购入原材料3 000 000元，增值税专用发票注明的税款为510 000元，材料已收到并验收入库。

(3) 4月6日，收回委托加工的原材料并验收入库。该委托加工原材料系上月发出，发出原材料的实际成本为1 950 000元。本月以银行存款支付受托加工企业代收代缴的消费税50 000元，加工费用（不含税）500 000元，增值税专用发票注明的税款为85 000元。收回委托加工的原材料用于本企业继续生产应交消费税产品。

(4) 4月7日与B公司签订销售合同，合同总价款6 000 000元，当日收到B公司预付的货款2 000 000元。

(5) 4月18日从工商行政管理局了解到，原材料供应商C公司已经破产，其所欠货款30 000元无法支付，将其结转损益。

(6) 4月25日支付已经宣告发放，但尚未支付的投资人现金股利800 000元。

(7) 4月31日分配本月职工薪酬400 000元，其中，基本生产车间生产工人250 000元，车间管理人员20 000元，企业管理部门人员80 000元，销售部门人员50 000元。

(8) 4月31日收取D公司交来的包装物押金50 000元。

(9) 4月31日计提第（1）号事项本月短期借款利息费用。

要求：根据以上资料编制相关会计分录。

2. Z公司是一家彩电生产企业，共有职工200名，其中一线生产工人170名，总部管理人员30名。2012年4月，公司决定以其生产的液晶彩色电视机作为福利发放给职工。该彩色电视机单位成本为10 000元，单位计税价格（公允价值）为14 000元，适用的增值税税率为17%。

要求：根据以上资料编制非货币性福利事项的会计分录。

3. Z公司决定为每位部门经理提供小轿车供其免费使用，同时为每位副总经理租赁一套住房供其免费使用。公司共有部门经理 20 名，副总经理 5 名。假设每辆轿车月折旧额为 1 000 元，每套住房月租金为 8 000 元。

要求：根据以上资料编制非货币性福利事项的会计分录。

4. Z 公司 2012 年 4 月份发生的与增值税相关的交易或者事项如下：

(1) 以银行存款购买原材料 300 000 元，同时支付增值税进项税额 51 000 元。

(2) 销售一批产品，销售价格 900 000 元，同时收取增值税销项税额 153 000 元。

(3) 以银行存款购买机器设备一台，销售价格 550 000 元，同时支付增值税进项税额 93 500 元。

(4) 以公司生产的产品对外投资，该批产品的成本 600 000 元，计税价格 1 000 000 元，增值税税率 17%，增值税销项税额 170 000 元。

(5) 公司购进一批免税农产品作为生产用材料，该批材料的收购价格为 600 000 元，增值税抵扣率为 13%。

(6) 销售一批产品，销售价格 800 000 元，同时收取增值税销项税额 136 000 元。

(7) 购买一批工程用材料，价格 800 000 元，增值税进项税额 136 000 元。以上款项均未支付。

(8) 以公司生产的产品用于职工福利，该批产品的成本 250 000 元，计税价格 400 000元，增值税税率 17%，增值税销项税额 68 000 元。

(9) 非正常损失生产用原材料 50 000 元，应转出进项税额 8 500 元。

(10) 公司接受投资人以原材料折价入股，该批材料的价格 300 000 元，增值税税率 17%，增值税进项税额 51 000 元。

(11) 公司以购进的免税农产品作为福利发放给职工，该批材料的收购价格为300 000 元，以可抵扣的增值税率 13%计算，应转出进项税额为 39 000 元。

(12) 公司销售随同产品出售单独计价的一批包装物，其成本 56 000 元，计税价格 70 000元，增值税销项税额 11 900 元。

(13) 计算本月应交增值税额，并将其转至“应交税费——未交增值税”账户。

要求：根据以上资料编制相关会计分录。

第十四章 非流动负债

第一节 概述

1. 非流动负债的概念及分类

非流动负债是指偿还期限在一年或者超过一年的一个营业周期以上的债务，主要包括长期借款、应付债券、长期应付款等。

非流动负债可以按照以下标准进行分类。

(1) 按取得的途径划分，非流动负债可分为从银行或其他金融机构取得的非流动负债和从非金融机构取得的非流动负债。前者主要为各类长期借款，后者则主要为企业直接对外和对内部职工发行的公司债券。

(2) 按偿还方式划分，非流动负债可以分为：①定期偿还的非流动负债。定期偿还的非流动负债是指债务到期一次偿还本金的非流动负债。②分期偿还的非流动负债。分期偿还的非流动负债是指债务到期日之前分期偿还本金的非流动负债。

(3) 按经济内容划分，非流动负债可分为：①长期借款，是指企业向银行或其他金融机构借入的、偿还期限在一年以上的各种借款，主要用于固定资产、改扩建工程、大修理工程等方面的资金需要。②应付债券，是指企业依照法定程序发行、约定在一定期限内还本付息、具有一定价值的公司证券。企业发行的偿还期超过一年以上的债券构成了一项非流动负债。③长期应付款，是指除长期借款和应付债券以外的其他各种非流动负债，主要包括补偿贸易引进设备应付款和融资租入固定资产应付款等。

需要说明的是，流动负债和非流动负债的区分并不是绝对的，如由于债务人无法支付或其他原因，有些应付账款的偿还期超过了一年或一个营业周期，但其仍属于流动负债。同时，非流动负债中所含将于一年内或一个营业周期内到期的负债，则应视其为流动负债；对于自资产负债表日起一年内到期的负债，企业预计能够自主地将清偿义务展期至资产负债表日起一年以上的，应当归类为非流动负债。不能自主地将清偿义务展期的，即使在资产负债表日后、财务报表批准报出日前签订了重新安排清偿计划协议，该负债仍应归类为流动负债；企业在资产负债表日或之前违反了长期借款协议，导致债权人可能随时要求清偿的负债，应当归类为流动负债；债权人在资产负债表日或之前同意提供在资产负债表日起一年以上的宽限期，企业能够在此期限内改正违约行为，且债权人不能要求随时清偿的，应当归类为非流动负债。

2. 非流动负债的特点

企业扩大经营规模、购建固定资产、进行重组并购等活动对资金的需求具有长期性的特点。企业长期资金的筹措主要有两种途径：一是投资人投入的权益性资金；二是债权人提供的长期债务性资金，也称非流动负债。非流动负债与权益性资金相比，具有以下特点：

(1) 举借非流动负债不影响投资人的投资比例，使企业既取得了长期资金，又不影响原来投资人对企业的控制能力，从而使投资人保持对企业的控制权。

(2) 在息税前利润率大于利息率时，举借非流动负债可以为投资人带来更多的收益，但由于非流动负债的利息支出是固定的，如果息税前利润率小于利息率，投资人就会发生损失。

(3) 非流动负债的资金成本可以在税前扣除。由于企业在计算应纳税所得额时，非流动负债的正常利息费用可作为财务费用在税前扣除，从而起到抵税作用。

(4) 通常情况下，企业举借非流动负债不会使其股票价格下跌。企业发行股票往往会摊薄每股盈余，导致股票价格下跌；而举借非流动负债不会增加企业股票数量，相反会使每股收益增加，有时会引起股票价格上升。

但是，非流动负债的利息是企业必须根据合同约定所承担的一种长期性固定支出，且在偿还期到达之前，必须筹备一大笔货币资金用于偿债。另外，非流动负债所形成的资产，基本上都是固定资产，变现能力差。如果企业项目投资失误，或市场形势逆转，非流动负债的本金及利息支出就将成为企业的一个沉重负担。因此，企业在举借非流动负债时，要综合考虑项目的市场前景、投资风险等，慎重决策、合理选择融资方式、合理规划负债结构、适当确定举债规模。

第二节　借款费用

1. 借款费用概述

1) 借款费用的含义与范围

借款费用是指企业因借款而发生的利息费用和相关成本，包括借款利息、折价或者溢价的摊销、辅助费用以及因外币借款而发生的汇兑差额等。承租人在融资租赁业务中发生的融资费用也属于借款费用。企业发生的权益性融资费用，不包括在借款费用中。借款费用的主要内容如下：

(1) 因借款发生的利息，包括企业向银行或者其他金融机构等借入资金发生的利息、发行公司债券发生的利息，以及为购建或者生产符合资本化条件的资产而发生的带息债务所承担的利息等。

(2) 因借款发生的折价或溢价的摊销。因借款发生的折价或溢价，指发行公司债券所发生的折价或者溢价。折价或溢价的摊销实际上是对债券票面利息的调整，因而，属于借款费用的组成部分。

(3) 因借款发生的辅助费用，是指企业在借款过程中发生的手续费、佣金、印刷费等费用，由于这些费用是因借款而发生的代价，因而，也属于借款费用的组成部分。

(4) 因外币借款发生的汇兑差额，是指由于汇率变动导致市场汇率与账面汇率出现差异，从而对外币借款本金及其利息的记账本位币金额所产生的影响金额。因此，因外币借款汇率变化所导致的汇兑差额属于借款费用的组成部分。

2) 应予资本化的借款范围

借款费用应予资本化的借款范围包括专门借款和一般借款。专门借款是指为购建或生产符合资本化条件的资产而专门借入的款项，如为购建固定资产而发生的借款，为建造船舶、大型设备而发生的借款等。一般借款指除专门借款外的其他借款。

需要强调的是，只有专门借款和一般借款所发生的借款费用在符合资本化条件的前提下，可予以资本化。其他借款所发生的借款费用不能资本化，应当区别以下情况进行处理：在筹建期间发生的借款费用，计入长期待摊费用，在开始生产经营的当月一次性计入当期损益；在生产经营期间发生的借款费用，全部费用化，计入当期损益。

3) 应予资本化的资产范围

符合借款费用资本化条件的资产是指需要经过相当长时间的购建或生产活动才能达到预定可使用或可销售状态的固定资产、投资性房地产、存货等。建造合同成本、无形资产的开发支出等在符合条件的情况下，也可以认定为符合资本化条件的资产。

符合资本化条件的存货，主要包括房地产开发企业开发的用于对外出售的房地产开发产品、企业制造的用于对外出售的大型机械设备等，这类存货通常需要经过相当长时间的建造或者生产过程，才能达到预定可销售状态。其中，“相当长时间”是指为资产的购建或生产所必要的时间，通常在 1 年以上（含 1 年）。例如，一项借款用于建造期为两个月的简易厂房的建造，虽然该借款用于固定资产的建造，但由于该资产建造时间较短，不属于借款费用应予资本化的资产范围，则相关借款费用应计入当期财务费用。

【例 14-1】 A 公司向银行借入资金分别用于甲产品和乙产品的生产。其中甲产品的生产期间为 20 天，乙产品属于大型发电设备，生产周期为 1 年 6 个月。

为生产存货而借入的借款费用在符合资本化的条件下应当予以资本化，由于甲产品生产周期较短，不符合需要经过相当长的生产才能达到预定可使用状态的资产，因此，为其借入的资金所发生的借款费用不予资本化，应计入当期财务费用；乙产品的生产周期比较长，属于需要经过相当长时间的生产才能达到预定可销售状态的资产，因此，符合资本化的条件，有关借款费用可以资本化，计入乙产品成本。

2. 借款费用的确认

借款费用确认的原则是：将每期发生的符合资本化条件的借款费用资本化、计入相关资产成本；将不符合资本化条件的借款费用费用化，计入当期损益。

企业只有发生在资本化期间的有关借款费用，在符合资本化条件时予以资本化。借款费用资本化期间是指从借款费用开始资本化时点到停止资本化时点的期间，不包括借款费用暂停资本化的期间。资本化期间的确定是借款费用确认和计量的重要前提。

1）借款费用开始资本化的时点

借款费用在同时满足以下三个条件时才能开始资本化。

A. 资产支出已经发生

资产支出包括为购置建造（简称购建）或生产符合资本化条件的资产而以支付现金、转移非现金资产或者承担带息债务形式发生的支出。在为购建固定资产或生产需要相当长时间才能达到预定可使用或者可销售状态的存货以及投资性房地产时，支付现金、转移非现金资产或者承担带息债务形式发生的支出，会导致企业资源的流出，即占用了借款资金，因此，这些资产应当承担相应的借款费用。

（1）支付现金是指用货币资金支付符合资本化条件的资产的购建或生产支出，如企业用现金或银行存款购买为建造或生产符合资本化条件的资产所需用材料，支付相关职工薪酬，向工程承包商支付工程进度款等。

（2）转移非现金资产是指企业将非现金资产直接用于符合资本化条件的资产的购建或生产，如企业将自己生产的产品，用于符合资本化条件的资产的建造或生产，用自己生产的产品与其他企业换取用于符合资本化条件的资产构建所需工程物资。

B. 借款费用已经发生

这一条件是指企业已经发生了因购建或者生产符合资本化条件的资产而专门借入款项的利息、折价或溢价的摊销、辅助费用和汇兑差额等借款费用。

C. 为使资产达到预定可使用或可销售状态所必要的构建或生产活动已经开始

这一条件是指资产的实体建造活动，如主体设备的安装、厂房的实际建造等已经开始。不包括仅仅持有资产，但是没有发生为改变资产形态而进行的实质性购建活动，例如，只购置了建筑用地，但未发生有关房屋建造活动。

2）借款费用暂停资本化的时间

符合资本化条件的资产在购建或生产过程中发生非正常中断且中断时间连续超过 3 个月，应暂停借款费用的资本化，将其计入当期费用，直至资产的购建活动重新开始。但如果中断是使构建的固定资产达到预定可使用状态所必要的程序，则借款费用不能暂停资本化。

非正常中断，通常是由企业决策原因或其他不可预见的原因等所导致的中断。例如，企业与施工方发生了质量纠纷，或者工程、生产用料没有及时供应，资金周转发生了困难等原因导致的中断。

3）借款费用停止资本化的时点

当购建或者生产的符合资本化条件的资产达到预定可使用或可销售状态时，借款费用应当停止资本化。在符合资本化条件的资产达到预定可使用或可销售状态之后所发生的借款费用，应在发生时确认为费用，计入当期损益。

购建或者生产符合资本化条件的资产达到预定可使用状态或可销售状态，可从以下几个方面判断：①符合资本化条件的资产的实体建造（包括安装）或生产工作已经全部完成或实质上已经完成；②所购建或生产的符合资本化条件的资产与设计要求、合同要求相符或基本相符，即使有极个别与设计或合同要求不相符的地方，也不影响其正常使用；③继续发生在所购建或者生产的符合资本化条件的资产上的支出金额很少或者几乎不再发生。

所购建或者生产的符合资本化条件的资产各部分分别建造、分别完工的，企业应当区别情况界定借款费用停止资本化的时点：如果所购建固定资产的各部分分别完工，每部分在其他部分继续建造过程中可供独立使用或者可供对外销售，且为使该部分资产达到预定可使用状态所必要的购建活动实质上已经完成，应当停止该部分资产相关的借款费用资本化；如果所购建固定资产的各部分分别完工，但必须等到全部资产建造完成后才可使用，则应当在该资产整体完工时停止借款费用的资本化。

3. 借款费用的计量及账务处理

借款费用计量是确定每期应予资本化的借款费用金额。借款费用资本化金额的计量主要涉及三个问题：一是资本化期间的确定；二是资产累计支出加权平均数的计算；三是资本化率的确定。其中，资本化期间是每笔借款实际占用的天数，既可以按天数计算，也可以按月数计算；资产累计支出加权平均数实质上是平均占用借款数；资本化率根据不同情况，可以选择借款利率、借款平均加权利率等。

1）借款利息资本化金额的确定

在借款费用资本化期间内，每一会计期间的利息资本化金额，应当按照下列原则计量：

（1）为购建或生产符合资本化条件的资产而借入专门借款的，应当以专门借款当期实际发生的利息费用，减去尚未动用的借款资金存入银行取得的利息收入或进行暂时性投资取得的投资收益后的金额确定。

（2）为购建或生产符合资本化条件的资产而占用了一般借款的，根据累计资产支出超过专门借款部分的资产支出加权平均数乘以所占用一般借款的资本化率，计算确定一般借款应予资本化的利息金额。

$$\text{一般借款利息费用资本化金额}=\text{累计资产支出超过专门借款部分的资产支出加权平均数}\times\text{所占用一般借款的资本化率}$$

其中，累计资产支出超过专门借款部分的资产支出加权平均数的计算公式为

累计资产支出超过专门借款部分的资产支出加权平均数＝

$$\sum\left(\text{超过专门借款部分的每笔资产支出金额}\times\frac{\text{每笔资产支出实际占用的天数}}{\text{会计期间涵盖的天数}}\right)$$

$$\text{所占用一般借款的资本化率}=\text{所占用一般借款加权平均利率}=\frac{\text{所占用一般借款当期实际发生的利息之和}}{\text{所占用一般借款本金加权平均数}}$$

所占用一般借款本金加权平均数＝

$$\sum\left(\text{所占用每笔一般借款本金}\times\frac{\text{每笔一般借款在当期所占用的天数}}{\text{当期天数}}\right)$$

（3）每一会计期间的利息资本化金额，不应当超过当期借款实际发生的利息金额。

【例 14-2】 2011 年 1 月 1 日，A 公司动工修建办公楼，工期预计为 1 年 6 个月，工程采用出包方式，分别于 2011 年 1 月 1 日、7 月 1 日和 2012 年 1 月 1 日支付工程进度款。

公司为建造办公楼于 2011 年 1 月 1 日借入专门借款 20 000 000 元，借款期限为 3 年，年利率为 6%；2011 年 7 月 1 日借入专门借款 50 000 000 元，借款期限为 5 年，年利率为 7%。以上借款利息均按年支付（假定名义利率与实际利率相同）。在资金的闲置期间，均

投资于固定收益类的债券，债券的月收益率为0.5%。办公楼于2012年6月30日完工，达到预定可使用状态。公司为建造该办公楼的支出金额和时间如表14-1所示。

表14-1 办公楼建造支出明细表 单位：万元

日期	每期资产支出金额	累计资产支出金额	闲置资金用于短期投资金额
2011-01-01	1 500	1 500	500
2011-07-01	2 500	4 000	3 000
2012-01-01	1 500	5 500	1 500
总计	5 500		5 000

根据上述资料，计算A公司建造办公楼应予以资本化专门借款的利息金额：

计算资本化期间专门借款发生的利息金额：

2011年专门借款发生的利息金额＝20 000 000×6%＋50 000 000×7%×1/2＝2 950 000（元）

2012年上半年专门借款发生的利息金额＝20 000 000×6%×1/2＋50 000 000×7%×1/2＝2 350 000（元）

计算资本化期间闲置专门借款进行短期投资的收益：

2011年债券投资收益＝5 000 000×0.5%×6＋30 000 000×0.5%×6＝1 050 000（元）

2012年上半年债券投资收益＝15 000 000×0.5%×6＝450 000（元）

计算各年利息资本化金额：

2011年利息资本化金额＝2 950 000－1 050 000＝1 900 000（元）

2012年利息资本化金额＝2 350 000－450 000＝1 900 000（元）

根据以上计算结果分别作会计分录：

① 2011年12月31日，确认利息资本化和投资收益时：

借：在建工程 1 900 000

应收利息（或银行存款） 1 050 000

贷：应付利息 2 950 000

② 2012年6月30日，确认利息资本化和投资收益时：

借：在建工程 1 900 000

应收利息（或银行存款） 450 000

贷：应付利息 2 350 000

在购建或生产符合资本化条件的资产时，如果专门借款不足，占用了一般资金，或者企业在购建或生产符合资本化条件的资产时没有借入专门借款，占用的均是一般借款资金，则应根据累计资产支出超过专门借款部分的资产支出加权平均数乘以所占用一般借款的资本化率，计算确定一般借款应予资本化的利息金额。资本化率应该按照一般借款加权平均利率确定。

【例 14-3】沿用［例 14-2］，假设 A 公司建造办公楼没有专门借款，占用的均是一般借款，具体情况如下：

(1) 向银行借入长期借款 20 000 000 元，期限为 2010 年 12 月 1 日至 2013 年 12 月 1 日，年利率为 6%，按年支付利息，到期一次偿还本金。

(2) 2010 年 1 月 1 日发行公司债券，面值为 100 000 000 元，期限为 5 年，年利率 8%，按年支付利息，到期一次偿还本金。

根据上述资料，计算 A 公司建造办公楼应予以资本化的一般借款的利息金额如下：

计算累计资产支出加权平均数：

2011 年累计资产支出加权平均数＝15 000 000×12/12 ＋25 000 000×6/12＝27 500 000（元）

2012 年累计资产支出加权平均数＝55 000 000×6/12＝27 500 000（元）

计算所占用一般借款资本化率：

一般借款资本化率＝(20 000 000×6%＋100 000 000×8%) ÷（20 000 000＋100 000 000）＝7.67%

计算每期利息资本化金额：

2011 年一般借款利息资本化金额＝ 27 500 000×7.67%＝2 109 250（元）

2011 年实际发生的一般借款利息费用＝ 20 000 000×6%＋100 000 000×8% ＝9 200 000（元）

2012 年一般借款利息资本化金额＝27 500 000×7.67%＝2 109 250（元）

2012 年实际发生的一般借款利息费用＝ 9 200 000÷2＝4 600 000（元）

根据以上计算结果分别作会计分录：

① 2011 年 12 月 31 日，确认借款费用资本化和费用化金额时：

借：在建工程	2 109 250	
财务费用	7 090 750	
贷：应付利息		9 200 000

② 2012 年 6 月 30 日，确认借款费用资本化和费用化金额时：

借：在建工程	2 109 250	
财务费用	2 490 750	
贷：应付利息		4 600 000

【例 14-4】沿用［例 14-2］、［例 14-3］，设 2011 年 1 月 1 日，A 公司为建造办公楼于借入专门借款 20 000 000 元，借款期限 3 年，年利率为 6%。除此之外，没有其他专门借款。办公楼建造过程中所占用的一般借款仍为两笔，一般借款有关资料沿用［例 14-3］，其他资料同［例 14-2］、［例 14-3］。

根据以上资料，应首先计算专门借款利息的资本化金额，再计算所占用一般借款利息的资本化金额。

计算专门借款利息资本化金额：

2011 年专门借款利息资本化金额＝20 000 000×6%－5 000 000 ×0.5%×6＝1 050 000（元）

2012 年专门借款利息资本化金额＝20 000 000×6%×0.5＝600 000（元）

计算一般借款利息资本化金额：

在建造办公楼过程中，截至 2011 年 7 月 1 日，累计支出 4000 万元，其中专门借款 2 000万元，占用一般借款的金额为 2 000 万元；2012 年 1 月 1 日支出的 1 500 万元也占用了一般借款。计算这两笔支出的加权平均数如下：

2011 年占用一般借款的资产支出加权平均数＝20 000 000×6÷12
＝10 000 000（元）

借款资本化率同［例 14-4］，为 7.67%，则

2011 年应予资本化的一般借款利息金额＝10 000 000×7.67%
＝767 000（元）

2012 年占用一般借款的资产支出加权平均数＝(20 000 000＋15 000 000）×6÷12
＝17 500 000（元）

2012 年应予资本化的一般借款利息金额＝17 500 000×7.67%＝1 342 300（元）

应予资本化的利息总额：

2011 年利息资本化金额＝1 050 000＋767 000＝1 817 000（元）

2012 年利息资本化金额＝600 000＋1 342 300＝1 942 300（元）

以上事项应分别作会计分录：

① 2011 年 12 月 31 日，确认借款费用资本化和费用化金额时：

借：在建工程　1 817 000
　　财务费用　8 433 000
　　应收利息（或银行存款）　150 000
　贷：应付利息　10 400 000

注：2011 年实际借款利息＝20 000 000×6%＋20 000 000×6%＋100 000 000×8%＝10 400 000（元）

② 2012 年 6 月 30 日，确认借款费用资本化和费用化金额时：

借：在建工程　1 942 300
　　财务费用　3 257 700
　贷：应付利息　5 200 000

注：2012 年 1 月 1 日至 6 月 30 日实际借款利息＝10 400 000÷2＝5 200 000（元）

在计算资本化率时，如果企业发行债券时采用折价或者溢价发行的，应当按照实际利率法，将每一期应摊销的债券折价或者溢价金额，作为利息的调整金额，对资本化率进行调整。具体做法是，在计算加权平均利率时，将当期实际发生利息之和减去当期溢价的摊销额或加上当期折价的摊销额，再除以借款本金加权平均数得到调整后的加权平均资本化率，其计算公式为

$$\text{加权平均利率}=\frac{\text{借款当期实际发生的利息之和}\pm\text{折价（或溢价）摊销额}}{\text{一般借款本金加权平均数}}\times 100\%$$

【例 14-5】2012 年 1 月 1 日，A 公司发行债券，其面值为 12 500 000 元，发行价格为 10 000 000 元，折价 2 500 000 元。债券票面利率为 4.72%，期限 5 年，利息每年支付，

本金到期一次偿还。

采用内插法计算得出：

该公司债券的实际利率 r 为 10%，具体计算过程如下：

$$10\ 000\ 000=590\ 000\times(P/A,\ r,\ 5)+12\ 500\ 000\times(P/F,\ r,\ 5)$$

以实际利率法计算的各年实际利息费用如表 14-2 所示。

表 14-2 实际利率法计算的各年实际利息 单位：万元

年份	公司债券期初余额	实际利息费用	每年支付现金	公司债券期末成本
	①	②	③	④=①+②-③
2012	1 000	100	59	1 041
2013	1 041	104	59	1 086
2014	1 086	109	59	1 136
2015	1 136	113	59	1 190
2016	1 190	119	1 250+59	0

该公司发行债券募集的资金用于建造一条生产线，生产线从 2012 年 1 月 1 日起开始建设，于 2014 年年底完工，达到预定可使用状态。公司在 2012～2014 年每年应予资本化的利息金额分别为 1 000 000 元、1 040 000 元和 1 090 000 元，建造资产完工、达到预定可使用状态后 2015 年和 2016 年发生的利息费用 1 130 000 元和 1 190 000 元不再予以资本化，计入当期损益。

除公司债券外，其他类型的借款也应当按照上述实际利率法确定资本化金额。如果按照名义利率和实际利率计算的每期资本化金额相差不大的，可以采用名义利率计算确定每期借款利息。

【例 14-6】 A 公司拟新建一条生产线，有关资料如下：

（1）2011 年 1 月 1 日，从工商银行借入专门借款 50 000 000 元，期限为 3 年，年利率 6%，每年 1 月 1 日支付上期利息。

（2）2010 年 12 月 1 日，借入其他借款——长期借款 60 000 000 元，期限 5 年，年利率 8%，每年 12 月 1 日支付上期利息。

（3）生产线建设期间支出情况如下：

2011 年：4 月 1 日，20 000 000 元；6 月 1 日，10 000 000 元；7 月 1 日，30 000 000 元。

2012 年：1 月 1 日，10 000 000 元；4 月 1 日，5 000 000 元；7 月 1 日，5 000 000 元。

生产线于 2012 年 9 月 30 日完工，达到预定可使用状态。其中，由于安装质量问题，工程于 2011 年 9 月 1 日至 12 月 31 日停工 4 个月。

（4）专门借款在闲置期间投资于短期债券，其月收益率为 0.25%，全年按 360 天计算，每月按 30 天计算。

本例中，专门借款于 2011 年 1 月 1 日借入，但生产线建设于同年 4 月 1 日开始建造，因此，借款费用资本化期间为 2011 年 4 月 1 日至 2012 年 9 月 30 日。同时，由于生产线建设在2011年9月1日至12月31日期间发生非正常中断4个月，该期间发生的借款费用应暂停资本化，计入当期损益。

(1) 2011年借款费用资本化计算过程如下：

① 计算专门借款利息应予资本化的金额：

专门借款发生的利息金额＝ 50 000 000×6%＝3 000 000（元）

1月至3月及9月至12月发生的利息金额＝50 000 000×6%×(3＋4)/12
＝1 750 000（元）

2011年全年闲置的专项借款投资收益金额＝50 000 000×3×0.25%＋30 000 000
×0.25%×2＋20 000 000×0.25%×1
＝575 000（元）

其中，资本化期间闲置的专项借款投资收益金额＝（5 000－2 000）×2×0.25%
＋（3 000－1 000）×1×0.25%
＝200 000（元）

专门借款利息应予资本化的金额＝3 000 000－1 750 000－200 000
＝1 050 000（元）

专门借款利息计入当期损益的金额＝3 000 000－1 050 000－575 000
＝1 375 000（元）

② 计算一般借款应予资本化的金额：

一般借款发生的利息金额＝ 60 000 000×8%＝4 800 000（元）

占用一般借款的资产支出加权平均数＝(20 000 000＋30 000 000＋10 000 000
－50 000 000）×2÷12＝1 666 666（元）

一般借款利息应予资本化的金额＝1 666 666×8%＝133 333（元）

一般借款利息计入当期损益的金额＝4 800 000－133 333＝4 666 667（元）

③ 计算资本化的利息总金额和计入当期损益的利息金额：

2011年应予资本化的借款利息总额＝1 050 000＋133 033＝1 183 333（元）

2011年计入当期损益的借款利息总额＝1 375 000＋4 666 667＝6 041 667（元）

以上事项应作会计分录：

借：在建工程	1 183 333	
财务费用	6 041 667	
应收利息（或银行存款）	575 000	
贷：应付利息		7 800 000

(2) 2012年借款费用资本化计算过程如下：

① 计算专门借款利息应予资本化的金额：

专门借款发生的利息金额＝ 50 000 000×6%＝3 000 000（元）

专门借款利息应予资本化的金额＝50 000 000×6%×9/12＝2 250 000（元）

专门借款利息计入当期损益的金额＝3 000 000－2 250 000＝750 000（元）

② 计算一般借款利息应予资本化的金额：

一般借款发生的利息金额＝ 60 000 000×8%＝4 800 000（元）

占用一般借款的资产支出加权平均数＝（10 000 000＋10 000 000）×9/12＋5 000 000×6/12＋5 000 000×3/12
＝18 750 000（元）

一般借款利息应予资本化的金额＝18 750 000×8%＝1 500 000（元）

一般借款利息计入当期损益的金额＝4 800 000－1 500 000＝3 300 000（元）

③ 计算资本化的利息总金额和计入当期损益的利息金额：

2012 年应予资本化的借款利息总额＝2 250 000＋1 500 000＝3 750 000（元）

2012 年计入当期损益的借款利息总额＝750 000＋3 300 000＝4 050 000（元）

以上事项应作会计分录：

借：在建工程　　3 750 000
　　财务费用　　4 050 000
　　贷：应付利息　　7 800 000

2）借款辅助费用资本化金额的确定

辅助费用是企业为了取得借款而发生的必要费用，包括借款手续费（如发行债券手续费）、佣金等。辅助费用是企业取得借款的一项代价，是借款费用的组成部分。

与借款利息一样，专门借款发生的辅助费用，在购建或者生产的符合资本化条件的资产达到预定可使用或者可销售状态之前，应当在发生时根据其发生额予以资本化，计入符合资本化条件的资产的成本；在购建或者生产的符合资本化条件的资产达到预定可使用或者可销售状态之后，应当在发生时确认为费用，计入当期损益。上述资本化或者计入当期损益的辅助费用，是按照实际利率法所确定的金融负债交易费用对每期利息费用的调整额。借款实际利率与合同利率差异较小的，也可以采用合同利率计算利息费用。

一般借款发生的借款辅助费用，也应当按照上述原则进行资本化或者费用化处理。

3）外币专门借款汇兑差额资本化金额的确定

企业为购建固定资产专门借入的外币借款所产生的汇兑差额，是购建固定资产的一项代价，在资本化期间应当予以资本化，计入固定资产成本；为了简化会计核算，在资本化期间，外币专门借款本金及利息所产生的汇兑差额，应当予以资本化，计入符合资本化条件的资产的成本；外币专门借款之外的其他外币借款本金及利息所产生的汇兑差额作为财务费用，计入当期损益。

【例 14-7】2011 年 1 月 1 日，A 公司为建造一条生产线发行以美元计价的公司债券。债券面值 10 000 000 美元，年利息 8%，期限为 3 年。合同约定按年支付利息，到期一次偿还本金，每年 1 月 1 日支付上年利息。工程于 2011 年 1 月 1 日开始进行实体建造，2012 年 6 月 30 日完工，达到预定可使用状态。在工程建造期间发生费用如下：

2011 年：1 月 1 日，支付 2 000 000 美元；7 月 1 日，支付 5 000 000 美元；

2012 年：1 月 1 日，支付 3 000 000 美元。

公司记账本位币为人民币，采用外币业务发生时当日市场汇率折算。

2011 年 1 月 1 日和 12 月 31 日的汇率分别为：1 美元＝6.8 元人民币，1 美元＝6.85 元人民币。

2012 年 1 月 1 日和 6 月 30 日的汇率分别为：1 美元＝6.87 元人民币，1 美元＝6.9

元人民币。

假设不考虑与发行债券有关的辅助费用、未发生专门借款的利息收入或投资收益，各年借款费用资本化计算过程及应作会计分录如下：

① 2011 年汇兑差额资本化金额：

债券应付利息＝10 000 000×8％×6.85＝5 480 000（元）

借：在建工程　　5 480 000

　　贷：应付利息　　5 480 000

外币债券本金及利息汇兑差额＝10 000 000×（6.85－6.8）＋800 000×（6.85－6.85）＝500 000（元）

借：在建工程　　500 000

　　贷：应付债券　　500 000

② 2012 年 1 月 1 日应付利息 800 000 美元，折算人民币为 5 496 000 元，该金额与原账面应付利息的差额 16 000 元应继续予以资本化，计入在建工程成本。

借：应付利息　　5 480 000

　　在建工程　　16 000

　　贷：应付债券　　5 496 000

③ 2012 年 6 月 30 日汇兑差额资本化金额的计算过程及应作会计分录如下：

债券应付利息＝10 000 000×8％×$\frac{1}{2}$×6.9＝2 760 000（元）

借：在建工程　　2 760 000

　　贷：应付利息　　2 760 000

外币债券本金及利息汇兑差额＝10 000 000×（6.9－6.87）＋400 000×（6.9－6.9）＝300 000（元）

借：在建工程　　300 000

　　贷：应付债券　　300 000

第三节　长期借款

1. 长期借款的概念及种类

长期借款是指企业从银行或其他金融机构借入的期限在一年以上（不含一年）的各种借款。目前，长期借款是我国企业获取非流动负债资金的主要方式，且主要从银行取得，其用途主要是满足固定资产等长期资产的购置或建造的需要。长期借款具有筹资速度快、筹资弹性大、使用期限长等特点。

按照不同的标志分类，长期借款有以下几种类型：

(1) 按偿还方式分为定期偿还借款和分期偿还借款。定期偿还借款是指到期日一次还清的借款；分期偿还借款是指分若干次偿还的借款，包括分期付息到期还本和分期还本付息两种情况。

(2) 按借款条件可分为抵押借款、担保借款和信用借款。抵押借款是指以企业的动产和不动产作为抵押，作为还款保证而取得借款；担保借款是指企业通过其他具有法人资格单位的担保而取得借款。

(3) 按借款用途可分为基建借款和专项借款。基建借款是指新建、改建、扩建企业用于固定资产等有关支出的借款；专项借款是指有专项用途的借款，如更新改造借款、出口工业品生产借款等。

(4) 按借款的币种可分为人民币借款和外币借款。

2. 账户设置和账务处理

"长期借款"属于负债类账户。企业取得长期借款及计算长期借款的利息记入贷方；归还长期借款及利息记入借方；期末余额在贷方，反映企业尚未偿还的长期借款的本金和利息。该账户下应设"本金""利息调整""应计利息"等明细账户。

长期借款的账务处理主要包括借款本金的借入和归还、借款利息处理、外币借款产生的外币折算差额等内容。

【例 14-8】 2012 年 1 月 1 日，A 公司从银行取得 3 年期借款 10 000 000 元，年利率 8%，每年年终支付借款利息，到期一次还本。该借款用于厂房扩建工程，工程采用出包方式建设。A 公司取得借款当日厂房扩建工程开始，并支付工程款 4 000 000 元，2013 年 12 月 1 日支付工程款 4 600 000 元，2013 年年底工程竣工。假设该笔借款存入银行的月利率为 0.05%。以上事项应作会计分录：

① 2012 年 1 月 1 日取得借款时：

借：银行存款　　10 000 000

　　贷：长期借款　　10 000 000

② 2012 年 1 月 1 日支付工程款时：

借：在建工程　　4 000 000

　　贷：银行存款　　4 000 000

③ 2012 年 12 月 31 日，计算应予资本化的借款利息及存款收益时：

专门借款年度应付利息＝10 000 000×8%＝800 000（元）

该年度专门借款利息资本化的金额＝10 000 000×8%－（10 000 000－4 000 000）×0.05%×12＝764 000（元）

借：在建工程　　764 000

　　应收利息　　36 000

　　贷：银行存款　　800 000

④ 2013 年 12 月 31 日，计算应予资本化的借款利息及存款收益时：

专门借款年度应付利息＝10 000 000×8%＝800 000（元）

该年度专门借款利息资本化的金额＝10 000 000×8%－（10 000 000－4 000 000）×0.05%×11－（10 000 000－4 000 000－4 600 000）×0.05%×1＝766 300（元）

借：在建工程　　766 300

　　应收利息　　33 700

　　贷：银行存款　　800 000

⑤ 2013 年 12 月 31 日支付工程款时：

借：在建工程　　4 600 000

　　贷：银行存款　　4 600 000

⑥ 厂房竣工交付使用时：

借：固定资产　　10 130 300

　　贷：在建工程　　10 130 300

⑦ 2014 年 12 月 31 日，计算当年应付利息时：

借：财务费用　　800 000

　　贷：银行借款　　800 000

⑧ 到期偿还借款本金时：

借：长期借款　　10 000 000

　　贷：银行借款　　10 000 000

第四节　应付债券

1. *应付债券的性质和特点*

应付债券，指企业依照法定程序发行、约定在一定期限内还本付息的有价证券。由于企业发行债券的偿还期限一般在一年以上，因而，发行债券后形成一项到期需还本付息的非流动负债。发行债券是企业筹集长期资金的另一种重要方式，与发行股票相比，发行债券具有以下特点：

(1) 发行限制条件严格。发行债券的限制条件一般比长期借款、租赁融资的限制条件要多而且严格，从而限制了企业对债券筹资方式的使用，这可能会影响企业的正常发展和再筹资能力。

(2) 筹资数量有限。利用债券筹资，通常有一定比例的限制。例如，《中华人民共和国公司法》相关条款规定，企业发行流通在外的债券累计总额不得超过该企业净资产的 40%。

(3) 有利于保证控制权。由于公司债券的投资人是企业的债权人，而债权人无权参与企业的经营决策和财务决策，因此，发行债券筹资不会分散企业的控制权，即债券筹资不会稀释原有股东对企业的控制权。

(4) 筹集资金的成本较低。与股票相比，发行债券筹资的成本较低：一是债券发行费用较低，二是债券利息可以在所得税前扣除，减轻了企业负担。因此，企业实际负担的债券成本一般低于股票成本。

(5) 便于调整资本结构。通过发行可转换债券，或者在发行债券时规定可提前赎回债券，有利于企业主动地、合理地调整资本结构，确定负债与资本的合理比例。

(6) 债券筹资风险大。债券有固定的到期日，并需要定期支付利息，发行企业要承担到期还本付息的义务。因而，当经营状况欠佳时，大量的债券本金和利息会加深企业财务状况的恶化，增加企业的财务风险，甚至会导致企业破产。

(7) 债券发行价格主要受市场利率的影响。在债券面值与票面利率一定的情况下，市场利率越高，发行价格越低；反之，市场利率越低，则发行价格越高。因此，债券发行价格与其面值之间可能会出现三种情况：第一，当市场利率与票面利率相等时，债券发行价格等于其票面价值，债券平价发行；第二，当市场利率低于票面利率时，债券发行价格会高于其票面价值，债券溢价发行；第三，当市场利率高于票面利率时，债券发行价格会低于其票面价值，债券折价发行。

2. 应付债券的种类

企业发行的债券，按照不同的分类标准，可以分为以下几类。

(1) 按有无担保品，可分为抵押债券和信用债券。抵押债券，又称有担保债券，指有特定的资产作为担保物、对执行债券协议起保证作用的债券。一旦债券发行人违约，债券持有方代表即可将抵押物出售，以抵偿债券本金和利息；信用债券，又称无担保债券，指没有任何抵押物作为担保、基于企业良好信誉发行的债券。由于该债券没有资产作为担保，其投资人风险较大，通常利率也较高。

(2) 按是否记名，可分为记名债券和不记名债券。记名债券，指债券票面上载有持有人姓名，并在企业保留持有人名册的一种债券。债券到期，债券持有人可持记名债券凭本人身份证明或其他有关证明文件领取本息。若将债券转让，须由原持有人背书并须到发行企业办理过户手续；不记名债券，指债券上不记载持券人姓名的债券。此类债券通常附有息票，所以又称息票债券。付息时，持券人只需持息票即可领取利息。因此，息票也是一种有价证券，其转让无需原持有人背书。

(3) 按还本方式，可分为一次还本债券和分期还本债券。一次还本债券，即同期发行的全部债券的本金于到期日一次偿还；分期还本债券，即同期发行的债券的本金在不同的到期日分次偿还。

(4) 按是否可转换为股票，分为可转换债券和不可转换债券。可转换债券，指在发行时与债权人约定在某一期间，按规定的价格和条件将该债券转换为发行企业的优先股或普通股股票。

3. 应付债券发行价格的确定

债券发行价格是指债券发行时的实际销售价格。债券发行价格受多种因素的影响，如债券面值、票面利率、债券期限、利息支付方式、证券市场的供求关系以及发行时的市场利率等。在其他因素不变的情况下，债券发行价格主要取决于债券发行时的市场利率。

理论上讲，债券发行价格是债券应付本息按照发行时的市场利率折算的现值，即到期偿还的债券面值以实际利率计算的现值与债券按票面利率计算的各期利息按市场利率折算的现值之和。其相关计算公式如下：

债券发行价格＝未来债券本金偿还额的现值＋各期利息的现值

未来债券本金偿还额的现值＝债券面值×复利现值系数

各期利息的现值＝每期应支付的利息×年金现值系数

【例 14-9】 A 公司发行债券。债券面值 10 000 000 元，期限 5 年，票面利率 10%，利息于每年年终支付。根据以上资料计算债券的发行价格如下：

若发行时的市场利率为 8%，期限 5 年，利率 8%的复利现值系数为 0.681，年金现值系数为 3.993，则该债券的发行价格为

10 000 000×0.681＋1 000 000×3.993＝10 803 000（元）

若发行时的市场利率为12%，期限5年，利率12%的复利现值系数为0.567，年金现值系数为3.605，则该债券的发行价格为

10 000 000×0.567＋1 000 000×3.605＝9 275 000（元）

若发行时的市场利率为10%，期限5年，利率10%的复利现值系数为0.6209，年金现值系数为3.791，则该债券的发行价格为

10 000 000×0.6209＋1 000 000×3.791＝10 000 000（元）

从以上计算过程可知，债券的发行价格主要取决于债券发行时的市场利率。由于企业发行时的市场利率可能低于、高于或等于票面利率，相应地，债券发行价格也可能高于、低于或等于债券面值。当企业债券的票面利率高于债券发行时的市场利率时，债券的发行价格就会高于债券面值，即溢价发行；当企业债券的票面利率低于债券发行时的市场利率时，债券的发行价格就会低于债券面值，即折价发行；当企业债券的票面利率等于债券发行时的市场利率时，债券的发行价格与债券面值相等，即平价发行。

4. 账户设置和账务处理

"应付债券"属于负债类账户。企业发行债券、形成债务时记入贷方；以货币资金偿还债券本金和利息时记入借方；该账户余额在贷方，反映企业尚未偿还的债券本金及利息。该账户下应设"面值""利息调整"和"应计利息"等明细账户。其中，"面值"反映债券发行和偿还的本金；"利息调整"反映发生和转销的债券溢、折价；"应计利息"反映应付和实际支付的利息。此外，对于企业发行的一次还本、分次付息的债券，还应设置"应付利息"账户，核算在每个计息日计提的应付债券利息。

1）债券发行

企业发行债券时，应将取得的货币资金、债券面值、溢价或折价分别计入相关总分类账和明细分类账。

【例14-10】2012年1月1日，A公司发行债券。债券面值1 000 000元，期限4年，票面利率10%，每年付息一次。债券发行时的市场利率等于票面利率，发行债券取得的货币资金已转入银行存款户。以上事项应作会计分录：

借：银行存款　　1 000 000

　　贷：应付债券　　面值　　1 000 000

【例14-11】沿用［例14-10］，若公司发行债券时的市场利率为8%，其他条件不变，则债券发行价格为

1 000 000×0.735＋1 000 000×10%×3.3121＝1 066 210（元）

以上事项应作会计分录：

借：银行存款　　1 066 210

　　贷：应付债券——面值　　1 000 000

　　　　　　　　——利息调整　　66 210

【例14-12】沿用［例14-10］，若公司发行债券时的市场利率为12%，其他条件不变，则债券的发行价格为

1 000 000×0.6355＋1 000 000×10%×3.0375＝939 230（元）

以上事项应作会计分录：

借：银行存款　　939 230

　　应付债券——利息调整　　60 770

　　贷：应付债券——面值　　1 000 000

2）债券利息及溢（折）价转销

公司债券应按期计提利息。溢价或折价发行债券的，其溢价、折价的转销应按实际利率法计算。实际利率法是指按照应付债券的实际利率计算其摊余成本及各期利息费用的方法。实际利率是指将应付债券在存续期间的未来现金流量折算为该债券当前账面价值所采用的利率。每期溢价、折价转销的数额为按票面价值乘以票面利率计算的应计利息与按各期债券期初摊余成本乘以实际利率计算的实际利息之间的差额。实际利率法下，利息调整的计算公式如下：

票面利息＝面值×票面利率

当期利息费用＝摊余成本（债券每期初账面价值）×实际利率（市场利率）

折价发行时：

利息调整数额＝当期利息费用－票面利息

溢价发行时：

利息调整数额＝票面利息－当期利息费用

债券每期期初账面价值＝上期期初账面价值±利息调整

资产负债表日，企业应按债券摊余成本和实际利率计算确定债券利息费用，分别记入相关总分类账和明细分类账。

【例 14-13】沿用［例 14-10］，公司每年计提并支付债券利息。假设发行债券筹集的资金用于购建固定资产，则债券利息应予以资本化。以上事项应作会计分录：

借：在建工程　　100 000

　　贷：应付债券——应计利息　　100 000

【例 14-14】沿用［例 14-11］，公司溢价发行债券，每年按实际利率法和摊余成本计算确定的利息费用如表 14-3 所示。

表 14-3　债券利息及溢价转销表（实际利率法）　　单位：元

付息日期 ①	支付利息 ②＝面值×10%	利息费用 ③＝上期末⑤×8%	摊销的利息调整 ④＝②－③	应付债券摊余成本 期末⑤＝期初⑤－④
2012-01-01				1 066 210.00
2012-12-31	100 000	85 296.80	14 703.20	1 051 506.80
2013-12-31	100 000	84 120.54	15 879.46	1 035 627.34
2014-12-31	100 000	82 850.19	17 149.81	1 018 477.60
2015-12-31	100 000	81 522.40*	18 477.60	1 000 000.00
合　计	400 000	333 790.00	66 210.00	

*最后一年的利息费用 81 522.40 元为债券应计利息 100 000 减去尚未摊销的利息 18 477.60 元计算得出

以上事项应分别作会计分录：

① 2012 年 12 月 31 日计算利息和进行溢价转销时：

借：财务费用 85 296.8

　　应付债券——利息调整 14 703.2

　　贷：应付利息 100 000

② 2013 年 12 月 31 日计算利息和进行溢价转销时：

借：财务费用 84 120.54

　　应付债券——利息调整 15 879.46

　　贷：应付利息 100 000

③ 2014 年 12 月 31 日计算利息和进行溢价转销时：

借：财务费用 82 850.19

　　应付债券——利息调整 17 149.81

　　贷：应付利息 100 000

④ 2015 年 12 月 31 日计算利息和进行溢价转销时：

借：财务费用 81 522.4

　　应付债券——利息调整 18 477.6

　　贷：应付利息 100 000

⑤ 每年付息日，支付债券利息时：

借：应付利息 100 000

　　贷：银行存款 100 000

【例 14-15】 沿用［例 14-12］，公司折价发行债券时，按实际利率法和摊余成本计算确定的利息费用，如表 14-4 所示。

表 14-4 债券计息及折价转销表（实际利率法） 单位：元

付息日期 ①	支付利息 ②＝面值×10%	利息费用 ③＝上期末⑤×12%	摊销的利息调整 ④＝③－②	应付债券摊余成本 期末⑤＝期初⑤＋④
2012-01-01				939 230.00
2012-12-31	100 000	112 707.60	12 707.60	951 937.60
2013-12-31	100 000	114 232.51	14 232.51	966 170.11
2014-12-31	100 000	115 940.41	15 940.41	982 110.52
2015-12-31	100 000	117 889.48	17 889.48	1 000 000.00
合计	400 000	460 770.00	60 770.00	

① 以 2012 年 12 月 31 日为例，作会计分录：

借：财务费用 112 707.6

　　贷：应付利息 100 000

　　　　应付债券——利息调整 12 707.6

② 支付利息时：

借：应付利息　　100 000

　　贷：银行存款　　100 000

其他年份的会计分录略。

3）债券清偿

（1）债券到期清偿。企业发行债券到期清偿时，无论是面值、溢价或折价发行，由于在债券存续期间，溢价或折价都转销完毕，因而，债券到期时的账面价值均等于面值。企业发行债券本金和利息的支付方式通常有到期一次还本付息和分期付息、到期还本两种方式。如果是到期一次还本付息的，企业应于每一付息日计算利息费用，同时，确认为一项负债——应付利息。至债券到期时，一次性偿还债券的本金和利息；如果是分期付息、到期一次还本的，在债券到期时，只需要偿还本金。

【例 14-16】以上举例中，利息已经分期支付，债券到期时，只需要按债券面值进行清偿。应作会计分录：

借：应付债券——面值　　1 000 000

　　贷：银行存款　　1 000 000

（2）债券提前清偿。企业发行债券后，可能会出现资金闲置、项目投资变化或理财等方面的原因而提前进行债券清偿。提前清偿债券一般通过以下两种途径实现：一是从债券市场买回本企业发行的债券；二是向债券持有人赎回债券。企业提前赎回债券，应当结清上次付息日至赎回日的利息，并在赎回后注销债券的面值、未转销的溢（折）价余额，提前清偿的收兑价与债券面值、未转销溢（折）价的差额计入当期损益。

债券提前收兑损益＝收兑价格－债券账面价值

债券账面价值＝债券面值＋应付利息＋未转销溢价（或未转销折价）

4）可转换公司债券

（1）可转换公司债券的性质。可转换公司债券是指发行人依照法定程序发行、在一定期间内依据约定的条件可以转换成股份的公司债券。可转换公司债券兼具股票和债券的双重性质。债券持有人在转换期间行使转换权利，将债券转换为股份的，债券持有人成为公司股东；债券持有人在转换期间未行使转换权利，未将债券转换为股份的，则债券持有人作为债权人，有权要求企业清偿债券本息。我国相关法规规定，可转换公司债券采取记名式无纸化发行方式，债券最短期限为 3 年，最长期限为 5 年。

（2）可转换公司债券的账务处理。可转换公司债券应在“应付债券”总分类账户下设置“可转换公司债券”明细账户进行核算。企业发行可转换公司债券，应当在初始确认时将其包含的负债成分和权益成分进行分拆，将负债成分确认为应付债券，将权益成分确认为资本公积。在分拆时，首先对负债成分的未来现金流量进行折现，以确认负债成分的初始金额，再将发行价格总额扣除负债成分初始金额后的余额确认为权益成分的初始金额。发行可转换公司债券发生的交易费用，应当在负债成分和权益成分之间按照各自的相对公允价值进行分摊。

【例 14-17】2012 年 1 月 1 日，A 公司按面值发行 5 年期一次还本、按年付息的可转换公司债券 200 000 000 元，款项已收存银行。债券的票面利率为 6%，利息按年支付。

债券发行 1 年后可转换为普通股股票，初始转股价为每股 10 元，股票面值为每股 1 元。假定 2013 年 1 月 1 日债券持有人将持有的可转换公司债券全部转换为普通股票，A 公司发行可转换公司债券时二级市场上与之类似的没有附带转换权的债券市场利率为 9%。以上事项应分别作会计分录：

① 2012 年 1 月 1 日发行可转换公司债券时：

可转换公司债券负债部分的公允价值＝200 000 000×（P/F，9%，5）＋200 000 000×6%×（P/A，9%，5）＝200 000 000×0.6499＋200 000 000×6%×3.889 7＝176 656 400（元）

可转换公司债券权益部分的公允价值＝200 000 000－176 656 400＝23 343 600（元）

借：银行存款　200 000 000
　　应付债券——可转换公司债券（利息调整）　23 343 600
　　贷：应付债券——可转换公司债券（面值）　200 000 000
　　　　资本公积——其他资本公积　23 343 600

② 2012 年 12 月 31 日确认利息费用时：

借：财务费用（176 656 400×9%）　15 899 076
　　贷：应付利息——可转换公司债券利息（200 000 000×6%）　12 000 000
　　　　应付利息——可转换公司债券（利息调整）　3 899 076

③ 2013 年 1 月 1 日债券持有人行使转换权时：

假设利息尚未支付，可转换的股数为

可转换股数＝200 000 000－（23 343 600－3 899 076）＋12 000 000＝192 555 476（股）

借：应付债券——可转换公司债券（面值）　200 000 000
　　应付利息——可转换公司债券利息　12 000 000
　　资本公积——其他资本公积　23 343 600
　　贷：股本　19 255 547.6
　　　　应付利息——可转换公司债券（利息调整）　19 444 524
　　　　资本公积——股本溢价　196 643 528.4

第五节　其他非流动负债

1. 长期应付款的概念及特点

长期应付款，指企业除长期借款、应付债券以外的其他各种长期应付款项所形成的非流动负债，主要包括应付融资租入固定资产租赁费、补偿贸易方式下引进国外设备款等。长期应付款除了具有数额大、偿还期限长等特点外，还具有以下两个特点。

（1）长期应付款通常具有分期付款的性质。例如，融资租入固定资产的租赁费是在整个租赁期内分期支付的，可以缓解企业取得固定资产时一次性支付大量现金的困难。对于融资租入固定资产，长期应付款包括设备买价、运杂费、途中保险费、安装费、调试费等应付款项。

（2）长期应付款的计价经常涉及外币与人民币比价的变动，从而会影响到还款时的人民币数额。例如，对于以补偿贸易方式引入的设备，引入设备确认长期应付款时，是采用即期汇率将外币折算为记账本位币的，而还款时汇率的变动会影响到还款时记账本位币的数额。

2. 账户设置和账务处理

“长期应付款”属于负债类账户。企业融资租入固定资产租赁费、补偿贸易方式下引进国外设备形成的债务等在发生时记入贷方；以货币资金或库存商品偿还时记入借方；该账户的余额在贷方，反映尚未偿还的各项长期应付款。该账户下应按债权人名称设置明细账进行明细核算。

补偿贸易是指企业从国外引进设备，以后再用该设备生产的产品归还设备款的一种以信贷为基础的国际贸易方式。应付引进设备款是指企业依据与外商签订的来料加工、来料装配和中小型补偿贸易合同而引进国外设备所发生的长期应付款项，主要包括以外币支付的设备价款、配套工具及零配件价款，以及国外运费等，不包括以人民币支付的进口关税、国内运杂费、安装费等费用。

补偿贸易方式下应付引进设备款账务处理的特点如下：

(1) 引进设备及配套工具、零配件，应按外币价款和规定的汇率折合为人民币，在相关负债类账户进行双重记录。

(2) 以人民币或人民币借款结算的进口关税、国内运杂费、安装费等形成的负债，应与引进设备及配套工具、零配件所形成的负债区别开来。

(3) 引进设备的应计利息以外币折算差额，与长期外汇借款的处理相同。

【例 14-18】 2012 年 1 月 15 日，A 公司以补偿贸易方式从美国引进生产设备一套，设备价款 30 000 美元，零配件价款 2 000 美元，合同约定外币折算采用交易发生日的即期汇率。2012 年 1 月 15 日，美元对人民币的汇率为 1∶6.40，另以银行存款支付国内运杂费 5 000元（其中设备分摊 4 500 元，零配件分摊 500 元）、安装费8 000元，安装期 3 个月。设备引进投产后，第一批产品出口收入为 100 000 美元，按合同规定全部用以归还设备款，出口时的即期汇率为 1∶6.30。以上交易应分别作会计分录：

① 引进设备时：

借：在建工程	192 000	
原材料	12 800	
贷：长期应付款——应付引进设备款		204 800

② 支付国内费用时：

借：在建工程	12 500	
原材料	500	
贷：银行存款		13 000

③ 设备安装完成投入使用时：

借：固定资产	204 500	
贷：在建工程		204 500

④ 产品销售时：

借：应收账款——美元户	63 000	
贷：主营业务收入		63 000

⑤ 用产品价款抵偿引进设备款时：

借：长期应付款——应付引进设备款　63 000

　贷：应收账款——美元户　63 000

思　考　题

1. 借款费用包括哪些内容？
2. 借款费用的资本化条件有哪些？
3. 借款利息资本化的金额如何计算？
4. 应付债券各期的利息费用如何计算？如何确认？

练　习　题

1. Z公司拟在厂区内建造一幢新厂房，有关资料如下：

(1) 2011年1月1日，向银行借入专门借款50 000 000元，期限为3年，年利率为12%，每年1月1日付息。

(2) 除专门借款外，公司还有一笔其他借款，即2010年12月1日借入的长期借款60 000 000元，期限为5年，年利率为8%，每年12月1日付息。

(3) 由于审批、办手续等原因，厂房于2011年4月1日才开始动工兴建，当日支付工程款20 000 000元。工程建设期间的支出情况如下：

2011年6月1日，支付10 000 000元；2011年7月1日，支付30 000 000元；2012年1月1日，支付10 000 000元；2012年4月1日，支付5 000 000元；2012年7月1日，支付5 000 000元。

工程于2012年9月30日完工，达到预定可使用状态。其中，由于施工质量问题工程于2011年9月1日至12月31日停工4个月。

(4) 专门借款中未支出部分全部存入银行，假设月利率为0.5%，全年按360天计算，每月按30天计算。

要求：根据以上资料，计算Z公司2011年、2012年的利息资本化金额并作出相关会计分录。

2. 2012年1月1日，Z公司从银行借入3年期借款5 000 000元用于生产线工程建设，年利率为8%，利息按年支付。工程于2012年1月1日开工，Z公司于2012年1月1日支付给建筑承包商1 500 000元；2012年1月1日至3月末，该借款闲置的资金取得的存款利息收入为40 000元；2012年4月1日工程因纠纷停工，直到7月1日继续施工。第二季度取得的该笔借款闲置资金存款利息收入为40 000元；2012年7月1日又支付工程款2 000 000元；第三季度，Z公司用该借款的闲置资金1 500 000元购入交易性金融资产，获得投资收益90 000元，已存入银行；2012年12月1日，Z公司从银行借入流动资金借款5 000 000元，期限1年，年利率为6%，利息按季度支付；12月1日支付工程进度款2 500 000元。至2012年年末该工程尚未完工。

要求：根据以上资料，按季计算Z公司2012年与工程有关的利息、利息资本化金额，并编制相关会计分录。

3. 2011年12月31日，Z公司经批准发行5年期一次还本、分期付息的公司债券10 000 000元，债券利息每年12月31日支付，票面利率为6%。假设债券发行时的市场利率分别为6%、4%和8%。

要求：根据上述资料，分别计算三种市场利率下的债券发行价格，并分别编制债券发行、分期付息和到期归还本金的会计分录。

4. 2011年1月1日，Z公司以面值发行5年期一次还本、分期付息的可转换公司债券300 000 000元，款项已存入银行，债券的票面年利率为7%，利息按年支付。债券发行1年后可转换为普通股股票，初始转股价为每股10元，股票面值为每股1元，不足1股的，按初始转股价支付现金。2012年1月1日债券持有人将持有的可转换公司债券全部转换为普通股股票（假定按当日可转换公司债券的账面价值计算转股数），Z公司发行可转换公司债券时二级市场上与之类似的没有转换权的债券的市场利率为10%。

要求：根据以上资料编制Z公司债券发行、债券转换的相关会计分录。

5. 2012年1月3日，Z公司采用分期付款方式购入一台不需要安装的设备。设备款（不含增值税）共9 000 000元，分三年等额支付（每年年末付款），折现率为6%。

要求：根据以上资料编制Z公司购入设备、支付设备款的相关会计分录。

第十五章

债务重组

第一节　概述

1. 债务重组的概念及特点

债务重组是指在债务人发生财务困难的情况下，债权人按照其与债务人达成的协议或者法院的裁定所作出的让步事项。

从债务重组的概念可以看出债务重组具有以下特点。

（1）债务人发生财务困难、导致其无法或者没有能力按原定条件偿还债务，是债务重组的直接原因。

（2）债权人作出让步是债务重组的特点。债权人作出让步是指债权人同意发生财务困难的债务人现在或者将来以低于重组债务账面价值的金额或者价值偿还债务。债权人作出让步的情形主要包括债权人减免债务人部分债务本金或者利息、降低债务人应付债务的利率等。其让步的结果是债权人发生债务重组损失，债务人获得债务重组收益。

（3）债务重组是在债务人持续经营的条件下进行的。非持续经营条件下的债务重组是指债务人处于破产清算或企业改组等状态时与债权人之间所进行的债务重组。本章介绍的债务重组是以持续经营为前提，即债务人和债权人在可预见的将来仍然会继续经营的情况下所进行的债务重组。

2. 债务重组方式

债务重组通常包括以下几种方式。

（1）以现金资产清偿债务，是指债务人以低于债务账面价值的现金清偿债务，对于债权人而言，放弃了部分债权。

（2）以非现金资产清偿债务，是指债务人以低于债务的账面价值的非现金资产清偿债务。用于清偿债务的非现金资产通常有存货、交易性金融资产、持有至到期投资、可供出售金融资产、长期股权投资、固定资产、无形资产等。

（3）将债务转为资本，是指债务人将债务转为资本，同时债权人将债权转换为股权的债务重组方式。对于股份有限公司而言，这种方式在法律上有一定的限制。例如，依照

《中华人民共和国证券法》的规定，公司发行新股应当符合《中华人民共和国公司法》有关发行新股的条件。即股份有限公司只有在满足法律规定条件的前提下，才能采用将债务转为资本的方式进行债务重组。

（4）修改债务条件清偿债务，是指采用除现金资产、非现金资产、债务转为资本以外的其他方式进行的债务重组，如债权人延长债务清偿期限、降低债务利率、减少债务本金、减除应付未付的债务利息等。

（5）混合债务重组，是指采用以上两种或两种以上方式的组合进行的债务重组。例如，以现金资产清偿债务的一部分，另一部分债务通过修改其他债务条件的方式清偿。

3. 债务重组日的确定

债务重组日是指债务重组完成日，即债务人履行协议或者法院裁定、将相关资产转让给债权人，或者债务转为资本以及修改后的偿债条件开始执行的日期。债务重组可能发生在债务到期前、到期日或到期后。债务重组日应当根据以下情况确定。

（1）债务人以现金资产清偿债务。债务人以现金资产清偿债务，债权人和债务人双方分别以现金收讫和现金支付日为债务重组日。

（2）债务人以其存货抵偿债务。债务人以其存货抵偿债务，应以债务人的存货运抵债权人企业且办理有关债务解除手续之日为债务重组日。如果债务人的存货是分批运抵债权人企业的，则应以最后一批存货运抵债权人企业且办理有关债务解除手续之日为债务重组日。

（3）债务人以在建工程抵偿债务。债务人以其在建工程抵偿债务，债权人同时要求债务人继续按计划完成在建工程，应以该项工程完工并交付使用且办理有关债务解除手续之日为债务重组日。

（4）债务人将所欠债务转为资本。债权人同意债务人将其所欠债务转为资本，应以债务人办妥增资批准手续并向债权人出具出资证明之日为债务重组日。

第二节 债务重组的账务处理

债务重组账务处理的基本原则是：债务人将重组债务的账面价值超过抵债资产的公允价值、所转让股份的公允价值或重组后债务账面价值之间的差额，在满足金融负债终止确认条件时，将其终止确认，计入营业外收入（债务重组利得）。

债权人将重组债权的账面价值与受让资产的公允价值、受让股份的公允价值或重组后债权的账面价值之间的差额，在满足金融资产终止确认条件时，终止确认，计入营业外支出（债务重组损失）；重组债权已计提减值准备的，应先将上述差额冲减已计提的减值准备，冲减后的尚有余额的，计入营业外支出。若上述差额不足以冲减（小于）已计提的减值准备，作为当期资产减值损失的抵减予以确认；债权人收到存货或其他非现金资产时，以其公允价值入账。

1. 以现金资产清偿债务

1）债务人的账务处理

债务人以低于债务账面价值的现金清偿债务，债务人应将重组债务的账面价值与实际支付的现金之间的差额，确认为债务重组利得，计入当期损益。其中，应付账款的账面价值，指其债务面值；长期借款的账面价值，包括其本金和利息之和；应付债券的账面价值，除包括债券本金和利之外，如有债券的溢（折）价，还应加上尚未转销的溢价或减去尚未转销的折价。

2）债权人的账务处理

债权人应当将重组债权的账面价值与实际收到的现金之间的差额，确认为债务重组损失，计入当期损益。债权人已对债权计提减值准备的，应先将该差额冲减已计提的减值准备。冲减后有余额的，计入债务重组损失；冲减后减值准备有余额的，应予转回并抵减当期资产减值损失。

【例 15-1】 2012 年 2 月 10 日，A 公司销售一批商品给 B 公司，不含税价为 100 000 元，增值税税率为 17%，销项税额 17 000 元，款项尚未收到。9 月 20 日，B 公司资金周转发生困难，无法按合同规定偿还债务。经双方协议，A 公司同意减免 B 公司债务 20 000 元，余额用现金偿还。A 公司为该项应收账款计提坏账准备 10 000 元。以上事项 A 公司、B 公司应分别作会计分录：

B 公司（债务人）：

借：应付账款	117 000	
贷：银行存款		97 000
营业外收入——债务重组利得		20 000

A 公司（债权人）：

借：银行存款	97 000	
营业外支出——债务重组损失	10 000	
坏账准备	10 000	
贷：应收账款		117 000

2. *以非现金资产清偿债务*

1）债务人的确认和计量原则

债务人以非现金资产清偿债务的，应当在满足金融负债终止确认条件时终止确认重组债务，并将重组债务的账面价值与转让的非现金资产的公允价值的差额确认为债务重组利得，计入当期损益。同时，将转让的非现金资产的公允价值与其账面价值的差额，作为资产转让损益，计入当期损益。

债务人在转让非现金资产过程中发生的资产评估费等税费，可直接计入资产转让损益。对于增值税应税项目，如债权人不向债务人另行支付增值税，债务重组利得应为，转让非现金资产的公允价值和该非现金资产增值税销项税额与重组债务账面价值的差额；如债权人向债务人另行支付增值税，则债务重组利得应为，转让非现金资产的公允价值与重组债务账面价值的差额。

对于资产转让损益应分别按以下情况处理：换出资产为固定资产、无形资产等长期资产的，其公允价值与其账面价值的差额，计入营业外收入（营业外支出）；换出资产为存货的，应当作为销售处理，按其公允价值确认收入，同时结转相应的成本。其存货公允价值与账面价值的差额，计入营业外收入（营业外支出）；换出资产为长期股权投资的，其公允价值与其账面价值的差额，计入投资收益。

2）债权人确认和计量原则

债权人收到清偿债务的非现金资产时，应当对受让的非现金资产按其公允价值入账（包括发生的资产评估费、运杂费和保险费等），重组债权的账面余额与受让的非现金资产的公允价值之间的差额，确认为债务重组损失，作为营业外支出，计入当期损益。相关重组债权在满足金融资产终止确认条件时，予以终止确认。债权人已对债权计提减值准备的，应当先将上述差额冲减已计提的减值准备，冲减后仍有余额的计入营业外支出；冲减后，减值准备仍有余额的，应予转回并抵减当期资产减值损失。

对于增值税应税项目，若债权人不向债务人另行支付增值税，则增值税进税额可以冲减重组债权的账面余额；若债权人向债务人另行支付增值税，则增值税进项额不能冲减重组债权的账面余额。

3）非现金资产清偿债务的账务处理

A. 债务人以存货抵偿债务

债务人以库存材料、库存商品等存货抵偿债务，应视同销售，按公允价值确认商品销售收入，同时结转成本。重组债务的账面价值扣除存货的公允价值和增值税销项税后的差额，计入营业外收入。债权人应将债权的账面价值减去存货的公允价值和支付的相关税费确认为债务重组损失计入营业外支出。

【例 15-2】2012 年 1 月 10 日，B 公司销售商品给 A 公司，含税价款 380 000 元，商品已经发出，款项尚未收到。由于 A 公司经营环境变化、发生财务困难，短期内不能支付该项货款。2012 年 11 月 1 日，经双方协商，B 公司同意 A 公司以其生产的产品偿还债务。该产品的公允价值为 250 000 元，生产成本为 180 000 元。A 公司与 B 公司均为增值税一般纳税人，适用的增值税税率为 17%。2012 年 11 月 10 日，B 公司收到 A 公司抵债的产品，并作为库存商品入库；B 公司对该应收账款计提了 50 000 元的坏账准备。以上事项 A、B 公司应分别作会计分录：

A 公司（债务人）：

科目	借方	贷方
借：应付账款——B 公司	380 000	
贷：主营业务收入		250 000
应交税费——应交增值税（销项税额）		42 500
营业外收入——债务重组利得		87 500
借：主营业务成本	180 000	
贷：库存商品		180 000

B 公司（债权人）：

科目	借方	贷方
借：库存商品	250 000	
应交税费——应交增值税（进项税额）	42 500	
坏账准备	50 000	
营业外支出——债务重组损失	37 500	
贷：应收账款——A 公司		380 000

B. 债务人以固定资产抵偿债务

债务人以固定资产抵偿债务，应将固定资产的公允价值与其账面价值和清理费用的差额作为转让固定资产损益处理；将固定资产的公允价值与重组债务账面价值的差额作为债务重组利得处理。

债权人收到的固定资产，应按其公允价值加应支付的相关税费等作为受让固定资产的入账价值。将债权的账面价值减去受让固定资产的公允价值及支付的相关税费的差额确认为债务重组损失。

【例 15-3】2012 年 1 月 1 日，A 公司销售给 B 公司一批材料，价值 200 000 元，增值税 34 000 元。按购销合同协议，B 公司应于 2012 年 9 月 10 日前支付货款，但至 2012 年 11 月 10 日 B 公司尚未支付货款，并且短期内无法支付货款。2012 年 12 月 13 日，双方协议，A 公司同意 B 公司以一台设备偿还该项债务。设备账面原值 180 000 元，公允价值 200 000 元，已提折旧 50 000 元。A 公司对该项应收账款提取坏账准备 10 000 元。2012 年 12 月 20 日双方完成债务重组。

B 公司（债务人）：

① 将固定资产转入固定资产清理时：

借：固定资产清理	130 000	
累计折旧	50 000	
贷：固定资产		180 000

② 确认债务重组利得：

借：应付账款	234 000	
贷：固定资产清理		200 000
营业外收入——债务重组利得		34 000

③ 确认资产转让收益：

借：固定资产清理	70 000	
贷：营业外收入——处置固定资产利得		70 000

A 公司（债权人）：

借：固定资产	200 000	
坏账准备	10 000	
营业外支出——债务重组损失	24 000	
贷：应收账款		234 000

C. 债务人以股票、债券等金融资产抵偿债务

债务人以股票、债券等金融资产抵偿债务，应将股票、债券等金融资产的公允价值与其账面价值的差额，作为资产转让损益；重组债务的账面价值与股票、债券等金融资产公允价值的差额，作为债务重组利得。

债权人收到的金融资产的公允价值加上应支付的相关税费，作为其受让金融资产的成本；应收债权的账面价值减去受让金融资产的公允价值和支付的相关税费后的差额，确认为债务重组损失。

【例 15-4】2011 年 11 月 1 日，A 公司销售给 B 公司一批产品，价值 468 000 元（含税

价）。B公司当日开出6个月承兑的商业汇票，但在票据到期日，A公司没有收回该款项，且由于B公司发生财务困难，短期内无法收回。2012年6月1日，双方进行债务重组，A公司同意B公司以其拥有的、以公允价值计量且其变动计入当期损益的C公司股票抵偿债务，并于2012年6月10日办理了相关转让手续。该股票账面价值为450 000元，当日公允价值为420 000元，B公司将该股票作为交易性金融资产。债务重组前，A公司已将该应收票据转为应收账款，并提取坏账准备24 000元。债务重组完成日，A公司将取得的C公司股票作为以公允价值计量且其变动计入当期损益的金融资产。B公司已将应付票据转入应付账款。

B公司（债务人）：

① 计算债务重组利得：

应付账款的账面余额	468 000
减：股票的公允价值	420 000
债务重组利得	48 000

② 计算股票转让损益：

股票的公允价值	420 000
减：股票的账面价值	450 000
转让股票损益	−30 000

③ 作会计分录：

借：应付账款	468 000	
投资收益	30 000	
贷：交易性金融资产		450 000
营业外收入——债务重组利得		48 000

A公司（债权人）：

① 计算债务重组损失：

应收账款的账面余额	468 000
减：受让股票的公允价值	420 000
差额	48 000
减：已计提的坏账准备	24 000
债务重组损失	24 000

② 作会计分录：

借：交易性金融资产	420 000	
营业外支出——债务重组损失	24 000	
坏账准备	24 000	
贷：应收账款		468 000

3. 债务转为资本清偿债务

1）债务人的确认和计量原则

A. 债务人为股份有限责任公司

债务人为股份有限公司时，应当在满足金融负债终止确认条件时，终止确认重组债务，并将债权人因放弃债权而享有股份的面值总额确认为股本；股份公允价值总额与股本之间的差额作为资本公积；重组债务的账面价值与股份公允价值总额之间的差额作为债务重组利得，计入当期损益。

B. 债务人为其他企业

债务人为其他企业时，应当在满足金融负债终止确认条件时，终止确认重组债务，并将债权人因放弃债权而享有的股权份额确认为实收资本；股权公允价值与实收资本之间的差额确认为资本公积；重组债务的账面价值与股权公允价值之间的差额作为债务重组利得，计入当期损益。

2）债权人的确认和计量原则

在债务重组日，债权人应将债权转为股权，将重组债权的账面价值与因放弃债权而享有股权的公允价值的差额，先冲减已提取的减值准备，减值准备不足冲减的部分，或未提取减值准备的，将该差额确认为债务重组损失。对于因放弃债权而享有的股权按公允价值计量。债务重组中发生的相关税费，分别按照长期股权投资或者金融工具确认和计量等准则的规定进行处理。

【例 15-5】2012 年 6 月 1 日，A 公司应收 B 公司账款的账面余额为 60 000 元，由于 B 公司经营状况恶化，无法偿付应付账款。经双方协商，决定以债务转为股本的方式进行债务重组。B 公司普通股股票面值为 1 元，以 20 000 股抵偿该项债务，其股票每股市价为 2.5 元。A 公司对该项应收账款计提坏账准备 5 000 元。股票转让手续已办理完毕，A 公司将其作为长期股权投资。以上事项应分别作会计分录：

B 公司（债务人）：

借：应付账款	60 000	
贷：股本		20 000
资本公积——股本溢价		30 000
营业外收入——债务重组利得		10 000

A 公司（债权人）：

借：长期股权投资	50 000	
营业外支出——债务重组损失	5 000	
坏账准备	5 000	
贷：应收账款		60 000

4. 修改其他债务条件

以修改其他债务条件进行的债务重组，债务人和债权人应根据以下情况进行处理。

1）不附或有条件的债务重组

不附或有条件的债务重组是指在债务重组中不存在或有应付（应收）金额，该或有条件需要随未来某种事项出现而发生，并且该未来事项的出现具有不确定性。

A. 债务人的确认和计量原则

不附或有条件的债务重组，债务人应将修改其他债务条件后债务的公允价值作为重组后债务的入账价值；重组债务的账面价值与重组后债务的入账价值之间的差额，计入当期损益。

B. 债权人的确认和计量原则

不附或有条件的债务重组，债权人应当将修改其他债务条件后债权的公允价值作为重组后债权的账面价值，重组债权的账面余额与重组后债权的账面价值之间的差额，计入当期损益；如果债权人已对债权计提了减值准备的，应先冲减已计提的减值准备，减值准备不足以冲减的部分，作为债务重组损失，计入营业外支出。

【例 15-6】 2012 年 12 月 31 日，A 公司应收 B 公司票据的账面余额为 654 000 元，其中 54 000 元为累计应收利息，年利率 4%。由于 B 公司资金周转困难，不能偿付应于 2012 年 12 月 31 日前支付的应付票据。2013 年 1 月 1 日，双方进行债务重组。A 公司同意将债务本金减至 500 000 元，免去债务人所欠的全部利息，并将利率从 4%降低到 2%、将债务到期日延至 2014 年 12 月 31 日，利息按年支付。该项债务重组协议从协议签订日起开始实施。在债务重组之前，A 公司、B 公司已分别将应收、应付票据转入应收、应付账款。A 公司为该项应收款项计提坏账准备 50 000 元。以上事项应分别作会计分录：

B 公司（债务人）：

① 2013 年 1 月 1 日，债务重组时：

	借方	贷方
借：应付账款	654 000	
贷：应付账款——A 公司（债务重组）		500 000
营业外收入——债务重组利得		154 000

② 2013 年 12 月 31 日，支付利息时：

	借方	贷方
借：财务费用	10 000	
贷：银行存款		10 000

③ 2014 年 12 月 31 日，偿还本金和最后一年利息时：

	借方	贷方
借：应付账款——A 公司（债务重组）	500 000	
财务费用	10 000	
贷：银行存款		510 000

A 公司（债权人）：

① 2013 年 1 月 1 日，进行债务重组时：

	借方	贷方
借：应收账款——A 公司（债务重组）	500 000	
营业外支出——债务重组损失	104 000	
坏账准备	50 000	
贷：应收账款		654 000

② 2013 年 12 月 31 日收到利息时：

	借方	贷方
借：银行存款	10 000	
贷：财务费用		10 000

③ 2014 年 12 月 31 日，收到本金和最后一年利息时：

	借方	贷方
借：银行存款	510 000	
贷：财务费用		10 000
应收账款——A 公司（债务重组）		500 000

2）附有或有条件的债务重组

附有或有条件的债务重组是指在债务重组协议中附有或有应付条件的重组。或有应付金额是指依据未来某种事项出现而发生的支出。或有事项的出现具有不确定性的特点。

债务重组中的或有事项只能确认预计负债，不应确认或有负债或者或有资产。附有或有条件的债务重组中的债务人，在满足预计负债的确认条件时，可将或有应付金额确认为预计负债；附有或有条件的债务重组中的债权人，不应确认或有应收金额，只有在或有应收金额实际发生时，才能计入当期损益。

A. 债务人的确认和计量原则

修改其他债务条件进行的债务重组，修改后的条款如涉及或有应付金额，且该或有应付金额符合或有事项中有关预计负债确认条件的，债务人应当将该或有应付金额确认为预计负债。重组债务的账面价值与重组后债务的入账价值和预计负债金额之和的差额，作为债务重组利得，计入当期损益。或有应付金额在随后会计期间没有发生的，应当冲销已确认的预计负债，同时计入当期损益。

B. 债权人的确认和计量原则

以修改其他债务条件进行债务重组，修改后的债务条款中涉及或有应收金额的，不应当确认或有应收金额，不应将其计入重组后债权的账面价值。只有在或有应收金额实际发生时，才能计入当期损益。

【例 15-7】2009 年 12 月 31 日，A 公司从 B 公司购入商品 500 000 元，增值税率 17％，进项税额 85 000 元。A 公司签发为期 6 个月、年利率为 6％的商业承兑汇票。由于 A 公司发生亏损，资金周转困难，不能偿付到期的票据。2010 年 12 月 31 日，双方决定进行债务重组。B 公司同意将 A 公司所欠债务延长至 2012 年 12 月 31 日，同时免除积欠利息 17 550 元，并减少本金 100 000 元，且利率降至 3％，按年支付。该债务重组的附有或有条件是，债务重组后如果 A 公司自 2011 年起有盈利，则利率恢复为 6％。该项债务重组协议从协议签订日起开始实施。债务重组之前，A 公司、B 公司已分别将应收、应付票据转入应收、应付账款。以上事项应分别作会计分录：

A 公司（债务人）：

① 2010 年 12 月 31 日，债务重组时：

重组应付账款的账面价值＝585 000×（1＋6％）＝620 100（元）

重组应付账款的公允价值＝620 100－100 000－17 550 ＝502 550（元）

或有应付金额＝502 550×（6％－3％）×2＝30 153（元）

债务重组日债务重组利得＝620 100－502 550－30 153＝87 397（元）

借：应付账款——B 公司　　620 100

　　贷：应付账款——债务重组　　502 550

　　　　预计负债—— 预计重组损失　　30 153

　　　　营业外收入——债务重组利得　　87 397

② 2011 年 12 月 31 日，支付利息时：

若 A 公司 2011 年度没有取得盈利：

借：财务费用　　15 076.5

　　贷：银行存款　　15 076.5

若 A 公司 2011 年度有盈利：

借：财务费用　　15 076.5

　　预计负债——预计重组损失　　15 076.5

　　贷：银行存款　　30 153

③ 2012 年 12 月 31 日，支付本息时：

若 A 公司本年度及上年均无盈利：

借：应付账款——债务重组　　502 550

　　预计负债　　30 153

　　财务费用　　15 076.5

　　贷：银行存款　　517 626.5

　　　　营业外收入——债务重组利得　　30 153

若 A 公司本年度及上年均有盈利：

借：应付账款——债务重组　　502 550

　　预计负债　　15 076.5

　　财务费用　　15 076.5

　　贷：银行存款　　532 703

B 公司（债权人）：

① 2010 年 12 月 31 日债务重组时：

借：应收账款——债务重组　　502 550

　　营业外支出——债务重组损失　　117 550

　　贷：应收账款——A 公司　　620 100

② 2011 年 12 月 31 日收到利息时：

若 A 公司 2011 年度没有盈利：

借：银行存款　　15 076.5

　　贷：财务费用　　15 076.5

若 A 公司 2011 年度有盈利：

借：银行存款　　30 153

　　贷：财务费用　　30 153

③ 2012 年 12 月 31 日收到本金及本年利息时：

若 A 公司本年度及上年均无盈利：

借：银行存款　　517 626.5

　　贷：应收账款——债务重组　　502 550

　　　　财务费用　　15 076.5

若 A 公司本年度及上年均有盈利：

借：银行存款　　532 703

　　贷：应收账款——债务重组　　502 550

　　　　财务费用　　30 153

5. 混合重组方式

混合重组方式是指前述债务重组方式中两种或两种以上方式的组合，主要有以下几种混合方式。

(1) 以现金、非现金资产的组合进行债务重组。

(2) 以现金、债务转为资本两种方式的组合进行债务重组。

(3) 以现金、修改债务条件两种方式的组合进行债务重组。

(4) 以非现金资产、债务转为资本两种方式的组合进行债务重组。

(5) 以非现金资产、修改债务条件两种方式的组合进行债务重组。

(6) 以债务转为资本、修改债务条件两种方式的组合进行债务重组务。

(7) 以现金、非现金资产、债务转为资本三种方式的组合进行债务重组。

(8) 以现金、非现金资产、修改债务条件三种方式的组合进行债务重组。

(9) 以非现金资产、债务转为资本、修改债务条件三种方式的组合进行债务重组。

以混合方式清偿债务的账务处理，需要确定不同情况下的清偿顺序。一般而言，首先确认以现金清偿债务的金额；其次确认以非现金资产清偿或债务转换为资本方式清偿债务的金额；最后确认修改其他债务条件清偿债务的金额。无论是哪种组合方式，其组合中某一种情况下债务重组的账务处理方法，应遵循前述各种单独债务重组方式的账务处理方法进行。

【例 15-8】 A 公司和 B 公司均为增值税一般纳税人。2011 年 6 月 30 日 A 公司向 B 公司销售产品一批，产品销售价款 1 000 000 元，应收增值税销项税额 170 000 元；B 公司于当日开出面值 1 170 000 元、期限 6 个月、票面利率为 4%的商业承兑汇票。票据到期日，B 公司未按期兑付，A 公司将该应收票据按到期值转入应收账款，不再计算利息。至 2012 年 12 月 31 日，A 公司对该应收账款提取的坏账准备为 5 000 元。B 公司由于发生财务困难，短期内资金紧张，于 2012 年 12 月 31 日与 A 公司协商，达成债务重组协议如下：

B 企业以一批产品偿还部分债务，该批产品的账面价值为 20 000 元，公允价值为 30 000元，应交增值税税额为 5 100 元。B 公司开出增值税专用发票，A 公司将该产品作为商品验收入库；A 公司同意减免 B 公司所负全部债务扣除实物抵债后剩余债务的 40%，并将该部分债务的偿还期延至 2013 年 12 月 31 日。

B 公司（债务人）：

计算债务重组时应付账款的账面余额＝(1 000 000＋170 000)×(1＋4%÷2)

＝1 193 400（元）

计算债务重组后债务的公允价值＝［1 193 400－30 000×(1＋17%)］×60%

＝694 980（元）

计算债务重组利得＝1 193 400－35 100－694 980＝463 320（元）

根据以上计算结果作会计分录：

借：应付账款　　1 193 400

　贷：主营业务收入　　30 000

　　应交税费——应交所得税（销项税额）　　5 100

　　应付账款——债务重组　　694 980

　　营业外收入——债务重组利得　　463 320

借：主营业务成本　　20 000
　　贷：库存商品　　20 000

A 公司（债权人）：

计算债务重组损失＝1 193 400－35 100－694 980－5 000＝458 320（元）

借：库存商品　　30 000
　　应收账款——债务重组　　694 980
　　应交税费——应交增值税（进项税额）　　5 100
　　坏账准备　　5 000
　　营业外支出—债务重组损失　　458 320
　　贷：应收账款　　1 193 400

思考题

1. 举例说明债务重组的含义及债务重组方式。

2. 以非现金资产抵偿债务的会计处理有何特点？在进行相关会计处理时应当注意哪些问题？

3. 将债务转为资本的债务重组方式下，债务人和债权人在会计处理时应当注意哪些问题？

练习题

1. 2012 年 1 月 20 日，Z 公司销售一批材料给 B 公司，不含税价格为 200 000 元，增值税税率为 17%，增值税额 34 000 元。按合同约定，B 公司应于 2012 年 4 月 1 日前偿付货款。由于 B 公司发生财务困难，无法按合同规定的期限偿还债务，经双方协商于 2012 年 7 月 1 日进行债务重组。债务重组协议规定，Z 公司同意减免 B 公司 30 000 元债务，余额用现金立即偿清。Z 公司已于 2012 年 7 月 10 日收到 B 公司通过转账偿还的剩余款项。Z 公司已为该项应收债权计提了 20 000 元的坏账准备。

要求：根据以上资料编制债务重组双方公司相关会计分录。

2. Z 公司欠 B 公司货款 350 000 元。由于 Z 公司财务发生困难，短期内无法支付已于 2012 年 5 月 1 日到期的货款。2012 年 7 月 10 日，经双方协商，B 公司同意 Z 公司以其生产的产品偿还债务。该产品的公允价值为 200 000 元，实际成本为 120 000 元。Z 公司为增值税一般纳税人，适用的增值税税率为 17%。B 公司 2012 年 8 月 10 日收到 Z 公司抵债的产品，并作为产成品入库；B 公司为该项应收账款计提了 50 000 元的坏账准备。

要求：根据以上资料编制债务重组双方公司相关会计分录。

3. 2011 年 1 月 1 日，Z 公司销售给 B 公司一批材料，价值 400 000 元（包括应收取的增值税税额），按购销合同约定，B 公司应于 2011 年 10 月 31 日前支付货款，但至 2012 年 1 月 31 日 B 公司仍未支付，并且由于 B 公司发生财务困难，短期内不能支付该款项。2012 年 2 月 3 日，经过协商，Z 公司同意 B 公司以一台设备偿还债务。该项设备的账面原值为 350 000 元，已提折旧 50 000 元，公允价值为 360 000 元（假设公司转让该项设备不需要交纳增值税）。Z 公司对该项应收账款提取坏账准备 20 000 元。该设备已于 2012 年 3 月 10 日运抵 Z 公司。

要求：根据以上资料编制债务重组双方公司相关会计分录。

4. 2011 年 7 月 1 日，Z 公司销售给 B 公司一批产品，价值 450 000 元（包括应收取的增值税税额），B 公司于当日开出 6 个月承兑的不带息商业汇票，面值 450 000 元。B 公司于 2011 年 12 月 31 日没有兑付票据款项，并且由于 B 公司发生财务困难，短期内不能支付货款。经与 Z 公司协商，Z 公司同意 B 公司以其所拥有并以公允价值计量且其变动计入当期损益的 Y 公司股票抵偿债务。该股票的账面价值为 400 000 元（为取得时的成本），公允价值 380 000 元，B 公司将该股票作为可供出售金融资产。用于抵债的股票已于 2012 年 1 月 22 日办理了相关转让手续，Z 公司将取得的股票作为以公允价值计量且其变动计入当期损益的金融资产。Z 公司已将该项应收票据转入应收账款，并为该项应收账款提取了坏账准备 40 000 元。乙公司已将应付票据转入应付账款。

要求：根据以上资料编制债务重组双方公司相关会计分录。

5. 2012 年 12 月 31 日，Z 公司应收 B 公司商业汇票的账面价值为 612 000 元，其中，12 000 元为累计应收的利息，票面年利率为 4%。由于 B 公司连年亏损，资金周转困难，不能偿付应于 2012 年 12 月 31 日支付的应付票据。经双方协商，于 2013 年 1 月 1 日进行债务重组。Z 公司同意将该债务本金减至 500 000 元；免去债务人所欠的全部利息；将利率从 4%降低到 3%，并将债务到期日延长至 2014 年 12 月 31 日，利息按年支付。该项债务重组协议从协议签订日起开始实施。Z 公司已将应收票据转为应收账款，B 公司已将应付票据转为应付账款。Z 公司已为该项应收账款计提坏账准备 50 000 元。

要求：根据以上资料编制债务重组双方公司相关会计分录。

6. 2012 年 1 月 20 日，Z 公司销售一批材料给 B 公司，其价款与增值税进项税额合计数为 1 170 000 元，按合同规定，B 公司应于 2012 年 4 月 1 日前偿付货款。由于 B 公司发生财务困难，到期无法按合同规定的期限偿还债务，经双方协议于 7 月 1 日进行债务重组。经双方协商同意，采取债务转为股本的方式进行债务重组。假设 B 公司普通股的面值为 1 元，B 公司以 100 000 股抵偿该项债务，股票每股市价为 8 元。Z 公司对该项应收账款计提了坏账准备 100 000 元。股票登记手续已办理完毕，Z 公司对其作为长期股权投资处理。假定不考虑整个过程发生的相关税费。

要求：根据以上资料编制债务重组双方公司相关会计分录。

第十六章

所有者权益

第一节　概述

1. 所有者权益的概念和来源

企业要维持正常的生产经营活动，实现持续发展，必须要有一定量的资产作为基础。企业的资产主要有两个来源，一是投资人投入，二是债权人投入。投资人和债权人为企业提供了生存和发展所需的资产，他们对企业的资产就享有要求权。这种要求权从会计学的角度称之为“权益”。属于投资人的权益，称之为所有者权益；属于债权人的权益，称之为负债。从资产负债表要素的关系看，所有者权益是指企业资产扣除负债后由投资人享有的剩余权益。在公司制企业中，所有者权益也称作股东权益。

企业所有者权益主要有三个来源：投资人投入的资本、直接计入所有者权益的利得和损失以及留存收益。

(1) 投资人投入的资本。投资人向企业投入各项财产物资后，形成企业的实收资本（有限责任公司）或股本（股份有限公司），如企业创立之初投入的资本、后续增资扩股的新增资本等。

(2) 直接计入所有者权益的利得和损失。直接计入所有者权益的利得和损失是指不应计入当期损益、会导致所有者权益发生增减变动的、与所有者投入资本或者向所有者分配利润无关的利得或者损失。例如，在可供出售金融资产的后续计量中，按规定应计入所有者权益的部分；自用房地产或存货转换为按公允价值模式计量的投资性房地产时，其账面价值低于转换日公允价值的部分中按规定应计入所有者权益的部分等。

(3) 留存收益。留存收益是指企业从历年经营所得的净收益中提取的、留存于企业的各项积累资金，包括盈余公积和未分配利润两种形式。

2. 所有者权益的内容

所有者权益通常包括四部分内容：实收资本（股本）、资本公积、盈余公积和未分配利润。

(1) 实收资本（股本）。实收资本是投资人实际投入企业、用于日常生产经营活动的各种财产物资形成的权益。

(2) 资本公积。资本公积是企业收到投资人投入、超过其在企业注册资本中所占份额的部分，以及直接计入所有者权益的利得和损失等。

(3) 盈余公积。盈余公积是企业提取的各项公积金，包括法定盈余公积和任意盈余公积。

(4) 未分配利润。未分配利润是企业留于以后年度分配的利润或尚未明确用途的利润。

3. 所有者权益的特点

虽然所有者权益和负债都属于“权益”，但二者却有着本质上的区别，其特点主要体现在以下四个方面。

(1) 权益性质不同。所有者权益是投资人向企业投入资产后所享有的资产权利，以及资产运营所产生的盈余权利，同时，也意味着企业向投资人承担的经济责任。负债是债权人向企业提供债权资金后所享有的收回本金和利息的权利，同时意味着企业向债权人承担的经济责任。

(2) 权益内容不同。投资人具有参与企业经营管理和委托他人经营管理企业的权利，以及按投资比例分享利润的权利。当然，如果企业经营出现亏损，投资人也同样有承担亏损的义务等。但投资人对企业资产没有优先求偿权，只对资产减去负债后的剩余资产有要求权，是一种滞后的权利。债权人的权益是到期收回本金和约定的利息，不享有其他权益，但债权人对企业的资产具有优先求偿权。

(3) 权益收益形式不同。投资人权益收益的形式主要是分享税后利润，债权人权益收益的形式是按约定的条款收取利息。由于符合所得税税前扣除条件的利息可以作为税前费用扣除，因而，债权人权益收益是企业的一种税前费用，可以起到抵减税收的作用。

(4) 权益期限不同。在持续经营情况下，投资人投入企业的资本不能随意抽回，企业也没有义务将投资人投入的资本退还给投资人。投资人投入企业的资本是一种没有期限的永久性投资。如果投资人拟撤资，只能依法进行转让。而债权人投入企业的资本是一种有明确期限的债务，企业必须按照约定的时间向债权人偿还本金和利息。

由此可见，虽然企业的资产由投资人和债权人共同出资形成，但是债权人承担的风险较小，而投资人承担的风险较大，并对企业的经营活动承担着最终风险。

第二节　实收资本

1. 实收资本的概念

实收资本（股本）是投资人实际投入企业的资本，实收资本金额应与公司法定的注册资本金额相等。实收资本既是企业从事生产经营活动的基本资金来源，也是对债权人偿还债务的基本法律保障。

我国相关法律规定，在设立企业之初投资人必须投入资本，且必须是符合国家规定的、与其生产规模和服务规模相适应的资本数额，即企业在工商行政管理部门注册的资本金额不得低于其法定资本的最低限额。投资人向企业投入的资本，一般情况下无须偿还，企业可以长期周转使用。实收资本的构成比例，即投资人的出资比例或股东的股份比例，通常是确定投资人在企业所有者权益中所占份额和参与企业财务经营决策的基础，也是企业进行利润分配或股利分配的依据，同时，还是企业清算时确定投资人对净资产要求权的依据。

我国目前实行的注册资本金制度，要求企业的实收资本（股本）在全部缴足之后应当与其注册资本一致。投资人投入的资本超过其在注册资本中所占的份额，不包括在实收资本（股本）中，作为资本溢价（股本溢价）处理。

2. 账户设置和账务处理

1）账户设置

“实收资本”属于所有者权益类账户。企业收到投资人实际投入企业的资产价值、资本公积和盈余公积转增资本时，记入贷方；按规定程序实际减少资本时，记入借方；该账户余额在贷方，反映投资人实际投入企业的资本余额。该账户下应按投资人名称设置明细账。

“股本”属于所有者权益类账户。企业按照核定的股份总额发行股票时，以面值记入贷方；按规定程序批准核销股票时，以面值记入借方；该账户余额在贷方，反映发行在外股票的面值。该账户下应按投资人名称设置明细账。同时，公司还应将核定的股本总额、股份总数、每股面值在股本账户中作备查记录。

“资本公积”属于所有者权益类账户。企业接受投资人投入的超过其在注册资本中所占份额的出资部分、直接计入所有者权益的利得等，在发生时记入贷方；资本公积转为实收资本（或股本）时，记入借方；该账户余额在贷方，反映企业资本公积的实际余额。该账户下应按资本公积的种类设置明细账。

“盈余公积”属于所有者权益类账户，企业按一定比例从净利润提取法定盈余公积和任意盈余公积时，记入贷方；以盈余公积转增资本、弥补亏损或进行利润分配时，记入借方；该账户余额在贷方，反映企业盈余公积的余额。

2）账务处理

A. 企业创立阶段

不同类型的企业在创立阶段对投资人投入资本的账务处理略有不同。有限责任公司的股东可以货币资金出资，也可以实物、知识产权、土地使用权等可以用货币估价并可以依法转让的非货币财产作价出资，法律和行政法规规定不得作为出资的财产除外。对作为出资的非货币财产应当评估作价，核实财产，不得高估或低估作价。全体股东的货币资金出资金额不得低于有限责任公司注册资本的 30%。有限责任公司在创立阶段，投资人按照合同、协议或者公司章程投入企业的资本，应全部计入“实收资本”账户。

股份有限公司发起人的出资方式与有限责任公司股东的出资方式要求一致。股份有限公司是将公司的全部资本划分为等额股份，通过发行股票的方式来筹集资本；股东以其所认购的股份对公司承担有限责任。股票面值与股份总数的乘积为股本，股本应与企业的注册资本数额相一致。

由于股票可以面值发行，也可以溢价发行，因而，股份有限公司发行股票取得的收入与股本总额往往不一致。公司发行股票取得的收入大于股本总额的，称为溢价发行；小于股本总额的，称为折价发行（目前我国相关法规规定，企业不能折价发行公司股票）；等于股本总额的，称为面值发行。在溢价发行股票的情况下，企业应将相当于股票面值的部分计入“股本”账户，其余部分称为股本溢价，计入“资本公积”。企业发行股票支付的手续费或佣金、股票印制成本等，减去发行股票冻结期间产生的利息收入的差额，从股票发行的溢价收入中扣除；溢价不足扣除或无溢价的，计入当期损益。

【例 16-1】甲、乙、丙三位投资人共同出资成立 A 有限责任公司，注册资本为 1 000 000 元。各投资人的出资方式和金额分别为：甲——现金 500 000 元，乙——专利权 200 000 元，丙——机器设备 300 000 元，并在公司成立时足额投入。以上应作会计分录：

借：银行存款	500 000	
无形资产	200 000	
固定资产	300 000	
贷：实收资本——甲		500 000
——乙		200 000
——丙		300 000

【例 16-2】G 股份有限公司通过发行股票筹集资金，发行普通股股票 10 000 000 股，面值 1 元，发行价 8 元，股票发行共取得货币资金 80 000 000 元。同时，发行过程发生相关费用共计 100 000 元。以上事项应作会计分录：

借：银行存款	79 900 000	
贷：股本		10 000 000
资本公积——股本溢价		69 900 000

B. 实收资本增减变动

在持续经营期间，由于生产经营需要，企业还可以增加或者减少实收资本。实收资本的增减变动必须严格遵守相关法律法规，企业不得私自增减实收资本数额。《中华人民共和国公司登记管理条例》有关条款规定，公司增加注册资本的，有限责任公司股东认缴新增资本的出资和股份有限公司的股东认购新股，应当分别依照《中华人民共和国公司法》设立有限责任公司交纳出资和设立股份有限公司交纳股款的有关规定。公司法定公积金转增为注册资本的，验资证明应当载明留存的该项公积金不少于转增前公司注册资本的 25%。公司减少注册资本的，应当自公告之日起 45 日后申请变更登记，并应当提交公司在报纸上登载公司减少注册资本公告的有关证明和公司债务清偿或者债务担保情况的说明。公司减资后的注册资本不得低于法定最低限额；公司变更实收资本的，应当提交依法设立的验资机构出具的验资证明，并应当按照公司章程载明的出资时间、出资方式交纳出资。公司应当自足额交纳出资或者股款之日起 30 日内申请变更登记。

(1) 实收资本（或股本）的增加。企业增加实收资本的主要途径包括：投资人增加投入、资本公积转增资本（股本）、盈余公积转增资本（股本）等。此外，还可通过发放股票股利、可转换公司债券行使转换权、重组债务转为资本、以权益结算的股份支付等途径实现增资。

① 投资人增加投入。企业可以通过投资人增加投入的方式增加注册资本，投资人既可以是原来的投资人也可以是新的投资人。股份有限公司通过发行新股方式完成增资，其

账务处理与创立时股东投入资本相同。有限责任公司以及其他类型的企业，原投资人按其认购的增加注册资本的金额全额出资，不形成资本溢价；新投资人投入的资本通常会超过其按约定比例计算的在新的注册资本中所占的份额，超出的部分作为资本溢价计入资本公积。

【例 16-3】 2011 年 1 月 1 日，甲、乙、丙三位投资人共同出资成立有限责任公司 A，公司注册资本 6 000 000 元。甲、乙、丙三位投资人的出资额分别是 3 000 000 元、2 000 000 元和 1 000 000 元。公司成立当年积累未分配利润 1 200 000 元。2012 年 1 月 1 日，公司拟新增注册资本 2 000 000 元，并接收丁作为新的投资人。双方协商，丁投入 3 000 000 元取得公司 25%的股权。以上事项应作会计分录：

借：银行存款　　3 000 000
　贷：实收资本——丁　　2 000 000
　　资本公积——资本溢价　　1 000 000

② 资本公积转增资本。企业可以通过将资本公积转为实收资本或股本的方式增加资本。转增时，应按转增前各投资人持股的同一比例计算转增份额。

【例 16-4】 2009 年 1 月 1 日，A 股份有限公司注册成立，公司注册资本 20 000 000 元。2012 年 12 月 31 日，公司将积累的资本公积 10 000 000 元转增资本。转增资本前，公司共有甲、乙、丙三位股东，分别持有公司 50%、30%和 20%的股份。以上事项应作会计分录为

借：资本公积——股本溢价　　10 000 000
　贷：股本——甲　　5 000 000
　　　——乙　　3 000 000
　　　——丙　　2 000 000

③ 盈余公积转增资本。企业可以通过将盈余公积转为实收资本或股本的方式增加资本。转增时应作会计分录：

借：盈余公积
　贷：实收资本（股本）

④ 发放股票股利。股份有限公司可以通过发放股票股利的形式增加资本。发放股票股利时，应按照股东原来持有的股数分配。同时，既可以用以前年度结余的法定盈余公积分配，也可以用当年实现的未分配利润分配。发放股票股利时应作会计分录：

借：盈余公积（或利润分配——未分配利润）
　贷：股本

⑤ 其他形式的资本增加。其他形式的资本增加，包括可转换公司债券行使转换权、重组债务转为资本等，其账务处理参见本教材相关章节内容。

(2) 实收资本减少。按照《中华人民共和国公司法》相关条款的规定，企业不能自行减少注册资本。企业减少注册资本大致有两个原因：一是资本过剩；二是发生重大亏损而需要减少实收资本。企业因资本过剩而减资，一般要发还股款。有限责任公司及其他类型企业按法定程序报经批准减少注册资本、发还股款时应作会计分录：

借：实收资本
　贷：银行存款

股份有限公司采用发行股票方式筹集资本，可以在公司法规定的股份有限公司最低注册资本以上的范围内减资，减少注册资本时通常采取股份回购的方式来完成，即以公司出资收购在外流通股票的方式实现。采取收购本公司股票方式减资，应按注销股票的面值总额减少股本，收购支付的价款超过面值总额的部分，依次减少资本公积中的股本溢价、盈余公积和未分配利润；收购支付的价款低于面值总额的差额，计入资本公积。通过股份回购来减少注册资本通常要经过两个步骤完成，第一步是回购股份，第二步是注销库存股。股份有限公司要设置“库存股”账户对股票回购、注销进行核算。该账户属于资产类账户。股份有限公司因减少注册资本而回购本公司股份时，将实际支付的价款记入借方；注销库存股时，将注销库存股的账面价值记入贷方；该账户的余额在借方，反映已经回购但尚未注销的库存股的实际余额。

【例 16-5】 截至 2012 年 12 月 31 日，A 公司发行的普通股股票共计 10 000 000 股，每股面值 1 元，股本溢价 5 000 000 元，盈余公积 2 000 000 元。经公司股东大会批准，2013 年 3 月 20 日回购本公司股票 2 000 000 股并注销，回购价格为每股 4 元；2013 年 6 月 10 日，再次回购 1 000 000 股并注销，回购价格为每股 0.8 元。以上事项应分别作会计分录：

① 2013 年 3 月 20 日，回购股票时：

借：库存股　　8 000 000
　　贷：银行存款　　8 000 000

② 注销库存股时：

借：股本　　2 000 000
　　资本公积——股本溢价　　5 000 000
　　盈余公积　　1 000 000
　　贷：库存股　　8 000 000

③ 2013 年 6 月 10 日，再次回购股票时：

借：库存股　　800 000
　　贷：银行存款　　800 000

注销库存股时：

借：股本　　1 000 000
　　贷：库存股　　800 000
　　　　资本公积　　200 000

第三节　资本公积

1. 资本公积的概念和来源

资本公积是企业收到投资人投入的超过其在注册资本（或股本）中所占份额的部分，以及直接计入所有者权益的利得和损失等。投资人投入的超过其在注册资本（或股本）中所占份额的部分形成资本溢价（股本溢价）。

资本溢价，通常是有限责任公司在新增投资人时，其投入的资本超过其在企业增资后注册资本中约定所占份额的部分。股本溢价是指股份有限公司发行股票时，股票发行价大于股票面值的差额。直接计入所有者权益的利得和损失是指不应计入当期损益、会导致所有者权益发生增减变动、与所有者投入资本或者向所有者分配利润无关的利得和损失。利得导致资本公积的增加，损失导致资本公积的减少。

2. 账务处理

1）资本溢价

一般而言，有限责任公司及其他非公司制企业在创立初期，投资人只按照其认资额出资，全体投资人的投资总额之和等于实收资本，不产生资本溢价。但在企业重组并有新的投资人加入时，为了维护原有投资人的权益，企业一般会要求新加入的投资人实际投入的资本大于其在实收资本中所占的份额，超出的部分作为全体投资人共同享有的资本公积。实际上，资本溢价是新加入的投资人对原有投资人进行的一种补偿。资本溢价的账务处理参见本章第二节相关内容。

2）股本溢价

股本溢价是指股份有限公司发行股票时，股票发行价大于股票面值的差额。股本溢价的账务处理参见本章第二节相关内容。

3）采用权益法核算的长期股权投资

长期股权投资采用权益法核算，在持股比例不变的情况下，被投资单位除净利润以外的其他所有者权益项目的变动（如被投资单位资本公积发生增减变动等），投资人应按其持股比例计算自己应享有的被投资单位资本公积增减变动的份额。如果被投资单位的资本公积增加，投资人应按持股比例增加资本公积，如果被投资单位的资本公积减少，投资人应按持股比例减少资本公积。

借：长期股权投资

　　贷：资本公积——其他资本公积

如果被投资单位的资本公积减少，投资人也应按持股比例减少资本公积，并按应享有的被投资单位资本公积增加的份额，作相反会计分录。

4）其他资本公积

其他资本公积，包括以权益结算的股份支付、存货或自用房地产转换为投资性房地产、可供出售金融资产公允价值的变动、金融资产的重新分类、可供出售外币非货币性项目的汇兑差额及可转换公司债券产生的资本公积的账务处理，参见本教材相关章节内容。

第四节　留存收益

1. 留存收益的概念

留存收益是企业从其经营所得的净利润中提取的、留存于企业内部的盈余积累，是企业通过经营所得形成的资本增值。留存收益包括盈余公积和未分配利润。

按《中华人民共和国公司法》相关条款的规定，企业经营所得的净利润在向投资人进行利润分配之前，必须提取一定比例的净利润留存于企业，称为法定盈余公积。除按法律规定的比例提取盈余公积外，企业还可按自行设定的比例再提取一定数量的盈余公积，称为任意盈余公积。

未分配利润是企业尚未分配或尚未明确用途的利润。

2. 留存收益的来源及用途

1）留存收益的来源

《中华人民共和国公司法》第一百六十七条规定："公司分配当年税后利润时，应当提取利润的百分之十列入公司法定盈余公积金。公司法定公积金累计金额为公司注册资本的百分之五十以上的，可以不再提取。"公司在计算法定盈余公积的提取基数时，不包括年初未分配利润。以前年度存在超过亏损弥补期限仍未弥补的亏损，且以前年度计提的盈余公积不足以弥补的，在提取法定盈余公积之前，应先用当年净利润弥补亏损。当年法定盈余公积计提基数计算公式：

当年法定盈余公积计提基数＝当年净利润－（以前年度未弥补亏损数额
－以前年度盈余公积补亏）

任意盈余公积的提取比例由企业股东大会或类似机构决定。

未分配利润是企业留待以后年度进行分配或尚未明确用途的历年留存的利润积累。未分配利润有两层含义：一是留待以后年度分配的利润；二是尚未指定用途的利润。从数量上，期末未分配利润等于期初未分配利润加本期留存的未分配利润，本期留存的未分配利润等于本期净利润减去提取的各项盈余公积和向投资人分配利润后的余额。其计算公式如下：

期末未分配利润＝期初未分配利润＋本期留存的未分配利润

本期留存的未分配利润＝本期净利润－提取的法定盈余公积
－提取的任意盈余公积－向投资人分配的利润

由于盈余公积和未分配利润都是企业经营所得并留存于企业内部的净利润，因而统称留存收益。

2）留存收益的用途

A. 盈余公积的主要用途

（1）弥补亏损。企业发生亏损时，应当自行弥补。企业弥补亏损的渠道主要包括三个：一是用以后年度税前利润弥补。按照现行有关制度规定，企业发生亏损时，可以亏损后五年内实现的税前利润弥补。二是用以后年度税后利润弥补。企业发生的亏损经用五年税前利润弥补，仍有差额的，可用五年之后的税后利润继续弥补。三是以盈余公积弥补亏损。企业以提取的盈余公积弥补亏损时，应当由公司董事会提议，并经股东大会或类似机构批准。

（2）转增资本（股本）。经股东大会或类似机构批准，盈余公积可以用来转增资本。盈余公积转增资本时应注意：第一，先办理增资手续；第二，按投资人原有的持股比例转增；第三，法定盈余公积转增资本时，转增后留存的盈余公积金不得少于转增前注册资本的25％。

（3）分配现金股利或利润。当企业未分配利润较少，但积累了较多的盈余公积，且不存在未弥补亏损，经股东大会或类似机构批准，可以盈余公积发放现金股利或利润。

（4）用于扩大再生产。通常情况下，盈余公积的资产表现是货币资金。提取盈余公积，只是企业利润分配的一个去向。事实上，无论盈余公积的用途如何，它已经用于企业的扩大再生产，参加了经营资金的周转过程。

任意盈余公积的用途由股东大会或类似机构决定。

B. 未分配利润的用途

未分配利润是企业尚未分配或尚未明确用途的利润。由于未分配利润是企业所得税后的利润积累，因而，其可用于以后年度的利润分配、弥补以后年度亏损等。

3. 账户设置和账务处理

1）账户设置

“盈余公积”属于所有者权益类账户。企业从税后利润中提取各项盈余公积时，记入贷方；以盈余公积转增资本、弥补亏损等时记入借方；该账户的期末余额在贷方，反映企业提取的、尚未使用的盈余公积余额。公司制企业及一般企业应在该账户下设“法定盈余公积”“任意盈余公积”两个明细账户；外商投资企业还应分别设置“储备基金”“企业发展基金”等明细账户。

“本年利润”属于所有者权益类账户。期末，将全部收入类账户的发生额转入贷方；将全部费用类账户的发生额转入借方；若贷方发生额大于借方发生额，即为企业本期获得的利润，若贷方发生额小于借方发生额，即为企业本期发生的亏损。年终，该账户无论是贷方余额或借方余额，均应转入“利润分配——未分配利润”账户，结转后，“本年利润”账户无余额。

“利润分配”属于资产类账户。企业提取盈余公积、向投资人分配利润等时，记入借方；将本年实现的净利润从“本年利润”账户转来时在贷方；期末可能出现借方余额，也可能出现贷方余额。其借方余额反映企业历年发生的、尚未弥补的亏损累计金额，贷方余额反映企业历年积累、尚未分配或尚未明确用途的利润金额。该账户应按利润分配去向设置明细账，包括“提取法定盈余公积”“提取任意盈余公积”“向投资人分配利润”和“未分配利润”等。

2）账务处理

期末，企业应将各损益类账户的发生额转入“本年利润”账户。结转后，“本年利润”的贷方余额为当期实现的净利润，借方余额为当期实现的净亏损；年度终了，将“本年利润”发生额全部转入“利润分配——未分配利润”账户。同时，将“利润分配”账户所属的其他明细账户的发生额，转入“未分配利润”明细账户。结转后，“利润分配”账户的其他明细账无余额。“利润分配——未分配利润”账户的贷方余额，即为本年的未分配利润；如为借方余额，则为未弥补亏损金额。

【例 16-6】 2012 年 1 月 1 日，A 股份有限公司发行的普通股股数为 50 000 000 股，每股面值 1 元，“利润分配——未分配利润”为贷方余额 10 000 000 元；2012 年公司实现净利润 15 000 000 元。2012 年度终了，经股东大会批准，公司按照 10%比例提取法定盈余公积，按 5%比例提取任意盈余公积，同时向股东派发每股 0.1 元的现金股利，并按每股 10 送 3 的比例派发股票股利。以上事项应分别作会计分录：

① 年终结转本年实现净利润：

借：本年利润　　15 000 000

　　贷：利润分配——未分配利润　　15 000 000

② 提取盈余公积时：

借：利润分配——提取法定盈余公积 1 500 000
　　　　　　——提取任意盈余公积 750 000
　　贷：盈余公积——法定盈余公积 1 500 000
　　　　　　　　——任意盈余公积 750 000

③ 计算现金股利时：

借：利润分配——向投资人分配现金股利 5 000 000
　　贷：应付股利 5 000 000

④ 发放股票股利时：

借：利润分配——向投资人分配股票股利 15 000 000
　　贷：股本 15 000 000

⑤ 结转"利润分配"各明细账户发生额：

借：利润分配——未分配利润 22 250 000
　　贷：利润分配——提取法定盈余公积 1 500 000
　　　　　　　　——提取任意盈余公积 750 000
　　　　　　　　——向投资人分配现金股利 5 000 000
　　　　　　　　——向投资人分配股票股利 15 000 000

2012 年年末，A 公司"利润分配——未分配利润"账户的期末贷方余额为

"利润分配——未分配利润"账户的期末贷方余额＝（10 000 000＋15 000 000）－（1 500 000＋750 000＋5 000 000＋15 000 000）＝2 750 000（元）

思考题

1. 所有者权益的来源和内容分别是什么？
2. 与负债相比，所有者权益有哪些特点？
3. 企业增加资本的途径主要包括哪些？
4. 企业的资本公积主要有哪些来源？
5. 企业的留存收益主要有哪些用途？

练习题

1. 2012 年 5 月 25 日，Z 公司由三位投资人出资设立，注册资本 5 000 000 元。投资人甲以 2 000 000 元现金出资，投资人乙以一项评估价 2 000 000 元的土地使用权出资，投资人丙以一台价值 1 000 000 元的机器设备出资。公司注册登记时，所有资产已全部到位。

要求：根据以上资料编制 Z 公司接受投资的会计分录。

2. 2012 年 6 月 5 日，Z 公司对外公开发行 100 000 000 普通股募集资本，每股面值 1 元，发行价格 6.5 元。证券承销商按发行收入 2%的比例收取费用。Z 公司还支付其他与证券发行有关的费用 1 000 000 元。公司已募足全部股款并收存银行。

要求：根据以上资料编制 Z 公司发行股票的会计分录。

3. 2011 年 12 月 31 日，Z 公司的股本为 10 000 000 股，面值为 1 元，资本公积（股本溢价）为 30 000 000 元，盈余公积 40 000 000 元。经股东大会批准，公司以现金回购本公司股票 2 000 000 股并注销，回购价格每股 3 元。

要求：根据以上资料编制 Z 公司股票回购的会计分录。

4. Z 公司通过内部融资方式增加 30 000 000 元注册资本。增资方式包括资本公积转增资本 15 000 000 元，发放股票股利 15 000 000 元，其中通过盈余公积发放股票股利 10 000 000元，未分配利润发放股票股利 5 000 000 元。

要求：根据以上资料编制 Z 公司增加股本的会计分录。

5. Z 公司发行普通股股数为 100 000 000 股，每股面值 1 元。2011 年年初未分配利润为贷方余额 10 000 000 元，2011 年实现净利润 50 000 000 元。经股东大会批准，Z 公司按照 10%的比例提取法定盈余公积，按 6%的比例提取任意盈余公积，同时向股东派发每股 0.2 元的现金股利。2012 年 3 月 10 日，公司已经支付了所有的现金股利。

要求：根据以上资料编制 Z 公司利润分配的会计分录。

第十七章 收入

第一节 概述

1. 收入的概念及分类

收入是指企业在日常活动中所形成的、会导致所有者权益增加的、与所有者投入资本无关的经济利益的总流入，包括销售商品收入、劳务收入、让渡资产使用权收入、利息收入、租金收入、股利收入等，但不包括为第三方或客户代收的款项。收入有以下分类。

1）按企业从事主营业务活动的性质分类

按企业从事主营业务活动的性质分类，收入可分为销售商品收入、提供劳务收入、让渡资产使用权收入、建造合同收入等。

（1）销售商品收入。销售商品收入，指企业通过销售商品实现的收入，如制造业企业生产并销售产品所取得的收入、商品流通企业销售商品所取得的收入等。

（2）提供劳务收入。提供劳务收入，指企业通过提供劳务所取得的收入，如交通运输企业通过提供交通运输服务所取得的收入、工程安装企业通过提供设备安装所取得的收入。

（3）让渡资产使用权收入。让渡资产使用权收入，指企业通过让渡资产使用权所取得的收入，如租赁公司出租资产收取的租赁费收入、企业委托银行贷出货币资金收取的利息收入等。

（4）建造合同收入。建造合同收入，指建筑施工企业承担建造合同所得的收入。

2）按收入在企业经营活动中的重要性分类

（1）主营业务收入。主营业务收入，指企业从事的主要生产经营活动所取得的收入，如制造业企业销售产品取得的收入、商品流通企业销售商品取得的收入、交通运输企业通过提供交通运输劳务取得的收入等。

（2）其他业务收入。其他业务收入，指企业从事的非主要生产经营活动所取得的收入，如制造业企业在销售产品以外，通过其他业务活动取得的收入；商品流通企业在销售商品以外，通过其他业务活动取得的收入；交通运输企业在提供交通运输劳务以外，通过其他业务活动取得的收入等。

2. 收入的特点

1）收入从企业的日常活动中产生，而不是从偶发的交易或事项中产生

日常活动是指企业为完成其经营目标所从事的主营业务活动以及与之相关的活动。企业经营活动的主体部分应当是为完成其经营目标所进行的主营业务活动，如制造业企业生产并销售产品、商品流通企业购进和销售商品等。企业还有一些经营活动与主营业务活动相关，如转让无形资产使用权、利用闲置资金对外投资等。以上无论哪种经营活动产生的经济利益的总流入都构成收入。

除此之外，企业还会发生一些与主营业务活动关联程度不高的活动，如处置固定资产、无形资产等，由此产生的经济利益的总流入不构成收入，应确认为营业外收入。

2）收入必然导致企业所有者权益的增加

收入无论表现为收入的增加还是负债的减少，根据“资产＝负债＋所有者权益”的会计恒等式，最终必然导致所有者权益的增加。不符合这一特点的经济利益流入，不能确认为收入。例如，企业代收代付的税款、旅行社代客户购买门票、飞机票等收取的票款等，这些款项应作为暂收应付款确认为负债。

3）收入是与投资人投入资本无关的经济利益总流入

收入是企业开展生产经营活动获得的经济利益流入，不包括投资人向企业投入资本导致的经济利益流入。投资人向企业投入资本，在增加资产的同时，增加所有者权益，不能确认为收入。

第二节 销售商品收入

1. 销售商品收入的确认条件

1）企业已将商品所有权上的主要风险和报酬转移给购货方

与商品所有权有关的风险是指商品可能由于滞销、减值或毁损等原因产生的不能继续带来收入的风险；与商品所有权有关的报酬是指通过商品增值或使用等形成的未来经济利益。如果与商品所有权有关的任何风险和损失均不需要销售方承担，与商品所有权有关的任何经济利益也不归销售方所有，就意味着商品所有权上的主要风险和报酬已经从销售方转移给了购货方。与商品所有权有关的主要风险和报酬是否转移，有以下几种情况：

（1）判断企业是否已将商品所有权上的主要风险和报酬转移给购货方，应当关注商品交易的实质，如商品所有权凭证是否转移或实物是否交付。通常情况下，商品所有权凭证转移或交付实物后，与商品所有权有关的风险和报酬也随之转移，如销售商品时，钱货两清的情况。

（2）销售方已将商品所有权凭证或实物交付给购货方，商品所有权上的主要风险和报酬也随之转移，销售方只保留了商品所有权上的次要风险，也应当视同商品所有权上的主要风险和报酬已经转移给购货方，如交款提货销售方式。

（3）销售方已将商品所有权凭证或实物交付给购货方，但商品所有权上的主要风险和报酬并未随之转移，则该项商品交易就不是一项已经实现的销售，不能确认销售收入。

2）企业既没有保留通常与商品所有权相联系的继续管理权，也没有对已售出的商品实施有效控制

通常情况下，企业售出商品后不再保留与商品所有权相联系的继续管理权，也不再对售出商品实施有效控制，商品所有权上的主要风险和报酬已经转移给购货方，应在发出商品时确认收入。

对已售出的商品实施继续管理或有效控制，可能源于仍拥有商品的所有权，也可能与商品的所有权无关。如果企业将商品售出后，仍然保留了与该商品所有权相联系的继续管理权，或仍然可以对该商品实施有效控制，则说明该商品交易并没有完成，不能确认相应的收入。例如，在售后回购和售后租回交易中，企业将商品销售给购货方后，通常仍然保留与所售商品所有权相联系的继续管理权，或仍然可以对所售商品实施有效控制，表明这种商品交易活动没有完全完成，也就不能确认收入。但如果销货方对售出商品实施的管理与所有权无关，且满足销售商品收入确认的其他条件，则应在发出商品时确认收入。例如，房地产开发商将开发的住宅销售给客户后，保留了该房地产的物业管理权，但这种物业管理权与房产所有权无关，是另一项劳务服务合同交易。因此，房产销售成立，应当确认其商品销售收入的实现。

3）收入金额能够可靠地计量

收入金额能够可靠地计量是指收入的金额能够合理地估计。收入的金额不能够合理地估计就无法确认收入。通常情况下，企业在销售商品时，商品的销售价格已经确定，企业应当按照从购货方已收或应收的合同或协议价款确定销售商品收入金额。

由于销售商品过程中某些不确定因素的影响，也可能存在商品销售价格发生变动的情况。在这种情况下，新的商品销售价格未确定前通常不应确认销售商品收入。例如，对于附有销售退回条件的商品销售，如果企业不能合理估计退货的可能性，则无法确定销售商品价格，也就不能合理地估计收入金额，企业不应在发出商品时确认收入，而应待所售商品退货期满、商品销售价格能够确认时再据以确认收入。

4）相关经济利益很可能流入企业

相关经济利益很可能流入企业是指销售商品价款收回的可能性大于不能收回的可能性。企业在销售商品时，如果估计价款收回的可能性不大，即使收入确认的其他条件均已满足，也不应当确认收入。

在确定销售商品价款收回的可能性时，应当根据客户信用记录信息等进行综合分析。一般情况下，企业售出的商品符合合同或协议约定的条款，并已将发票账单交付买方，买方也承诺付款，即表明销售商品的价款很可能能够收回。无论什么原因，如果判断可能出现与销售商品相关的经济利益不能流入企业的情况，则不应确认收入。如果企业在销售商品时已经满足了收入确认的全部条件，从而确认了一项收入和相应的债权，之后又无法收回该债权时，不应调整原确认的收入，而应对该债权计提坏账准备、确认坏账损失。

5）相关的已发生或将发生的成本能够可靠地计量

根据配比原则，与销售商品相关的收入和成本应在同一会计期间予以确认。因此，如果成本不能可靠地计量，相关的收入也不能予以确认。通常情况下，销售商品相关的已发生或将发生的成本能够合理地估计。例如，企业销售的商品是本企业生产的产品，其生产

成本能够可靠计量；如果销售的商品是外购商品，其购买成本也能够可靠计量。如果销售商品相关的已发生或将发生的成本不能够合理地估计，则与之相关的收入也不能确认，已收到的价款应确认为负债。

2. 账户设置和一般销售的账务处理

“主营业务收入”属于损益类账户。企业确认销售收入（不含增值税销项税额）时记入贷方；期末结转损益时记入借方；期末结转损益后，该账户无余额。

“主营业务成本”属于损益类账户。企业确认销售成本时记入借方；期末结转损益时记入贷方；期末结转损益后，该账户无余额。

“发出商品”属于资产类账户。企业未满足收入确认条件但已发出商品的成本记入借方；满足收入确认条件时，结转发出商品的实际成本记入贷方；该账户余额在借方，反映已经发出但未满足收入确认条件的发出商品的实际成本。该账户下应按发出商品名称或购买方名称设置明细账。

【例 17-1】2012 年 5 月 1 日，A 公司向 B 公司销售一批产品。产品的生产成本为 120 000元，合同约定的销售价格为 150 000 元，增值税率 17%，销项税额为 25 500 元。B公司收到产品并验收入库。根据合同约定，B 公司应于产品验收入库的 30 天内付款。以上交易应分别作会计分录：

借：应收账款——B公司	175 500	
贷：主营业务收入		150 000
应交税费——应交增值税（销项税额）		25 500
借：主营业务成本	120 000	
贷：库存商品		120 000

【例 17-2】接［例 17-1］资料，假设 A 公司在销售产品时，已经获悉 B 公司资金周转困难，近期内难以收回货款，但为了保持与其长期往来关系，仍将产品发运给 B 公司并开出发票账单。B 公司于 2012 年 12 月 1 日开出一张面值为 175 500 元、期限 6 个月的不带息商业汇票。2013 年 6 月 1 日，A 公司收回货款。以上交易应分别作会计分录：

① 2012 年 5 月 1 日，发出商品时：

借：发出商品	120 000	
贷：库存商品		120 000
借：应收账款—B 公司（应收销项税额）	25 500	
贷：应交税费——应交增值税（销项税额）		25 500

② 2012 年 12 月 1 日，收到商业汇票并确认商品销售收入时：

借：应收票据	175 500	
贷：主营业务收入		150 000
应收账款——B 公司（应收销项税额）		25 500
借：主营业务成本	120 000	
贷：发出商品		120 000

③ 2013 年 6 月 1 日，商业汇票到期、收回款项时：

借：银行存款　　　　175 500

　　贷：应收票据　　　　175 500

3. 销售折扣、折让及退回的账务处理

1）销售折扣

销售折扣是指企业在销售商品时，为鼓励购货方多购商品或尽早付款而给予的价款折扣，包括商业折扣和现金折扣。

我国相关会计规范规定，销售商品涉及现金折扣的，应当按照扣除现金折扣前的金额作为销售商品收入金额，实际发生的现金折扣计入财务费用，即涉及现金折扣的商品销售，应采用总价法进行账务处理。

【例 17-3】 A 公司向 B 公司赊销一批产品，合同约定的销售价格为 100 000 元，增值税销项税额为 17 000 元。A 公司开出发票账单并发出产品。根据合同约定，产品赊销期限为 30 天，现金折扣条件为：2/10、1/20、$N/30$，计算现金折扣时不包括增值税。以上交易应作会计分录：

① 赊销产品时：

借：应收账款——B 公司　　　　117 000

　　贷：主营业务收入　　　　100 000

　　　　应交税费——应交增值税（销项税额）　　　　17 000

② 假设 B 公司在 10 天内付款，可按 2%得到现金折扣：

借：银行存款　　　　115 000

　　财务费用　　　　2 000

　　贷：应收账款——B 公司　　　　117 000

③ 假设 B 公司在 10～20 天内付款，可按 1%得到现金折扣：

借：银行存款　　　　116 000

　　财务费用　　　　1 000

　　贷：应收账款——B 公司　　　　117 000

④ 假设 B 公司超过 20 天付款，则不能得到现金折扣：

借：银行存款　　　　117 000

　　贷：应收账款——B 公司　　　　117 000

2）销售折让

销售折让，指企业因售出商品的质量不合格等原因而给予购货方的价格折让。销售折让可能发生在销货方确认收入之前，也可能发生在销货方确认收入之后。如果销售折让发生在销货方确认收入之前，销货方应直接从原定的销售价格中扣除给予购货方的销售折让作为实际销售价格，并据以确认收入；如果销售折让发生在销货方确认收入之后，销货方应按实际给予购货方的销售折让，冲减当期销售收入。销售折让属于资产负债表日后事项的，应当按照资产负债表日后事项的相关规定进行账务处理。

【例 17-4】 2012 年 3 月 15 日，A 公司销售一批产品。产品生产成本为 150 000 元，合同约定的销售价格为 200 000 元，增值税销项税额为 34 000 元。

第一，合同约定验货付款，销售方在收款时向购货方开具发票账单。2012 年 3 月 20

日，购货方在验收产品时发现产品质量存在问题，要求A公司给予15%的价格折让，A公司同意。购货方按折让后的金额支付货款。以上交易应分别作会计分录：

① 2012年3月15日，发出商品时：

借：发出商品 150 000

贷：库存商品 150 000

② 2012年3月20日，确认收入时：

借：银行存款 198 900

贷：主营业务收入 170 000

应交税费——应交增值税（销项税额） 28 900

借：主营业务成本 150 000

贷：发出商品 150 000

第二，合同约定交款提货，销售方在收款时向购货方开具发票并给予提货单。在［例17-4］中，若2012年3月20日购货方在验收产品时发现产品质量存在问题，要求A公司给予15%的价格折让，A公司同意，并退回多收货款。以上交易应作会计分录：

① 2012年3月15日，发出商品、收到款项时确认收入：

借：银行存款 234 000

贷：主营业务收入 200 000

应交税费——应交增值税（销项税额） 34 000

借：主营业务成本 150 000

贷：库存商品 150 000

② 2012年3月20日，退回多收货款时：

借：主营业务收入 30 000

应交税费——应交增值税（销项税额） 5 100

贷：银行存款 35 100

3）销售退回

销售退回是指企业售出的商品由于质量、品种不符合要求等原因而发生的退货。发生销售退回时，如果尚未确认销售收入，应将已记入“发出商品”等账户的商品成本转回“库存商品”账户；如果已经确认了销售收入，应冲减退回当月的销售收入及销售成本；如果属于资产负债表日后事项，应按照资产负债表日后事项的相关规定进行账务处理。

【例17-5】 2012年6月25日，A公司销售一批产品，产品生产成本为180 000元，销售价格为250 000元，增值税销项税额为42 500元。

第一，根据合同约定，购货方产品验收无误后付款，销售方收到货款时开具增值税专用发票。2012年7月5日，购货方在验收产品时发现产品质量存在问题，要求退货，A公司同意退货。以上事项应作会计分录：

① 2012年6月25日，发出商品时：

借：发出商品 180 000

贷：库存商品 180 000

② 2012年7月10日，收到退回商品时：

借：库存商品 180 000

贷：发出商品 180 000

第二，合同约定采用托收承付方式进行货款结算，购货方验货付款。2012 年 6 月 25 日，A 公司发出产品并向其开户银行办妥托收手续。购货方在验收产品时，发现产品品种、规格与合同要求不符，向其开户银行提出拒付，并要求退货。A 公司于 2012 年 7 月 10 日办妥相关退货手续。以上事项应作会计分录：

① 2012 年 6 月 25 日，发出商品、并办妥托收手续时：

借：应收账款 292 500

贷：主营业务收入 250 000

应交税费——应交增值税（销项税额） 42 500

借：主营业务成本 180 000

贷：库存商品 180 000

② 2012 年 7 月 10 日，收回退货时：

借：主营业务收入 250 000

应交税费——应交增值税（销项税额） 42 500

贷：应收账款 292 500

借：库存商品 180 000

贷：主营业务成本 180 000

4. 特殊销售业务的账务处理

企业销售商品的方式有多种，不同销售方式下，收入确认有其特定的时点或标志。在将销售商品收入确认和计量原则运用于特殊销售商品业务的账务处理时，应结合不同特殊销售商品交易的形式，并注重交易的实质进行收入确认。在下列销售方式下，企业可以根据收入实现的时点或标志确认销售商品收入，有证据表明不能同时满足收入确认条件的除外。

1）分期收款销售

分期收款销售是指按合同约定的条款发出商品，但货款分期收回的一种销售方式。在分期收款销售方式下，销货方将商品交付给购货方时，通常表明商品所有权上的主要风险和报酬已经转移给了购货方，因此，销货方应当于发出商品时确认销售收入。需要注意的是，货款按照合同约定的收款日期分期收回，强调的只是分期结算货款，与商品所有权相关的主要风险和报酬的转移无关，因此，企业不应当按照合同约定的收款日期分期确认收入。

第一，通常情况下，销货方应当于发出商品时，应按从购货方已收或应收的合同或协议价款确认收入。

【例 17-6】2012 年 4 月 1 日，A 公司采用分期收款方式销售一批产品，其产品的生产成本 650 000 元，销售价格 800 000 元，增值税额 136 000 元。合同约定，购货方在收到产品时支付货款 20%，其余部分分 3 次于每季季末等额支付。以上事项应作会计分录：

① 2012 年 4 月 1 日，发出商品、收回部分货款时：

借：银行存款 187 200

应收账款 748 800

贷：主营业务收入 800 000

应交税费——应交增值税（销项税额） 136 000

借：主营业务成本 650 000

贷：库存商品 650 000

② 2012 年 6 月 30 日，收回部分货款时：

借：银行存款 249 600

贷：应收账款 249 600

其余两次收取货款的会计分录相同。

第二，如果已收或应收的合同或协议价款不公允、延期收取的价款具有融资性质，则销货方应当在交付商品时，按照应收的合同或协议价款的公允价值确定收入金额，应收的合同或协议价款与其公允价值之间的差额，应当作为未实现融资收益，在合同或协议期间内，采用实际利率法分期摊销，冲减财务费用；应收合同或协议价款的公允价值，通常应当按照其未来现金流量的现值或商品现销价格计算确定。如果企业以合同或协议价款的现值作为公允价值并据以确认销售收入，应当以具有类似信用等级的企业发行类似工具的现时利率作为折现率，该折现率同时也就是摊销未实现融资收益的实际利率；如果企业以商品现销价格作为公允价值并据以确认销售收入，摊销未实现融资收益的实际利率应当是将合同或协议价款折算为现值等于商品现销价格的折现率。

【例 17-7】 2012 年 1 月 1 日，A 公司采用分期收款方式销售一批产品，产品的生产成本为 4 000 000 元，销售价格为 6 000 000 元，增值税销项税额为 1 020 000 元。合同约定，购货方在收到商品和增值税专用发票时支付全部增值税税额，货款于每年年末等额支付，分 5 年付清。假定 A 公司按照应收合同价款的现值作为公允价值，并选择具有类似信用等级的企业发行类似工具的现时利率 7%作为折现率。

计算应收合同价款的现值及未实现融资收益：

每期应收合同价款＝6 000 000÷5＝1 200 000（元）

应收合同价款的现值＝1 200 000×（P/A，7%，5）＝4 920 236（元）

未实现融资收益＝6 000 000－4 920 236＝1 079 764（元）

采用实际利率法分配未实现融资收益，如表 17-1 所示。

表 17-1 未实现融资收益分配表 单位：元

日 期 ①	分期应收款 ②	确认的融资收益 ③＝期初⑤×7%	应收款成本减少额 ④＝②－③	应收款摊余成本 期末⑤＝期初⑤－④
2012-01-01				4 920 236
2012-12-31	1 200 000	344 417	855 583	4 064 653
2013-12-31	1 200 000	284 526	915 474	3 149 179
2014-12-31	1 200 000	220 443	979 557	2 169 622
2015-12-31	1 200 000	151 874	1 048 126	1 121 496
2016-12-31	1 200 000	78 504	1 121 496	0
合 计	6 000 000	1 079 764	4 920 236	

根据以上计算结果，应分别作会计分录：

① 2012 年 1 月 1 日，发出商品时：

借：银行存款　1 020 000

长期应收款　6 000 000

贷：主营业务收入　4 920 236

应交税费——应交增值税（销项税额）　1 020 000

未实现融资收益　1 079 764

借：主营业务成本　4 000 000

贷：库存商品　4 000 000

② 2012 年 12 月 31 日，收回部分货款、确认融资收益时：

借：银行存款　1 200 000

贷：长期应收款　1 200 000

借：未实现融资收益　344 417

贷：财务费用　344 417

③ 2013 年 12 月 31 日，收回部分货款、确认融资收益时：

借：银行存款　1 200 000

贷：长期应收款　1 200 000

借：未实现融资收益　284 526

贷：财务费用　284 526

④ 2014 年 12 月 31 日，收回部分货款、确认融资收益时：

借：银行存款　1 200 000

贷：长期应收款　1 200 000

借：未实现融资收益　220 443

贷：财务费用　220 443

⑤ 2015 年 12 月 31 日，收回部分货款、确认融资收益时：

借：银行存款　1 200 000

贷：长期应收款　1 200 000

借：未实现融资收益　151 874

贷：财务费用　151 874

⑥ 2016 年 12 月 31 日，收回最后货款、确认融资收益时：

借：银行存款　1 200 000

贷：长期应收款　1 200 000

借：未实现融资收益　78 504

贷：财务费用　78 504

2）委托代销

委托代销，指委托方根据协议，委托受托方代销商品的一种销售方式。委托代销具体又可分为视同买断方式和支付手续费方式两种。

“委托代销商品”属于资产类账户。企业委托其他单位代销商品时，将代销商品的实际成本记入该账户的借方；在代销商品符合收入确认条件、结转代销商品实际成本时记入该账户的贷方；该账户的余额在借方，反映已经委托代销但尚未确认销售收入的代销商品成本。该账户下应按代销商品的品种设置明细账。

（1）视同买断方式。视同买断方式，指委托方和受托方签订合同或协议，委托方按合同或协议价收取代销商品货款，实际售价可由受托方自定，实际售价与合同或协议价之间的差额归受托方所有的销售方式。在视同买断方式下，如果委托方和受托方的协议约定，受托方在取得代销商品后，无论是否能够卖出或获利，均与委托方无关，那么，委托方和受托方之间的代销商品交易，与委托方直接销售商品给受托方没有实质区别，委托方应于发出商品时确认销售商品收入，受托方取得代销商品时作为购进商品处理；如果委托方和受托方之间的协议约定，受托方可以将没有售出商品退回给委托方，或受托方因代销商品出现亏损时委托方给予补偿，那么，委托方在发出商品时不确认收入，受托方也不作为购进商品处理，应于商品售出之后，按实际售价确认销售收入，并向委托方开具代销清单，委托方收到代销清单时，根据代销清单所列的已销商品确认销售收入。

【例 17-8】 A 公司采用视同买断方式委托 B 公司代销一批商品。该批商品的成本为 120 000 元，协议价为 160 000 元，增值税销项税额为 27 200 元；B 公司取得商品后，无论是否能够卖出和获利，均与 A 公司无关。B 公司将该批商品按 190 000 元的价格售出，增值税额 32 300 元，同时，向 A 公司开来代销清单并结清协议价款。以上交易双方应分别作会计分录：

A 公司（委托方）：

① 发出委托代销商品时：

借：应收账款——B 公司	187 200	
贷：主营业务收入		160 000
应交税费——应交增值税（销项税额）		27 200
借：主营业务成本	120 000	
贷：库存商品		120 000

② 收到 B 公司开来的代销清单及货款时：

借：银行存款	187 200	
贷：应收账款——B 公司		187 200

B 公司（受托方）：

① 收到受托代销商品时：

借：库存商品	160 000	
应交税费——应交增值税（进项税额）	27 200	
贷：应付账款——A 公司		187 200

② 售出代销商品时：

借：银行存款	222 300	
贷：主营业务收入		190 000
应交税费——应交增值税（销项税额）		32 300

借：主营业务成本　160 000
　　贷：库存商品　160 000

③ 按协议价将货款汇给 A 公司时：

借：应付账款——A 公司　187 200
　　贷：银行存款　187 200

(2) 支付手续费方式。支付手续费方式，指委托方和受托方约定，委托方根据代销商品数量（或销售收入）向受托方支付手续费的一种代销方式。支付手续费方式的主要特点是，受托方一般应按照委托方规定的价格销售商品。在支付手续费方式下，委托方向受托方交付代销商品时，与代销商品所有权有关的风险和报酬并没有转移给受托方，因此，委托方不能在发出商品时确认收入，应将发出的代销商品转入“委托代销商品”账户；受托方对收到的代销商品也不能作为商品购进处理，应设置“受托代销商品”账户。受托方将受托代销的商品售出后，应根据代销商品的数量（或销售收入）和合同约定的收费方式，计算应向委托方收取的手续费，作为劳务收入确认。委托方收到受托方开来的代销清单时，根据代销清单所列已销商品金额确认收入，支付的代销手续费计入当期销售费用。

【例 17-9】 A 公司采用支付手续费方式委托 B 公司代销一批商品，商品成本 150 000 元，售价 200 000 元，增值税额 34 000 元，B 公司按销售收入的 5% 收取手续费。B 公司将该批商品售出后，向 A 公司开来代销清单，A 公司根据代销清单所列的已销商品金额给 B 公司开具了增值税专用发票。以上交易双方应分别作会计分录：

A 公司（委托方）：

① 发出委托代销商品时：

借：委托代销商品　150 000
　　贷：库存商品　150 000

② 收到代销清单时：

借：应收账款——B 公司　234 000
　　贷：主营业务收入　200 000
　　　　应交税费——应交增值税（销项税额）　34 000

借：主营业务成本　150 000
　　贷：委托代销商品　150 000

③ 确认应付代销手续费时：

借：销售费用　10 000
　　贷：应收账款——B 公司　10 000

④ 收到 B 公司支付的货款时：

借：银行存款　224 000
　　贷：应收账款——B 公司　224 000

B 公司（受托方）：

① 收到代销商品时：

借：受托代销商品——A 公司　200 000
　　贷：受托代销商品款——A 公司　200 000

② 售出代销商品时：

借：银行存款　234 000

　　贷：应付账款——A公司　200 000

　　　　应交税费——应交增值税（销项税额）　34 000

③ 收到增值税专用发票时：

借：应交税费——应交增值税（进项税额）　34 000

　　贷：应付账款——A公司　34 000

④ 转销受托代销商品以及受托代销商品款时：

借：受托代销商品款——A公司　200 000

　　贷：受托代销商品——A公司　200 000

⑤ 支付代销商品款并计算代销手续费时：

借：应付账款——A公司　234 000

　　贷：银行存款　224 000

　　　　主营业务收入（或“其他业务收入”）　10 000

3）附有销售退回条件的商品销售

附有销售退回条件的商品销售，指购买方按照有关协议有权退货的销售方式。在这种销售方式下，如果企业能够按照以往的统计数据对退货的可能性作出合理估计，应在发出商品后，按估计不会发生退货的部分确认收入，估计可能发生退货的部分，不确认收入；如果企业不能合理地确定退货的可能性，则在所售商品的退货期满时确认收入。

【例17-10】2012年1月1日，A公司向B公司销售一批商品，其生产成本500 000元，销售价格600 000元，增值税销项税额为102 000元。增值税专用发票已交给B公司，货款及税款已全部收回。根据协议约定，同年6月30日之前，B公司可以将未售出的商品退回A公司，A公司根据退货数量，向B公司开具红字增值税专用发票并退还相应货款。A公司根据以往统计数据估计退货率为20%。以上交易应分别作会计分录：

① 2012年1月1日，销售商品时：

借：银行存款　702 000

　　贷：主营业务收入　600 000

　　　　应交税费——应交增值税（销项税额）　102 000

借：主营业务成本　500 000

　　贷：库存商品　500 000

② 2012年1月31日，估计将退回商品的20%时：

借：主营业务收入　120 000

　　贷：主营业务成本　100 000

　　　　预计负债　20 000

③ 2012年6月30日，退货期届满时：

假设实际退回商品400件（单位成本250元）：

借：库存商品 100 000
应交税费——应交增值税（销项税额） 20 400
预计负债 20 000
贷：银行存款 140 400

假设退回商品 500 件（单位成本 250 元）：

借：库存商品 125 000
应交税费——应交增值税（销项税额） 25 500
主营业务收入 30 000
预计负债 20 000
贷：主营业务成本 25 000
银行存款 175 500

假设实际退回商品 350 件（单位成本 250 元）：

借：库存商品 87 500
应交税费——应交增值税（销项税额） 17 850
主营业务成本 12 500
预计负债 20 000
贷：银行存款 122 850
主营业务收入 15 000

如果 A 公司无法合理估计退货的可能性，则发出商品时不能确认销售收入。待商品退货期满，再根据实际退货数量，按没有发生退货的发出商品确认销售收入。

① 2012 年 1 月 1 日，发出商品时：

借：银行存款 702 000
贷：预收账款——B 公司 600 000
应交税费——应交增值税（销项税额） 102 000

借：发出商品 500 000
贷：库存商品 500 000

② 2012 年 6 月 30 日，退货期届满时：

假设没有发生退货：

借：预收账款——B 公司 600 000
贷：主营业务收入 600 000

借：主营业务成本 500 000
贷：发出商品 500 000

假设退回商品 500 件（单位成本 250 元）：

借：预收账款——B 公司 600 000
应交税费——应交增值税（销项税额） 25 500
贷：主营业务收入 450 000
银行存款 175 500

借：主营业务成本　　375 000
　　库存商品　　125 000
　　贷：发出商品　　500 000

4）分期预收款销售

分期预收款销售，指购货方在商品尚未收到前按约定分期付款，销售方在收到最后一次付款时才交货的销售方式。在这种销售方式下，表明销售方与商品所有权上有关的主要风险和报酬只有在收到最后一笔款项时才转移给购货方，因此，销售方应在发出商品时再确认收入，之前的预收货款应确认为一项负债。

【例 17-11】 A 公司采用分期收款方式向 B 公司销售一批产品，产品生产成本为 250 000元，销售价格为 320 000 元，增值税销项税额为 54 400 元。B 公司在签订合同时预付货款的 50%，剩余部分于两个月后支付。A 公司在收到全部货款后发出商品并开具增值税专用发票。以上交易应分别作会计分录：

① 预收货款时：

借：银行存款　　187 200
　　贷：预收账款——B 公司　　187 200

② 收到余款并发出商品时：

借：预收账款——B 公司　　187 200
　　银行存款　　187 200
　　贷：主营业务收入　　320 000
　　　　应交税费——应交增值税（销项税额）　　54 400
借：主营业务成本　　250 000
　　贷：库存商品　　250 000

5）售后回购

售后回购，指在销售商品的同时，销售方日后再将同样或类似商品购回的销售方式。在售后回购方式下，销售方应根据合同或协议条款判断企业是否将商品所有权上的主要风险和报酬转移给了购货方，以确定是否确认销售商品收入。事实上，售后回购交易属于融资交易，所售商品所有权上的主要风险和报酬实质上并没有从销售方转移到购货方，因而，销货方不应确认销售商品收入，收到的款项应确认为负债。回购价格大于原售价的差额，应在回购期间按期计提利息费用，计入财务费用。有确凿证据表明售后回购交易满足销售商品收入确认条件的，销售的商品按售价确认收入，回购的商品作为购买商品确认。

【例 17-12】 2012 年 3 月 1 日，A 公司与 B 公司签订一项售后回购协议。协议约定，A 公司向对方销售一批商品，售价为 500 000 元，增值税销项税额为 85 000 元；2012 年 12 月 31 日，A 公司将所售商品全部购回，回购价格为 520 000 元，增值税进项税额为 88 400元。2012 年 3 月 1 日，A 公司收到货款，商品未发出；2012 年 12 月 31 日，A 公司购回所售商品。以上交易应分别作会计分录：

① 2012 年 3 月 1 日，收到货款及税款时：

借：银行存款　　585 000
　　贷：应交税费——应交增值税（销项税额）　　85 000
　　　　其他应付款——B 公司　　500 000

如果销售方在收到销售价款的同时将所售商品发出，则在发出商品时，还应将库存商品转为发出商品；待日后回购时，再按其成本由发出商品转为库存商品。

② 2012 年 3 月 31 日，计提当月利息费用时：

借：财务费用（520 000－500 000）÷10　　2 000

　　贷：其他应付款——B 公司　　2 000

③ 以后各月计提利息费用的会计分录同上。

2012 年 12 月 31 日，支付商品回购款时：

借：其他应付款——B 公司　　520 000

　　应交税费——应交增值税（进项税额）　　88 400

　　贷：银行存款　　608 400

6）售后租回

售后租回，指在销售商品的同时，销售方在日后再将同样的商品租回的销售方式。采用售后租回方式销售商品的，销售方应根据合同或协议条款判断销售商品是否满足收入确认条件。通常情况下，售后租回属于融资交易，企业保留了与商品所有权相联系的继续管理权，或能够对其实施有效控制，因此，发出商品时销售方不应确认收入。售价与资产账面价值的差额，应区分融资性租赁或经营性租赁分别进行账务处理。

销售方（承租方）将售后租回交易认定为融资性租赁的，售价与资产账面价值的差额应作为未实现售后租回损益予以递延，并按照该项租赁资产的折旧进度进行分摊，作为折旧费用的调整。

销售方（承租方）将售后租回交易认定为经营性租赁的，应当分情况处理：第一，如果有确凿证据表明售后租回交易是按照公允价值进行的，实质上是一项正常销售业务，售价与资产账面价值的差额应当计入当期损益。第二，如果售后租回交易不是按照公允价值进行的，在售价低于公允价值的情况下，售价与资产账面价值的差额应当计入当期损益；若售价低于公允价值的损失将由低于市价的未来租赁付款额补偿的，售价与资产账面价值的差额应当予以递延，并按照与确认租金费用一致的方法在预计的资产使用期限内进行分摊；在售价高于公允价值的情况下，其差额应当予以递延，并按照与确认租金费用一致的方法在预计的资产使用期限内进行分摊。

【例 17-13】 2012 年 1 月 1 日，A 公司将一项全新生产设备出售给 B 公司。该设备账面原值 459 200 元，销售价格 500 000 元。同时，又签订一项租赁协议，将该设备租回，租期 4 年，租赁期开始日为销售当日，租金总额 600 000 元，每年年末等额支付；预计租赁期届满时设备的公允价值为 120 000 元，A 公司以 30 000 元的价格留购。假设不考虑增值税以上交易应分别作会计分录：

① 2012 年 1 月 1 日，结转设备账面价值：

借：固定资产清理　　459 200

　　贷：固定资产　　459 200

② 2012 年 1 月 1 日，出售设备：

借：银行存款　　500 000

　　贷：固定资产清理　　459 200

　　　　递延收益——未实现售后租回损益（融资租赁）　　40 800

③ 2012 年 1 月 1 日，租回设备：

假设 A 公司出售该生产设备的价格是公允的，最低租赁付款额的现值大于该售价，应按设备的公允价值确认租回设备的入账价值，并采用直线法按月计提折旧。

借：固定资产——融资租入固定资产　　500 000
　　未确认融资费用　　100 000
　　贷：长期应付款——应付融资租赁款　　600 000

④ 2012 年 1 月 31 日，分摊售后租回收益：

由于租回的设备采用直线法按月计提折旧，因此，未实现售后租回收益也应采用直线法按月分摊，作为各月折旧费用的调整。

借：递延收益——未实现售后租回损益（融资租赁）　　850
　　贷：制造费用　　850

以后各月分摊售后租回收益的账务处理相同。

第三节　提供劳务收入

1. 劳务收入确认和计量

劳务指结果不形成有形资产的服务，如旅游服务、运输服务、饮食服务、广告策划与制作、管理咨询、代理业务、培训业务、建筑安装、软件设计、提供特许权等。企业通过提供劳务而取得的收入，即为劳务收入。

根据在资产负债表日提供劳务交易的结果是否能够可靠地估计，劳务收入应分别采用不同的方法予以确认和计量。

1）提供劳务交易结果能够可靠估计

在资产负债表日，提供劳务交易的结果能够可靠估计的，应当采用完工百分比法对劳务收入进行确认和计量。提供劳务交易结果能够可靠估计应同时满足以下几个条件。

（1）提供劳务收入的金额能够可靠地计量。

（2）相关经济利益很可能流入企业，指提供劳务收入收回的可能性大于不能收回的可能性。

（3）交易的完工进度能够可靠地确定。劳务交易完工进度的确定方法有：已完工作的测量、已经提供的劳务占应提供劳务总量的比例和已经发生的成本占估计总成本比例等。

（4）交易中已发生和将发生的成本能够可靠地计量，指交易中已经发生和将要发生的成本能够合理地估计。

完工百分比法，指按照劳务交易的完工进度确认收入和费用的方法。运用这种方法时，在资产负债表日，按提供劳务收入总额乘以完工进度，再扣除以前会计期间累计已经确认提供劳务收入后的金额，作为当期提供劳务收入；同时，按照提供劳务估计总成本乘以完工进度，再扣除以前会计期间累计已经确认提供劳务成本后的金额，作为当期劳务成本。其计算公式为

本期确认的收入＝劳务总收入×本期末止劳务的完工进度－以前期间已确认的收入

本期确认的费用＝劳务总成本×本期末止劳务的完工进度－以前期间已确认的费用

【例 17-14】2012 年 11 月 25 日，A 公司与接受劳务方签订了一项设备安装劳务合同。合同约定，设备安装费总额为 200 000 元，劳务工程开始时，接受劳务方预付总劳务费用的 50%，其余部分待设备安装完成、验收合格后支付；2012 年 12 月 1 日，设备安装工程开始，A 公司收到接受劳务方预付安装费；至 2012 年 12 月 31 日，发生安装成本 60 000 元，其中，职工薪酬 36 000 元，领用原材料 5 000 元，以银行存款支付其他费用 19 000 元；据估计，至设备安装完成，还将发生安装成本 90 000 元；2013 年 2 月 10 日，设备安装完毕。当期又发生安装成本 92 000 元，其中，职工薪酬 65 000 元，领用原材料 2 000 元，以银行存款支付其他费用 25 000 元。设备经检验合格后，接受劳务方支付了剩余安装费。A 公司按实际发生的劳务成本占估计劳务总成本的比例确定劳务完工进度。以上事项应分别作会计分录：

① 2012 年 12 月 1 日，预收 50%的劳务款：

借：银行存款 100 000
　　贷：预收账款 100 000

② 2012 年发生安装成本时：

借：劳务成本 60 000
　　贷：原材料 5 000
　　　　应付职工薪酬 36 000
　　　　银行存款 19 000

③ 2012 年 12 月 31 日，根据劳务完成程度确认劳务收入并结转劳务成本：

劳务完成程度 =60 000÷（60 000+90 000）=40%

应确认劳务收入=200 000×40%=80 000（元）

应结转劳务成本=150 000×40%=60 000（元）

借：预收账款 80 000
　　贷：主营业务收入 80 000
借：主营业务成本 60 000
　　贷：劳务成本 60 000

④ 2013 年发生安装成本时：

借：劳务成本 92 000
　　贷：应付职工薪酬 65 000
　　　　原材料 2 000
　　　　银行存款 25 000

⑤ 2013 年 2 月 10 日，确认剩余劳务收入并结转劳务成本时：

应确认劳务收入=200 000−80 000=120 000（元）

应结转劳务成本=152 000−60 000=92 000（元）

借：预收账款 120 000
　　贷：主营业务收入 120 000
借：主营业务成本 92 000
　　贷：劳务成本 92 000

⑥ 收到接受劳务方支付的剩余劳务价款时：

借：银行存款　　100 000

　贷：预收账款　　100 000

2）提供劳务交易结果不能够可靠估计

在资产负债表日，提供劳务交易结果不能够可靠估计的，应正确预计已经发生的劳务成本是否能够得到补偿，并分别确认收入和费用：

(1) 已经发生的劳务成本预计全部能够得到补偿的，应当按照已经发生的劳务成本金额确认劳务收入，并结转已经发生的劳务成本。

(2) 已经发生的劳务成本预计部分能够得到补偿的，应当按照预计能够得到补偿的劳务成本金额确认劳务收入，并按已经发生的劳务成本结转劳务成本。

(3) 已经发生的劳务成本预计全部不能得到补偿的，应当按照已经发生的劳务成本计入当期损益，不确认提供劳务收入。

【例 17-15】 2012 年 8 月 25 日，A 公司受托为 B 公司培训一批学员，培训期为 6 个月，2012 年 9 月 1 日开学；协议约定，培训费总额为 120 000 元，分三次等额支付，第一次在开学时预付，第二次在 2012 年 12 月 31 日支付，第三次在培训结束时支付；2012 年 9 月 1 日，A 公司收取第一次培训费 40 000 元，2012 年 12 月 31 日，B 公司未能如约支付第二次培训费。经了解由于 B 公司发生财务困难，后两次培训费能否收回难以确定。截至 2012 年 12 月 31 日，A 公司实际发生培训费用 30 000 元，其中，职工薪酬 25 000 元，以银行存款支付其他费用 5 000 元。以上事项应分别作会计分录：

① 2012 年 9 月 1 日，收到预付培训费：

借：银行存款　　40 000

　贷：预收账款——B 公司　　40 000

② 发生培训成本时：

借：劳务成本　　30 000

　贷：应付职工薪酬　　25 000

　　　银行存款　　5 000

③ 2012 年 12 月 31 日，确认劳务收入并结转劳务成本时：

借：预收账款　　30 000

　贷：主营业务收入　　30 000

借：主营业务成本　　30 000

　贷：劳务成本　　30 000

④ 假设 2012 年 12 月 31 日实际发生的培训费用为 50 000 元，如果其他条件不变，则在确认劳务收入并结转劳务成本时，应作会计分录：

借：预收账款　　40 000

　贷：主营业务收入　　40 000

借：主营业务成本　　50 000

　贷：劳务成本　　50 000

2. 销售商品和提供劳务的分析

企业与其他企业签订的合同或协议如果既包括商品销售，也包括劳务提供，如销售电梯的同时提供安装服务，销售软件后继续提供技术支持等，应当分别不同情况进行账务处理；如果销售商品部分与提供劳务部分能够区分并能够单独计量，应当分别确认；如果销售商品部分和提供劳务部分不能够区分，或虽能区分但不能够单独计量，应当将销售商品部分和提供劳务部分全部作为销售商品确认。

3. 特殊劳务收入的确认

企业提供的劳务种类繁多，不同劳务的提供方式以及收费方式各具特点。企业提供的下列劳务，满足收入确认条件的，应按规定的时点确认有关劳务收入：

(1) 安装费，在资产负债表日，根据安装工程的完工进度确认收入。如果安装工作是商品销售的附带条件，安装收入通常应在确认商品销售实现时确认为收入。

(2) 宣传媒介收费，在相关广告或商业行为开始出现于公众面前时确认为收入。广告制作收入，通常应在资产负债表日根据广告的完工进度确认。

(3) 为特定客户开发软件收入，应在资产负债表日根据开发完工进度确认。

(4) 包括在商品售价内可区分的服务收入，在提供服务的期间内分期确认。

(5) 艺术表演、招待宴会和其他特殊活动收入，在相关活动发生时确认。收入涉及几项活动的，预收的款项应合理分配于每项活动，分别确认。

(6) 申请入会费和会员费只允许取得会籍，其他服务和商品都要另行收费的，通常应在款项收回不存在重大不确定性时确认收入。申请入会费和会员费能使会员在会员期内得到各种服务或商品，或者以低于非会员的价格购买商品或接受劳务的，通常应在整个受益期内分期确认收入。

(7) 属于提供设备和其他有形资产的特许权费，通常应在交付资产或转移资产所有权时确认为收入；属于提供初始及后续服务的特许权费，通常应在提供服务时确认为收入。

(8) 长期为客户提供重复劳务服务收取的劳务费，通常应在相关劳务活动发生时确认为收入。

【例 17-16】 B公司经营A公司旗下的一家连锁店。根据双方签订的协议，A公司向B公司收取特许权使用费450 000元，其中，包括提供家具等资产收费160 000元，提供选址、培训人员等初始服务收费210 000元，后续服务费80 000元。协议签订当日，B公司一次性付清全部款项。A公司提供的家具等资产的成本150 000元；提供初始服务时发生费用140 000元，其中，包括人员薪酬100 000元，广告等其他费用40 000元；提供后续服务时发生职工薪酬费50 000元。以上事项应分别作会计分录：

① 收到B公司支付的特许权费用时：

借：银行存款	450 000	
贷：预收账款——B公司		450 000

② 确认提供家具等资产使用收入并结转成本时：

借：预收账款	160 000	
贷：主营业务收入		160 000
借：主营业务成本	150 000	
贷：库存商品		150 000

③ 提供初始服务发生其他费用时：

借：劳务成本 100 000

　　贷：应付职工薪酬 100 000

借：劳务成本 40 000

　　贷：银行存款 40 000

④ 确认提供初始服务的特许权费收入并结转成本：

借：预收账款 210 000

　　贷：主营业务收入 210 000

借：主营业务成本 140 000

　　贷：劳务成本 140 000

⑤ 提供后续服务并发生相关支出：

借：劳务成本 50 000

　　贷：应付职工薪酬 50 000

⑥ 确认提供后续服务的特许权费收入并结转成本：

借：预收账款 80 000

　　贷：主营业务收入 80 000

借：主营业务成本 50 000

　　贷：劳务成本 50 000

第四节　让渡资产使用权收入

1. 让渡资产使用权收入的内容

企业发生的不转移资产所有权，只让渡其使用权所取得的收入，称为让渡资产使用权收入。让渡资产使用权收入主要包括：

(1) 利息收入，主要是指金融企业对外贷款形成的利息收入，以及同业之间发生资金往来形成的利息收入等。

(2) 使用费收入，主要是指企业转让无形资产（如商标权、专利权、专营权、软件、版权等）的使用权形成的使用费收入。使用费收入应按有关合同或协议约定的收费时间和方法确认。如果合同或协议约定一次性收取使用费且不提供后续服务的，应视同该项资产的销售一次性确认收入。如果提供后续服务的，应在合同或协议约定的有效期内分期确认收入；如果合同约定分期收取使用费的，应按合同规定的收款时间和金额或合同约定的收费方法计算的金额分期确认收入。

2. 让渡资产使用权收入的确认条件

让渡资产使用权收入同时满足下列条件的，才能予以确认。

(1) 相关经济利益很可能流入企业。相关经济利益很可能流入企业是指让渡资产使用权收入金额收回的可能性大于不能收回的可能性。企业在确定让渡资产使用权收入能否收回时，应当根据对方企业的信誉和生产经营情况、双方就结算方式和期限等达成的合同或协议条款等因素，进行综合判断。如果企业估计让渡资产使用权收入收回的可能性不大，则不应确认收入。

(2) 收入的金额能够可靠地计量。收入金额能够可靠地计量是指让渡资产使用权收入的金额能够合理地估计。如果让渡资产使用权收入的金额不能够合理地估计，则不应确认收入。

3. 让渡资产使用权收入的计量

(1) 利息收入。资产负债表日，企业应按照他人使用本企业货币资金的时间和实际利率计算确定利息收入金额。利息的收回方式包括分期收回和到期一次收回。无论利息如何收回，企业均应分期计算并确认利息收入。

(2) 使用费收入。使用费收入应当按照有关合同或协议约定的收费时间和方法计算确定。使用费的收费时间和收费方法有多种，有的使用费是一次收回一笔固定的金额，如一次收取10年的场地使用费；有的使用费是在合同或协议约定的有效期内分期等额收回；还有的使用费是分期不等额收回，如合同或协议规定按资产使用方每期销售额的百分比收取使用费等。

如果合同或协议规定一次性收取使用费，且不提供后期服务的，应当视同销售该项资产一次性确认收入；若提供后续服务，应在合同或协议规定的有效期内分期确认收入。如果合同或协议规定分期收取使用费的，通常应按合同或协议规定的收款时间和金额或规定的收费方法计算确定的金额分期确认收入。

【例17-17】A公司向B公司转让产品的商标使用权。根据合同约定，B公司商标使用期为10年，A公司于每年年末按当年销售收入的10%收取使用费。B公司第一年年实现销售收入800 000元，第二年实现销售收入1 200 000元。以上事项应分别作会计分录：

① 第一年年末，确认使用费收入：

借：银行存款　　80 000

　　贷：其他业务收入　　80 000

② 第二年年末，确认使用费收入：

借：银行存款　　120 000

　　贷：其他业务收入　　120 000

第五节　建造合同收入

1. 建造合同概述

建造合同，指为建造一项或数项在设计、技术、功能、最终用途等方面密切相关的资产而订立的合同。其中，建造的资产主要包括房屋、道路、桥梁、水坝等建筑物，以及船舶、飞机、大型机械设备等。

建造合同分固定造价合同和成本加成合同。固定造价合同，指按照固定的合同价或固定单价确定工程价款的建造合同。成本加成合同，指以合同约定或其他方式议定的成本为基础，加上按该成本的一定比例或定额计算确定工程价款的建造合同。固定造价合同与成本加成合同的主要区别在于风险的承担者不同。前者的风险主要由建造承包方承担，后者主要由发包方承担。

2. 建造合同收入和合同成本的组成

合同收入包括两部分内容：第一，合同规定的初始收入，即建造承包商与客户签订的合同最初商定的合同总金额；第二，因合同变更、索赔、奖励等形成的收入。

合同成本内容：合同成本是指为建造某项合同而发生的相关费用，包括从合同签订开始至合同完成止所发生的、与执行合同有关的直接费用和间接费用。直接费用，指为完成合同所发生的、可以直接计入合同成本核算对象的各项费用支出，包括耗用的材料费用、人工费用、机械使用费用和其他直接费用；间接费用，指为完成合同所发生的、不宜直接归属于合同成本核算对象、应采用一定分配方法分配计入有关合同成本核算对象的各项费用。间接费用主要包括临时设施摊销费用、企业下属施工和生产单位组织和管理施工生产活动所发生的费用。

此外，因订立合同发生的费用，包括建造承包商为订立合同而发生的差旅费、投标费等，能够单独区分和可靠计量且合同很可能订立的，待取得合同时计入合同成本；未满足上述条件的，计入当期损益。

在建造合同费用中，还有一些不能计入合同成本的费用，如建筑施工企业为组织和管理生产经营活动而发生的管理费用、销售费用和财务费用等期间费用，这些费用在发生时，直接计入当期损益。

3. 合同收入与合同成本的确认

如果建造合同的结果能够可靠估计，在资产负债表日，应当按照完工百分比法确认合同收入和合同费用。其中，建造合同结果能够可靠估计的认定标准如下：

（1）固定造价合同的结果能够可靠估计的认定标准为：合同总收入能够可靠地计量；与合同相关的经济利益很可能流入企业；实际发生的合同成本能够清楚地区分和可靠地计量；合同完工进度和为完成合同尚需发生的成本能够可靠地确定。以上四个条件应同时具备。

（2）成本加成合同结果能够可靠估计的认定标准为：与合同相关的经济利益很可能流入企业；实际发生的合同成本能够清楚地区分和可靠地计量。以上两个条件应同时具备。

完工进度的确定有以下三种方法：

（1）根据累计实际发生的合同成本占合同预计总成本的比例确定，其计算公式为

合同完工进度＝累计实际发生的合同成本÷合同预计总成本×100％

（2）根据已经完成的合同工作量占合同预计总工作量的比例确定，其计算公式为

合同完工进度＝已经完成的合同工作量÷合同预计总工作量×100％

（3）根据实际测定的完工进度确定。

【例 17-18】2010 年 2 月 20 日，B 公司与客户签订一项固定造价工程合同，合同总造价 2 800 000 元，约定工程期限为 2010 年 5 月至 2012 年 12 月 30 日。合同同时约定，如果工程提前两个月完工，客户将支付 B 公司奖励款 120 000 元。

2010 年 5 月，B 公司预计工程总成本为 2 300 000 元；2011 年 12 月 30 日，由于人工费、材料费等价格上涨原因，B 公司将工程总成本调整为 2 600 000 元；2012 年 10 月 30 日，工程完工并验收；合同完工进度的确定采用累计实际发生的合同成本占合同预计总成本比例的方法。建造合同的其他相关资料如表 17-2 所示。

表 17-2　建造合同成本预测表　　单位：元

项目	2010 年	2011 年	2012 年
累计实际发生成本	800 000	2 200 000	2 600 000
预计完成合同尚需发生成本	1 500 000	400 000	

根据以上资料，B 公司确认的各年合同收入和合同成本如下：

2010 年的完工进度＝800 000÷（800 000＋1 500 000）×100％ ＝ 35％

2010 年确认的合同收入＝2 800 000×35％＝980 000（元）

2010 年确认的合同成本＝（800 000＋1 500 000）×35％＝ 800 000（元）

B 公司 2010 年利润表上的营业收入为 980 000 元，营业成本为 800 000 元。

2011 年的完工进度＝2 200 000/（2 2000 000＋ 400 000）×100％ ＝ 85％

2010 年确认的合同收入＝（2 800 000×85％）－980 000＝1 400 000（元）

2010 年确认的合同成本＝（2 200 000＋ 400 000）×85％－800 000

＝1 410 000（元）

B 公司 2011 年利润表上的营业收入为 1 400 000 元，营业成本为 1 410 000 元。

2012 年确认的合同收入＝（2 800 000＋120 000）－980 000－1 400 000

＝540 000（元）

2012 年确认的合同成本＝2 600 000－800 000－1 410 000＝ 390 000（元）

B 公司 2010 年利润表上的营业收入为 540 000 元，营业成本为 390 000 元。

如果建造合同的结果不能可靠估计，应分两种情况确认合同收入及合同成本。第一，合同成本能够收回的，合同收入根据能够收回的实际合同成本金额予以确认。合同成本在其发生的当期确认为合同费用。第二，合同成本不可能收回的，应在发生时确认为合同费用，不确认合同收入。

【例 17-19】B 公司与客户签订一项总金额为 1 500 000 元的建造合同，合同自 2010 年 1 月 1 日起至 2012 年年末止，共三年完成。合同约定，客户在 2010 年年初支付工程费用的 50％，2011 年年初支付工程费用的 30％，2012 年年末工程完工时支付 20％。B 公司 2010 年年内实际发生工程成本 850 000 元，但工程的完工进度无法可靠确定。2011 年完工进度可以确定。

根据建造合同收入确认的条件，B 公司各年度合同收入、合同成本的确认如下：

(1) 2010 年该合同收入为 750 000 元，合同成本 850 000 元，因此，该建造合同业务在 B 公司利润表上确认的营业收入为 750 000 元，合同成本为 850 000 元。

(2) 2011 年实际发生的成本为 50 000 元，预计为完成合同尚需发生的成本为 300 000 元。2011 年 B 公司应当确认的合同收入、合同成本计算如下：

2011 年合同完工进度＝(850 000＋50 000）÷（850 000＋50 000＋300 000)

×100％＝75％

2011 年确认的合同收入＝1 500 000×75％－750 000＝375 000（元）

2011 年确认的合同成本＝（850 000＋50 000＋300 000）×75％－850 000

＝50 000（元）

2011年该合同收入为375 000元，合同成本50 000元，因此，该建造合同业务在B公司利润表上确认的营业收入为375 000元，合同成本为50 000元。

合同预计损失的确认。资产负债表日，企业应对正在建造的资产进行减值测试，如果建造合同的预计总成本超过合同总收入，则形成合同预计损失，应计提损失准备（存货跌价准备），并确认为当期费用。合同完工时，将已提取的损失准备冲减合同费用。

思考题

1. 什么是收入？有何主要特点？如何分类？
2. 销售商品收入的确认应同时满足哪些条件？
3. 如何对具有融资性质的分期收款销售进行账务处理？
4. 如何确认附有销售退回条件的销售商品收入？
5. 委托代销采用视同买断方式应如何进行账务处理？
6. 委托代销采用支付手续费方式应如何进行账务处理？
7. 什么是售后回购？如何进行账务处理？
8. 什么是售后租回？如何进行账务处理？
9. 什么是现金折扣？如何进行账务处理？
10. 销售折让与销售退回的账务处理有何不同？
11. 劳务交易结果能够可靠估计时如何确认劳务收入？
12. 建造合同收入由哪些内容组成？建造合同成本由哪些内容组成？

练习题

1. 2012年6月10日，Z公司向B公司赊销一批商品，商品成本为80 000元，售价为110 000元，增值税税额为18 700元。Z公司开出发票账单，并按照合同约定的品种和质量发出商品，B公司已将该批商品验收入库。商品赊销期限为30天。

要求：根据以上资料编制Z公司销售商品的会计分录：

(1) 6月10日，发出商品并结转成本。

(2) 7月10日，收回货款。

2. 2012年3月31日，Z公司向C公司赊销一批商品，商品成本130 000元，销售价格200 000元，增值税税额为34 000元，合同约定的赊销期为30天。Z公司提供的现金折扣条件为：10天内付款，可按商品售价（不含增值税）的2%享受现金折扣；如果超过10天付款，则须按交易金额全款支付。

要求：根据以上资料编制Z公司销售商品的会计分录：

(1) 3月31日，发出商品并结转成本。

(2) 假定C公司于4月10日付款。

(3) 假定C公司于4月30日付款。

3. 2012年5月28日，Z公司向D公司销售一批商品。商品成本为420 000元，销售价格为500 000元，增值税税额为85 000元。商品已发出，货款已收妥。6月5日，D公司在验收商品时，发现存在质量问题，要求退货，Z公司同意退货。

要求：编制Z公司有关销售退回的下列会计分录：

(1) 发出商品，结转成本并收取货款。

(2) 同意退货，收回商品并退回货款。

4. 2012年2月20日，Z公司将其生产的一台机器设备销售给E公司，机器设备的生产成本2 760 000元，销售价格3 600 000元，增值税税额为612 000元。根据合同约定，E公司在取得设备时首付20%的货款及全部增值税款，其余货款从3月份起，每月月末等额支付一次，分3个月付清。该项分期收款销售不具有融资性质。

要求：根据以上资料编制Z公司分期收款销售商品的相关会计分录：

(1) 2月20日，发出商品、结转成本并收到E公司的首付款项。

(2) 3月31日，收到E公司支付的部分货款。

(3) 4月30日，收到E公司支付的部分货款。

(4) 5月31日，收到E公司支付的部分货款。

5. Z公司采用视同买断方式委托F公司代销一批商品，商品成本为36 000元，协议买断价格为40 000元，增值税税额为6 800元。根据代销协议，F公司在取得代销商品后，无论是否能够卖出、是否获利，均与Z公司无关，代销商品的实际售价由F公司自定。F公司将该批商品售出，实际售价为45 000元，增值税税额为7 650元。

要求：根据以上资料分别编制Z公司和F公司销售商品的会计分录：

(1) Z公司委托代销商品的会计分录：

① 发出委托代销商品。

② 收到F公司支付的货款。

(2) F公司受托代销商品的会计分录：

① 收到受托代销商品。

② 将受托代销商品售出。

③ 向Z公司付清货款。

6. Z公司采用支付手续费方式委托G公司代销一批商品，商品成本为36 000元。根据代销协议，商品售价为40 000元，增值税税额为6 800元，Z公司按销售价的3%支付手续费。G公司将该批商品售出后，给Z公司开来代销清单，Z公司根据代销清单所列的已销商品金额给G公司开具增值税专用发票。

要求：根据以上资料分别编制Z公司和G公司销售商品的会计分录：

(1) Z公司委托代销商品的会计分录。

① 发出委托代销商品。

② G公司开来代销清单。

③ 确认应付的代销手续费。

④ 收到G公司支付的货款。

(2) G公司受托代销商品的会计分录。

① 收到受托代销商品。

② 将受托代销商品售出。

③ 收到增值税专用发票。

④ 结清代销商品款并计算代销手续费。

7. 2012 年 9 月 1 日，Z 公司与 H 公司签订协议，向 H 公司销售一批商品，商品成本为 650 000 元，销售价格为 800 000 元，增值税税额为 136 000 元。根据协议约定，Z 公司于 2013 年 7 月 1 日将所售商品购回，回购价格为 850 000 元，增值税税额为 144 500 元。

要求：根据以上资料编制 Z 公司售后回购的相关会计分录：

(1) 2012 年 9 月 1 日，发出商品并收到货款。

(2) 2012 年 9 月 30 日，计提利息（其余各月计提利息的会计分录略）。

(3) 2013 年 7 月 1 日，按约定将该批商品购回。

8. 2012 年 12 月 25 日，Z 公司将一套全新的生产设备出售给 I 公司，同时，又将该设备租回。设备账面原值 500 000 元，销售价格（公允价值）为 600 000 元。根据设备租赁合同约定，租赁开始日为 2013 年 1 月 1 日，租期 4 年，租金总额为 720 000 元，每年年末等额支付，租赁期届满时，Z 公司可按 1 000 元的价格留购该设备。设备预计使用寿命为 5 年，预计净残值率为 4%，采用直线法计提折旧（为简化核算，假定设备按年计提折旧）。Z 公司选择银行同期贷款利率 6% 作为折现率（4 期，6% 的年金现值系数为 3.465 1；4 期，6% 的复利现值系数为 0.792 1）。假设不考虑增值税。

要求：根据以上资料编制 Z 公司售后租回的会计分录：

(1) 2012 年 12 月 25 日，出售设备：

① 转销设备账面价值。

② 收取出售设备价款。

③ 结转未实现售后租回收益。

(2) 2013 年 1 月 1 日，租回设备。

(3) 2013 年 12 月 31 日，计提设备折旧并分摊未实现售后租回收益。

(4) 2013 年 12 月 31 日，支付设备租赁费并分摊未确认融资费用（实际利率为 7.77%）。

(5) 租赁期届满，留购设备。

9. 2012 年 8 月 1 日，Z 公司开始为 B 公司提供一项维修劳务。合同规定：维修期 20 天，维修费 117 000 元（包括增值税）。Z 公司已按约定时间完成合同约定的劳务项目，并收到劳务款 117 000 元。Z 公司为完成该劳务合同发生费用共计 50 000 元，其中职工薪酬 35 000 元，消耗原材料 15 000 元。该公司的增值税税率为 17%。

要求：根据以上资料编制 Z 公司确认劳务收入和劳务成本的会计分录。

10. Z 建筑公司签订了一项合同总金额为 10 000 000 元的固定造价合同，合同规定的建设工期为 3 年。经测算，第一年工程的完工进度为 30%，第二年完工进度为 80%，前两年的合同总成本预计为 8 000 000 元。第三年工程全部完成，累计实际发生合同成本 7 500 000 元。

要求：根据以上资料编制 Z 公司各期确认合同收入和合同成本的会计分录。

第十八章

费　用

第一节　概述

1. 费用的概念及分类

费用是指企业在日常活动中发生的、会导致所有者权益减少、与向所有者分配利润无关的经济利益的总流出。费用发生的形式是由于资产流出、资产损耗或负债增加而引起所有者权益减少。费用有狭义和广义之分，广义费用泛指企业在日常生产经营、管理活动中发生的各种费用，包括营业费用与营业外支出；狭义费用仅指与一定会计期间营业收入相配比的那部分费用。费用有以下分类。

1）按经济内容分类

(1) 外购材料费，指企业为进行产品生产从外部购入的原料及主要材料、辅助材料、包装物、低值易耗品等。

(2) 外购燃料，指企业为进行产品生产或其他用途，从外部购入的各种固体、气体和液体燃料。

(3) 外购动力，指企业为进行产品生产或其他用途，从外部购入的各种动力、蒸汽等。

(4) 职工薪酬，指企业应计入产品生产成本和期间费用的职工薪酬，包括货币性薪酬、"五险一金"、工会经费和职工教育经费、非货币性薪酬和辞退福利等。

(5) 固定资产折旧费，指企业按规定方法计提的固定资产折旧费。

(6) 利息支出，指企业计入财务费用的借款利息支出减去利息收入后的净额。

(7) 税金，指企业向国家交纳的各种价内税，包括营业税、资源税、土地增值税、房地税、车船使用税、印花税、土地使用税和企业所得税等。

(8) 其他费用，指应计入产品成本或期间费用的其他费用，如差旅费、通信费、企业资产保险费等。

费用按经济内容分类的意义在于，企业各级管理部门要掌握不同时期各类费用的发生总量和构成比例，进而为企业的资金需求作出计划和准备。

2）按经济用途分类

费用按其经济用途可分为两类，即计入产品成本的生产成本和计入当期损益的期间费用。

（1）生产成本。计入产品成本的生产成本又可划分为若干项目，也称为产品成本项目。制造业企业的成本项目包括四个：材料费、燃料及动力费、生产工人薪酬和制造费用。前三项费用为直接费用，制造费用为间接费用。制造费用是指除材料费、燃料及动力费、生产工人薪酬外，直接用于产品生产但不便于直接计入某种产品成本、应由各种产品共同分摊的费用，如生产车间固定资产折旧费、车间管理人员的薪酬等。制造费用在发生时，先归集于“制造费用”项目之中，期末，再采用一定的方法分配计入各受益产品的成本。每个会计期末，产品的生产费用归集以后，还要在完工产品和在产品之间进行分配：完工产品入库后，成为库存产成品；尚未完工的产品称为在产品，期末，在产品成本要合并到资产负债表“存货”项目之中。

（2）期间费用。期间费用是指企业为组织和管理生产经营活动、融资和销售产品发生的、与产品生产环节无直接关系的费用，包括管理费用、财务费用和销售费用。期间费用应在发生期从当期收入中全部扣除。管理费用是指企业行政管理部门为管理和组织企业生产经营活动而发生的各项费用支出，包括由企业统一负担的管理人员工资及福利费、劳动保险费、职工待业保险费、业务招待费、研究与开发费、董事会会费、工会经费、职工教育经费、咨询费、诉讼费、商标注册费、技术转让费、排污费、矿产资源补偿费、聘请中介机构费、低值易耗品摊销、无形资产摊销、修理费、开办费摊销、房产税、土地使用税、车船使用税、印花税、审计费、存货盘亏或盘盈（不包括应计入营业外支出的存货损失）等。财务费用指企业在筹集资金过程中发生的各项费用，主要包括企业生产经营期间发生的利息净支出（减利息收入）、汇兑损失（减汇兑收益）、金融机构手续费以及与筹资活动有关的费用。销售费用是指企业在销售商品过程中发生的费用，主要包括应由企业负担的运输费、装卸费、包装费、保险费、展览费、广告费、租赁费（不包括融资租赁费用），以及为销售产品而专设销售机构的职工薪酬等费用。

产品成本与期间费用的不同之处表现在：第一，与产品生产的关系不同。产品成本指与产品生产有关的直接费用和间接费用。期间费用是为产品生产、产品销售活动的正常进行提供保障所发生的费用。第二，与会计期间的关系不同。产品成本中当期完工的部分在当期转为产成品成本，未完工的部分则结转到下期继续加工，作为在产品成本，而期间费用只与费用发生当期有关，需在当期收入中全部扣除。第三，与会计报表的关系不同。产品成本完工部分成为产成品，其中已经销售产品的生产成本转为“营业成本”，列示于利润表上，尚未销售的产成品作为存货，列示于资产负债表上，而期间费用全部列入利润表，成为当期收入的三个扣减项目。

2. 费用的特点

（1）费用最终会导致企业资源的减少，这种减少具体表现为企业的资金流出。与资源流入企业所形成的收入相反，费用本质是一种资源流出，也可理解为资产的耗费，其目的是为了取得收入，从而获得更多资产。

（2）费用最终会减少企业的所有者权益。一般而言，企业的所有者权益会随着收入的增长而增加，随着费用的增加而减少。但是，所有者权益减少不一定都因为费用的增加，如企业偿债性支出和向投资人分配利润，虽然减少了所有者权益，但不是因为费用增加。

（3）费用可能表现为资产的减少，或负债的增加，或者二者兼而有之。

第二节　费用的确认和计量

与收入确认的原则一样，费用的确认也采用“权责发生制”和“配比原则”。费用确认和计量的一般原则包括以下几点。

1. 正确划分资本性支出和收益性支出的界线

资本性支出是指其支出所产生的效益与几个、甚至几十个会计年度相关的支出。资本性支出形成企业的非流动资产，如购置固定资产的支出、投资于无形资产开发阶段并形成无形资产的支出、在建工程的支出等。资本性支出的投资回收，是通过计提固定资产折旧，或计提无形资产摊销来完成的。

收益性支出是指其支出所产生的效益仅与本会计年度相关，是为取得本年度收益而发生的，应由本年度收入来扣除的支出。收益性支出形成企业当期产品成本或期间费用，如购买材料支付的费用、支付职工薪酬、各项期间费用等。收益性支出的投资回收，是通过计入当期产品成本或期间费用、通过当期产品销售收入得到补偿的。

2. 正确划分生产费用与期间费用的界线

企业发生的各种生产费用，其用途和计入损益的时间不同：生产产品发生的费用形成产品成本，产品成本在产品入库并销售后才以营业成本的形式计入当期损益；尚未销售的产品成为存货，待销售时再将其成本计入损益；而发生的期间费用，全部计入当期损益。

3. 正确划分各个月份的费用界线

为了客观、正确地计算各月损益，还应将计入产品成本的生产费用和期间费用，在各个月份之间进行划分。要按照权责发生制的要求，按照费用的受益情况，正确确认费用的归属期。本月份支付但本月及以后各月共同受益的费用，应作为待摊费用（或长期待摊费用），在受益期内合理分摊；同时，本月虽未支付但却受益的费用，应作为预提费用，计入本月成本或期间费用。

4. 正确划分各成本计算对象的费用界线

产品成本是为生产一定品种、一定数量产品所发生的生产费用。为了正确计算每个品种产品的总成本和单位成本，生产费用应按成本计算对象（品种、批别等）归集和分配。凡属于某成本计算对象单独发生的费用，应直接计入该对象的成本；凡属于几个成本计算对象共同发生的费用，应采用适当的分配方法，分配计入各成本计算对象的成本。

5. 正确划分完工产品和在产品费用的界线

会计期末计算产品成本时，如果某种产品全部完工，那么，为生产这种产品发生的各项生产费用之和，即为该完工产品的成本；如果某种产品部分完工，那么，为生产这种产品发生的各项生产费用，要在完工产品和在产品之间进行分配；如果某种产品全部未完工，那么，为生产这种产品发生的各项生产费用之和，即为该在产品的成本。

如果以上生产费用与期间费用的各种界线被混淆，则成为人为调节各期损益的手段。

第三节 生产成本和期间费用

1. 账户设置

生产成本环节应设置“生产成本”和“制造费用”两个账户对生产成本的形成、产成品成本的结转及在产品成本余额进行核算。

“生产成本”属于成本类账户，企业为生产产品发生的、应计入产品生产成本的直接费用，在发生时记入借方；产品生产完工、结转产成品成本时记入贷方；该账户的期末余额在借方，反映尚未完工的产成品成本。该账户下，应按产品品种设置明细账。

“制造费用”属于费用类账户，企业为生产产品发生的、应计入产品生产成本的间接费用，在发生时记入借方；制造费用在期末分配至各受益产品时记入贷方；该账户期末无余额。

“管理费用”属于损益类账户，各项管理费用在发生时记入借方；期末结转损益记入贷方；结转后，该账户期末无余额。该账户下应按费用项目设置明细账。

“销售费用”属于损益类账户，各项销售费用在发生时记入借方；期末结转损益记入贷方；结转后，该账户期末无余额。该账户下应按费用项目设置明细账。

“财务费用”属于损益类账户，各项财务费用在发生时记入借方；期末结转损益记入贷方；结转后，该账户期末无余额。该账户下应按费用项目设置明细账。

2. 账务处理

企业在生产经营活动和管理活动中发生的各项费用，应按费用的受益部门和受益对象进行归集：属于基本生产车间生产各种产品发生的各项直接费用，应计入“生产成本”账户；发生的属于各种产品共同承担的费用应计入“制造费用”账户，期末再采用一定的方法分配至各种产品成本；发生的期间费用，应按费用受益部门分别计入有关期间费用账户。

【例 18-1】2012 年 8 月，A 公司发生以下管理费用：以银行存款支付业务招待费 17 200元；计提固定资产折旧费 28 000 元；分配企业管理人员薪酬 92 000 元；应交城镇土地使用税 3 500 元；无形资产摊销 20 000 元。以上事项应作会计分录：

① 支付业务招待费时：

借：管理费用——业务招待费	17 200	
贷：银行存款		17 200

② 计提折旧费时：

借：管理费用——折旧费	28 000	
贷：累计折旧		28 000

③ 分配职工薪酬时：

借：管理费用——职工薪酬	92 000	
贷：应付职工薪酬——工资		92 000

④ 计算应交城镇土地使用税时：

借：管理费用——城镇土地使用税 3 500

贷：应交税费——应交城镇土地使用税 3 500

⑤ 摊销无形资产时：

借：管理费用——无形资产摊销 20 000

贷：累计摊销 20 000

⑥ 期末结转损益时：

借：本年利润 160 700

贷：管理费用 160 700

【例 18-2】 2012 年 8 月，A 公司发生以下销售费用：以银行存款支付广告费 50 000 元；以现金支付销售产品的运输费 8 000 元；专设销售机构的职工薪酬 40 000 元。以上事项应分别作会计分录：

① 支付广告费时：

借：销售费用——广告费 50 000

贷：银行存款 50 000

② 支付运输费时：

借：销售费用——运输费 8 000

贷：库存现金 8 000

③ 分配工资及计提福利费：

借：销售费用——职工薪酬 40 000

贷：应付职工薪酬——工资 40 000

④ 期末结转损益时：

借：本年利润 98 000

贷：销售费用 98 000

【例 18-3】 2012 年 8 月，A 公司发生如下事项：接到银行通知，已划拨本月银行短期借款利息 50 000 元；银行存款利息 8 000 元。以上事项应分别作分录：

① 支付短期借款利息时：

借：财务费用——利息支出 50 000

贷：银行存款 50 000

② 收到银行存款利息时：

借：银行存款 8 000

贷：财务费用——利息收入 8 000

③ 期末结转损益时：

借：本年利润 42 000

贷：财务费用 42 000

第四节 价内税费

1. 应计入“营业税金及附加”账户的税金

1）营业税

A. 营业税概述

（1）营业税概念。营业税是以在我国境内提供应税劳务、转让无形资产或销售不动产所取得的营业额为课税对象而征收的一种流转税。营业税与增值税是一个非此即彼的关系，即凡从事生产、经营活动的单位（除专业房地产开发企业）和个人所发生的各种交易行为，不是交纳增值税，就是交纳营业税，必交纳两者其中的一种税。

（2）营业税的纳税人。凡在我国境内从事提供应税劳务、转让无形资产或销售不动产的单位和个人均为营业税的纳税人。其中，提供应税劳务是指除加工、修理修配两种增值税应税劳务以外的其他劳务，包括交通运输劳务、建筑安装劳务、金融保险劳务、邮电通信劳务、文化体育劳务、娱乐服务和其他服务等；转让无形资产是指转让无形资产的使用权或所有权的行为；销售不动产是指有偿转让不动产所有权的行为。对于特殊的营业税应税行为，税法规定了营业税的扣缴义务人。例如，委托贷款业务，其委托方为纳税人，而扣缴义务人为受托发放贷款的金融机构；建筑业工程采用总承包、分包方式的，纳税人为分包人，而扣缴义务人为总承包人或建设单位和个人等。

（3）营业税的课税基础和税率。营业税的课税基础为在我国境内提供应税劳务、转让无形资产或销售不动产所取得的营业额。营业税采用比例税率形式。其中，3%税率适用于交通运输业、建筑业、邮电通信业和文化体育业；5%税率适用于金融保险业、服务业、转让无形资产和销售不动产；娱乐业按不同的服务项目采用5%～20%的差别比例税率进行征收。营业税改征增值税试点方案中，试点城市的有形动产销售、交通运输业、建筑业和现代服务业改征增值税，相关内容见第十三章第七节。

（4）营业税税额的计算。营业税的计税依据是纳税人提供应税劳务、转让无形资产或销售不动产而向对方收取的营业额、转让额和销售额（包括全部价款和价外费用）。

计算公式如下：

$$应纳营业税税额＝营业额×适用税率$$

B. 账户设置和账务处理

“营业税金及附加”属于损益类账户。企业计算出应交营业税时，记入借方；期末结转损益时记入贷方；结转后该账户期末无余额。该账户下应按税种设置明细账。

除营业税外，企业经营活动发生的消费税、城市维护建设税、资源税、教育费附加以及主营房地产开发业务企业计算出的应交土地增值税、房产税，也在本账户核算。

【例 18-4】 A公司下设一个饭店，2012年5月，该饭店客房部经营收入2 200 000元，餐饮部收入3 500 000元。客户和餐饮经营应交纳营业税，适用税率为5%。据此计算该饭店应交纳营业税额为285 000元。以上事项应作会计分录：

	借方	贷方
借：营业税金及附加	285 000	
贷：应交税费——应交营业税		285 000

【例 18-5】A 公司所在地为省会城市，当月实际缴纳的增值税为 275 万元，消费税为 400 万元，营业税为 25 万元，城市维护建设税税率为 7%。以上事项应编制会计分录：

借：营业税金及附加　490 000

　　贷：应交税费——应交城市维护税　490 000

【例 18-6】A 公司下设一主营房地产开发公司。2012 年度，该公司销售一栋楼房，按照税法规定计算的应交土地增值税为 300 000 元。以上事项应编制会计分录：

借：营业税金及附加　300 000

　　贷：应交税费——应交土地增值税　300 000

2）消费税

A. 消费税概述

（1）消费税概念。消费税是对消费品和特定的消费行为按消费流转额征收的一种税。消费税又分为一般消费税和特别消费税。前者指对所有消费品，包括生产经营必需品和日用品普遍课税，后者指对特定消费品或特定消费行为的课税。我国现行消费税是对在境内从事生产、委托加工和进口应税消费品的单位和个人就其应税消费品征收的一种税。由于我国消费税选择部分消费品征税，因而，属于特别消费税。

（2）消费税纳税人。凡在我国境内从事下列五种业务之一的单位和个人都是消费税的纳税义务人：①自产自销业务，即从事应税消费税的生产并销售的单位和个人，为消费税的纳税人；②自产自用业务，即从事应税消费品的生产并自我使用的，以生产单位或个人为消费税的纳税人；③委托加工业务，即从事委托加工（委托他人生产）应税消费品业务的，以委托单位或个人为消费税的纳税义务人；④进口业务，即从境外进口应税消费品的，以进口报关单位或个人为消费税的纳税人；⑤零售业务，即从事金银首饰、钻石及其饰品生产经营业务的，以零售单位或个人为纳税人，生产、进口和批发上述消费品的，不征收消费税。

（3）消费税税目和税率形式。消费税的税目包括：①烟。以烟叶为原料加工生产的产品，不论使用何种辅料，均属于消费税的征收范围。②酒及酒精。酒包括粮食白酒、薯类白酒、黄酒、啤酒和其他酒。酒精包括各种工业用、医用和食用酒精。③化妆品，包括各类美容、修饰类化妆品、高档护肤类化妆品和成套化妆品。④贵重首饰及珠宝玉石。⑤鞭炮、焰火。⑥成品油，包括汽油、柴油、石脑油、溶剂油、航空煤油、润滑油、燃料油等。⑦汽车轮胎，不包括农用拖拉机、收割机、手扶拖拉机的专用轮胎。⑧小汽车，指由动力驱动、具有四个或四个以上车轮的非轨道承载的车辆。⑨摩托车，最大设计车速不超过每小时 50 千米，发动机气缸总工作容量不超过 50 毫升的三轮摩托车不征收消费税。⑩高尔夫球及球具，包括高尔夫球、高尔夫球杆、高尔夫球包（袋）。⑪高档手表，指销售价格（不含增值税）每只在 10 000 元以上的手表。⑫游艇，指艇身长度大于 8 米（含）小于 90 米（含），内置发动机，可在水上移动，主要用于水上运动和休闲娱乐等非牟利活动的各类机动艇。⑬木制一次性筷子，包括各类木制一次性筷子。⑭实木地板。消费税税率形式有三种，即比例税率、定额税率和复合税率。其中，比例税率主要适用于价格差异大、计量单位难以规范的应税消费品，包括化妆品、鞭炮和焰火、贵重首饰及珠宝玉石、汽车轮胎、摩托车、小汽车、高尔夫球及球具、高档手表、游艇、木制一次性筷子和实木地板等；定额税率主要适用于供求基本平衡、价格差异小、计量单位比较容易规范的应税消费品，包括酒类税目下的黄酒和啤酒，以及成品油税目下的各类产品；采用复合税率的应税消费品有卷烟、粮食白酒和薯类白酒。

(4) 消费税应纳税额的计算。

① 自产自销业务消费税的计算。纳税人生产并且销售自产应税消费品，应交纳消费税。消费税的计算，要区别从量计征、从价计征和复合计征。对于从量计征的消费品，应确定销售量和适用税额，两者相乘即可。其计算公式为

从量计征消费品应交纳消费税额 ＝销售量×适用税额

对于从价计征的消费品，应确定销售额和适用税率，两者相乘即可。其计算公式为

从价计征消费品应交纳消费税额 ＝销售额×适用税率

对于复合计征的消费品，分别按上述两种方法计算。

② 自产自用业务消费税的计算。自产自用业务包括三种情况：用于连续生产其他应税消费品，不征消费税；用于连续生产非应税消费品，征收消费税；用于其他方面，征收消费税。

③ 委托加工业务消费税的计算。委托加工是指原材料由委托方提供、受托方只收取加工费或代垫部分辅助材料的情况。对于委托加工业务，无论受托方还是委托方均应承担相应的涉税义务：由委托方承担纳税义务，受托方承担代收代缴义务。对于受托加工的应税消费品，受托方有同类应税消费品销售价格的，受托方计算代收代缴消费税款时，按当月销售的同类消费品的销售价格计算；如受托方无同类应税消费品销售价格的，按组成计税价格计算应代收代缴的消费税。

从量计税方法下消费税计算公式：

应纳消费税税额＝委托加工应税消费品数量×定额税率

从价计税方法下消费税计算公式：

应纳消费税税额＝组成计税价格×委托加工应税消费品的比例税率

其中，组成计税价格＝(材料成本＋加工费)÷(1－比例税率)

复合计税方法下消费税的组成计税价格计算公式：

组成计税价格＝(材料成本＋加工费＋委托加工数量×定额税率)÷(1－比例税率)

④ 进口业务消费税的计算。进口业务消费税的计算包括从量计征、从价计征和复合计征三种计算方法。进口应税消费品所支付的金额包括：以进口货物为基础由海关审定的关税完税价格、关税和应纳消费税三个部分。

从量征税的消费品，应按应税消费品的进口数量和税法规定的定额税率计算应纳消费税税额。其应纳消费税的计算公式为

应纳消费税额＝进口应税消费品的数量×单位税额

由于进口货物也属于增值税的纳税义务，因而还要计算进口消费品应纳增值税额：

进口应纳增值税额＝组成计税价格×增值税税率

＝（关税完税价格＋关税＋消费税）×增值税税率

从以上计算过程可以看出，在从量计征方式下进口应税消费品时，要分别计算出关税和消费税，再以包含关税完税价格、关税和消费税在内的进口成本为基础，作为增值税的

计税依据。

从价征税的消费品，其计算增值税和消费税的依据是相同的，均为进口时所支付的不含增值税税额的价款。其计算公式分别为

组成计税价格＝（关税完税价格＋关税）÷（1－消费税比例税率）

应纳消费税额＝组成计税价格×消费税比例税率

应纳增值额税额＝组成计税价格×增值税税率

或＝（关税完税价格＋关税＋消费税）×增值税税率

从以上计算过程可以看出，在从价计征方式下进口应税消费品时，先计算出关税，再将消费税包含在组成消费税计税价格之中，以此为基础计算应纳增值税额。

复合计征方式下进口消费品应纳消费税的计算公式为

应纳消费税税额＝从价税＋从量税

＝组成计税价格×消费税比例税率＋应税消费品数量×消费税定额税率

B. 账户设置和账务处理

企业应在"营业税金及附加"下设置"消费税"明细分类账，在"应交税费"下，设置"应交消费税"明细账户，对消费税进行核算。

(1) 销售应税消费品。企业销售应税消费品，应分别按销售收入计算增值税和消费税，并记入相关账户。

【例 18-7】 2012 年 5 月，A 公司下设的酒厂销售其所生产的白酒共计 1 000 000 元(不含增值税)。该批产品的生产成本 400 000 元，适用的增值税税率为 17%，消费税税率为 30%。货款和增值税款均已经收到。以上交易应分别作会计分录：

增值税销项税额＝1 000 000×17%＝170 000（元）

应纳消费税额＝1 000 000×30%＝300 000（元）

① 销售商品和结转成本时：

借：银行存款	1 170 000	
贷：主营业务收入		1 000 000
应交税费——应交增值税（销项税额）		170 000
借：主营业务成本	400 000	
贷：库存商品		400 000

② 计算应交消费税时：

借：营业税金及附加——消费税	300 000	
贷：应交税费——应交消费税		300 000

(2) 视同销售应税消费品。企业以应税产品用于股权投资、集体福利和个人消费，以及换取生产资料、消费资料或抵偿债务等，也应视同销售进行账务处理。消费税视同销售行为的范围，除包括增值税规定的视同销售范围之外，还包括纳税人以自产应税消费品连续生产非应税消费品的行为。

【例 18-8】 2012 年 5 月 10 日，A 公司将自产的应税消费品用于对外投资，应税消费品的成本为 200 000 元，计税价格为 300 000 元。该产品适用的增值税税率为 17%，消费税税率为 10%。以上事项应作会计分录：

增值税销项税额＝300 000×17％＝51 000（元）

应纳消费税额＝300 000×10％＝30 000（元）

借：长期股权投资　381 000

　贷：主营业务收入　300 000

　　应交税费——应交增值税（销项税额）　51 000

　　应交税费——应交消费税　30 000

借：主营业务成本　200 000

　贷：库存商品　200 000

（3）委托加工应税消费品。企业委托加工的应税消费品，一般由受托方代收代缴消费税款；受托加工或者翻新改制金银首饰，按照规定由受托方交纳消费税。

委托方收回加工物资，用于直接销售，应将支付的消费税计入委托加工物资的成本，销售时不再交纳消费税；委托加工物资收回后用于连续生产的，按规定可准予抵扣。

【例 18-9】 A公司委托B公司加工一批应税消费品（非金银首饰），受托加工的原材料成本100 000元，加工费用20 000元。由受托方代收代缴的消费税2 000元，增值税税率为17％，材料加工完毕已验收入库，加工费及税金尚未支付。以上事项委托方应作会计分录：

第一，委托方收回加工材料后用于连续生产。

① 发出委托加工材料时：

借：委托加工物资　100 000

　贷：原材料　100 000

② 支付加工费、消费税及增值税时：

借：委托加工物资　20 000

　应交税费——应交消费税　2 000

　应交税费——应交增值税（进项税额）　3 400

　贷：应付账款　25 400

③ 收回委托加工材料时：

借：原材料　120 000

　贷：委托加工物资　120 000

第二，委托方收回加工材料后直接用于销售。

① 发出委托加工材料时：

借：委托加工物资　100 000

　贷：原材料　100 000

② 支付加工费、消费税及增值税时：

借：委托加工物资　22 000

　应交税费——应交增值税（进项税额）　3 400

　贷：应付账款　25 400

③ 收回委托加工材料时：

借：原材料　122 000

　贷：委托加工物资　122 000

（4）进口应税消费品。应当交纳消费税的进口货物，交纳的消费税应构成进口货物的成本。就应税消费品出口而言，除国家限制出口的应税消费品外，纳税人出口的应税消费品免征消费税。具体又分为出口直接免税和先征后退两种情形进行账务处理。

【例 18-10】 A 公司进口一批应税消费品，作为生产用原材料使用，其到岸价折合人民币 8 000 000 元，该批商品适用的进口关税税率为 10%，消费税税率为 20%，增值税税率为 17%。货款和各种税款均以人民币结算，商品已经验收入库。以上交易应分别作会计分录：

① 支付货款时：

借：原材料 8 000 000

　　贷：银行存款 8 000 000

② 计算应交纳的关税和消费税，并向海关支付时：

应纳关税税额＝8 000 000×10%＝800 000（元）

组成消费税计税价格＝（8 000 000＋800 000）÷（1－20%）＝11 000 000（元）

应纳消费税税额＝11 000 000×20%＝2 200 000（元）

借：原材料 3 000 000

　　贷：应交税费——应交关税 800 000

　　　　　　　　——应交消费税 2 200 000

③ 计算应交增值税并以银行存款交纳关税、消费税和增值税时：

应交增值税额＝11 000 000×17%＝1 870 000（元）

借：应交税费——应交增值税（进项税额） 1 870 000

　　应交税费——应交关税 800 000

　　　　　　——应交消费税 2 200 000

　　贷：银行存款 4 870 000

3）其他应计“营业税金及附加”账户的税费

（1）城市维护建设税及教育费附加。城市维护建设税，是国家对交纳增值税、消费税、营业税的单位和个人，就其实际交纳的“三税税额”为依据，以适用税率计算征收的一种附加税。企业在计算出应交纳的城市维护建设税时，作会计分录：

借：营业税金及附加（或固定资产清理等）

　　贷：应交税费——应交城市维护建设税

教育费附加，是国家对交纳增值税、消费税和营业税的单位和个人，就其实际交纳的“三税税额”为依据，以一定比例计算征收的一种附加费。企业在计算出应交教育费附加时，应根据不同情况作会计分录：

借：营业税金及附加（或固定资产清理等）

　　贷：应交税费——应交教育费附加

（2）土地增值税。土地增值税是对在我国境内有偿转让国有土地使用权、地上建筑物及其附着物取得收入的单位和个人，就其转让房地产所取得的增值额征收的一种税。其中，增值额指转让房地产所取得的收入减除规定扣除项目金额后的余额。转让房地产取得的收入，包括货币收入、实物收入和其他收入。计算土地增值额的主要扣除项目有：取得土地使用权所支付的金额，开发土地的成本，新建房屋及配套设施发生的成本和费用，支付的旧房及建筑物的评估价格，与转让房地产有关的税金等。土地增值税率采用超率累进税率，根据房地产转让实现的土地增值率（增值额与扣除项目金额的比例）分别适用不同的税率。目前，我国土地增值税税率分为四级：增值额不超过50%的部分，税率为30%；超过50%～100%的部分，税率为40%；超过100%～200%部分，税率为50%；超过200%以上的部分，税率为60%。

【例 18-11】 A公司下设一家房地产开发公司F。F公司开发一项房地产项目发生的可扣除项目共计120 000 000元，转让该房地产取得的收入共计200 000 000元。

计算土地增值额和土地增值率：

土地增值额＝200 000 000－120 000 000＝80 000 000（元）

土地增值率＝80 000 000÷120 000 000＝66.67%

计算应交土地增值税、并作相应的会计分录：

应交土地增值税额＝（60 000 000×30%）＋（20 000 000×40%）

＝26 000 000（元）

借：营业税金及附加　　26 000 000

　　贷：应交税费——应交土地增值税　　26 000 000

非主营房地产企业转让房地产、计算出应交土地增值税时，应作会计分录：

借：其他业务成本

　　贷：应交税费——应交土地增值税

（3）资源税。资源税是对在我国境内从事应税矿产品开采和生产盐的单位和个人，就其销售数量、销售金额或自用数量征收的一种税。纳税人销售应税产品计算出的应交资源税，应计入“营业税金及附加”账户；纳税人计算出自产自用的应税产品应交纳的资源税，企业收购未税矿产品所代扣代缴的资源税，应计入“生产成本”或“制造费用”等相关账户；外购液体盐加工为固体盐的，所购入液体盐交纳的资源税可以抵扣。

【例 18-12】 2012年7月，A盐厂共外购液体盐3 000吨，每吨含税价款220元（其中含资源税5元），货款660 000元已经支付。该盐厂将液体盐全部加工为固体盐2 000吨且全部销售，每吨销售价格580元（其中含资源税10元），货款1 160 000元尚未收到。假设上述采购及销售均不考虑增值税，应作会计分录：

液体盐已纳税额可抵扣部分＝3 000×5＝15 000（元）

应纳资源税额＝2 000×10－15 000＝5 000（元）

① 购入液体盐时：

借：在途物资　　645 000

　　应交税费——应交资源税　　15 000

　　贷：银行存款　　660 000

② 销售固体盐时：

借：应收账款　　1 160 000

　　贷：主营业务收入　　1 160 000

③ 计算销售固体盐应纳资源税时：

借：营业税金及附加 20 000

　　贷：应交税费——应交资源税 20 000

④ 以银行存款交纳资源税时：

借：应交税费——应交资源税 5 000

　　贷：银行存款 5 000

2. 应计入“管理费用”账户的税金

企业应计入“管理费用”账户的税金包括房产税、城镇土地使用税、车船税和印花税等。

房产税是以房屋为征税对象，按照房屋的计税余值或租金收入征收的一种财产税。房产税的计税依据有两种：房产的计税余值和房产的租金收入。

城镇土地使用税是对在城市、县城、建制镇和工矿区使用国家和集体土地的单位和个人，就其实际占用土地面积定额征收的一种税。

车船税是对我国境内应当依法到公安、交通、农业、渔业、军事等车船管理部门办理登记手续的车辆、船舶，根据其种类，按照规定的计税单位和年税额标准征收的一种财产税。

企业按规定的方法计算出应交房产税、城镇土地使用税和车船税时，应作会计分录：

借：管理费用

　　贷：应交税费

印花税是对经济活动和经济交往中书立、领受应税凭证，如合同性凭证、产权转移书据、营业账簿、权利许可证照等行为为征税对象征收的一种税。

由于印花税是由纳税人以购买并一次贴足印花税票的方式交纳税款，因而，不通过“应交税费”账户核算，直接计入管理费用。为此应作会计分录：

借：管理费用

　　贷：银行存款

3. 应计入“所得税费用”账户的税金

1）所得税会计概述

所得税会计产生的原因主要是会计收益与应税收益存在的差异所致。会计收益和应税收益是两个不同的经济概念，分别遵循不同的原则，规范不同的对象，体现不同的要求。因此，同一企业在同一会计期间按照会计准则计算的会计利润与按照《中华人民共和国企业所得税税法》（简称所得税税法）计算的应纳税所得额之间的差异是不可避免的，故在计算所得税时，应以所得税税法为依据，对会计利润进行调整，计算出应纳税所得额。

会计利润是指企业根据会计准则的要求，选择一定的会计政策、采用一定的会计方法，按“收入－费用＝利润”数量关系计算的所得税税前利润总额，其目的是向会计信息使用者提供关于企业经营成果的信息；应纳税所得额是指企业按照所得税税法的规定，以“应纳税收入－税法准予扣除的项目＝应纳税所得额”数量关系计算的应纳税所得额，其目的是为企业进行纳税申报和国家税务机关核定企业应交纳的所得税额提供依据。由于会计利润与应纳税所得额的计算依据和目的不同，因此，两者之间往往存在一定的差异，这种差异按其性质可分为永久性差异和暂时性差异。

(1) 永久性差异。永久性差异是指某一会计期间，由于会计准则和所得税税法在计算收益、费用和损失时的口径不同所产生的税前会计利润与应纳税所得额之间的差异。例如，企业购买国债取得的利息收入，在会计核算时作为投资收益，计入当期利润表，但根据税法的规定，不属于应纳税收入，不交纳所得税。再如，企业支付的违法经营罚款、税收滞纳金等，在会计核算上作为营业外支出列支，但根据所得税税法规定，企业支付的违法经营罚款、税收滞纳金等不允许在所得税前扣除。永久性差异的特点是在本期发生，不会在以后期间转回。

(2) 暂时性差异。暂时性差异是指资产、负债的账面价值与其计税基础不同产生的差异，该差异的存在将影响未来期间的应纳税所得额。例如，按照企业会计准则的规定，交易性金融资产期末应以公允价值计量，公允价值的变动计入当期损益；但按照税法规定，交易性金融资产在持有期间公允价值变动不应计入应纳税所得额，待处置交易性金融资产时，按实际取得成本从处置收入中扣除，因此其计税基础保持不变，仍为初始投资成本。由此产生了交易性金融资产的账面价值与其计税基础之间的差异。暂时性差异的特点是发生于某一会计期间，但在以后一期或若干期内能够转回。

2) 所得税计算方法

所得税的计算方法包括应付税款法和纳税影响会计法，其中，纳税影响会计法又有递延法和债务法之分；债务法又分为资产负债表债务法和利润表债务法。本教材主要介绍资产负债表债务法。

A. 资产负债表债务法的含义

资产负债表债务法是从资产负债表出发，通过分析暂时性差异产生的原因及其性质，将其对未来所得税的影响分别确认为递延所得税资产和递延所得税负债，并在此基础上倒推出各期所得税费用的一种方法。

B. 资产负债表债务法的基本核算程序

在资产负债表债务法下，企业一般应于每一资产负债表日进行所得税的相关账务处理。如果发生企业合并等特殊交易或事项，则应在确认所得的资产、负债的同时，确认相关的所得税影响。资产负债表债务法的基本核算程序如下：

(1) 确定资产和负债的账面价值。资产和负债的账面价值是指按照会计准则的相关规定对资产、负债进行账务处理后得出的在资产负债表中应列示的金额。资产和负债的账面价值可以直接根据有关账簿记录确定。例如，企业存货的账面余额为 10 000 000 元，期末，对该存货计提了 500 000 元的存货跌价准备，则存货在资产负债表中应列示的金额为 9 500 000 元，即存货的账面价值为 9 500 000 元。

(2) 确定资产和负债的计税基础。资产和负债的计税基础应按照会计准则中对资产和负债计税基础的确定方法，以适用的税收法规为基础确定。

(3) 确定递延所得税。比较资产、负债的账面价值和计税基础，对于两者之间存在的差异，分析其性质，除准则中规定的特殊情况外，应分别按照应纳税暂时性差异和适用税率确定递延所得税负债的期末余额，按照可抵扣暂时性差异和适用税率确定递延所得税资产的期末余额，并与递延所得税负债和递延所得税资产的期初余额进行比较，确定当期应予进一步确认或应予转回的递延所得税负债和递延所得税资产金额，同时，将两者的差额作为利润表中所得税费用的一个组成部分——递延所得税。

（4）确定当期所得税。按照所得税税法的规定计算确定当期应纳税所得额，以应纳税所得额乘以适用的所得税税率计算确定当期应交所得税，同时作为利润表中所得税费用的另一个组成部分——当期所得税。

（5）确定所得税费用。利润表中的所得税费用由当期所得税和递延所得税两个部分组成。企业在计算确定了当期所得税和递延所得税后，将两者之和（或之差）作为利润表中的所得税费用。

从资产负债表债务法的基本核算程序可以看出，所得税费用的确认包括当期所得税的确认和递延所得税的确认；当期所得税根据当期应纳税所得额和适用税率计算确定，而递延所得税则要根据当期确认（或转回）的递延所得税负债和递延所得税资产的差额予以确认；递延所得税负债和递延所得税资产，取决于当期存在的应纳税暂时性差异和可抵扣暂时性差异的金额，而应纳税暂时性差异和可抵扣暂时性差异是通过分析比较资产和负债的账面价值与其计税基础确定的；资产和负债的账面价值可以通过会计核算资料直接取得，而其计税基础则需要根据会计人员的职业判断，通过合理地分析和计算予以确定。因此，所得税会计的关键问题之一是确定资产和负债的计税基础。

3）资产和负债的计税基础

A. 资产的计税基础

资产的计税基础是指企业收回资产账面价值过程中，计算应纳税所得额时按照税法规定可以自应税收入中抵扣的金额，即某一项资产在未来期间计税时按照税法规定可予税前扣除的金额。

通常情况下，企业为取得某项资产实际支付的成本在未来期间准予税前扣除，因此，资产在初始确认时，其取得成本与计税基础一般是相同的，即资产的计税基础一般为资产的取得成本。对于按摊余成本计量的资产来说，其计税基础是指资产的取得成本减去以前期间按照税法规定已经从税前扣除的金额后的余额，该余额按照税法规定在未来期间计税时仍然可以从税前扣除。资产在持有期间进行后续计量的过程中，因企业会计准则规定与税法规定不同，可能导致资产的账面价值与其计税基础之间产生差异。

（1）固定资产的计税基础。企业以各种方式取得的固定资产，一般情况下，初始确认时按照会计准则规定确定的入账价值等于计税基础。但固定资产在持续使用期间，由于会计准则规定按照“初始成本—累计折旧—固定资产减值准备”进行后续计量，而税法规定按照“成本—按照税法规定已在以前期间从税前扣除的累计折旧”进行后续计量，由此导致了固定资产的账面价值与其计税基础之间产生差异，包括折旧方法及折旧年限不同导致的差异和计提固定资产减值准备导致的差异。

① 折旧方法及折旧年限不同导致的差异。会计准则规定，企业应当根据与固定资产有关的经济利益预期实现方式合理选择折旧方法，可供选择的折旧方法包括平均年限法、工作量法、双倍余额递减法和年数总和法；税法规定，固定资产一般按直线法计提折旧，由于技术进步等原因确需加速折旧的，也可以采用双倍余额递减法和年数总和法计提折旧。另外，会计准则规定，折旧年限由企业根据固定资产的性质和使用情况自行合理确定，而税法

则对每一类固定资产的最低折旧年限作出了明确规定。如果企业进行账务处理时采用的折旧方法、折旧年限与税法规定不同，将导致固定资产的账面价值与其计税基础之间产生差异。

【例 18-13】 2012 年 12 月 25 日，A 公司购入一套环保设备，实际成本 8 000 000 元，预计使用寿命 8 年，预计净残值为 0，采用平均年限法计提折旧，未计提减值准备。假定税法对折旧年限和净残值的规定与会计核算相同，但公司采用的折旧方法与税法规定不同：公司采用平均年限法计提折旧，税法规定采用双倍余额递减法计提折旧并于税前扣除。2013 年 12 月 31 日，公司确定的该项固定资产账面价值和计税基础如下：

设备的账面价值＝8 000 000－8 000 000÷8＝7 000 000（元）

设备的计税基础＝8 000 000－8 000 000×25%＝6 000 000（元）

该项固定资产因折旧方法不同形成了账面价值大于计税基础的金额为 1 000 000 元，该项差额未来期间计入企业的应纳税所得额，产生未来期间应交所得税义务，属于应纳税暂时性差异。

在［例 18-13］中，假设税法规定的最短折旧年限为 10 年，并规定采用平均年限法计提折旧，如果其他条件不变，2013 年 12 月 31 日，公司计算的该项固定资产账面价值和计税基础如下：

设备的账面价值＝8 000 000－8 000 000÷8＝7 000 000（元）

设备的计税基础＝8 000 000－8 000 000÷10＝7 200 000（元）

该项固定资产因折旧年限不同形成了账面价值小于计税基础的金额为 200 000 元，该项差额将于未来期间减少企业的应纳税所得额和相应的应交所得税，属于可抵扣暂时性差异。

② 计提固定资产减值准备导致的差异。会计准则规定，在固定资产持有期间，如果发生了减值，应当对其计提减值准备，减记固定资产的账面价值；税法规定，企业计提的资产减值准备在发生实质性损失前不允许税前扣除，即固定资产的计税基础不会随减值准备的提取发生变化，由此导致固定资产的账面价值与其计税基础之间产生差异。

【例 18-14】 2012 年 12 月 25 日，A 公司购入一套计算机管理设备，成本 2 000 000 元，预计使用寿命为 8 年，预计净残值为 0，采用平均年限法计提折旧。假定税法规定的该类固定资产的最短折旧年限、净残值和折旧方法与企业会计核算相同。2014 年 12 月 31 日，公司确定的该项固定资产发生减值 500 000 元，据此计算该项固定资产的账面价值和计税基础如下：

计提减值准备前设备的账面价值＝2 000 000－2 000 000÷8×2＝1 500 000（元）

计提减值准备后设备的账面价值＝1 500 000－500 000＝1 000 000（元）

设备的计税基础＝2 000 000－2 000 000÷8×2＝1 500 000（元）

该项固定资产因计提减值准备形成了账面价值小于计税基础的金额为 500 000 元，该项差额将于未来期间减少企业的应纳税所得额和相应的应交所得税，属于可抵扣暂时性差异。

(2) 无形资产的计税基础。除内部研究开发形成的无形资产外，企业通过其他方式取得的无形资产，初始确认时按照会计准则规定确定的入账价值与按照税法规定确定的计税基础之间一般不存在差异。无形资产的账面价值与计税基础之间的差异主要产生于内部研究开发形成的无形资产、使用寿命不确定的无形资产和计提无形资产减值准备。

① 内部研究开发形成无形资产导致的差异。会计准则规定，企业内部研究开发活动分为研究和开发两个阶段。研究阶段的支出和开发阶段符合资本化条件前发生的支出应当费用化，计入当期损益。符合资本化条件后至达到预定用途前发生的支出应当资本化，构成无形资产成本。税法规定，企业自行开发的无形资产，以开发过程中该资产符合资本化条件后至达到预定用途前发生的支出作为计税基础。因此，对于内部开发形成的无形资产，一般情况下初始确认时按照会计准则规定确定的成本与计税基础是相同的。税法还规定，企业为开发新技术、新产品、新工艺发生的研究开发费用，未形成无形资产而计入当期损益的，在据实扣除的基础上，可按照研究开发费用的50%加计扣除。形成无形资产的，按照无形资产成本的150%计算每期摊销额。由此产生了无形资产在初始确认时账面价值与计税基础的差异。但由于该无形资产的确认不是产生于合并交易，同时在确认时既不影响会计利润也不影响应纳税所得额，按照会计准则的规定，不确认该项暂时性差异的所得税影响。

② 使用寿命不确定的无形资产导致的差异。会计准则规定，无形资产在取得之后，应根据其使用寿命是否确定，分为使用寿命有限的无形资产和使用寿命不确定的无形资产两类。对于使用寿命不确定的无形资产，不要求摊销，但持有期间每年应进行减值测试；税法没有界定无形资产的使用寿命，要求所有无形资产成本均应按一定期限进行摊销。以上税法与会计准则规定不同而导致该类无形资产在后续计量时账面价值与计税基础之间产生差异。

【例 18-15】 2012 年 1 月 1 日，A 公司以 2 000 000 元的价格购买一项无形资产，由于无法合理预计其使用寿命，将其划分为使用寿命不确定的无形资产。2012 年 12 月 31 日，公司对该项无形资产进行了减值测试，结果表明未发生减值。假定税法规定该无形资产采用直线法按 10 年进行摊销，摊销金额允许税前扣除。2012 年 12 月 31 日，公司确定的该项无形资产账面价值和计税基础如下：

无形资产的账面价值＝2 000 000（元）

无形资产的计税基础＝2 000 000－2 000 000÷10＝1 800 000（元）

该项使用寿命不确定的无形资产因后续计量不同形成了账面价值大于计税基础的差额 200 000 元，该项差额将于未来期间计入企业的应纳税所得额，产生未来期间应交所得税的义务，属于应纳税暂时性差异。

③ 计提无形资产减值准备导致的差异。会计准则规定，企业在持有无形资产期间，如果无形资产发生了减值，应当对无形资产计提减值准备，减记无形资产的账面价值；税法规定，企业计提的资产减值准备在发生实质性损失前不允许税前扣除。由此导致无形资产的账面价值与其计税基础之间产生差异。

（3）以公允价值进行后续计量的资产的计税基础。会计准则规定，以公允价值进行后续计量的资产（主要有以公允价值计量且其变动计入当期损益的金融资产、可供出售金融资产、投资性房地产等），某一会计期末的账面价值为该时点的公允价值；税法规定，以公允价值进行后续计量的金融资产、金融负债以及投资性房地产等，持有期间公允价值的变动不计入应纳税所得额，在实际结算或处置时，处置取得的价款扣除其历史成本或以历史成本为基础确定的处置成本后的差额计入处置或结算期间的应纳税所得额。由此导致在公允价值发生变动的情况下，该类资产的账面价值与其计税基础之间产生差异。

【例 18-16】2012 年 9 月 20 日，A 公司自公开市场购入 G 公司股票 2 000 000 股并划分为交易性金融资产，支付购买价款（不含交易税费）18 000 000 元。2012 年 12 月 31 日，G 公司股票市价为 15 000 000 元。

在［例 18-16］中，G 公司股票的期末市价为 15 000 000 元，按照会计准则的规定，2012 年 12 月 31 日，该项交易性金融资产的账面价值为 15 000 000 元；但按照税法规定，该项交易性金融资产的计税基础仍为 18 000 000 元。由此导致该项交易性金融资产的账面价值小于计税基础 3 000 000 元，该项差额将于未来期间减少企业的应纳税所得额和相应的应交所得税，属于可抵扣暂时性差异。

（4）其他资产的计税基础。企业持有的其他资产，如采用权益法核算的长期股权投资、存货以及其他已计提减值准备的资产，因会计准则规定与税法规定不同，可能造成其账面价值与计税基础之间存在差异。

① 采用权益法核算的长期股权投资。长期股权投资采用权益法核算时，其账面价值会随着初始投资成本的调整、投资损益的确认、现金股利的获得、应享有被投资单位其他权益变动的确认而发生相应的变动，但税法没有权益法的概念，要求长期股权投资在处置时按照取得投资时确定的实际投资成本予以扣除，即长期股权投资的计税基础为实际投资成本，由此导致长期股权投资的账面价值与其计税基础之间产生差异。对于采用权益法核算的长期股权投资，其账面价值与计税基础不同产生的差异是否需要确认相关的所得税影响，应当考虑持有该投资的意图。如果企业准备长期持有，一般情况下不确认相关的所得税影响，如果企业改变持有意图拟近期对外出售，则应确认相关的所得税影响。

② 存货及其他计提了减值准备的资产。存货等资产计提了减值准备后，账面价值会随之下降；税法规定，企业计提的资产减值准备在发生实质性损失前不允许在税前扣除，由此导致相关资产在计提了减值准备之后账面价值与计税基础之间产生差异。

B. 负债的计税基础

负债的计税基础是指负债的账面价值减去未来期间计算应纳税所得额时按照税法规定可予抵扣的金额。用公式表示如下：

负债的计税基础＝账面价值－未来期间按照税法规定可予税前扣除的金额

通常情况下，负债的确认与偿还不会影响企业的损益，也不会影响企业的应纳税所得额，未来期间计算应纳税所得额时按照税法规定可予抵扣的金额为 0，因此，负债的计税基础一般等于账面价值。但是，一些特殊情况下，负债的确认可能会影响企业的损益，进而影响不同期间的应纳税所得额，导致其计税基础与账面价值之间产生差额，如按照会计准则规定确认的某些预计负债等。

（1）因提供产品售后服务等原因确认的预计负债。会计准则规定，企业因提供产品售后服务预计将会发生的支出，在满足预计负债确认条件时，应于销售商品当期确认预计负债，同时确认相关费用；税法规定，与产品售后服务相关的支出应于实际发生时在税前扣除，该类事项产生的预计负债在期末的计税基础为其账面价值与未来期间可予税前扣除的金额之间的差额，在发生的相关支出全部准予税前扣除的情况下，其计税基础为 0；税法规定，相关的支出应按照权责发生制原则确定税前扣除时点，则预计负债的计税基础等于账面价值。如果某些事项所确认的预计负债、相关支出无论是否实际发生税法均不允许税前扣除，即未来期间按照税法规定可予税前扣除的金额为 0，则其账面价值等于计税基础。

【例 18-17】 A 公司对销售的产品承诺提供 3 年的保修服务。2012 年 12 月 31 日，该公司资产负债表中列示的因提供产品售后服务而确认的预计负债金额为 2 000 000 元。按照税法规定，与产品售后服务相关的费用在实际发生时允许税前扣除。

在［例 18-17］中，该项预计负债的账面价值为 2 000 000 元，由于相关费用在实际发生时均允许税前扣除，因而其计税基础为 0，即：

预计负债的计税基础＝账面价值－未来期间按照税法规定可予税前扣除的金额

该预计负债的账面价值与计税基础之间产生了 2 000 000 元的差额，该项差额将于未来期间减少企业的应纳税所得额和相应的应交所得税，属于可抵扣暂时性差异。

(2) 预收账款。企业预收客户的款项，因不符合会计准则规定的收入确认条件，会计上将其确认为负债。税法中对于收入的确认原则一般与会计规定相同，即会计核算未确认收入，计税时一般不计入应纳税所得额，该部分经济利益在未来期间计税时可予税前扣除的金额为 0，计税基础等于账面价值。如果某些因不符合收入确认条件而未确认为收入的预收款项，按照税法规定应计入收款当期应纳税所得额，则该预收款项的计税基础为 0，因为该预收款项在产生时已经计算交纳了所得税，未来期间确认收入时可全额税前扣除。

【例 18-18】 2012 年 12 月 20 日，A 公司预收了一项产品销售合同款，金额为 5 000 000 元，因不符合收入确认条件而作为预收账款入账。按照税法规定，该款项应计入收款当期应纳税所得额计算交纳所得税。

在［例 18-18］中，该预收账款在 2012 年 12 月 31 日资产负债表中的账面价值为 5 000 000元。由于该预收款项在产生时已经按税法规定计算交纳了所得税，未来期间按照会计准则规定确认收入时不再计入应纳税所得额，即未来期间计算应纳税所得额时可予税前扣除的金额为 5 000 000 元，因此，该预收账款的计税基础为 0，即

预收账款的计税基础＝5 000 000－5 000 000＝0

该预收账款的账面价值与计税基础之间产生了 5 000 000 元的差额，该项差额将于未来期间减少企业的应纳税所得额和相应的应交所得税，属于可抵扣暂时性差异。

4）暂时性差异

暂时性差异是资产或负债的计税基础与其列示在财务报表上的账面价值之间的差异。根据对未来期间的应税金额影响不同，暂时性差异分为应纳税暂时性差异和可抵扣暂时性差异。

A. 应纳税暂时性差异

应纳税暂时性差异是指在确定未来收回资产或清偿负债期间的应纳税所得额时，将导致产生应税金额的暂时性差异。该差异在未来期间转回时，会增加转回期间的应纳税所得额，即在未来期间不考虑该事项影响的应纳税所得额的基础上，由于该暂时性差异的转回，会进一步增加转回期间的应纳税所得额和应交所得税金额。在应纳税暂时性差异产生当期，应当确认相关的递延所得税负债。应纳税暂时性差异通常产生于以下情况。

(1) 资产的账面价值大于其计税基础。一项资产的账面价值代表的是企业在持续使用或最终出售该项资产时将取得的经济利益的总额，而计税基础代表的是一项资产在未来期间可予税前扣除的金额。资产的账面价值大于其计税基础，则该项资产未来期间产生的经济利益不能全部税前抵扣，两者之间的差额需要交税，产生应纳税暂时性差异。例如，一项无形资产账面价值为 2 000 000 元，计税基础 1 500 000 元，两者之间的差额会造成未来期间应纳税所得额和应交所得税的增加。在其产生当期，在符合确认条件的情况下，应确认相关的递延所得税负债。

(2) 负债的账面价值小于其计税基础。一项负债的账面价值为企业预计在未来期间清偿该项负债时的经济利益流出，而其计税基础代表的是账面价值在扣除税法规定未来期间允许税前扣除的金额之后的差额。因负债的账面价值与其计税基础不同产生的暂时性差异，本质上是税法规定就该项负债在未来期间可以税前扣除的金额（即与该项负债相关的费用支出在未来期间可予税前扣除的金额）。负债的账面价值小于其计税基础，则意味着就该项负债在未来期间可以税前抵扣的金额为负数，即应在未来期间应纳税所得额的基础上调增，增加应纳税所得额和应交所得税金额，产生应纳税暂时性差异，应确认相关的递延所得税负债。

B. 可抵扣暂时性差异

可抵扣暂时性差异是指在确定未来收回资产或清偿负债期间的应纳税所得额时，将导致产生可抵扣金额的暂时性差异。该差异在未来期间转回时会减少转回期间的应纳税所得额，减少未来期间的应交所得税。在可抵扣暂时性差异产生当期，应当确认相关的递延所得税资产。可抵扣暂时性差异一般产生于以下情况。

(1) 资产的账面价值小于其计税基础。当资产的账面价值小于其计税基础时，从经济含义来看，资产在未来期间产生的经济利益少，按照税法规定允许税前扣除的金额多，则就账面价值与计税基础之间的差额，企业在未来期间可以减少应纳税所得额并减少应交所得税，符合有关条件时，应当确认相关的递延所得税资产。例如，一项资产的账面价值为 2 000 000 元，计税基础为 2 600 000 元，则企业在未来期间就该项资产可以在其自身取得经济利益的基础上多扣除 600 000 元。从整体上来看，未来期间应纳税所得额会减少，应交所得税也会减少，形成可抵扣暂时性差异，符合确认条件时，应确认相关的递延所得税资产。

(2) 负债的账面价值大于其计税基础。当负债的账面价值大于其计税基础时，负债产生的暂时性差异实质上是税法规定就该项负债可以在未来期间税前扣除的金额，即

负债产生的暂时性差异＝账面价值－计税基础＝账面价值－（账面价值
－未来期间计税时按照税法规定可予税前扣除的金额）
＝未来期间计税时按照税法规定可予税前扣除的金额

一项负债的账面价值大于其计税基础，意味着未来期间按照税法规定与该项负债相关的全部或部分支出可以从未来应税经济利益中扣除，减少未来期间的应纳税所得额和应交所得税。例如，企业对将发生的产品保修费用在销售当期确认预计负债 2 000 000 元，但税法规定类似费用支出只有在实际发生时才能够税前扣除，其计税基础为 0；企业确认预计负债的当期相关费用不允许税前扣除，但在以后期间有关费用实际发生时允许税前扣

除，使得未来期间的应纳税所得额和应交所得税减少，产生可抵扣暂时性差异，符合有关确认条件时，应确认相关的递延所得税资产。

C. 特殊项目产生的暂时性差异

（1）未作为资产、负债确认的项目产生的暂时性差异。某些交易或事项发生以后，因为不符合资产、负债的确认条件而未体现为资产负债表中的资产或负债，但按照税法规定能够确定其计税基础的，其账面价值与计税基础之间的差异也构成暂时性差异。例如，企业在开始进行生产经营活动以前发生的筹建费用，会计准则规定应于发生时计入当期损益，不体现为资产负债表中的资产。按照税法规定，企业发生的该类费用可以在开始正常生产经营活动后的 3 年内分期摊销，在税前扣除。该类事项虽不形成资产负债表中的资产，但按照税法规定可以确定其计税基础，两者之间的差异也形成暂时性差异。例如，A 公司在开始正常生产经营活动之前发生筹建费用 30 000 000 元，在发生时已计入当期损益。按照税法规定，企业在筹建期间发生的费用，允许在开始正常生产经营活动之后摊销年限不得少于 3 年分期税前扣除。按照会计准则规定，该项费用因在发生时已计入当期损益，不体现为资产负债表中的资产，即如果将其视为资产，其账面价值为 0。按照税法规定，该费用可以在开始正常的生产经营活动后 3 年分期税前扣除。假定公司 2008 年开始进行生产经营活动，当期税前扣除了 10 000 000 元，其于未来期间可税前扣除的金额为 20 000 000元，即在 2008 年 12 月 31 日的计税基础为 10 000 000 元。该项资产的账面价值 0 与其计税基础 10 000 000 元之间产生了 10 000 000 元的暂时性差异，该暂时性差异在未来期间可减少企业的应纳税所得额，为可抵扣暂时性差异，符合确认条件时，应确认相关的递延所得税资产。

（2）可抵扣亏损及税款抵减产生的暂时性差异。对于按照税法规定可以结转以后年度的未弥补亏损及税款抵减，虽不是因资产、负债的账面价值与计税基础不同产生的，但本质上可抵扣亏损和税款抵减与可抵扣暂时性差异具有同样的作用，均能够减少未来期间的应纳税所得额和应交所得税，视同可抵扣暂时性差异，在符合确认条件的情况下，应确认与其相关的递延所得税资产。例如，A 公司于 2008 年发生经营亏损 40 000 000 元，按照税法规定，企业纳税年度发生的亏损，可以向以后年度结转，用以后年度的所得弥补，但结转年限最长不得超过 5 年。该公司预计其未来 5 年期间能够产生足够的应纳税所得额用以弥补该经营亏损。该经营亏损虽不是因比较资产、负债的账面价值与其计税基础产生的，但从其性质上来看可以减少未来期间的应纳税所得额和应交所得税，视同可抵扣暂时性差异。在企业预计未来期间能够产生足够的应纳税所得额用于该可抵扣亏损时，应确认相关的递延所得税资产。

5）递延所得税资产和递延所得税负债

资产负债表日，企业应通过比较资产、负债的账面价值与其计税基础，确定可抵扣暂时性差异和应纳税暂时性差异，进而按照会计准则规定的原则确认相关的递延所得税资产和递延所得税负债。

A. 递延所得税资产的确认和计量

（1）递延所得税资产的确认原则。资产、负债的账面价值与其计税基础不同产生可抵扣暂时性差异，在估计未来期间能够取得足够的应纳税所得额用以利用该可抵扣暂时性差异时，应当以很可能取得用来抵扣可抵扣暂时性差异的应纳税所得额为限，确认相关的递延所得税资产。在判断企业可抵扣暂时性差异转回的未来期间是否能够产生足够的应纳税所得额时，应考虑企业在未来期间通过正常的生产经营活动能够实现的应纳税所得额以及以前期间产生的应纳税暂时性差异在未来期间转回时将增加的应纳税所得额两方面的影响。对于按照税法规定可以结转以后年度未弥补亏损和税款递减，应视同可抵扣暂时性差异处理。应当以很可能取得的应纳税所得额为限，确认相应的递延所得税资产。

【例 18-19】2012 年 12 月 15 日，A 公司购入一套管理设备，成本 300 000 元，预计使用寿命 4 年，预计净残值为 0，采用平均年限法计提折旧，未计提减值准备。设税法对该类设备折旧方法和净残值的规定与会计相同，但规定的最短折旧年限为 6 年，公司在计税时按税法规定的最短折旧年限计算折旧费用。设该项固定资产除因折旧年限不同导致的会计与税收之间的差异外，不存在其他会计与税收的差异。此前，递延所得税资产和递延所得税负债均无余额。A 公司适用的所得税税率为 25%。

根据以上资料，A 公司各年年末有关递延所得税的确认情况如表 18-1 所示。

表 18-1　递延所得税确认情况表　　单位：元

项目	2013 年	2014 年	2015 年	2016 年	2017 年	2018 年
实际成本	300 000	300 000	300 000	300 000	300 000	300 000
累计会计折旧	75 000	150 000	225 000	300 000	0	0
账面价值	225 000	150 000	75 000	0	0	0
累计计税折旧	50 000	100 000	150 000	200 000	250 000	300 000
计税基础	250 000	200 000	150 000	100 000	50 000	0
可抵扣暂时性差异	25 000	50 000	75 000	100 000	50 000	0
递延所得税资产期末余额	6 250	12 500	18 750	25 000	12 500	0

根据以上计算结果，A 公司各年资产负债表日确认递延所得税资产应作会计分录：

① 2013 年 12 月 31 日：

借：递延所得税资产　　6 250

　　贷：所得税费用　　6 250

② 2014 年 12 月 31 日：

借：递延所得税资产　　6 250

　　贷：所得税费用　　6 250

③ 2015 年 12 月 31 日：

借：递延所得税资产　　6 250

　　贷：所得税费用　　6 250

④ 2016 年 12 月 31 日：

借：递延所得税资产　　6 250

　　贷：所得税费用　　6 250

⑤ 2017 年 12 月 31 日，转回原已确认的递延所得税资产：

借：所得税费用 12 500

贷：递延所得税资产 12 500

⑥ 2018 年 12 月 31 日，将递延所得税资产账面余额全部转回：

借：所得税费用 12 500

贷：递延所得税资产 12 500

(2) 不确认递延所得税资产的特殊情况。

① 除企业合并以外的交易，若其发生时既不影响会计利润也不影响应纳税所得额，则交易中产生的资产、负债的入账价值与其计税基础之间的差额形成的可抵扣暂时性差异，不确认为一项递延所得税资产。会计准则规定，融资租赁固定资产时，承租方应当将租赁开始日租赁资产公允价值与最低租赁付款额现值两者中较低者以及相关初始直接费用作为租入资产的入账价值；税法规定，以租赁协议或合同确定的价款加运输费、途中保险费等的金额计价，对二者之间产生的暂时性差异，若确认为一项递延所得税资产，则违背了“历史成本”原则。例如，按会计准则规定，某项融资租入固定资产的入账价值为1 000 000元，但按照税法规定，其计税基础为 1 200 000 元，若将可抵扣暂时性差异200 000元确认为一项递延所得税资产，会使该资产的入账价值减少200 000元，此时既不是该资产的公允价值，也不是其最低租赁付款额的现值，不符合会计准则中对融资租入固定资产入账价值的确认标准，改变了该资产的初始计量，违背了历史成本原则。

② 按税法规定可结转以后年度的亏损，若数额较大，且缺乏证据表明企业未来期间将会有足够的应纳税所得额时，不确认递延所得税资产。税法规定，可结转以后年度的亏损用以后年度的税前利润弥补，但弥补期限最长 5 年，这就产生了可抵扣暂时性差异，但是否确认为一项递延所得税资产，要视未来期间是否有足够的应税所得可用于抵消以前年度亏损。只有未来期间税前利润抵消以前年度亏损后，未来期间的所得税费用才会减少，才会有经济利益的流入，而这正好符合资产的定义，即由过去的交易或事项产生的、企业拥有或控制的、预期会给企业带来经济利益的资源。但若企业未来期间无利润，继续亏损，无所得税可交；或者没有足够的应纳税所得额用于抵消以前年度亏损，则不能保证这项经济利益的流入，不能确认为资产。其实，不仅是可结转以后年度亏损问题，所有的递延所得税资产确认时，都要以可抵扣暂时性差异转回期间预计将获得的应纳税所得额为限。因为只有当未来转回期间预计将获得的应纳税所得额大于待转回的可抵扣暂时性差异时，才会使未来期间的所得税费用减少，才会在未来期间产生经济利益的流入，才符合资产的确认原则。

(3) 递延所得税资产的计量。资产负债表日，递延所得税资产应当根据税法规定，按照预期收回该资产期间的适用税率计量。无论可抵扣暂时性差异的转回期间如何，递延所得税资产均不进行折现。企业应当于资产负债表日对递延所得税资产的账面价值进行复核。如果未来期间很可能无法取得足够的应纳税所得额用以利用可抵扣暂时性差异带来的经济利益，应当直接减记递延所得税资产的账面价值，同时，除原确认时计入所有者权益的递延所得税资产的减记金额应计入所有者权益外，其他情况均应增加当期的所得税费用。可以取得足够的应纳税所得额用以抵扣暂时性差异，使得递延所得税资产包含的经济利益预计能够实现的，应相应恢复递延所得税资产的账面价值。

B. 递延所得税负债的确认和计量

（1）递延所得税负债的确认原则。应纳税暂时性差异在转回期间将增加企业的应纳税所得额和相应的应交所得税，导致经济利益流出企业，因而在其产生期间，其所得税影响金额构成一项未来的纳税义务，应确认为一项负债，即递延所得税负债产生于应纳税暂时性差异。为了充分反映交易或事项发生后引起的未来期间纳税义务，除会计准则中明确规定可不确认递延所得税负债的情况以外，企业对于所有的应纳税暂时性差异均应确认相关的递延所得税负债。

【例 18-20】 2012 年 12 月 25 日，A 公司购入一套生产线，成本为 750 000 元，预计使用寿命为 5 年，预计净残值为 0，采用平均年限法计提折旧，未计提减值准备。设税法对该类设备折旧方法和净残值的规定与会计相同，因该设备符合税法规定的税收优惠条件，计税时允许采用加速折旧法计提折旧，公司在计税时按年数总和法计列折旧费用。设除该项固定资产因折旧方法不同导致的会计与税收之间的差异外，不存在其他会计与税收的差异，此前，递延所得税资产和递延所得税负债均无余额。A 公司适用的所得税税率为 25%。

根据以上资料，A 公司各年年末有关递延所得税的确认情况如表 18-2 所示 。

表 18-2 递延所得税确认情况表 单位：元

项目	2013 年	2014 年	2015 年	2016 年	2017 年
实际成本	750 000	750 000	750 000	750 000	750 000
累计会计折旧	150 000	300 000	450 000	600 000	750 000
账面价值	600 000	450 000	300 000	150 000	0
累计计税折旧	250 000	450 000	600 000	700 000	750 000
计税基础	500 000	300 000	150 000	50 000	0
应纳税暂时性差异	100 000	150 000	150 000	100 000	0
递延所得税负债期末余额	25 000	37 500	37 500	25 000	0

根据以上计算结果，A 公司各年资产负债表日确认递延所得税负债应作会计分录：

① 2013 年 12 月 31 日：

借：所得税费用 25 000

　　贷：递延所得税负债 25 000

② 2014 年 12 月 31 日：

借：所得税费用 12 500

　　贷：递延所得税负债 12 500

③ 2015 年 12 月 31 日，不需确认递延所得税负债。

2016 年 12 月 31 日，转回原已确认的递延所得税负债：

借：递延所得税负债　　12 500

　贷：所得税费用　　12 500

④ 2017 年 12 月 31 日，将递延所得税负债账面余额全部转回：

借：递延所得税负债　　25 000

　贷：所得税费用　　25 000

(2) 不确认递延所得税负债的特殊情况。①商誉的初始确认中不确认递延所得税负债。非同一控制下的企业合并中，因企业合并成本大于合并中取得的被购买方可辨认净资产公允价值的差额，按照会计准则规定应确认为商誉，但按照税法规定其计税基础为 0，两者之间的差额形成应纳税暂时性差异，准则中规定对其不确认为一项递延所得税负债，否则会增加商誉的价值。②除企业合并以外的其他交易中，如果交易发生时既不影响会计利润也不影响应纳税所得额，则由资产、负债的初始确认所产生的递延所得税负债不予确认。③与联营企业、合营企业的投资相关的应纳税暂时性差异产生的递延所得税负债，在同时满足以下两个条件时不予确认：投资企业能够控制暂时性差异转回的时间；该暂时性差异在可预见的未来很可能不会转回。

(3) 递延所得税负债的计量。资产负债表日，根据税法规定，递延所得税负债应当按照预期清偿该负债期间的适用税率计量，即递延所得税负债应以相关应纳税暂时性差异转回期间的适用税率计量。无论应纳税暂时性差异的转回期间如何，相关的递延所得税负债均不要求折现。

C. 适用税率变动时对已确认递延所得税项目的调整

递延所得税负债和递延所得税资产的金额代表的是有关应纳税暂时性差异或可抵扣暂时性差异于未来期间转回时，导致企业应交所得税金额的增加或减少的情况。因税法的变化导致企业在某一会计期间适用的所得税税率发生变动的，按照债务法的核算要求，企业应对已确认的递延所得税资产和递延所得税负债按照新的税率进行重新计量，调整原以确认的递延所得税资产和递延所得税负债金额。

除直接计入所有者权益的交易或事项产生的递延所得税资产及递延所得税负债，相关的调整金额应计入所有者权益以外，其他情况下因税率变动产生的递延所得税负债及递延所得税资产调整金额，应确认为税率变动当期的所得税费用（收益）。

6）所得税费用的确认和计量

所得税会计的主要目的之一是确定当期应交所得税以及利润表中的所得税费用。在资产负债表债务法下，利润表中的所得税费用由当期所得税和递延所得税两部分组成。

A. 当期所得税

当期所得税是指企业按照税法规定计算确定的针对当期发生的交易和事项，应交纳给税务部门的所得税金额，即当期应交所得税。

企业在确定当期应交所得税时，对于当期发生的交易或事项，会计准则与税法规定不同时，应在会计利润的基础上，按照适用税收法规的规定进行调整，计算出当期应纳税所得额，按照应纳税所得额与适用所得税税率计算确定当期应交所得税。一般情况下，应纳税所得额可在会计利润的基础上，根据会计与税收之间的差异，按照以下公式计算确定：

应纳税所得额＝会计利润＋计入利润表但计税时不允许税前扣除的费用
＋（－）计入利润表的费用与可予税前扣除的费用之间的差额
＋（－）计入利润表的收入与计入应纳税所得额的收入之间的差额
－税法规定的不征税收入＋（－）其他需要调整的因素

当期所得税＝应纳税所得额×适用的所得税税率

B. 递延所得税

递延所得税是指按照会计准则规定当期应予确认的递延所得税负债减去当期应予确认的递延所得税资产的差额，即为递延所得税负债及递延所得税资产当期发生额的综合结果。其计算公式如下：

递延所得税＝(期末递延所得税负债－期初递延所得税负债)
－（期末递延所得税资产－期初递延所得税资产）

式中，期末递延所得税负债减去期初递延所得税负债，为当期应予确认的递延所得税负债；期末递延所得税资产减去期初递延所得税资产，为当期应予确认的递延所得税资产。当期应予确认的递延所得税负债与当期应予确认的递延所得税资产之间的差额，为当期应予确认的递延所得税。

一般情况下，当期应予确认的递延所得税负债大于当期应予确认的递延所得税资产的差额，为当期应予确认的递延所得税费用，递延所得税费用应当在确认当期递延所得税负债和递延所得税资产的同时，计入当期所得税费用；当期应予确认的递延所得税负债小于当期应予确认的递延所得税资产的差额，为当期应予确认的递延所得税收益，递延所得税收益应当在确认当期递延所得税负债和递延所得税资产的同时，抵减当期所得税费用，但以下两种情况除外：

(1) 按照会计准则规定，某项交易或事项应计入所有者权益的，在确认由该交易或事项产生的递延所得税负债和递延所得税资产的同时，相应的递延所得税亦应计入所有者权益，不构成利润表中的递延所得税费用（或收益）。

(2) 企业合并中取得资产、负债，因其账面价值与计税基础不同而应确认相关递延所得税负债和递延所得税资产的，相应的递延所得税应调整合并中产生的商誉或是计入合并当期损益的金额，不影响利润表中的递延所得税费用（或收益）。

C. 所得税费用

企业在计算确定了当期所得税以及递延所得税的基础上，将两者之和确认为利润表中的所得税费用，即

所得税费用＝当期所得税＋递延所得税

【例 18-21】 2012 年度，A 公司利润表中的利润总额为 55 000 000 元，该公司适用的所得税税率为 25％。2012 年 1 月 1 日，公司资产、负债的账面价值与其计税基础存在差异的项目如表 18-3 所示。

表 18-3 资产、负债的账面价值与计税基础比较表 单位：万元

项 目	账面价值	计税基础	暂时性差异	
			应纳税暂时性差异	可抵扣暂时性差异
交易性金融资产	3 000	2 300	700	
存货	9 000	9 300		300
固定资产	6 500	5 860	640	
无形资产	2 500	2 700		200
预计负债	300	0		300
合 计			1 340	800

2012 年度，A 公司发生下列会计准则与税法存在差别的交易和事项：

(1) 本年计提固定资产折旧费用为 5 600 000 元，按照税法规定允许税前扣除的折旧费用为 7 200 000 元；

(2) 向关联企业捐赠现金 5 000 000 元，按照税法规定，这项捐赠不允许税前扣除；

(3) 期末确认交易性金融资产公允价值变动收益 3 000 000 元；

(4) 违反环保法规定支付罚款 2 600 000 元；

(5) 期末计提存货跌价准备 2 000 000 元。

2012 年 12 月 31 日，A 公司资产、负债的账面价值与其计税基础存在差异的项目如表 18-4 所示。

表 18-4 资产、负债的账面价值与计税基础比较表 单位：万元

项 目	账面价值	计税基础	暂时性差异	
			应纳税暂时性差异	可抵扣暂时性差异
交易性金融资产	5 000	4 000	1 000	
存货	8 000	8 500		500
固定资产	6 000	5 200	800	
无形资产	3 400	3 600		200
预计负债	300	0		300
合计			1 800	1 000

设 A 公司不存在可抵扣亏损和税款抵减，预计在未来期间能够产生足够的应纳税所得额用以抵扣可抵扣暂时性差异。有关当期所得税、递延所得税以及递延所得税负债、递延所得税资产的账务处理如下：

(1) 计算确定当期应交所得税：

应纳税所得额＝55 000 000－（7 200 000－5 600 000）＋5 000 000－3 000 000
＋2 600 000＋2 000 000＝60 000 000（元）

应交所得税＝60 000 000×25％＝15 000 000（元）

(2) 计算确定递延所得税：

当期确认的递延所得税负债＝（18 000 000－13 400 000）×25％＝1 150 000（元）

当期确认的递延所得税资产＝（10 000 000－8 000 000）×25％＝500 000（元）

当期确认的递延所得税－1 150 000－500 000－650 000（元）

（3）根据以上计算结果应作会计分录：

借：所得税费用　　15 650 000

　　递延所得税资产　　500 000

　　贷：应交税费——应交所得税　　15 000 000

　　　　递延所得税负债　　1 150 000

思 考 题

1. 费用按其经济内容如何分类？
2. 费用按其经济用途如何分类？
3. 费用确认的一般原则有哪些？
4. 期间费用包括哪些内容？如何核算？
5. 什么是营业利润？营业利润由哪些损益项目组成？
6. 会计利润与应纳税所得额有何主要区别？
7. 什么是暂时性差异？包括哪些类型？
8. 什么是资产或负债的计税基础？
9. 如何确认递延所得税资产和递延所得税负债？
10. 什么是所得税费用？如何确认？

练 习 题

1. Z公司2012年12月发生以下与成本和费用相关的事项：

（1）以银行存款支付长期借款利息250 000元（其中在建工程利息费用150 000元）；

（2）以银行存款支付无形资产开发咨询费用25 500元；

（3）本期企业各部门领用原材料：基本生产车间——甲产品290 000元，乙产品360 000元，车间一般消耗38 000元，企业管理部门49 000元，销售部门135 000元；

（4）以银行存款支付产品展销费8 000元；

（5）以银行存款支付下年度办公楼租赁费120 000元；

（6）捐赠交通运输工具一项，原值200 000元，累计折旧30 000元；

（7）本期水电费分配：基本生产车间88 000元，企业管理部门12 000元，销售部门32 000元，以上费用以银行存款支付；

（8）本期包装物领用：基本生产车间78 000元，企业管理部门8 000元，销售部门69 000元，包装物采用“一次转销法”摊销；

（9）本期低值易耗品领用：基本生产车间9 000元，企业管理部门6 000元，销售部门9 000元，以上低值易耗品采用“五五摊销法”摊销；

(10) 以银行存款支付罚款及滞纳金 14 500 元，违约金 7 600 元；

(11) 以银行存款 99 000 元支付产品广告费；

(12) 企业管理部门人员报销差旅费 25 100 元（原预借 30 000 元），车间管理人员报销差旅费 38 000 元（原预借 35 000 元）；

(13) 计算本期应交营业税 38 900 元；

(14) 以银行存款支付下年度固定资产保险费 66 300 元；

(15) 以银行存款支付诉讼费用 8 200 元；

(16) 以银行存款支付业务招待费 74 000 元（税前可扣除 62 000 元）；

(17) 以银行存款支付产品运输费用 25 000 元；

(18) 计提本期固定资产折旧费：基本生产车间 188 000 元、企业管理部门 112 000 元、销售部门 132 000 元；

(19) 分配职工货币性薪酬 400 000 元，其中基本生产车间甲产品工人 110 000 元，乙产品生产工人 130 000 元，车间管理人员 60 000 元，企业管理人员 50 000 元，工程建设人员 50 000 元，并按上述工资总额的 30%和 20%的比例分别计提养老保险等保险和住房公积金；

(20) 无形资产摊销 40 000 元（无形资产未直接用于生产）；

(21) 将基本生产车间制造费用的发生额转入生产成本，甲、乙两种产品全部完工，结转完工产品生产成本（甲产品人工工时 4 000 小时，乙产品人工工时 6 000 小时）；

(22) 本期收入为 2 300 000 元（不涉及增值税），其中包括购买国债利息收入 210 000元；

(23) 结转各损益类账户的发生额，并计算本期利润总额；

(24) 计算本期应纳税所得额，按 25%税率计算本期应交所得税；

(25) 计算本期净利润，并结转净利润至“利润分配——未分配利润”账户。

要求：根据以上资料编制费用发生和期末结转损益的会计分录。

2. Z 公司 2012 年度取得主营业务收入 60 000 000 元，其他业务收入 15 000 000 元，投资收益 18 000 000 元，营业外收入 3 000 000 元；发生主营业务成本 40 000 000 元，其他业务成本 10 000 000 元，营业税金及附加 3 300 000 元，销售费用 9 500 000 元，管理费用 6 500 000 元，财务费用 3 000 000 元，营业外支出 9 000 000 元，所得税费用 5 200 000 元。Z 公司按净利润的 10%提取法定盈余公积，2012 年度向股东分配现金股利 3 000 000 元。

要求：作出 Z 公司有关利润结转与分配的会计分录。

3. Z 公司 2012 年度利润表中利润总额为 1 200 万元，该公司适用的所得税税率为 25%。2012 年发生的有关交易和事项中，会计处理与税收处理存在的差别有：

(1) 2012 年 1 月 2 日开始计提折旧的一项固定资产，其原值为 6 000 000 元，使用年限为 10 年，净残值为 0，会计核算按双倍余额递减法计提折旧，税收规定按平均年限法计提折旧。假定税法规定的使用年限及净残值与会计核算相同。

(2) 当年发生无形资产的研究开发支出 5 000 000 元，较上年度增长 20%。其中 3 000 000元应予以资本化计入无形资产成本。税法规定，该企业可按实际发生研究开发支出的 150%加计扣除。其中，符合资本化条件后发生的费用为 30 000 000 元，假定所开发无形资产于期末达到预定可使用状态。

要求：

(1) 计算Z公司2012年的应纳税所得额和应交所得税。

(2) 计算Z公司2012年的递延所得税资产和递延所得税负债。

(3) 计算Z公司2012年的所得税费用。

(4) 编制所得税处理相关会计分录。

4. Z公司2012年利润表中利润总额为10 000 000元，适用的所得税税率为25%，当年发生的有关交易和事项中，会计核算与税法规定存在差异的有：

(1) 向关联企业捐赠现金500 000元。

(2) 支付罚款和税收滞纳金60 000元。

(3) 向关联企业赞助支出120 000元。

(4) 取得国债利息收入180 000元。

(5) 年末计提存货跌价准备200 000元。

(6) 一项交易性金融资产取得成本为1 500 000元，年末市价为1 800 000元，按照税法规定，持有该项交易性金融资产期间公允价值的变动不计入应纳税所得额。

(7) 年末预提了因销售商品承诺提供1年的保修费500 000元。按照税法规定，与产品售后服务相关的费用在实际发生时允许扣除。

要求：

(1) 计算Z公司2012年的应纳税所得额和应交所得税。

(2) 计算Z公司2012年的递延所得税资产和递延所得税负债。

(3) 计算Z公司2012年的所得税费用。

(4) 编制所得税确认的会计分录。

5. Z公司对持有的交易性金融资产和可供出售金融资产按公允价值计量，按照税法规定，交易性金融资产和可供出售金融资产在持有期间应按取得成本计量。2012年12月31日，交易性金融资产账面价值为2 000 000元，公允价值为1 500 000元；可供出售金融资产账面价值为4 000 000元，公允价值为5 000 000元。假定除上述事项外，Z公司不存在导致产生暂时性差异的其他事项；2011年12月31日，递延所得税资产和递延所得税负债均无余额；Z公司2012年的应纳税所得额为10 000 000元，所得税税率为25%。

要求：

(1) 计算应纳税暂时性差异。

(2) 计算可抵扣暂时性差异。

(3) 计算递延所得税负债。

(4) 计算递延所得税资产。

(5) 计算当期所得税。

(6) 计算计入所有者权益的递延所得税。

(7) 计算递延所得税。

(8) 计算所得税费用。

(9) 编制确认所得税的会计分录。

第十九章　利　润

第一节　概述

利润是指企业在一定会计期间的经营成果。利润由收入减去费用后的净额、直接计入当期利润的利得和损失构成。其中，直接计入当期利润的利得和损失是指应当计入当期损益、会导致所有者权益发生增减变动、与所有者投入资本或向所有者分配利润无关的经济利益流入或流出。

收入减去费用后的净额反映的是企业日常活动的业绩，直接计入当期利润的利得和损失反映的是企业非日常活动的业绩。企业应当严格划分收入和利得、费用和损失之间的界线，以更加全面反映企业的经营业绩。

营业外收入是指企业发生的与生产经营活动无直接关系的各项利得，是从偶发的经济业务中形成的，包括非流动资产处置利得、非货币性资产交换利得、债务重组利得、固定资产和流动资产盘盈利得、捐赠利得、罚款利得等。由于营业外收入是不需要企业作出相应付出的利得，因而，直接作为当期利得。

营业外支出是指与企业生产经营活动无直接关系的各项损失，包括非流动资产处置损失、非货币性资产交换损失、债务重组损失、固定资产和流动资产盘亏损失、捐赠支出、罚款支出、非常损失等。由于营业外支出的发生得不到相应的收入，因而，直接作为当期损失。

“营业外收入”属于损益类账户。企业取得的营业外收入记入贷方；期末结转损益时在借方；该账户期末无余额。

“营业外支出”属于损益类账户。企业发生的营业外支出记入借方；期末结转损益时在贷方；该账户期末无余额。

【例 19-1】2012 年 12 月，A 公司发生以下与营业外收入和营业外支出有关的事项：以银行存款支付违约金 34 000 元，处置一项固定资产产生清理净收益 21 000 元。以上事项应作会计分录：

① 支付违约金时：

借：营业外支出　　34 000
　　贷：银行存款　　34 000

② 结转固定资产清理净收益时：

借：固定资产清理　　21 000
　　贷：营业外收入　　21 000

第二节 利润形成

在利润表中，有“营业利润”“利润总额”和“净利润”几个概念，分述如下。

（1）营业利润。营业利润是企业开展日常经营活动所获得的利润，计算公式如下：

营业利润＝营业收入－营业成本－营业税金及附加－管理费用
－财务费用－销售费用－资产减值损失
＋公允价值变动收益（－公允价值变动损失）
＋投资收益（－投资损失）

式中，营业收入包括主营业务收入和其他业务收入；营业成本包括主营业务成本和其他业务成本；营业税金及附加包括主营业务和其他业务应负担的营业税、消费税、城市维护建设税、资源税、土地增值税和教育费附加等。

（2）利润总额。利润总额（也称为税前利润），是在营业利润的基础上，加上计入当期利润的利得，减去计入当期利润的损失后的余额。其计算公式如下：

利润总额＝营业利润＋营业外收入－营业外支出

（3）净利润。净利润，也称为税后利润，是在利润总额的基础上，减去应交纳的所得税费用后的、归属于企业投资人所有的利润。其计算公式如下：

净利润＝利润总额－所得税费用

所得税费用是指企业确认的、应从当期利润总额中扣除的当期所得税费用和递延所得税费用。

【例 19-2】 2012 年度，A 公司各损益账户的本期发生额如下：主营业务收入 12 000 000 元，主营业务成本 8 500 000 元，营业税金及附加 105 000 元，销售费用 370 000 元，管理费用 480 000 元，财务费用 550 000 元，资产减值损失 135 000 元，投资收益 420 000 元，营业外收入 85 000 元，营业外支出 60 000 元。公司本年度内不存在企业所得税调整项目，所得税率 25%，应交所得税额 576 250 元。根据以上各账户的本期发生额，应分别作会计分录：

① 结转收入类账户本期发生额时：

借：主营业务收入　　12 000 000
　　营业外收入　　85 000
　　投资收益　　420 000
　　贷：本年利润　　12 505 000

② 结转费用和损失类账户本期发生额时：

借：本年利润　　10 776 250

　贷：主营业务成本　　8 500 000

　　营业税金及附加　　105 000

　　销售费用　　370 000

　　管理费用　　480 000

　　财务费用　　550 000

　　资产减值损失　　135 000

　　营业外支出　　60 000

　　所得税费用　　576 250

③ 年末结转本年利润时：

借：本年利润　　1 728 750

　贷：利润分配——未分配利润　　1 728 750

第三节　利润分配及亏损弥补

1. 利润分配的法定顺序

企业一定时期利润分配数量受到本期可供分配利润数量的制约。本期可供分配利润由本期实现的可供分配利润加以前年度累计未分配利润两部分构成。本期实现的可供分配利润数量只是影响利润分配的一个因素，如果企业本会计期间经营成果不好且发生经营亏损，但以前年度有累计未分配利润，那么，本期仍然可以进行利润分配；如果企业本会计期间经营成果很好，同时，以前年度累计未分配利润数量很多，那么，本期实际进行的利润分配状况应当更好；如果以前年度累计未分配利润数量不多，那么，本期的利润分配则要依赖本期产生的可供分配利润。

根据《中华人民共和国公司法》等有关法规的规定，企业当年实现的净利润，一般应按如下顺序进行分配：

(1) 提取法定公积金。按《中华人民共和国公司法》相关条款的规定，公司制企业法定公积金按照税后利润的10%提取，非公司制企业也可按照超过10%的比例提取。在计算提取法定公积金的基数时，不应包括企业年初未分配利润。公司法定公积金累计金额达到公司注册资本的50%以上时，可以不再提取法定公积金。公司的法定公积金不足弥补以前年度亏损的，在提取法定公积金之前，先用当年利润弥补亏损。

(2) 提取任意公积金。公司从税后利润中提取法定公积金后，经股东会或者股东大会决议，还可以从税后利润中提取任意公积金。非公司制企业经类似权力机构批准，也可以提取任意公积金。

(3) 向投资人分配利润或股利。公司弥补亏损和提取公积金后的余额，即为可以向投资人分配的利润或股利。有限责任公司股东按照实缴的出资比例分取红利（全体股东约定不按照实缴的出资比例分取红利除外）；股份有限公司按照股东持有的股份比例分配（股份有限公司章程规定不按持股比例分配的除外）。

(4) 转作股本的股利。转作股本的股利是指企业按照分配方案以分配股票股利的形式转作股本的股利，也包括非股份有限公司以利润转增的资本。

2. 账户设置和账务处理

企业应当设置“利润分配”账户，核算利润的分配（或亏损的弥补）情况，以及历年积存的未分配利润（或未弥补亏损）。该账户还应当分别“提取法定盈余公积”“提取任意盈余公积”“应付现金股利（或利润）”“转作股本的股利”“盈余公积补亏”和“未分配利润”等进行明细核算。年度终了，企业应将“利润分配”账户所属其他明细账户余额转入“未分配利润”明细账户。结转后，除“未分配利润”明细账户外，其他明细账户无余额。

【例 19-3】2012 年度，A 公司年初未分配利润 5 000 000 元，本年度实现净利润 1 728 750 元。公司的利润分配方案为：按净利润的 10%提取法定盈余公积，按净利润的 15%提取任意盈余公积，向股东分派现金股利 3 500 000 元，同时分派股票股利 1 500 000 股，每股面值 1 元。以上事项应分别作会计分录：

① 提取盈余公积时：

	借方	贷方
借：利润分配——提取法定盈余公积	172 875	
——提取任意盈余公积	259 312.50	
贷：盈余公积——法定盈余公积		172 875
——任意盈余公积		259 312.50

② 分配现金股利时：

	借方	贷方
借：利润分配——向投资人分配现金股利	3 500 000	
贷：应付股利		3 500 000

③ 分配股票股利时：

	借方	贷方
借：利润分配——转作股本的股利	1 500 000	
贷：股本		1 500 000

④ 结转“利润分配”其他明细账户余额：

	借方	贷方
借：利润分配——未分配利润	5 432 187.50	
贷：利润分配——提取法定盈余公积		172 875
——提取任意盈余公积		259 312.50
——向投资人分配现金股利		3 500 000
——转作股本的股利		1 500 000

A 公司 2012 年年末分配利润余额为 1 296 562.50 元（5 000 000 元＋1 728 750 元－5 432 187.50元）。

企业营业利润加营业外收入、减营业外支出后的余额如果为负数，即为企业发生的亏损。按照有关规定，企业发生亏损时，一是可用亏损后五年内实现的税前利润弥补；二是用以后年度税后利润弥补。企业发生的亏损经用五年税前利润弥补，仍有差额的，可用五年之后的税后利润继续弥补；三是以盈余公积弥补亏损。

【例 19-4】2013 年，A 公司年初未分配利润 1 296 562.50 元，2013 年度公司发生亏损 2 000 000 元。公司除以年初未来分配利润弥补亏损外，其余亏损以盈余公积弥补。以上事项应作会计分录：

	借方	贷方
借：盈余公积	703 437.50	
贷：利润分配——未分配利润		703 437.50

用以前年度未分配利润弥补亏损不作会计分录，期初未分配利润的贷方余额与本年度发生的借方发生额（发生的亏损）自动抵消。

思　考　题

1. 什么是营业利润？营业利润由哪些损益项目构成？
2. 营业外收入和营业外支出包括哪些主要内容？
3. 利润总额由哪些部分构成？
4. 简述利润分配的顺序。

练　习　题

1. Z公司2012年度损益类账户的发生额为：主营业务收入60 000 000元，其他业务收入15 000 000元，投资收益18 000 000元，营业外收入3 000 000元，主营业务成本40 000 000元，其他业务成本10 000 000元，营业税金及附加2 000 000元，销售费用9 500 000元，管理费用6 500 000元，财务费用3 000 000元，营业外支出9 000 000元，所得税费用5 200 000元。公司按净利润的10%提取法定盈余公积，2012年度向股东分配现金股利3 000 000元。

要求：根据以上资料编制Z公司有关利润结转及分配的会计分录。①结转损益类账户的发生额。②计算本期净利润并结转至“利润分配——未分配利润”。③提取法定盈余公积。④分配现金股利。⑤结转利润分配其他账户的发生额至“利润分配——未分配利润”，并计算2012年年末未分配利润余额。⑥若“利润分配——未分配利润”2012年期初贷方余额为3 800 000元，计算2012年年末“利润分配——未分配利润”账户的余额。⑦若“利润分配——未分配利润”2012年期初借方余额为3 800 000元，计算2012年年末“利润分配——未分配利润”账户的余额。⑧若“利润分配——未分配利润”2012年期初借方余额为8 800 000元，计算2012年年末“利润分配——未分配利润”账户的余额。

2. Z公司2013年度损益类账户的发生额为：主营业务收入50 000 000元，其他业务收入15 000 000元，投资收益8 000 000元，营业外收入3 000 000元，主营业务成本40 000 000元，其他业务成本10 000 000元，营业税金及附加2 000 000元，销售费用9 500 000元，管理费用6 500 000元，财务费用3 000 000元，营业外支出9 000 000元，所得税费用200 000元。

要求：根据以上资料编制Z公司有关利润结转及分配的会计分录。①结转损益类账户的发生额。②计算本期净利润（或亏损）、并结转至“利润分配——未分配利润”。③若“利润分配——未分配利润”2013年期初为贷方余额2 000 000元，计算2013年年末“利润分配——未分配利润”账户的余额。④若“利润分配——未分配利润”2013年期初为贷方余额4 000 000元，计算2013年年末“利润分配——未分配利润”账户的余额。⑤若“利润分配——未分配利润”2013年期初为借方余额4 000 000元，计算2013年年末“利润分配——未分配利润”账户的余额。

第二十章 财务报告

第一节 概述

1. 财务报告体系和财务报表分类

财务报告是指企业对外提供的、反映企业某一特定日期的财务状况和某一会计期间经营成果、现金流量等会计信息的文件。财务报告包括财务报表和其他应当在财务报告中披露的相关信息。财务报表至少应当包括资产负债表、利润表、现金流量表、所有者权益变动表等报表及附注。小企业编制的会计报表可以不包括现金流量表。财务报表通常按其编制时间、反映内容和编制单位等进行分类。

（1）按其编制时间，财务报表可分为年报和中期报表。年报是年度终了以后编制的、全面反映企业财务状况、经营成果及其分配、现金流量等方面的报表；中期报表是指短于一年的会计期间编制的财务报表，如半年末报表、季度报表、月份报表；半年末报表是指每个会计年度前六个月结束后编制的财务报表；季度报表是季度终了以后编制的财务报表；月份报表是月份终了编制的财务报表。

（2）按其反映的内容，财务报表可分为动态报表和静态报表。动态报表是反映企业一定会计期间内资金运动过程的报表。利润表是反映企业一定会计期间经营过程和经营成果的报表，现金流量表是反映企业一定会计期间现金流动过程的报表，因此，利润表和现金流量表都属于动态报表；静态报表是反映企业在某一特定日期资金运动结果的报表，资产负债表属于静态报表。

（3）按其编制单位，财务报表可分为个别报表和合并报表。个别报表是由个别企业编制、用于反映个别企业财务状况和经营状况的报表；合并报表是由母公司编制、反映整个企业集团财务状况和经营状况的报表。合并报表是在母公司和子公司编制的个别报表的基础上，对企业集团内部交易和事项进行抵消后编制的财务报表。

2. 财务报表列报的基本要求

1）以持续经营为基础编制

企业应当以持续经营为基础，根据实际发生的交易和事项，按照《企业会计准则——

基本准则》和其他各项会计准则的规定进行确认和计量，在此基础上编制财务报表。管理层应对是否能够持续经营进行评估，若某些重大不确定因素可能导致对主体持续经营产生严重怀疑时，应对不确定因素充分披露。但企业不能以附注披露代替确认和计量。以持续经营为基础编制财务报表不再合理的，企业应当采用其他基础编制财务报表，并在附注中披露这一事实。企业在当期已经决定或正式决定下一个会计期间进行清算或停止营业，表明其处于非持续经营状态，应当采用其他基础编制财务报表，如破产企业的资产应当采用可变现净值计量，并在附注中声明财务报表未以持续经营为基础列报、披露未以持续经营为基础的原因以及财务报表的编制基础。

2）列报的一致性

列报的一致性要求财务报表中的列报和分类应在各期间之间保持一致。除非会计准则要求改变，主体的经营性质发生重大变化，改变后的列报能够提供更可靠的且对会计信息使用者更相关的信息，同时不损害可比信息。

3）重要性项目单独列报

性质或功能类似的项目，其所属类别具有重要性的，应当按其类别在财务报表中单独列报。性质或功能不同的项目，应当在财务报表中单独列报，但不具有重要性的项目除外。重要性是指如果项目的省略或误报会单独或共同影响内外部会计信息使用者作出的经济决策，则该项目是重要的。重要性应当根据企业所处环境，从项目的性质和金额大小两方面加以判断。其中，项目的性质应当考虑该项目是否属于企业日常活动、是否对企业的财务状况和经营成果具有较大影响；项目金额大小的重要性，应当通过单项金额占资产总额、负债总额、所有者权益总额、营业收入总额、净利润等直接相关项目金额的比重加以确定。

4）项目金额不得相互抵消

财务报表中的资产项目和负债项目的金额、收入项目和费用项目的金额不得相互抵消，单独列报资产和负债、收益和费用以便会计信息使用者更易理解已发生的交易或者事项的情况，以及评估主体未来的现金流量。资产项目按扣除减值准备后的净额列示，不属于抵消；非日常活动产生的损益，以收入扣减费用后的净额列示，不属于抵消；若这些利得和损失是重要的则应单独列报。

5）应列报所有金额的前期比较信息

当期财务报表的列报，至少应当提供所有列报项目上一可比会计期间的比较数据，以及与理解当期财务报表相关的说明，其他会计准则另有规定的除外。当财务报表项目的列报发生变更的，应当对上期比较数据按照当期的列报要求进行调整，并在附注中披露调整的原因和性质，以及调整的各项目金额。对上期比较数据进行调整不切实可行（不切实可行是指企业在作出所有合理努力后仍然无法采用某项规定）的，应当在附注中披露不能调整的原因。

6）披露要求

企业应当在财务报表的显著位置至少披露下列内容：编报企业的名称，资产负债表日或财务报表涵盖的会计期间，人民币金额单位，财务报表是合并财务报表的，应当予以标明。

企业至少应当按年编制财务报表。年度财务报表涵盖的期间短于一年的，应当披露年度财务报表的涵盖期间，以及短于一年的原因。

3. 财务报告的作用

财务报告的目标是向其使用者提供与企业财务状况、经营成果和现金流量等有关的会计信息，反映企业管理层受托责任履行情况，有助于财务报告使用者作出经济决策。财务报告的使用者包括投资人、债权人、政府及其有关部门和社会公众等利益相关者。财务报告的作用表现在以下几个方面。

（1）可以为投资人、债权人等利益相关者提供决策所需信息。对于投资人和债权人等利益相关者而言，通过财务状况方面的信息，可对企业在市场环境中的资产状况、资产质量、偿债能力等状况有一个基本认识，同时，可对企业未来的生存能力和发展能力作出大致预测。通过财务报告反映的企业现金流动过程方面的信息，投资人和债权人等利益相关者可以对企业报告期现金流入、流出及现金净流量有基本了解，同时，也可以对企业未来现金流动状况作出大致的预测；通过财务报告提供的经营状况的信息，投资人等利益相关者可以了解企业的经营规模、市场表现、经营业绩等。

（2）可以为管理当局提供企业资金运行、经营业绩完成状况的信息。企业管理当局的主要职能是组织和管理企业的经营活动，实现企业价值或者投资人收益最大化。管理当局要实现其工作目标，最少应定期了解企业资金的运行状况、经营业绩的完成状况等。事实上，企业管理当局应随时了解企业各方面的动态，以便出现异常情况时能够及时采取措施，而企业资金运行、经营业绩等的精确信息均来自于财务报告。因此，对管理当局而言，财务报告是其获取企业各方面管理所需信息的重要来源。

（3）可以为国家有关管理部门检查和监督企业经营活动的合法性提供信息。政府有关部门对企业经营活动的合法性具有管理和监督职能，通过企业财务报告提供的信息，工商管理部门对企业经营活动的合法性进行监督，税务部门对企业税收政策的执行情况进行监督，环境管理部门对企业环境保护政策的执行情况进行监督，证券管理部门对企业在资本市场从事证券活动的合法性进行监督等。企业财务报告为国家有关部门对企业经营活动进行管理和监督活动提供了基本信息。

第二节　资产负债表

1. 资产负债表概述

1）资产负债表的概念

资产负债表是反映企业在某一特定日期财务状况的报表。资产负债表利用会计平衡原理，将企业资产、负债和所有者权益分为“资产”和“负债及所有者权益”两大区块，将某一会计期间企业交易或者事项引起的资产、负债和所有者权益各项目的变动结果浓缩在资产负债表之中。

资产负债表按照一定的分类标准和顺序，把企业某一特定日期资产、负债和所有者权益各项目予以适当排列。在资产负债表中，资产按流动性和变现能力大小排列，负债按偿还期限长短排列，所有者权益则按其稳定性排列。

2）资产负债表的作用

资产负债表是企业财务报表体系中最重要的一张报表，资产负债表提供的信息对于企业投资人、债权人、企业管理当局、政府相关管理部门都有重要的作用。

（1）反映企业的短期偿债能力。偿债能力指企业以其资产偿付债务的能力，短期偿债能力主要体现在企业资产和负债的流动性上。流动性指资产转换成现金而不受损失的能力或负债距到期日的时间，即企业资产接近现金的程度，或负债需要动用现金的期限。在资产项目中，除现金外，资产转换成现金的时间越短，速度越快，转换成本越低，表明其流动性越强；负债距到期日越近，其流动性越强，表明要越早动用现金。短期债权人关注的是企业是否有足够的现金和足够可及时转换为现金的资产，以收回到期债务；长期债权人及企业投资人也关注企业的短期偿债能力，短期偿债能力越弱，企业破产的可能性越大。资产负债表分门别类地列示流动资产与流动负债，虽未直接反映企业的短期偿债能力，但通过将流动资产与流动负债的比较，并借助于财务报表附注，可以评价和预测企业的短期偿债能力。

（2）反映企业的长期偿债能力。企业的长期偿债能力主要指其以全部资产清偿全部负债的能力。一般认为，资产越多，负债越少，其长期偿债能力越强，反之，若资不抵债，则企业缺乏长期偿债能力。企业的长期偿债能力一方面取决于其获利能力，另一方面取决于企业的资本结构。资本结构，通常指企业负债与所有者权益的比例，即所有者权益对全部负债的偿还比例，这一比例既影响债权人和投资人的利益分配，又涉及债权人和投资人的相对风险，以及企业的长期偿债能力。资产负债表分门别类地列示企业的流动负债、长期负债和所有者权益，虽未直接反映企业的长期偿债能力，但通过负债与所有者权益的比较，并借助于财务报表附注，可以评价和预测企业的长期偿债能力。

（3）反映企业的财务弹性。财务弹性反映企业的综合财务能力，即企业在财务准备方面抓住市场机遇的能力和适应市场变化的能力。企业的财务能力主要来自于其资产的变现能力，从经营活动中产生现金流入的能力，对外筹集和调度资金的能力，以及在不影响正常经营的前提下变卖资产获取现金的能力。财务能力强的企业不仅能从有利可图的经营活动中获取现金，而且有能力向债权人举借长期负债，向投资人筹措权益资本，抓住新的市场机遇，即使经营遇到困难，也可随机应变，及时筹集所需资金，分散经营风险，避免陷入财务困境。资产负债表并不能直接提供有关企业财务弹性方面的信息，但是它所列示的企业资产分类、负债结构、资本结构等信息，并借助利润表及附注提供的相关信息，可间接地对企业的财务弹性进行评价和预测。

（4）反映企业的经营业绩和盈利能力。通常认为，利润表是反映企业经营业绩的报表，但事实上，利润表只反映企业某一会计期间的经营业绩，企业历年经营业绩的积累状况，如历年积累的未分配利润（或历年积累的未弥补亏损）、历年积累的盈余公积等是通过资产负债表反映的；企业的盈利状况反映在利润表上，但从某种角度看，盈利能力却反映在资产负债表上；同时，企业经营业绩的评价主要通过资产利润率、每股收益等相对指标衡量。以上指标的获取，需要将资产负债表与利润表信息结合起来才能进行。

2. 资产负债表的列报项目、格式和方法

1）资产负债表的列报项目

A. 资产列报项目

资产应当按照流动资产和非流动资产两大类别在资产负债表中列示，在流动资产和非流动资产下再按资产的流动性和变现能力强弱分项列示。

按以上标准，流动资产按货币资金、交易性金融资产、应收票据、应收账款、预付账款、应收利息、应收股利、其他应收款、存货、一年内到期的非流动资产、其他流动资产列示；非流动资产按可供出售金融资产、持有至到期投资、长期应收款、长期股权投资、投资性房地产、固定资产、在建工程、工程物资、固定资产清理、生产性生物资产、油气资产、无形资产、开发支出、商誉、长期待摊费用、递延所得税资产、其他非流动资产列示。

B. 负债列报项目

负债应当按照流动负债和非流动负债两大类别在资产负债表中列示，在流动负债和非流动负债类别下再按负债的流动性强弱分项列示。

按以上标准，流动负债按短期借款、交易性金融负债、应付票据、应付账款、预收账款、应付职工薪酬、应交税费、应付利息、应付股利、其他应付款、一年内到期的非流动负债、其他流动负债列示；非流动负债按长期借款、应付债券、长期应付款、专项应付款、预计负债、递延所得税负债、其他非流动负债列示。

C. 所有者权益的列报项目

所有者权益一般按其稳定性强弱列示。按照这一标准，所有者权益按实收资本（或股本）、资本公积、盈余公积和未分配利润分项列示。

2）资产负债表的列报格式

资产负债表一般有表首、正表两部分。其中，表首概括地说明报表名称、编制单位、编制日期、报表编号、货币名称、计量单位等。正表是资产负债表的主体，分别列示企业资产、负债和所有者权益的各个项目。资产负债表正表的格式一般有报告式资产负债表和账户式资产负债表。报告式资产负债表是上下结构，上半部列示资产，下半部列示负债和所有者权益。资产负债表项目排列形式又有两种：第一种是按“资产＝负债＋所有者权益”的原理排列，第二种是按“资产－负债＝所有者权益”的原理排列；账户式资产负债表是左右结构，左边列示资产项目，右边列示负债和所有者权益项目。无论采取什么格式，资产各项目的合计数与负债和所有者权益各项目的合计数相等。

同时，企业需要提供比较资产负债表，以便会计信息使用者通过比较不同时点资产负债表的数据，了解企业财务状况的变动情况及发展趋势。所以，资产负债表各项目再分为“年初余额”和“期末余额”两栏分别填列。资产负债表的格式如表 20-1 所示。

3）资产负债表的列报方法

A. 资产负债表各项目期末数的列报方法

（1）“货币资金”项目，反映企业库存现金、银行结算户存款、外埠存款、银行汇票存款、银行本票存款、信用卡存款、信用证保证金存款等的合计数。本项目应根据“库存现金”“银行存款”“其他货币资金”账户期末余额的合计数填列。

（2）“交易性金融资产”项目，反映企业持有的以公允价值计量且其变动计入当期损益的以交易为目的的债券投资、股票投资、基金投资、权证投资等金融资产。本项目应根据“交易性金融资产”账户的期末余额填列。

（3）“应收票据”项目，反映企业因销售商品、提供劳务等收到的商业汇票，包括银行承兑汇票和商业承兑汇票。本项目应根据“应收票据”账户的期末余额填列。

（4）“应收账款”项目，反映企业因销售商品、提供劳务等经营活动应收取的款项。本项目应根据“应收账款”和“预收账款”账户所属各明细账户的期末借方余额合计数，减去“坏账准备”账户中有关应收账款计提的坏账准备期末余额后的金额填列。“应收账款”账户所属明细账户期末有贷方余额的，应在资产负债表“预收账款”项目内填列。

（5）“预付账款”项目，反映企业按照购货合同规定预付给供货单位的款项。本项目应根据“预付账款”和“应付账款”账户所属各明细账户的期末借方余额合计数，减去“坏账准备”账户中有关预付款项计提的坏账准备期末余额后的金额填列。“预付账款”账户所属各明细账户期末有贷方余额的，应在资产负债表“应付账款”项目内填列。

（6）“应收利息”项目，反映企业应收取的债券投资的利息。本项目应根据“应收利息”的期末余额填列。

（7）“应收股利”项目，反映企业应收取的现金股利和应收取其他单位分配的利润。本项目应根据“应收股利”账户的期末余额填列。

（8）“其他应收款”项目，反映企业除应收票据、应收账款、预付账款、应收利息和应收股利等经营活动以外的各种应收、暂付的款项。本项目应根据“其他应收款”账户的期末余额减去“坏账准备”账户中有关其他应收款计提的坏账准备期末余额后的金额填列。

（9）“存货”项目，反映企业期末在库、在途和在加工中的各种存货的价值。本项目应根据“材料采购”“原材料”“低值易耗品”“库存商品”“周转材料”“委托加工物资”“委托代销商品”和“生产成本”等账户的期末余额合计减去“受托代销商品款”“存货跌价准备”账户期末余额后的金额填列。材料采用计划成本核算，以及库存商品采用计划成本核算或售价核算的企业，还应加（减）材料成本差异、商品进销差价后的金额填列。

（10）“一年内到期的非流动资产”项目，反映企业将于一年内到期的非流动资产项目金额。本项目应根据有关账户的期末余额填列。

（11）“其他流动资产”项目，反映企业除货币资金、交易性金融资产、应收票据、应收账款、存货等流动资产以外的其他流动资产。本项目应根据有关账户的期末余额填列。

（12）“可供出售金融资产”项目，反映企业持有的以公允价值计量的可供出售的股票投资、债券投资等金融资产。本项目应根据“可供出售金融资产”账户的期末余额，减去“可供出售金融资产减值准备”账户期末余额后的金额填列。

（13）“持有至到期投资”项目，反映企业持有的以摊余成本计量的持有至到期投资。本项目应根据“持有至到期投资”账户的期末余额减去“持有至到期投资减值准备”账户期末余额后的金额填列。

（14）“长期应收款”项目，反映企业融资租赁产生的应收款项、采用递延方式具有融资性质的销售商品和提供劳务等产生的长期应收款项等。本项目应根据“长期应收款”账户的期末余额，减去相应的“未实现融资收益”账户余额后的金额填列。

(15)“长期股权投资”项目，反映企业持有的对子公司、联营企业和合营企业的长期股权投资。本项目应根据“长期股权投资”账户的期末余额减去“长期股权投资减值准备”账户期末余额后的金额填列。

(16)“投资性房地产”项目，反映企业持有的投资性房地产。企业采用成本模式计量投资性房地产的，本项目应根据“投资性房地产”账户的期末余额减去“投资性房地产累计折旧（摊销）”和“投资性房地产减值准备”账户期末余额后的金额填列；企业采用公允价值模式计量投资性房地产的，本项目应根据“投资性房地产”账户的期末余额填列。

(17)“固定资产”项目，反映企业各种固定资产原价减去累计折旧和累计减值准备后的净额。本项目应根据“固定资产”账户的期末余额减去“累计折旧”和“固定资产减值准备”账户期末余额后的金额填列。

(18)“在建工程”项目，反映企业期末各项未完工程的实际支出，包括交付安装的设备价值、未完建筑安装工程已经耗用的材料、工资和费用支出、预付出包工程的价款等的可收回金额。本项目应根据“在建工程”账户的期末余额减去“在建工程减值准备”账户期末余额后的金额填列。

(19)“工程物资”项目，反映企业尚未使用的各项工程物资的实际成本。本项目应根据“工程物资”账户的期末余额填列。

(20)“固定资产清理”项目，反映企业因出售、毁损、报废等原因转入清理但尚未清理完毕的固定资产的净值，以及固定资产清理过程中所发生的清理费用和变价收入等各项金额的差额。本项目应根据“固定资产清理”账户的期末借方余额填列，如“固定资产清理”账户期末为贷方余额，以“—”填列。

(21)“生产性生物资产”项目，反映企业持有的生产性生物资产。本项目应根据“生产性生物资产”账户的期末余额减去“生产性生物资产累计折旧”和“生产性生物资产减值准备”账户期末余额后的金额填列。

(22)“油气资产”项目，反映企业持有的矿区权益和油气井及相关设施的原价减去累计折耗和累计减值准备后的净额。本项目应根据“油气资产”账户的期末余额减去“累计折耗”账户和“油气资产减值准备”账户期末余额后的金额填列。

(23)“无形资产”项目，反映企业持有的无形资产，包括专利权、非专利技术、商标权、著作权、土地使用权等。本项目应根据“无形资产”账户的期末余额减去“累计摊销”和“无形资产减值准备”账户期末余额后的金额填列。

(24)“开发支出”项目，反映企业开发无形资产过程中能够资本化形成无形资产成本的支出部分。本项目应根据“研发支出”账户中所属的“资本化支出”明细账户期末余额填列。

(25)“商誉”项目，反映企业合并中形成的商誉的价值。本项目应根据“商誉”账户的期末余额减去相应减值准备后的金额填列。

(26)“长期待摊费用”项目，反映企业已经发生但应由本期和以后各期负担的分摊期限在一年以上的各项费用。长期待摊费用中在一年内摊销的部分，在资产负债表“一年内到期的非流动资产”项目填列。本项目应根据“长期待摊费用”账户的期末余额减去将于一年内摊销的数额后的金额填列。

(27)"递延所得税资产"项目，反映企业确认的可抵扣暂时性差异产生的递延所得税资产。本项目根据"递延所得税资产"账户的期末余额填列。

(28)"其他非流动资产"项目，反映企业除长期股权投资、固定资产、在建工程、工程物资和无形资产等资产以外的其他非流动资产。本项目应根据有关账户的期末余额填列。

(29)"短期借款"项目，反映企业向银行或其他金融机构等借入的期限在一年以下的借款。本项目应根据"短期借款"账户的期末余额填列。

(30)"交易性金融负债"项目，反映企业承担的以公允价值计量且其变动计入当期损益的金融负债。本项目应根据"交易性金融负债"账户的期末余额填列。

(31)"应付票据"项目，反映企业购买材料、商品和接受劳务供应等开出、承兑的商业汇票，包括银行承兑汇票和商业承兑汇票。本项目应根据"应付票据"账户的期末余额填列。

(32)"应付账款"项目，反映企业购买材料、商品和接受劳务供应等应支付的款项。本项目应根据"应付账款"和"预付账款"账户所属各明细账户的期末贷方余额合计数填列。"应付账款"账户所属明细账户期末有借方余额的，应在资产负债表"预付账款"项目内填列。

(33)"预付账款"项目，反映企业按照购货合同规定预付给供货单位的款项。本项目应根据"预收账款"和"应收账款"账户所属各明细账户的期末贷方余额合计数填列。"预收账款"账户所属各明细账户期末有借方余额，应在资产负债表"应收账款"项目内填列。

(34)"应付职工薪酬"项目，反映企业根据有关规定应付给职工的工资、职工福利、社会保险费、住房公积金、工会经费、职工教育经费、非货币性福利、辞退福利等各种薪酬。外商投资企业按规定从净利润中提取的职工奖励及福利基金，也在本项目列示。

(35)"应交税费"项目，反映企业按照税法规定计算应交纳的各种税费，包括增值税、消费税、营业税、所得税、资源税、土地增值税、城市维护建设税、房产税、城镇土地使用税、车船税、教育费附加、矿产资源补偿费等。企业代扣代交的个人所得税，也通过本项目列示。本项目应根据"应交税费"账户的期末贷方余额填列。"应交税费"账户期末为借方余额，应以"－"号填列。

(36)"应付利息"项目，反映企业按照规定应支付的利息，包括分期付息到期还本的长期借款应支付的利息、企业发行的企业债券应支付的利息等。本项目应根据"应付利息"账户的期末余额填列。

(37)"应付股利"项目，反映企业分配的现金股利或利润。企业分配的股票股利，不通过本项目列示。本项目应根据"应付股利"账户的期末余额填列。

(38)"其他应付款"项目，反映企业除应付票据、应付账款、预收账款、应付职工薪酬、应付股利、应付利息、应交税费等经营活动以外的其他各项应付、暂收的款项。本项目应根据"其他应付款"账户的期末余额填列。

(39)"一年内到期的非流动负债"项目，反映企业非流动负债中将于资产负债表日后一年内到期的部分金额，如将于一年内偿还的长期借款。本项目应根据有关账户的期末余额填列。

(40)“其他流动负债”项目，反映企业除短期借款、交易性金融负债、应付票据、应付账款、应付职工薪酬、应交税费等流动负债以外的其他流动负债。本项目应根据有关账户的期末余额填列。

(41)“长期借款”项目，反映企业向银行或其他金融机构借入的期限在一年以上的各项借款。本项目应根据“长期借款”账户的期末余额填列。

(42)“应付债券”项目，反映企业为筹集长期资金而发行的债券本金和利息。本项目应根据“应付债券”账户的期末余额填列。

(43)“长期应付款”项目，反映企业除长期借款和应付债券以外的其他各种长期应付款项。本项目应根据“长期应付款”账户的期末余额，减去相应的“未确认融资费用”账户期末余额后的金额填列。

(44)“专项应付款”项目，反映企业取得政府作为企业所有者投入的具有专项或特定用途的款项。本项目根据“专项应付款”账户的期末余额填列。

(45)“预计负债”项目，反映企业确认的对外提供担保、未决诉讼、产品质量保证、重组义务、亏损性合同等预计负债。本项目应根据“预计负债”账户的期末余额填列。

(46)“递延所得税负债”项目，反映企业确认的应纳税暂时性差异产生的所得税负债。本项目应根据“递延所得税负债”账户的期末余额填列。

(47)“其他非流动负债”项目，反映企业除长期借款、应付债券等负债以外的其他非流动负债。本项目应根据有关账户的期末余额减去一年内到期偿还数后的余额填列。非流动负债各项目中将于一年内到期的非流动负债，应在“一年内到期的非流动负债”项目内单独反映。

(48)“实收资本（股本）”项目，反映企业各投资人实际投入的资本（股本）总额。本项目应根据“实收资本（股本）”账户的期末余额填列。

(49)“库存股”项目，反映企业持有的尚未转让或注销的本公司股份金额。本项目应根据“库存股”账户的期末余额填列。

(50)“资本公积”项目，反映企业资本公积的期末余额。本项目应根据“资本公积”账户的期末余额填列。

(51)“盈余公积”项目，反映企业盈余公积的期末余额。本项目应根据“盈余公积”账户的期末余额填列。

(52)“未分配利润”项目，反映企业尚未分配的利润。本项目应根据“本年利润”账户和“利润分配”账户的余额计算填列。未弥补的亏损在本项目内以“－”填列。

B. 资产负债表各项目期初数的列报方法

资产负债表各项目“年初余额”栏内数字，应根据上年末资产负债表相应栏内的“期末余额”数字填列。如果上年末资产负债表某个项目的名称和内容与本年度不相一致，应对上年末资产负债表该项目的名称和数字按照本年度的规定进行调整，填入表中“年初余额”栏内。

C. 资产负债表各项目列报方法归类

资产负债表"期末余额"栏内各项数字，一般应根据资产、负债和所有者权益类账户的期末余额填列，主要包括以下方式。

（1）根据总账账户的期末余额直接填列。资产负债表中的大部分项目，可直接根据有关总账账户的余额填列。例如，"交易性金融资产""短期借款""应付票据""应付职工薪酬"等。

（2）根据几个总账账户的余额加总填列。例如，"货币资金"项目，应根据"库存现金""银行存款""其他货币资金"三个总账账户余额的合计数填列。

（3）根据有关账户余额减去其备抵账户余额后的净额填列。例如，"应收账款""长期股权投资"等项目，应根据"应收账款""长期股权投资"等账户的期末借方余额减去"坏账准备""长期股权投资减值准备"等账户贷方余额后的净额填列；"固定资产"项目，应根据"固定资产"账户的期末借方余额减去"累计折旧""固定资产减值准备"账户贷方余额后的净额填列；"无形资产"项目，应根据"无形资产"账户的期末借方余额，减去"累计摊销""无形资产减值准备"账户期末贷方余额后的净额填列等。

（4）根据有关明细账户的余额计算填列，如"未分配利润"项目，应根据"利润分配——未分配利润"明细账户余额填列。

（5）综合运用上述方法分析计算填列。例如，"存货"项目，应根据"原材料""库存商品""委托加工物资""周转材料""材料采购""在途物资""发出商品""材料成本差异"等总账账户期末借方余额的加总数，减去"存货跌价准备"账户贷方余额后的金额填列。采用计划成本进行原材料核算时，还应加（减）材料成本差异金额。

3. 资产负债表编制举例

【例 20-1】 A 公司为增值税一般纳税人，增值税税率为 17%，所得税税率为 25%。该公司 2011 年 12 月 31 日的资产负债表如表 20-1 所示。

表 20-1 资产负债表

会企 01 表

编制单位：A 公司　　2011 年 12 月 31 日　　单位：元

资产	期末余额	年初余额（略）	负债和所有者（股东）权益	期末余额	年初余额（略）
流动资产			流动负债		
货币资金	673 560		短期借款	180 000	
交易性金融资产	36 800		交易性金融负债		
应收票据	20 000		应付票据	255 000	
应收账款	181 000		应付账款	140 600	
预付账款	29 200		预收账款	175 000	
应收利息	10 000		应付职工薪酬	49 680	
应收股利	95 000		应交税费	123 800	
其他应收款	41 027		应付利息		
存货	4 666 830		应付股利	135 000	

续表

资　产	期末余额	年初余额（略）	负债和所有者（股东）权益	期末余额	年初余额（略）
其中：消耗性生物资产			其他应付款	78 000	
一年内到期的非流动资产			一年内到期的非流动负债		
其他流动资产			其他流动负债		
流动资产合计	5 753 417		流动负债合计	1 137 080	
非流动资产			非流动负债		
可供出售金融资产	160 000		长期借款	2 100 000	
持有至到期投资	80 000		应付债券		
长期应收款			长期应付款	537 000	
长期股权投资	630 000		专项应付款		
投资性房地产			预计负债	25 000	
固定资产	3 878 099		递延所得税负债		
在建工程	2 100 000		其他非流动负债		
工程物资	390 000		非流动负债合计	2 662 000	
固定资产清理			负债合计	3 799 080	
生产性生物资产			所有者（股东）权益		
油气资产			实收资本（股本）	5 800 000	
无形资产	173 000		资本公积	1 530 000	
开发支出			减：库存股		
商誉			盈余公积	1 676 500	
长期待摊费用	120 000		未分配利润	503 936	
递延所得税资产	25 000		所有者权益合计	9 510 436	
其他非流动资产					
非流动资产合计	7 556 099				
资产总计	13 309 516		负债和所有者权益总计	13 309 516	

2012年度，A公司发生以下交易或者事项：

(1) 收到银行付款通知，以银行存款支付到期的商业承兑汇票15 000元。

(2) 购入一批原材料，货款300 000元和增值税进项税额51 000元以银行存款支付，材料已入库。

(3) 购入一批原材料，货款1 000 000元和增值税进项税额170 000元尚未支付，材料已验收入库。

(4) 基本生产车间领用原材料，成本为1 200 000元；领用低值易耗品，成本为50 000元，采用一次摊销法摊销。

(5) 销售一批产品，其不含税售价为8 000 000元，增值税销项税额为1 360 000元，款项已收到并存入银行。产品生产成本为 5 400 000 元。

(6) 2012 年 11 月购买 B 公司股票，价格 30 000 元，准备短期持有。2012 年 12 月 31 日，该股票价格上涨至 38 200 元。

(7) 购入不需要安装的设备一台，以银行存款支付价款 230 000 元、增值税进项税额 39 100元、包装费和运费 2 000 元，设备已交付使用。

(8) 购入一批工程物资，价税合计 300 000 元，以银行存款支付。

(9) 在建工程领用材料 200 000 元，应付职工薪酬 400 000 元，应付福利费 56 000 元。

(10) 计提在建工程应负担的长期借款利息 30 000 元。

(11) 一项价值为 1 800 000 元的在建工程完工，已办理竣工手续交付生产使用。

(12) 基本生产车间报废一台机床，其原始价值为 400 000 元，已提折旧 360 000 元；发生清理费用 1 000 元，残值收入 1 600 元，全部款项均通过银行收付，清理工作已结束。

(13) 为购建固定资产，从银行取得 3 年期借款 800 000 元。

(14) 收到现金股利 60 000 元（该项投资采用成本法核算)，已存入银行。

(15) 出售一台不需用设备，其原始价值为 800 000 元，已提折旧 300 000 元，收到出售价款 600 000 元存入银行。

(16) 归还短期借款本金 175 000 元。

(17) 提取现金 1 000 000 元，准备发放工资。

(18) 支付职工薪酬 1 000 000 元（包括在建工程人员工资 400 000 元)。

(19) 分配职工薪酬 600 000 元（不包括在建工程人员工资)，其中，生产人员工资 550 000 元，车间管理人员工资 20 000 元，企业管理部门人员工资 30 000 元。

(20) 资产负债表日，可供出售金融资产升值为 190 000 元（会计分录为：借“可供出售金融资产”，贷“资本公积”)。

(21) 提取应计入本期损益的长期借款利息 43 000 元。

(22) 摊销无形资产 122 000 元，摊销长期待摊费用 40 000 元。

(23) 计提固定资产折旧 200 000 元，其中计入制造费用 160 000 元，管理费用 40 000 元。

(24) 收到应收账款 102 000 元并存入银行。

(25) 以银行存款支付产品展览费 20 000 元。

(26) 计算并结转本期完工产品成本 2 059 800 元。

(27) 销售一批产品，价款 1 400 000 元，增值税销项税额 238 000 元，款项已存入银行，该产品生产成本为 1 040 000 元。

(28) 转让长期股权投资一项，转让收入为 200 000 元，款项已存入银行，该项股权的账面价值为 130 000 元。

(29) 以现金 60 000 元购买某公司 3 年期债券，公司有意图并有能力持有该债券到期，款项以银行存款支付。

(30) 计算本期产品销售应交纳的教育费附加 5 780 元。

(31) 以银行存款交纳增值税 1 377 000 元、教育费附加 10 837 元。

(32) 应收账款 2 000 元确认无法收回予以核销。

(33) 计提坏账准备 960 元，存货跌价准备 3 000 元，长期股权投资减值准备 10 000

元，无形资产减值准备 4 000 元。

(34) 按销售收入的 1%预提保修费 94 000 元。

(35) 将各损益类账户结转至本年利润账户。

(36) 计算并结转应交所得税，所得税税率为 25%。（注意：本期应纳税所得额为利润总额加上 94 000 元的预计保修费。会计分录为借记“所得税费用”“递延所得税资产”账户，贷记“应交税费”账户）。

(37) 提取法定盈余公积 203 280 元，任意盈余公积 101 640 元。

(38) 结转本年利润，并将利润分配账户除“未分配利润”之外的各明细账户的发生额转入“未分配利润”明细账户。

(39) 偿还长期借款 2 000 000 元。

(40) 以银行存款交纳所得税 160 000 元。

(41) 吸收投资人现金投资 1 000 000 元，款项已存入银行。

根据以上交易或者事项作出的 A 公司 2012 年 12 月 31 日的资产负债表如表 20-2 所示。

表 20-2 资产负债表

会企 01

编制单位：A 公司　　2012 年 12 月 31 日　　单位：元

资产	期末余额	年初余额	负债和所有者（股东）权益	期末余额	年初余额
流动资产			流动负债		
货币资金	8 633 623	673 560	短期借款	5 000	180 000
交易性金融资产	75 000	36 800	交易性金融负债		
应收票据	20 000	20 000	应付票据	240 000	255 000
应收账款	78 040	181 000	应付账款	1 310 600	140 600
预付账款	29 200	29 200	预收账款	175 000	175 000
应收利息	10 000	10 000	应付职工薪酬	105 680	49 680
应收股利	95 000	95 000	应交税费	664 901	123 800
其他应收款	41 027	41 027	应付利息		
存货	253 830	4 666 830	应付股利	135 000	135 000
其中：消耗性生物资产			其他应付款	78 000	78 000
一年内到期的非流动资产			一年内到期的非流动负债	120 000	
其他流动资产			其他流动负债		
流动资产合计	9 235 720	5 753 417	流动负债合计	2 834 181	1 137 080
非流动资产			非流动负债		
可供出售金融资产	190 000	160 000	长期借款	853 000	2 100 000
持有至到期投资	140 000	80 000	应付债券		
长期应收款			长期应付款	537 000	537 000
长期股权投资	490 000	630 000	专项应付款		

续表

资产	期末余额	年初余额	负债和所有者（股东）权益	期末余额	年初余额
投资性房地产			预计负债	119 000	25 000
固定资产	5 209 199	3 878 099	递延所得税负债		
在建工程	986 000	2 100 000	其他非流动负债		
工程物资	490 000	390 000	非流动负债合计	1 509 000	2 662 000
固定资产清理			负债合计	4 343 181	3 799 080
生产性生物资产			所有者（股东）权益		
油气资产			实收资本（股本）	6 800 000	5 800 000
无形资产	47 000	173 000	资本公积	1 560 000	1 530 000
开发支出			减：库存股		
商誉			盈余公积	1 981 420	1 676 500
长期待摊费用	80 000	120 000	未分配利润	2 231 818	503 936
递延所得税资产	48 500	25 000	所有者权益合计	12 573 238	9 510 436
其他非流动资产					
非流动资产合计	7 680 699	7 556 099			
资产总计	16 916 419	13 309 516	负债和所有者权益总计	16 916 419	13 309 516

第三节 利润表

1. 利润表概述

1）利润表的概念

利润表是反映企业某一会计期间经营成果的财务报表。利润表利用“收入－费用＝利润”的数量关系，将企业主营业务活动、营业外收支活动和所得税费用交纳情况分为三大区块。其中，第一区块反映主营业务收入减去主营业务成本、各种费用后所产生的营业利润（或者发生的营业亏损），第二区块分项反映营业外收入和营业外支出，第三区块单独反映所得税费用。利润表按以上三个区块，将企业报告期取得的各种收入、发生的各种成本和费用、产生的利润（或者发生的亏损）浓缩在利润表之中。

2）利润表的作用

（1）反映企业某一会计期间的经营业绩及其质量。经营业绩通常以主营业务收入、营业利润、利润总额和净利润等绝对值指标形式表现。利润表上的主营业务收入，直接反映企业主营业务收入的规模，间接反映企业产品的市场占有率，与上期金额相比反映企业主营业务收入的增长情况，与同行业收入规模最大的企业相比，反映企业与其的差距及主要产品的市场影响力。营业利润、利润总额和净利润指标，反映企业获取利润的能力，事实上反映企业控制成本和费用的能力。特别是净利润是反映企业经营业绩的重要指标，企业一定会计期间经营状况的最终结果通过这一指标反映出来。经营业绩质量主要是指企业利润结构，即主营业务利润、投资收益、公允价值变动收益和营业外收支净额在利润总额中所占的比例。应该说，主营业务利润在利润总额中所占的比例越高，利润质量越高。

(2) 反映企业成本、费用、各种价内税费和营业外收支对利润的影响程度。利润表对企业一定会计期间销售产品发生的成本、对组织和管理企业生产经营活动发生的管理费用、对筹资发生的财务费用、对销售产品发生的销售费用、对各种价内税费进行分项列示。这些信息反映了企业生产经营活动特点，以及企业资金运行的特点。将各项成本、费用和税费与主营业务收入进行比较，分别反映了各部分在主营业务收入中所占的比例，以及企业管理当局成本和费用控制的成效。

(3) 反映企业各种投资活动的损益情况。企业某一会计期间对外投资活动产生的收益或者发生的损失，集中反映在利润表中的“投资收益”项目中。这一项目的绝对值，反映企业对外投资收益的总体状况，与资产负债表中相关项目数据的对比，反映企业投资收益与对外投资总额的比例。这一比例可以进行历史最好水平比较、同行业最好水平比较，进而了解企业投资活动的基本状况。

(4) 反映企业向投资人的回报状况。利润表中“基本每股收益”和“稀释每股收益”，是反映企业向投资人提供回报的重要指标。这两个指标可以进行本企业的纵向比较，也可以进行同行业的横向比较，以此向投资人报告企业在一定会计期间的经营业绩。同时，这两个指标也是影响上市公司股价的重要因素。

总体而言，利润表就企业一定会计期间影响净利润的各个因素进行分项列示，其最终结果——“年末未分配利润”又影响资产负债表“未分配利润”项目发生增减变化。

2. 利润表的列报格式和列报方法

A. 利润表的列报格式

目前，世界上通行的利润表格式有单步式利润表和多步式利润表两种。

(1) 单步式利润表。单步式利润表是将当期所有的收入列在一起，然后将所有的费用列在一起，两者相减得出当期净损益。单步式利润表编制方式简单，收入支出归类清楚，但缺点是收入、费用的性质不加区分，强行归为一类，不利于报表分析。单步式利润表格式略。

(2) 多步式利润表。多步式利润表是将不同性质的收入和费用进行对比，从而得出一些中间性的利润数据，便于使用者理解企业经营成果的不同来源。企业可以分三个步骤编制利润表：

第一步，以营业收入为基础，减去营业成本、营业税金及附加、销售费用、管理费用、财务费用、资产减值损失，加上公允价值变动收益（减去公允价值变动损失）和投资收益（减去投资损失），计算出营业利润。

第二步，以营业利润为基础，加上营业外收入，减去营业外支出，计算出利润总额。

第三步，以利润总额为基础，减去所得税费用，计算出净利润（或净亏损）。

普通股或潜在普通股已公开交易的公司，以及正处于公开发行普通股或潜在普通股过程中的公司，还应当在利润表中列示每股收益信息。

根据我国财务报表列报准则的规定，企业应当提供比较利润表，因此，利润表各项目再按“本期金额”和“上期金额”分别列示。我国利润表格式如表 20-3 所示。

B. 利润表的列报方法

1）利润表"本期金额"各项目的列报方法

（1）"营业收入"项目，反映企业当期主营业务和其他业务所确认的收入总额。本项目应根据"主营业务收入"和"其他业务收入"账户的发生额分析计算填列。

（2）"营业成本"项目，反映企业当期主营业务和其他业务所发生的成本总额。本项目应根据"主营业务成本"和"其他业务成本"账户的发生额分析计算填列。

（3）"营业税金及附加"项目，反映企业当期业务经营应交纳的消费税、营业税、城市维护建设税、资源税、土地增值税和教育费附加等。本项目应根据"营业税金及附加"账户的发生额分析计算填列。

（4）"销售费用"项目，反映企业当期在销售产品过程中发生的包装费、广告费。销售机构发生的各种费用也在本项目合并反映。本项目应根据"销售费用"账户的发生额分析计算填列。

（5）"管理费用"项目，反映企业当期为组织和管理生产经营活动发生的管理费用。本项目应根据"管理费用"账户的发生额分析计算填列。

（6）"财务费用"项目，反映企业当期为筹集生产经营所需资金等发生的筹资费用。本项目应根据"财务费用"账户的发生额分析计算填列。

（7）"资产减值损失"项目，反映企业当期各项资产发生的减值损失。本项目应根据"资产减值损失"账户的发生额分析计算填列。

（8）"公允价值变动收益"项目，反映企业应当计入当期损益的资产或负债公允价值变动收益。本项目应根据"公允价值变动收益"账户的发生额分析计算填列，如为净损失，本项目以"—"填列。

（9）"投资收益"项目，反映企业当期以各种方式对外投资所取得的收益。本项目应根据"投资收益"账户的发生额分析计算填列。如为投资损失，本项目以"—"填列。

（10）"营业利润"项目，反映企业当期实现的营业利润。如为亏损，本项目以"—"填列。

（11）"营业外收入"项目，反映企业当期发生的与经营业务无直接关系的各项收入。本项目应根据"营业外收入"账户的发生额分析计算填列。

（12）"营业外支出"项目，反映企业当期发生的与经营业务无直接关系的各项支出。本项目应根据"营业外支出"账户的发生额分析计算填列。

（13）"利润总额"项目，反映企业当期实现的利润。如为亏损，本项目以"—"填列。

（14）"所得税费用"项目，反映企业应从当期利润总额中扣除的所得税费用。本项目应根据"所得税费用"账户的发生额分析计算填列。

（15）"净利润"项目，反映企业当期实现的净利润。如为亏损，本项目以"—"填列。

（16）"基本每股收益"项目，反映企业当期归属于普通股股东的每股收益。

（17）"稀释每股收益"项目，反映企业当期所有发行在外的稀释性潜在普通股均已转换为普通股，重新计算的每股收益。

(18)“其他综合收益”项目，反映企业当期未在利润表中确认的各项利得和损失，扣除所得税影响的净额。

(19)“综合收益总额”项目，反映企业当期净利润与其他综合收益之和。

2）利润表各项目“上期金额”列报方法

利润表各栏内“上期金额”的数字，应根据上年利润表同期“本期金额”栏内所列数字填列。如果上年同期利润表某个项目的名称和内容与本期不一致，应对上年该期利润表同一项目的名称和数字按本期的规定进行调整，填入利润表“上期金额”栏内。

3. 利润表编制举例

【例 20-2】根据前述 2012 年度 A 公司发生的有关交易或者事项编制的利润表如表 20-3 所示。

表 20-3 利润表

会企 02 表

编制单位：A 公司　　2012 年 12 月 31 日　　单位：元

项 目	本期金额	上期金额（略）
一、营业收入	9 400 000	
减：营业成本	6 440 000	
营业税金及附加	41 437	
销售费用	114 000	
管理费用	232 000	
财务费用	43 000	
资产减值损失	17 960	
加：公允价值变动收益（损失以“—”填列）	8 200	
投资收益（损失以“—”填列）	130 000	
其中：对联营企业和合营企业的投资收益		
二、营业利润（亏损以“—”填列）	2 649 803	
加：营业外收入	100 000	
减：营业外支出	39 400	
其中：非流动资产处置损失	39 400	
三、利润总额（净亏损以“—”填列）	2 710 403	
减：所得税费用	677 601	
四、净利润（净亏损以“—”填列）	2 032 802	
五、每股收益		
（一）基本每股收益		
（二）稀释每股收益		
六、综合收益		
（一）其他综合收益		
（二）综合收益总额		

第四节 现金流量表

1. 现金流量表概述

1）现金流量表的概念

现金流量表是反映企业一定会计期间现金和现金等价物流入和流出的报表。现金流量表利用“现金流入－现金流出＝现金净流量”关系，将企业经营活动、投资活动、筹资活动和汇率变动对现金及现金等价物的影响分为四大区块，分别每一区块反映其现金流入、现金流出和现金净流量，将企业某一会计期间各种交易或者事项引起的现金流入、现金流出和现金净流量浓缩在现金流量表之中。

2）现金流量表的作用

(1) 分类反映企业现金流入的来源和现金流出的去向。现金流量表将企业现金流入来源和现金流出去向，分别经营活动、投资活动和筹资活动反映，是为了尽可能详细的提供企业现金流动方面的信息。其中，经营活动的现金流入和现金流出，指企业进行正常生产经营活动，如销售产品、提供劳务服务、购买材料、支付职工薪酬、交纳税金等产生的现金流入或现金流出；投资活动的现金流入和现金流出，指企业进行投资活动，如收回投资、处置或者购置固定资产和无形资产等长期资产、对外股权投资、债权投资等产生的现金流入或现金流出；筹资活动的现金流入和现金流出，指企业进行筹资活动，如通过股权筹资、债权筹资、支付股利和利息、偿还债务本金和利息等产生的现金流入或现金流出。

(2) 反映企业一定会计期间现金流动的过程和结果。现金流量表通过提供经营活动、投资活动和筹资活动现金流入和现金流出信息，反映了企业一定会计期间现金流动的过程和结果。通过这些信息，会计信息使用者可以了解企业现金资金运动的动态过程，当然，非现金资金的运动过程不在本表的反映范围内。

(3) 现金流量表与资产负债表、利润表相关信息的对比，可以提供更多的企业资金方面的信息。由于利润表是按“权责发生制”编制，因而，利润表的主营业务收入不等于经营活动产生的现金收入，成本费用不等于经营活动发生的现金流出，净利润也不等于经营活动的现金净流量。因此，将现金流量表经营活动产生的现金流入与利润表主营业务收入对比，可以看出企业收入的质量；同样，资产负债表反映企业某一特定日期的现金存量，不反映期末、期初存量增减的来源或者去向。只有借助于现金流量表的相关信息，才能够了解存量增减变化的原因。

3）现金流量表的编制基础

现金流量表以“现金”为基础编制，现金包括现金和现金等价物。现金，包括库存现金以及存入银行、随时可以用于支付的银行存款；现金等价物是指企业交易性金融资产投资中持有期限短、流动性强、易于转换为已知金额现金、价值变动风险很小的债权投资。期限短，通常指自购买之日起三个月内到期；权益性投资变现的金额通常不确定，因而不属于现金等价物。

2. 现金流量的分类

现金流量表反映企业一定会计期间现金流动的过程及其结果，即现金流入的来源和现金流出的去向，以及现金流动的结果——现金净流量。企业在一定时期内的现金流入和现金流出是由不同类型活动引起的。我国会计准则要求，现金流量应当分类按照现金流入和现金流出列报。

不同企业的经营活动特点不同，其现金流量的具体内容也不同。但是，无论何种企业，其引起现金流动的活动可分为经营活动、投资活动和筹资活动三大类。因而，根据现金来源分类，企业的现金流入主要有三个来源，即经营活动的现金流入、投资活动的现金流入和筹资活动的现金流入。同时，根据现金去向分类，企业的现金流出也主要有三个去向，即经营活动的现金流出、投资活动的现金流出和筹资活动的现金流出。同一类型活动的现金流入与现金流出的差额为该类活动产生的现金净流量。货币资金中的外币部分，由于受汇率变动的影响，也会对现金流量产生影响。因此，企业现金净流量的计算公式如下：

现金净流量＝经营活动现金净流量＋投资活动现金净流量＋筹资活动现金净流量
＋汇率变动对现金及现金等价物的影响

1）经营活动现金净流量的形成

经营活动，指企业开展的与主营业务活动有关的生产经营活动。对于制造业企业，与产品生产和销售有关的活动为经营活动。由于行业特点不同，不同类型企业经营活动的具体内容不尽相同。因而，在编制现金流量表时，应当根据企业实际情况，对经营活动进行合理界定。

经营活动的现金流入减去经营活动的现金流出，等于经营活动的现金净流量。其计算公式为

经营活动现金净流量＝经营活动现金流入－经营活动现金流出

经营活动的现金流入来源主要包括销售商品、提供劳务收到的现金，收到的税费返还，收到的其他与经营活动有关的现金等。经营活动的现金流出去向主要包括购买商品、接受劳务支付的现金，支付给职工以及为职工支付的现金，支付的各种税费，支付的其他与经营活动有关的现金等。

2）投资活动现金净流量的形成

投资活动，指企业购建长期资产和不包括在现金等价物范围内的投资及其处置活动。其中“长期资产”，指固定资产、在建工程、无形资产、其他资产等持有期限在一年或一个营业周期以上的资产。由于“现金等价物”已经包含在广义的“现金”之中，有关现金等价物的购买或出售行为，不包括在投资活动之中。

投资活动的现金流入减去投资活动的现金流出，等于投资活动的现金净流量。其计算公式为

投资活动现金净流量＝投资活动现金流入－投资活动现金流出

投资活动的现金流入主要包括收回投资收到的现金，取得投资收益收到的现金，处置各类固定资产、无形资产或长期资产收回的现金，处置子公司及其他营业单位收到的现金，其他与投资活动相关的现金。投资活动的现金流出主要包括购置固定资产、无形资产或长期资产支付的现金，投资支付的现金，取得子公司及其他单位支付的现金，支付的其他与投资活动有关的现金。

3）筹资活动现金净流量的形成

筹资活动，指企业发生的与资金筹集及债务偿还有关的活动。

筹资活动的现金流入减去筹资活动的现金流出，等于筹资活动的现金净流量。其计算公式为

筹资活动现金净流量＝筹资活动现金流入－筹资活动现金流出

筹资活动的现金流入包括吸收投资收到的现金、取得借款收到的现金、收到其他与筹资活动相关的现金；筹资活动的现金流出去向主要包括偿还债务支付的现金，分配股利、利润或偿付利息支付的现金，支付其他与筹资活动有关的现金。

4）汇率变动对现金及现金等价物的影响

编制现金流量表时，应当将企业外币现金流量以及境外子公司的现金流量折算为记账本位币，外币现金流量及境外子公司的现金流量，应当采用现金流量发生日的即期汇率或者按照系统合理的方法确定的、与现金流量发生日即期汇率的近似汇率折算。

5）现金净流量的形成

现金净流量，又称“现金及现金等价物净增加额”，等于经营活动现金净流量、投资活动现金净流量、筹资活动现金净流量和汇率变化对现金及现金等价物的影响这四个项目金额之和。企业年度资产负债表中“货币资金”项目的年末余额，反映其年末拥有的现金存量，是企业随时可以动用的现金；货币资金年末余额等于货币资金年初余额加当年产生的现金净流量；若当年现金净流量为正，则年末货币资金大于年初存量；反之，当年现金净流量为负，则年末货币资金小于年初存量。

3. 现金流量表的编制方法

1）经营活动现金流量项目的编制方法

A. 直接法

直接法是分别经营活动产生的现金收入和发生的现金支出，反映经营活动现金流动情况的方法。采用直接法编制经营活动现金流量时，一般以利润表中的主营业务收入为起点，依次将利润表中的每个项目与资产负债表相关项目进行数量关系分析，分别调整出经营活动现金流入和现金流出每个项目的金额，再计算经营活动现金流入、现金流出和现金净流量。

以直接法编制现金流量表时，可以采用工作底稿法或T形账户法，也可以根据有关账户记录分析计算填列。我国企业编制现金流量表主要采用工作底稿法。

（1）工作底稿法的编制程序。① 将资产负债表的年初余额数和期末余额数，分别过入工作底稿的年初数栏和期末数栏。② 编制调整分录。编制调整分录时，以利润表中的主营业务收入为起点，依次将利润表中的每个项目与资产负债表相关项目进行数量关系分析后，据以编制调整分录。调整分录中，有关现金和现金等价物的增加或者减少，分别记入“经营活动产生的现金流量”“投资活动产生的现金流量”“筹资活动产生的现金流量”有关明细项目，借记表示现金流入，贷记表示现金流出；调整分录中的对应账户，仍依据借贷记账法规则确定。③ 将调整分录过入工作底稿中的相应项目之中。④ 核对调整分录，借贷双方合计数应该相等。⑤ 根据工作底稿中现金流量表项目部分编制正式现金流量表。

（2）经营活动现金流量各项目的内容及编制方法。

①“销售商品、提供劳务收到的现金”项目，反映报告期企业销售商品、提供劳务实际收到的现金，包括销售收入和应向购买者收取的增值税销项税额。具体内容包括本期销售商品、提供劳务收到的现金，前期销售商品、提供劳务本期收到的现金和本期预收、后期销售的现金。以上销售商品、提供劳务收到的现金应减去本期销售本期退回商品支付的现金和前期销售本期退回商品支付的现金。企业销售材料和代购代销业务收到的现金，也在本项目中反映。本项目可根据“库存现金”和“银行存款”账户的借方发生额分析计算填列，也可以利润表“主营业务收入”项目金额为基础，以资产负债表与之相关的“应收账款”“应收票据”“预收账款”等项目的增减变化情况分析计算填列。以上方法的计算公式如下：

销售商品、提供劳务收到的现金＝本期销售商品、提供劳务收到的现金
＋当期收到前期的应收账款
＋当期收到前期的应收票据
＋当期预收的现金＋当期收回前期已核销的坏账
－当期销售退回支付的现金

销售商品、提供劳务收到的现金＝当期营业收入＋当期收到的增值税销项税额
＋应收账款（期初余额－期末余额）
＋应收票据（期初余额－期末余额）
＋预收账款（期末余额－期初余额）
－当期核销的坏账损失
＋当期收回前期已核销的坏账
－当期票据贴现所支付的现金
－以非现金资产抵偿债务而减少的应收账款和应收票据

【例 20-3】 2012 年度，A 公司编制现金流量表有关项目数据如下：“主营业务收入”1 400 000元，“应交税费——应交增值税（销项税额）”贷方发生额 238 000 元；“应收票据”期初余额 135 000 元，期末余额 30 000 元；“应收账款”期初余额 500 000 元，期末余额200 000元；年度内核销的坏账损失 10 000 元。此外，本期因产品质量问题发生退货，支付现金 15 000 元。根据以上资料计算“销售商品、提供劳务收到的现金”项目的金额如下：

本期销售商品、提供劳务收到的现金＝1 400 000＋238 000＋(135 000－30 000)
＋(500 000－200 000－10 000)－15 000
＝2 018 000(元)

②“收到的税费返还”项目，反映报告期企业收到国家返还的各种税费，包括收到的增值税、营业税、所得税、消费税和教育费附加返还款等。本项目可以根据“银行存款”和“应交税费”等账户的记录分析计算填列。

③“收到的其他与经营活动有关的现金”项目，反映报告期企业除上述各项目外，收到的其他与经营活动有关的现金，如取得罚款收入的现金、取得赔款收入的现金、经营租赁固定资产收到的现金等。本项目可以根据“库存现金”“银行存款”“营业外收入”等账

户的记录分析计算填列。

④“购买商品、接受劳务支付的现金”项目，反映报告期企业购买材料、商品或接受劳务支付的现金以及支付的增值税进项税额。具体内容包括本期购买商品、接受劳务支付的现金，本期支付前期购买商品、接受劳务的未付款项，本期预付后期购买商品、接受劳务支付的现金。以上购买商品、接受劳务支付的现金应减去本期发生退货收到的现金。本项目可根据“库存现金”和“银行存款”贷方发生额分析计算填列，也可根据利润表“主营业务成本”、资产负债表与该项目相关的“存货”“应交增值税（进项税额）”“应付账款”“应付票据”“预付账款”等账户的增减变动情况分析计算填列。以上方法的计算公式如下：

购买商品、接受劳务支付的现金＝当期购买商品、接受劳务支付的现金
＋当期支付前期的应付票据
＋当期支付前期的应付账款
＋当期预付的款项
－当期因购货退回收到的现金

购买商品、接受劳务支付的现金＝营业成本＋(存货期末余额－存货期初余额)
＋(应付账款期初余额－应付账款期末余额)
＋(应付票据期初余额－应付票据期末余额)
＋(预付账款期末余额－预付账款期初余额)

【例 20-4】2012 年度，A 企业利润表中“营业成本”1 200 000 元；资产负债表中“应付账款”项目年初余额 60 000 元、年末余额 40 000 元；“预付账款”项目年初余额 0、年末余额 10 000 元；“存货”项目年初余额 1 400 000 元、年末余额 1 800 000 元；当年接受投资人投入存货 160 000 元。根据以上资料计算购买商品、接受劳务支付的现金：

购买商品、接受劳务支付的现金＝1 200 000＋(60 000－40 000)＋10 000＋(1 800 000
－1 400 000) －160 000 ＝1 470 000（元）

⑤“支付给职工以及为职工支付的现金”项目，反映报告期企业支付给职工的现金以及为职工支付的现金，包括企业本期以现金支付给职工的工资、奖金、各种津贴和补贴等各种薪酬，以及用现金为职工交纳的“五险一金”等。企业以现金支付的在建工程人员的薪酬，在投资活动现金流出相关项目反映。本项目可以根据“库存现金”“银行存款”“应付职工薪酬”等账户的记录分析计算填列。

⑥“支付的各项税费”项目，反映报告期企业以现金交纳的各项税费，包括支付本期应交税费，支付以前各期应交税费和预交下期税费。本项目应根据“库存现金”“银行存款”、“应交税费”等账户的记录分析计算填列。

⑦“支付其他与经营活动有关的现金”项目，反映除上述各项目外，企业报告期以现金支付的其他与经营活动有关的支出，包括支付的罚款、赔偿款、差旅费、业务招待费、保险费、经营租赁费等。本项目应根据“库存现金”“银行存款”“管理费用”“销售费用”和“营业外支出”等有关账户的记录分析计算填列。

B. 间接法

间接法是以本期净利润（或净损失）为起算点，调整不增加或不减少现金的主营业务

收入、主营业务成本和相关费用项目；调整属于投资活动、筹资活动的收益和损失项目；调整与经营活动有关的非现金流动资产与流动负债的增减变动项目，从而计算出经营活动现金净流量的一种方法。间接法的内容及填列方法将在现金流量表附注中介绍。

2）投资活动现金流量的列报

投资活动现金流量各项目的内容和计算方法如下。

(1)“收回投资收到的现金”项目，反映报告期企业出售、转让或到期收回除现金等价物以外的交易性金融资产、持有至到期投资、可供出售金融资产、长期股权投资、投资性房地产而收到的现金。其不包括债权性投资收回的利息、收回的非现金资产以及处置子公司及其他营业单位收到的现金净额。本项目应根据“交易性金融资产”“持有至到期投资”“可供出售金融资产”“长期股权投资”“投资性房地产”“库存现金”和“银行存款”等账户的记录分析计算填列。

(2)“取得投资收益收到的现金”项目，反映报告期企业因股权投资而分得的现金股利，从子公司、联营企业或合营企业分回利润而收到的现金，债权性投资取得的现金利息收入，包括在现金等价物范围内的债权性投资，其利息收入在本项目中反映。本项目应根据“应收股利”“应收利息”“投资收益”“库存现金”“银行存款”等账户的记录分析计算填列。

【例 20-5】 2012 年度，A 公司“长期股权投资”账户的期初余额 4 000 000 元，其中 3 000 000元投资于联营企业 L，占其股本的 25%，采用权益法核算；其余 400 000 元和 600 000 元分别投资于 B 公司、C 公司，分别占接受投资公司股本的 5%和 10%，均采用成本法核算；当年 L 公司取得净利润 4 000 000 元，分配现金股利 1 600 000 元；B 公司没有分配现金股利；C 公司取得净利润 1 200 000 元，分配现金股利 400 000 元。以上 L 公司和 C 公司分配的现金股利已经转入银行存款。根据以上资料计算的 A 公司取得投资收益收到的现金如下：

取得投资收益收到的现金＝1 600 000×25%＋0＋400 000×10%＝440 000（元）

(3)“处置固定资产、无形资产和其他长期资产收回的现金净额”项目，反映报告期企业处置固定资产、无形资产和其他长期资产所收到的现金，减去为处置这些资产而支付的有关费用后的净额。如处置固定资产、无形资产和其他长期资产所收回的现金净额为负数，则应在“支付的其他与投资活动有关的现金”项目反映。本项目应根据“固定资产清理”“库存现金”“银行存款”等账户的记录分析计算填列。

【例 20-6】 2012 年度，A 公司出售一台不需用设备，该设备原价 80 000 元，已提折旧 30 000 元；处置收到的现金 60 000 元，支付设备拆卸费用 400 元，运输费用 160 元。根据以上资料计算处置固定资产、无形资产和其他长期资产收回的现金净额如下：

处置固定资产、无形资产和其他长期资产收回的现金净额＝60 000－560＝59 440(元)

(4)“处置子公司及其他营业单位收到的现金净额”项目，反映报告期企业处置子公司及其他营业单位所取得的现金减去子公司及其他营业单位持有的现金和现金等价物以及相关处置费用后的净额。本项目可以根据有关账户的记录分析计算填列。

(5)“收到的其他与投资活动有关的现金”项目，反映报告期企业除上述各项目外，收到的其他与投资活动有关的现金。其他与投资活动有关的现金，如果金额较大的，应单独列示。本项目可以根据有关账户的记录分析计算填列。

(6)“购建固定资产、无形资产和其他长期资产支付的现金”项目，反映报告期企业购买或建造固定资产、取得无形资产和其他长期资产支付的现金。为购建固定资产、无形资产和其他长期资产而发生的借款利息资本化部分，以及融资租入固定资产所支付的租赁费不包括在内。本项目可以根据“固定资产”“在建工程”“工程物资”“无形资产”“库存现金”“银行存款”等账户的记录分析计算填列。

(7)“投资支付的现金”项目，反映报告期企业进行权益性投资和债权性投资所支付的现金，包括取得的除现金等价物以外的交易性金融资产投资、长期股权投资、持有至到期投资支付的现金（包括支付的价款、佣金和手续费等）。本项目根据“交易性金融资产”、“持有至到期投资”“可供出售金融资产”“投资性房地产”“长期股权投资”“库存现金”“银行存款”等账户的记录分析计算填列。

(8)“取得子公司及其他营业单位支付的现金净额”项目，反映报告期企业取得子公司及其他营业单位购买价格中以现金支付的部分，减去子公司或其他营业单位持有的现金和现金等价物后的净额。本项目可以根据有关账户的记录分析计算填列。

(9)“支付的其他与投资活动有关的现金”项目，反映报告期企业除上述各项目外，支付的其他与投资活动有关的现金。支付的其他与投资活动有关的现金，如果金额较大的，应单独列示。本项目可以根据有关账户分析计算填列。

3) 筹资活动现金流量的列报

(1)“吸收投资收到的现金”项目，反映报告期企业以发行股票、债券等方式筹集资金实际收到的现金净额（发行收入减去发行费等相关费用的净额），由企业直接支付的股票和债券发行的审计费用等，在“支付的其他与筹资活动有关的现金”项目中列示。本项目应根据“实收资本（或股本）”“资本公积”“应付债券”“库存现金”“银行存款”等账户的记录分析计算填列。

【例 20-7】 2012 年度，A 公司对外公开发行股票 2 000 000 股，每股面值 1 元，发行价每股 1.1 元，支付代理发行机构各种发行费用 30 000 元。根据以上资料计算吸收投资收到的现金：

吸收投资收到的现金＝2 200 000－30 000＝2 170 000（元）

(2)“借款收到的现金”项目，反映报告期企业举借各种短期、长期借款收到的现金。本项目应根据“短期借款”“长期借款”“银行存款”等账户的记录分析计算填列。

(3)“收到的其他与筹资活动有关的现金”项目，反映报告期企业除上述各项目外，收到的其他与筹资活动有关的现金。收到的其他与筹资活动有关的现金，如果金额较大的，应单独列示。本项目可以根据有关账户的记录分析计算填列。

(4)“偿还债务所支付的现金”项目，反映报告期企业偿还各种债务本金所支付的现金，包括偿还借款本金、到期债券本金等。本项目应根据“短期借款”“长期借款”“应付债券”“银行存款”等账户的记录分析计算填列。

(5)“分配股利、利润或偿付利息支付的现金”项目，反映报告期企业进行现金股利或者利润分配、支付借款利息和债券利息所支付的现金。本项目应根据“应付股利”“应付利息”“长期借款”“应付债券”“银行存款”等账户的记录分析计算填列。

(6)“支付的其他与筹资活动有关的现金”项目，反映报告期企业除上述各项目外，支付的其他与筹资活动有关的现金，包括以发行股票或发行债券等方式筹集资金时由企业直接支付的审计费和咨询费等，融资租赁所支付的现金，以分期付款方式购建固定资产以后各期支付的现金等。其他与筹资活动有关的现金，如果金额较大的，应单独列示。本项目应根据有关账户的记录分析计算填列。

需要说明的是，企业在对现金流量进行分类、编制现金流量表时，对于现金流量表中未设立项目的现金流入或者现金流出，应按照现金流量表的分类原则，予以适当归类，将企业一定会计期间发生的所有现金流入、现金流出事项全部反映在现金流量表中。

4)“汇率变动对现金及现金等价物的影响”项目的列报

汇率变动对现金的影响，指企业外币现金流量及境外子公司的现金流量折算为记账本位币时，采用的是现金流量发生日的汇率或者按照系统合理的方法确定的、现金流量发生日即期汇率的近似汇率，而现金流量表“现金及现金等价物净增加额”项目中外币现金净增加额是按资产负债表日的即期汇率折算的。这两者的差额即为汇率变动对现金的影响。

在编制现金流量表时，对当期发生的外币交易或者事项，不必逐笔计算汇率变动对现金的影响，可以通过现金流量表补充资料中的“现金及现金等价物净增加额”数额与现金流量表中“经营活动产生的现金流量净额”“投资活动产生的现金流量净额”和“筹资活动产生的现金流量净额”三项之和比较，其差额即为汇率变动对现金的影响。

4. 现金流量表附注

现金流量表附注也称现金流量表补充资料。附注分为三部分，即“将净利润调节为经营活动的现金流量”“不涉及现金收支的重大投资和筹资活动”和“现金及现金等价物净变动情况”。企业应当采用间接法在现金流量表附注中披露“将净利润调节为经营活动现金流量”的信息。

1）将净利润调节为经营活动的现金流量

A. 将净利润调节为经营活动现金流量的原理

“将净利润调节为经营活动的现金流量”是经营活动现金流量的又一种表达方式，即以间接法计算的经营活动的现金净流量。与直接法不同，间接法是以利润表的“净利润”为起点，调整不涉及经营活动的净利润项目，不涉及现金流入、现金流出的净利润项目，与经营活动有关的非现金流动资产的变动、与经营活动有关的流动负债的变动等，据此计算出经营活动的现金净流量。

B. 将净利润调节为经营活动现金流量的计算公式：

经营活动产生的现金净流量＝净利润＋没有支付现金的费用和损失
－没有收到现金的收益＋不涉及经营活动的费用和损失
－不涉及经营活动的收益
＋与经营活动有关的非现金流动资产的减少
＋与经营活动有关的流动负债的增加

(1) 减少净利润但没有支付现金的费用和损失：计提的减值准备、计提的固定资产折旧费、油气资产折耗费、生产性生物资产折旧费、无形资产摊销、长期待摊费用的摊销、递延所得税资产的减少或递延所得税负债的增加等。

(2) 增加净利润但没有收到现金的收益：冲销已计提的资产减值准备、递延所得税资产的增加或递延所得税负债的减少等。

(3) 不涉及经营活动的费用和损失：投资损失、财务费用、非流动资产处置损失，以及与投资性房地产、生产性生物资产有关的公允价值变动损失等。

(4) 不涉及经营活动的收益：投资收益、财务收益、非流动资产处置收益、固定资产报废收益以及与投资性房地产、生产性生物资产有关的公允价值变动收益等。

(5) 与经营活动有关的非现金流动资产、与经营活动有关的流动负债：存货、应收账款等经营性应收项目、应付账款等经营性应付项目的增加或减少。

这里的非现金流动资产、流动负债，必须是与经营活动有关的项目。

C. 将净利润调节为经营活动现金流量填列

(1) 资产减值准备。资产减值准备包括坏账准备、存货跌价准备、投资性房地产减值准备、长期股权投资减值准备、持有至到期投资减值准备、固定资产减值准备、在建工程减值准备、工程物资减值准备、生物性资产减值准备、无形资产减值准备、商誉减值准备等。企业在报告期内计提的各项资产减值准备，是净利润的扣减项目，但这些项目并没有引起现金流出。所以，在将净利润调节为经营活动现金流量时，需要加回。本项目可根据"资产减值损失"账户的记录分析计算填列。

(2) 固定资产折旧、油气资产折耗、生产性生物资产折旧。企业在报告期内计提的固定资产折旧费，在净利润中已经得到扣除，但没有引起现金流出，在将净利润调节为经营活动现金流量时，需要加回。同理，企业计提的油气资产折耗、生产性生物资产折旧，也要加回。本项目可根据"累计折旧""累计折耗""生产性生物资产折旧"账户的贷方发生额分析计算填列。

(3) 无形资产摊销、长期待摊费用摊销。企业在报告期内对使用寿命有限无形资产计提的摊销费、长期待摊费用的摊销额，在净利润中已经得到扣除，但没有引起现金流出。所以，在将净利润调节为经营活动现金流量时，需要加回。本项目可根据"累计摊销""长期待摊费用"账户的贷方发生额分析计算填列。

(4) 处置固定资产、无形资产和其他长期资产的损失（减：收益）。企业在报告期内处置固定资产、无形资产和其他长期资产发生的损益，属于投资活动产生的损益，所以，在将净利润调节为经营活动现金流量时，需要予以剔除。如为损失，在将净利润调节为经营活动现金流量时，应当加回；如为收益，在将净利润调节为经营活动现金流量时，应当扣除。本项目可根据"营业外收入""营业外支出"等账户所属有关明细账户的记录分析计算填列，如为净收益，以"—"填列。

(5) 固定资产报废损失（减：收益）。企业在报告期内发生的固定资产报废损益，属于投资活动产生的损益，所以，在将净利润调节为经营活动现金流量时，需要予以剔除。如为损失，在将净利润调节为经营活动现金流量时，应当加回；如为收益，在将净利润调节为经营活动现金流量时，应当扣除。本项目可根据"营业外收入""营业外支出"等账户所属有关明细账户的记录分析计算填列。

(6) 公允价值变动损失（减：收益）。公允价值变动损失反映企业在初始确认时划分为以公允价值计量且其变动计入当期损益的交易性金融资产或金融负债、衍生工具、套期等项目公允价值变动形成的、应计入当期的利得和损失。企业发生的公允价值变动损益，通常与投资活动或筹资活动有关，且并不影响当期的现金流量。为此，应当将其从净利润中剔除。本项目可以根据“公允价值变动损益”账户的发生额分析计算填列。如为持有损失，在将净利润调节为经营活动现金流量时，应当加回；如为持有利得，在将净利润调节为经营活动现金流量时，应当扣除。

(7) 财务费用（减：收益）。企业在报告期内发生的财务费用中不属于经营活动的部分，应当将其从净利润中剔除。本项目可根据“财务费用”账户的本期借方发生额分析计算填列，如为收益，以“－”填列。

(8) 投资损失（减：收益）。企业报告期内发生的投资损益，属于投资活动产生的损益，所以，在将净利润调节为经营活动现金流量时，需要予以剔除。如为净损失，在将净利润调节为经营活动现金流量时，应当加回；如为净收益，在将净利润调节为经营活动现金流量时，应当扣除。本项目可根据利润表中“投资收益”项目的数字填列；如为投资收益，以“－”填列。

(9) 递延所得税资产减少（减：增加）。如果递延所得税资产减少使计入所得税费用的金额大于当期应交的所得税额，其差额没有引起现金流出，但在计算净利润时已经扣除，在将净利润调节为经营活动现金流量时，应当加回。如果递延所得税资产增加使计入所得税费用的金额小于当期应交的所得税金额，二者之间的差额并没有发生现金流入，但在计算净利润时已经包括在内，在将净利润调节为经营活动现金流量时，应当扣除。本项目可以根据资产负债表“递延所得税资产”项目期初、期末余额分析计算填列。

(10) 递延所得税负债增加（减：减少）。如果递延所得税负债增加使计入所得税费用的金额大于当期应交的所得税额，其差额没有发生现金流出，但在计算净利润时已经扣除，在将净利润调节为经营活动现金流量时，应当加回。如果递延所得税负债减少使计入所得税费用的金额小于当期应交的所得税金额，二者之间的差额并没有发生现金流入，但在计算净利润时已经包括在内，在将净利润调节为经营活动现金流量时，应当扣除。本项目可以根据资产负债表“递延所得税负债”项目期初、期末余额分析计算填列。

(11) 存货的减少（减：增加）。企业报告期“存货”项目的期末余额小于期初余额，表明本期生产经营过程耗用的存货有一部分是期初存货，耗用这部分存货没有引起现金流出，但在计算净利润时已经扣除，所以，在将净利润调节为经营活动现金流量时，应当加回；如果“存货”项目的期末余额大于期初余额，说明当期购入的存货除耗用外，还剩余一部分，这部分增量存货引起现金流出，但在计算净利润时没有包括在内，所以，在将净利润调节为经营活动现金流量时，需要扣除。当然，存货的增减变化过程还涉及应付项目，这一因素在经营性应付项目的增加（减：减少）中考虑。本项目可根据资产负债表中“存货”项目的期初余额与期末余额的差额填列。期末数大于期初数的差额，以“－”填列。如果存货用于投资活动，应当将这一因素剔除。

(12) 经营性应收项目的减少（减：增加）。经营性应收项目包括应收票据、应收账款、预付账款、长期应收款和其他应收款中与经营活动有关的部分，以及应收增值税销项税额等。经营性应收项目期末余额小于经营性应收项目期初余额，说明本期收回的现金大于利润表中所确认的销售收入，所以，在将净利润调节为经营活动现金流量时，需要加回；经营性应收项目期末余额大于经营性应收项目期初余额，说明本期销售收入中有一部分没有收回现金，但是，在计算净利润时这部分销售收入已经包括在内，所以，在将净利润调节为经营活动现金流量时，需要扣除。本项目应当根据有关账户的期初、期末余额分析计算填列；如为增加，以"一"填列。

（13）经营性应付项目的增加（减：减少）。经营性应付项目包括应付票据、应付账款、预收账款、应付职工薪酬、应交税费、应付利息、长期应付款、其他应付款中与经营活动有关的部分，以及应付增值税进项税额等。经营性应付项目期末余额大于经营性应付项目期初余额，说明本期购入的存货中有一部分没有支付现金，但是，在计算净利润时却通过销售成本包括在内，在将净利润调节为经营活动现金流量时，需要加回；经营性应付项目期末余额小于经营性应付项目期初余额，说明本期支付的现金大于利润表中所确认的销售成本，在将净利润调节为经营活动现金流量时，需要扣除。本项目应当根据有关账户的期初、期末余额分析计算填列；如为减少，以"一"填列。

2）不涉及现金收支的重大投资和筹资活动

不涉及现金收支的重大投资和筹资活动，反映企业在一定期间内影响资产或负债但不产生该期现金流入、现金流出的所有投资和筹资活动情况。这些投资和筹资活动虽然不涉及当期现金收支，但对以后各期的现金流量有重大影响。现金流量表准则规定，企业应当在附注中披露不涉及当期现金收支但影响企业财务状况或在未来可能影响企业现金流量的重大投资或筹资活动，主要包括：①债务转为资本，反映报告期内转为资本的债务金额。②一年内到期的可转换公司债券，反映报告期内到期的可转换公司债券的本息。③融资租入固定资产，反映报告期内融资租入的固定资产。

3）现金及现金等价物净变动情况

通过以上方法编制的现金流量表最终的"现金及现金等价物净增加额"，还可通过资产负债表"货币资金"期末余额与期初余额的差额进行核对，用以检验以直接法编制的现金净流量是否正确。若企业现金等价物期末、期初余额不相等，也应将其差额与"货币资金"期末余额与期初余额的差额相加（或减）。

现金流量表及附注存在以下两个平衡关系：用直接法编制的现金流量表的"经营活动产生的现金流量净额"等于现金流量表附注中用间接法调整得出的"经营活动产生的现金流量净额"；现金流量表中"经营活动产生的现金流量净额""投资活动产生的现金流量净额""筹资活动产生的现金流量净额"以及"汇率变动对现金和现金等价物的影响"之和计算出的"现金及现金等价物净增加额"，等于现金流量表附注中"库存现金""银行存款""其他货币资金"账户的期末、期初余额的差额加上现金等价物的期末、期初余额的差额得出的"现金及现金等价物净增加额"。上述两个平衡关系是检验现金流量表编制正确性的两种方法，也是现金流量表与资产负债表相关项目存在的平衡关系。

5. 现金流量表编制举例

【例 20-8】沿用A公司2012年12月31日的资产负债表（表20-2）和2012年度的利

润表（表 20-3）资料，现金流量表的编制过程如下。

1）主表的编制

第一，将资产负债表的期初数和期末数过入表 21-4 所示的现金流量表工作底稿的期初数栏和期末数栏。

第二，编制调整分录。调整分录主要包括以下四类：涉及利润表中的收入、成本和费用项目以及资产负债表中的资产、负债及所有者权益项目，通过调整，将权责发生制下的收入和费用转换为收付实现制下的收入和费用；涉及资产负债表和现金流量表中的投资和筹资项目，通过调整，将资产负债表中有关投资和筹资的活动列入现金流量表投资和筹资现金流量中去；涉及利润表和现金流量表中的投资和筹资项目，通过调整，将利润表中有关投资和筹资方面的收入和费用列入现金流量表投资和筹资现金流量中去；除上述三种调整分录外，还有一些调整分录并不涉及现金收支，只是为了核对资产负债表项目的期末期初变动而编制。

这四类调整分录有时是综合编制的，即一笔调整分录中包含着两种或两种以上的类型。在上述调整分录中，涉及现金和现金等价物账户的，并不直接借记或贷记现金或现金等价物，而分别记入“经营活动产生的现金流量”“投资活动产生的现金流量”“筹资活动产生的现金流量”有关项目，借记表明现金流入，贷记表明现金流出。

（1）分析调整主营业务收入：

借：经营活动现金流量——销售商品、提供劳务收到的现金　11 100 000
　　坏账准备　2 000
　　贷：主营业务收入　9 400 000
　　　　应收账款　104 000
　　　　应交税费　1 598 000

（2）分析调整主营业务成本：

借：主营业务成本　6 440 000
　　应交税费　221 000
　　应付票据　15 000
　　贷：存货　4 410 000
　　　　应付账款　1 170 000
　　　　经营活动现金流量——购买商品、接受劳务支付的现金　1 096 000

（3）分析调整营业税金及附加：

借：营业税金及附加——主营业务税金及附加　41 437
　　贷：经营活动现金流量——支付的各项税费　41 437

（4）分析调整销售费用：

借：销售费用　114 000
　　贷：经营活动现金流量——支付的其他与经营活动有关的现金　20 000
　　　　预计负债　94 000

（5）分析调整管理费用、计提的坏账准备和存货跌价准备：

借：管理费用　232 000

资产减值损失　3 960
贷：经营活动现金流量——支付的其他与经营活动有关的现金　235 960

(6) 分析调整财务费用：

借：财务费用　43 000
贷：长期借款　43 000

(7) 分析调整投资收益以及计提的长期股权投资减值准备：

借：投资活动现金流量——收回投资所收到的现金　130 000
——取得投资收益所收到的现金　130 000
资产减值损失　10 000
贷：投资收益　130 000
长期股权投资　130 000
长期股权投资减值准备　10 000

(8) 分析调整营业外收入：

借：投资活动现金流量——处置固定资产、无形资产和其他长期资产所收到的现金净额　600 000
累计折旧　300 000
贷：固定资产　800 000
营业外收入　100 000

(9) 分析调整营业外支出：

借：营业外支出　39 400
资产减值损失　4 000
累计折旧　360 000
投资活动现金流量——处置固定资产、无形资产和其他长期资产所收到的现金净额　600
贷：固定资产　400 000
无形资产减值准备　4 000

(10) 分析调整所得税费用：

借：所得税费用　677 601
递延所得税资产　23 500
贷：应交税费　701 101

(11) 分析调整坏账准备和存货跌价准备：

借：经营活动现金流量——支付的其他与经营活动有关的现金　960
贷：坏账准备　960
借：经营活动现金流量——支付的其他与经营活动有关的现金　3 000
贷：存货跌价准备　3 000

(12) 分析调整长期待摊费用：

借：经营活动现金流量——支付的其他与经营活动有关的现金　40 000
贷：长期待摊费用　40 000

(13) 分析调整购买的交易性金融资产和持有至到期投资：

借：持有至到期投资 60 000
　　交易性金融资产 30 000
　　贷：投资活动现金流量——投资所支付现金 90 000

(14) 分析调整固定资产：

借：固定资产 2 071 100
　　贷：在建工程 1 800 000
　　　　投资活动现金流量——购买固定资产、无形资产和其他长期资产所支付的现金 271 100

(15) 分析调整累计折旧：

借：经营活动现金流量——支付的其他与经营活动有关的现金 40 000
　　　　　　　　　　——购买商品、提供劳务支付的现金 160 000
　　贷：累计折旧 200 000

(16) 分析调整工程物资：

借：工程物资 300 000
　　贷：投资活动现金流量——购买固定资产、无形资产和其他长期资产所支付的现金 300 000

(17) 分析调整在建工程：

借：在建工程 686 000
　　贷：投资活动现金流量——购买固定资产、无形资产和其他长期资产所支付的现金 400 000
　　　　长期借款 30 000
　　　　应付职工薪酬——职工福利 56 000
　　　　工程物资 200 000

(18) 调整无形资产：

借：经营活动现金流量——支付的其他与经营活动有关的现金 12 200
　　贷：累计摊销 12 200

(19) 分析调整短期借款：

借：短期借款 175 000
　　贷：筹资活动现金流量——偿还债务所支付的现金 175 000

(20) 分析调整应付工资：

借：应付职工薪酬——工资 600 000
　　贷：经营活动现金流量——支付给职工以及为职工支付的现金 600 000

借：经营活动现金流量——购买商品、接受劳务支付的现金 570 000
　　　　　　　　　　——支付的其他与经营活动有关的现金 30 000
　　贷：应付职工薪酬——工资 600 000

(21) 分析调整应交税费：

借：应交税费 1 537 000

贷：经营活动现金流量——支付的各项税费 1 537 000

（22）分析调整长期借款：

借：筹资活动现金流量——借款所收到的现金 800 000

贷：长期借款 800 000

借：长期借款 2 000 000

贷：筹资活动现金流量——偿还债务所支付的现金 2 000 000

（23）分析调整实收资本：

借：筹资活动现金流量——吸收投资所收到的现金 1 000 000

贷：实收资本 1 000 000

（24）结转净利润：

借：净利润 2 032 802

贷：未分配利润 2 032 802

（25）提取盈余公积：

借：未分配利润 304 920

贷：盈余公积 304 920

（26）调整现金增加额：

借：现金 7 960 063

贷：现金净增加额 7 960 063

（27）调整交易性金融资产公允价值变动损失：

借：交易性金融资产 8 200

贷：公允价值变动损益 8 200

（28）调整可供出售金融资产公允价值变动损失：

借：可供出售金融资产 30 000

贷：资本公积 30 000

第三，将调整分录过入工作底稿中的相应栏目如表 20-4 所示。

表 20-4 现金流量表工作底稿 单位：元

项目	年初数	调整分录		期末数
		借方	贷方	
一、资产负债表项目				
货币资金	673 560	（26）7 960 063		8 633 623
交易性金融资产	36 800	（13）30 000 （27）8 200		75 000
应收票据	20 000			20 000
应收股利	95 000			95 000
应收利息	10 000			10 000
应收账款	191 100		（1）104 000	87 100
坏账准备	10 100	（1）2 000	（11）960	9 060

续表

项目	年初数	调整分录		期末数
		借方	贷方	
预付账款	29 200			29 200
其他应收款	41 027			41 027
存货	4 704 815		(2) 4 410 000	294 815
存货跌价准备	37 985		(11) 3 000	40 985
长期股权投资	630 000		(7) 130 000	500 000
长期股权投资减值准备			(7) 10 000	10 000
可供出售金融资产	160 000	(28) 30 000		190 000
持有至到期投资	80 000	(13) 60 000		140 000
固定资产原值	5 321 000	(14) 2 071 100	(8) 800 000 (9) 400 000	6 192 100
累计折旧	1 442 901	(8) 300 000 (9) 360 000	(15) 200 000	982 901
工程物资	390 000	(16) 300 000	(17) 200 000	490 000
在建工程	2 100 000	(17) 686 000	(14) 1 800 000	986 000
无形资产	173 000			173 000
累计摊销			(18) 122 000	122 000
无形资产减值准备			(9) 4000	4 000
长期待摊费用	120 000		(12) 40 000	80 000
递延所得税资产	25 000	(10) 23 500		48 500
短期借款	180 000	(19) 175 000		5 000
应付票据	255 000	(2) 15 000		240 000
应付账款	140 600		(2) 1 170 000	1 310 600
预收账款	175 000			175 000
应付职工薪酬	49 680	(20) 600 000	(20) 600 000 (17) 56 000	105 680
应付股利	135 000			135 000
应交税费	123 800	(2) 221 000 (21) 1 537 000	(1) 1 598 000 (10) 701 101	664 901
其他应付款	78 000			78 000
长期借款	2 100 000	(22) 2 000 000	(6) 43 000 (17) 30 000 (22) 800 000	973 000
长期应付款	537 000			537 000
预计负债	25 000		(4) 94 000	119 000

续表

项目	年初数	调整分录		期末数
		借方	贷方	
实收资本	5 800 000		(23) 1 000 000	6 800 000
资本公积	1 530 000		(28) 30 000	1 560 000
盈余公积	1 676 500		(25) 304 920	1 981 420
未分配利润	503 936	(25) 304 920	(24) 2 032 802	2 231 818
二、利润表项目				
营业收入			(1) 9 400 000	9 400 000
营业成本		(2) 6 440 000		6 440 000
营业税金及附加		(3) 41 437		41 437
销售费用		(4) 114 000		114 000
管理费用		(5) 232 000		232 000
财务费用		(6) 43 000		43 000
资产减值损失		(5) 3 960 (7) 10 000 (9) 4 000		17 960
公允价值变动损益			(27) 8 200	8 200
投资收益			(7) 130 000	130 000
营业外收入			(8) 100 000	100 000
营业外支出		(9) 39 400		39 400
所得税费用		(10) 677 601		677 601
净利润		(24) 2 032 802		2 032 802
三、现金流量表项目				
(一) 经营活动产生的现金流量				
销售商品、提供劳务收到的现金		(1) 11 100 000		11 100 000
经营活动现金流入小计				11 100 000
购买商品、接受劳务支付的现金		(15) 160 000 (20) 570 000	(2) 1 096 000	366 000
支付给职工以及为职工支付的现金			(20) 600 000	600 000
支付的各项税费			(3) 41 437 (21) 1 537 000	1 578 437
支付的其他与经营活动有关的现金		(11) 3 960 (12) 40 000 (15) 40 000 (18) 122 000 (20) 30 000	(4) 20 000 (5) 235 960	20 000

续表

项目	年初数	调整分录		期末数
		借方	贷方	
经营活动现金流出小计				2 564 437
经营活动产生的现金流量净额				8 535 563
（二）投资活动产生的现金流量				
收回投资收到的现金			（7）130 000	130 000
取得投资收益收到的现金			（7）130 000	130 000
处置固定资产、无形资产和其他长期资产收回的现金净额			（8）600 000 （9）600	600 600
投资活动现金流入小计				860 600
购建固定资产、无形资产和其他长期资产支付的现金			（14）271 100 （16）300 000 （17）400 000	971 100
投资所支付的现金			（13）90 000	90 000
投资活动现金流出小计				1 061 100
投资活动产生的现金流量净额				200 500
（三）筹资活动产生的现金流量				
吸收投资所收到的现金		（23）1 000 000		1 000 000
取得借款收到的现金		（22）800 000		800 000
筹资活动现金流入小计				1 800 000
偿还债务支付的现金			（19）175 000 （22）2 000 000	2 175 000
筹资活动现金流出小计				2 175 000
筹资活动产生的现金流量净额				−375 000
（四）汇率变动对现金的影响				
（五）现金及现金等价物的减少额			（26）7 960 063	7 960 063
调整分录借贷合计		41 048 543	41 048 543	

第四，核对调整分录，借方、贷方合计数均已经相等，资产负债表项目期初数加减调整分录中的借贷金额等于期末数。

第五，根据工作底稿中的现金流量表项目部分编制正式的现金流量表如表 20-5 所示。

表 20-5　现金流量表　　会企 03 表

编制单位：A 公司　　2012 年 12 月 31 日　　单位：元

项　目	本期金额	上期金额（略）
一、经营活动产生的现金流量		
销售商品、提供劳务支付的现金	11 100 000	
收到的税费返还		
收到的其他与经营活动有关的现金		

续表

项 目	本期金额	上期金额（略）
经营活动现金流入小计	11 100 000	
购买商品、接受劳务支付的现金	366 000	
支付给职工以及为职工支付的现金	600 000	
支付的各项税费	1 578 437	
支付的其他与经营活动有关的现金	20 000	
经营活动现金流出小计	2 564 437	
经营活动产生的现金流量净额	8 535 563	
二、投资活动产生的现金流量		
收回投资收到的现金	130 000	
取得投资收益收到的现金	130 000	
处置固定资产、无形资产和其他长期资产收回的现金净额	600 600	
处置子公司及其他营业单位收到的现金净额		
收到其他与投资活动有关的现金		
投资活动现金流入小计	860 600	
购建固定资产、无形资产和其他长期资产支付的现金	971 100	
投资支付的现金	90 000	
取得子公司及其他营业单位支付的现金净额		
支付其他与投资活动有关的现金		
投资活动现金流出小计	1 061 100	
投资活动产生的现金流量净额	—200 500	
三、筹资活动产生的现金流量		
吸收投资收到的现金	1 000 000	
取得借款收到的现金	800 000	
收到其他与筹资活动有关的现金		
筹资活动现金流入小计	1 800 000	
偿还债务支付的现金	2 175 000	
分配股利、利润或偿付利息支付的现金		
支付其他与筹资活动有关的现金		
筹资活动现金流出小计		
筹资活动产生的现金流量净额	—375 000	
四、汇率变动对现金及现金等价物的影响		
五、现金及现金等价物净增加额	7 960 063	
加：期初现金及现金等价物余额	673 560	
六、期末现金及现金等价物余额	8 633 623	

2）补充资料的编制

接上例，“将净利润调整为经营活动现金流量”项目的填列方法如下：

（1）计提的资产减值准备。“资产减值损失”明细账户——“坏账损失”列示本年度计提坏账准备数额为 960 元；“计提存货跌价损失”账户列示计提存货跌价准备 3 000 元；“计提长期投资减值准备”账户列示本年度提取长期投资减值准备 10 000 元；“计提无形资产减值准备”账户列示提取无形资产减值准备 4 000 元，故本项目应填列的金额为17 960元。

（2）固定资产折旧。“累计折旧”账户本期贷方发生额为本年度计提的折旧费 200 000元。

（3）无形资产摊销和长期待摊费用摊销。“无形资产”账户反映本期无形资产摊销额为 122 000 元，“长期待摊费用”账户反映本期长期待摊费用摊销额为 40 000 元。

（4）待摊费用减少。本期待摊费用摊销额为 0 元。

（5）预计负债增加。“预计负债”账户反映本期预计负债增加 94 000 元。

（6）处置固定资产、无形资产和其他长期资产的损益。“营业外收入”账户反映本期处理固定资产收益为 100 000 元。

（7）固定资产盘亏、报废损失。“营业外支出”账户反映本期固定资产报废损失为 39 400元。

（8）财务费用。“财务费用”账户反映筹资活动发生财务费用 43 000 元。

（9）公允价值变动损益。“公允价值变动损益”账户反映本期公允价值变动收益 8 200元。

（10）投资损失。“投资收益”账户反映本期产生投资收益 130 000 元。

（11）递延税款。“递延所得税资产”账户反映本期发生递延所得税资产 23 500 元。

（12）存货减少。相关存货账户合计数反映本期存货减少 4 410 000 元。

（13）经营性应收项目。相关经营性应收账户合计数反映本期经营性应收项目减少 102 000 元。

（14）经营性应付项目。相关经营性应付账户合计数反映本期经营性应付项目增加 1 696 101元。

由于本期无现金等价物的增减变动，因此在“现金及现金等价物净增加情况”部分中，“货币资金的期末余额”和“货币资金的期初余额”项目分别根据资产负债表中“货币资金”期末数 8 633 623 元和期初数 673 560 元填列，两者差额填入“现金及现金等价物净增加额”项目中。

现金流量表补充资料如表 20-6 所示。

表 20-6 现金流量表附注

编制单位：A 公司　　　　2012 年 12 月 31 日　　　　单位：元

补充资料	本期金额	上期金额（略）
一、将净利润调节为经营活动的现金流量		
净利润	2 032 802	

续表

补充资料	本期金额	上期金额（略）
加：资产减值准备	17 960	
固定资产折旧、油气资产折耗、生产性生物资产折旧	200 000	
无形资产摊销	122 000	
长期待摊费用摊销	40 000	
处置固定资产、无形资产和其他长期资产的损失（减：收益）	−100 000	
固定资产报废损失（减：收益）	39 400	
公允价值变动损失（减：收益）	−8 200	
财务费用（减：收益）	43 000	
预计负债增加	94 000	
投资损失（减：收益）	−130 000	
递延税款贷项（减：借项）	−23 500	
存货的减少（减：增加）	4 410 000	
经营性应收项目的减少（减：增加）	102 000	
经营性应付项目的增加（减：减少）	1 696 101	
其他		
经营活动产生的现金流量净额		
二、不涉及现金收支的重大投资和筹资活动		
债务转为资本		
一年内到期的可转换公司债券		
融资租入固定资产		
三、现金及现金等价物净变动情况		
现金的期末余额	8 633 623	
减：现金的期初余额	673 560	
加：现金等价物的期末余额		
减：现金等价物的期初余额		
现金及现金等价物净增加额	7 960 063	

第五节 所有者权益变动表

1. 所有者权益变动表概述

1）所有者权益变动表的概念

所有者权益变动表（如为股份制企业，则称作股东权益变动表）是反映构成所有者权益各组成部分当期增减变动情况的报表。所有者权益变动表利用“所有者权益本年年末余额＝所有者权益上年年末余额＋会计政策变更和前期差错更正＋本年增减变动金额”的数量关系，将构成所有者权益的各个组成部分当期增减变动情况分项列示，以尽可能详细地提供一定会计期间企业所有者权益变动的信息。

在所有者权益变动表中，所有者权益本年增减变动金额是最重要的信息。这项信息包括净利润、直接计入所有者权益的利得和损失、所有者投入和减少资本、利润分配和所有者权益内部结转等。

所有者权益变动表还按各组成部分（实收资本或股本、资本公积、库存股、盈余公积和未分配利润）分项反映其增减变动情况。

2）所有者权益变动的分类

所有者权益的变动可分为两种情况：第一，影响所有者权益总额发生增减变动的项目；第二，所有者权益项目的内部结转，不会引起所有者权益总额发生增减变动的项目。

A. 所有者权益变动——总额变动

在企业所有者权益变动表中，引起报告期所有者权益总额发生增减变动的项目有：

(1)“净利润”项目。企业报告期净利润为正，所有者权益总额增加；企业报告期净利润为负，所有者权益总额减少。

(2)“直接计入所有者权益的利得和损失”项目。企业报告期直接计入所有者权益的利得会导致所有者权益总额增加；企业报告期直接计入所有者权益的损失会导致所有者权益总额减少。

(3)“所有者投入和减少资本”项目。企业报告期投资人增加资本投入，所有者权益总额增加；企业报告期投资人减少投入资本，所有者权益总额减少。

(4)“利润分配”项目。企业报告期向投资人分配现金股利或者利润，所有者权益总额减少。

B. 所有者权益变动——总额不变动

在企业所有者权益变动表中，不会引起报告期所有者权益总额发生增减变动的内部结转项目有：①“资本公积转增资本（或股本）”项目。②“盈余公积转增资本（或股本）”项目。③“盈余公积弥补亏损”项目等。

3）所有者权益变动表的结构

为了清晰地反映构成所有者权益各组成部分报告期的增减变动情况，所有者权益变动表通常以矩阵形式列示：纵列按“上年年末余额、会计政策变更和前期差错更正、本年增减变动金额、本年年末余额”几个大类，再按每类引起所有者权益变动的事项名称分别列示，横列按构成所有者权益各组成部分（包括实收资本、资本公积、盈余公积、未分配利润和库存股）分别列示引起所有者权益变动事项导致的各组成部分发生增减变动的金额。

为了向会计信息使用者提供关于企业所有者权益变动的比较信息，所有者权益变动表各项目还分为“本年金额”和“上年金额”。所有者权益变动表的格式如表 20-7 所示。

2. 所有者权益变动表的编制方法

1）“上年年末余额”项目

反映企业上年资产负债表实收资本（或股本）、资本公积、库存股、盈余公积、未分配利润的年末余额。

2）“会计政策变更”“前期差错更正”项目

分别反映企业采用追溯调整法处理的会计政策变更的累积影响金额和采用追溯重述法处理的前期差错更正的累积影响金额。

会企 04 表

表 20-7 所有者权益变动表

2012 年 12 月 31 日

编制单位：A 公司　　单位：元

项目	本年金额						上年金额					
	实收资本（股本）	资本公积	减：库存股	盈余公积	未分配利润	所有者权益合计	实收资本（股本）	资本公积	减：库存股	盈余公积	未分配利润	所有者权益合计
一、上年年末余额	5 800 000	1 530 000		1 676 500	503 936	9 510 436						
加：会计政策变更												
前期差错更正												
二、本年年初余额	5 800 000	1 530 000		1 676 500	503 936	9 510 436						
三、本年增减变动金额（减少以“—”填列）	1 000 000	30 000		304 920	1 727 882	3 062 802						
（一）净利润					2 032 802							
（二）直接计入所有者权益的利得和损失		30 000										
1. 可供出售金融资产公允价值变动净额		30 000										
2. 权益法下被投资单位其他所有者权益变动的影响												
3. 与计入所有者权益项目相关的所得税影响												
4. 其他												
上述（一）和（二）小计		30 000			2 032 802							
（三）所有者投入和减少资本	1 000 000											
1. 所有者投入资本	1 000 000											

续表

项目	本年金额						上年金额					
	实收资本（股本）	资本公积	减：库存股	盈余公积	未分配利润	所有者权益合计	实收资本（股本）	资本公积	减：库存股	盈余公积	未分配利润	所有者权益合计
2. 股份支付计入所有者权益的金额												
3. 其他												
（四）利润分配				304 920	−304 920							
1. 提取盈余公积				304 920	−304 920							
2. 对所有者（或股东）的分配												
3. 其他												
（五）所有者权益内部结转												
1. 资本公积转增资本（或股本）												
2. 盈余公积转增资本（或股本）												
3. 盈余公积弥补亏损												
4. 其他												
四、本年年末余额	6 800 000	1 560 000		1 981 420	2 231 818	12 573 238						

3)“本年增减变动金额”项目

(1)“净利润”项目，反映企业报告期实现的净利润（或净亏损）金额。

(2)“直接计入所有者权益的利得和损失”项目，反映企业报告期直接计入所有者权益的利得和损失金额。①“可供出售金融资产公允价值变动净额”项目，反映企业持有的可供出售金融资产报告期公允价值变动的金额。②“权益法下被投资单位其他所有者权益变动的影响”项目，反映企业报告期对按照权益法核算的长期股权投资，在被投资单位除当年实现的净损益以外其他所有者权益变动中应享有的份额。③“与计入所有者权益项目相关的所得税影响”项目，反映企业报告期根据《企业会计准则第 18 号——所得税》规定应计入所有者权益项目的所得税影响金额。

(3)“所有者投入和减少资本”项目，反映企业报告期所有者投入的资本和减少的资本。①“所有者投入资本”项目，反映企业报告期接受投资人投入形成的实收资本（或股本）和资本溢价或股本溢价。②“股份支付计入所有者权益的金额”项目，反映企业报告期处于等待期的权益结算的股份支付当年计入资本公积的金额。

(4)“利润分配”项目，反映企业报告期利润分配金额。①“提取盈余公积”项目，反映企业报告期提取的盈余公积。②“对所有者（或股东）的分配”项目，反映企业报告期对投资人（或股东）分配的利润（或股利）金额。

(5)“所有者权益内部结转”项目，反映企业报告期构成所有者权益各组成部分之间的增减变动金额。①“资本公积转增资本（或股本）”项目，反映企业报告期以资本公积转增资本或股本的金额。②“盈余公积转增资本（或股本）”项目，反映企业报告期以盈余公积转增资本或股本的金额。③“盈余公积弥补亏损”项目，反映企业报告期以盈余公积弥补亏损的金额。

4)“本年年末余额”项目

反映企业报告期资产负债表实收资本（或股本）、资本公积、库存股、盈余公积、未分配利润的年末余额。

3. 所有者权益变动表编制举例

【例 20-9】 根据 A 公司 2012 年度发生的与所有者权益变动有关的交易或者事项编制的 2012 年 12 月 31 日的所有者权益变动表如表 20-7 所示。

第六节　财务报表附注

1. 财务报表附注概述

1) 财务报表附注的概念和作用

财务报表附注，是对资产负债表、利润表、现金流量表和所有者权益变动表等财务报表中列示项目的文字描述或明细资料，以及对未能在财务报表中列示的事项的说明等。附注应当披露财务报表的编制基础，相关信息应当与资产负债表、利润表、现金流量表和所有者权益变动表等财务报表中列示的项目相互参照。

编制财务报表附注有以下作用。

(1) 增强财务报表信息的可理解性。市场经济环境下，企业会计信息使用者非常广泛，有机构，也有自然人；有投资人，也有潜在投资人；有政府各级管理部门，也有社会媒体；有供应商，也有销售客户等。不同会计使用者对信息的需求不同，侧重点也各异。同时，不同信息使用者的知识结构也不同。因此，企业仅提供财务报表不能满足所有会计信息使用者的需要。附注对财务报表中项目金额形成所采用的会计原则、会计政策作进一步说明，或者将一个概括数据分解为若干个明细项目等，增强了财务报表信息的可理解性。

(2) 提高财务报表信息的透明度。财务报表只是以数据方式对企业某一特定日期财务状况、某一特定会计期间经营状况的总括反映，有极高的概况性、总结性特点。甚至财务报表的一个数据，反映了企业生产经营或者管理活动某一方面的全部内容。会计信息使用者通过一个数据试图对企业某一方面的详细情况有所了解，几乎不可能。通过提供报表附注，可以将财务报表中一些需要说明的数据进行文字补充，或者将一些合并项目进行分解，或者将已经作过抵消的数据还原，以此提高财务报表信息的透明度。

(3) 突出财务报表信息的重要性。通过附注，可将财务报表中对投资人、债权人、政府相关部门等利益相关者有重要影响的重要项目进行提示。例如，向投资人提示对其有重要意义的企业资产质量、企业利润分配形式、企业发展前景预测等信息，向债权人提示有关企业现金流量、负债规模、负债结构等方面的信息，向政府提供有关企业社会责任履行、环境保护措施、就业人数等方面的信息，这样，有助于会计信息使用者了解重要信息、筛选重要信息、理解重要信息。

2) 财务报表附注的形式

财务报表附注包括旁注、附表和脚注等形式。

(1) 旁注。旁注指对需要在财务报表中进行说明的项目旁用括号加注说明。例如，财务报表上有关项目的名称或金额受到限制或需要简要补充时，可以用括号加注说明。

(2) 附表。附表是为了对财务报表有关项目的数据进行分解，另行编制的相关明细表。例如，利润表中，仅反映了管理费用、财务费用、销售费用在报告期的发生总额，通过按费用项目编制期间费用明细表，可将各期间费用的明细情况进行报告。

(3) 脚注。脚注指在财务报表后面用一定文字和数字对相关项目进行的补充说明。

2. 财务报表附注的内容

(1) 财务报表的编制基础。

(2) 遵循企业会计准则的声明。

(3) 重要会计政策的说明，包括财务报表项目的计量基础和会计政策的确定依据等。

(4) 重要会计估计的说明，包括下一个会计期间内很可能导致资产、负债账面价值重大调整的会计估计的确定依据等。

(5) 会计政策和会计估计变更以及差错更正的说明。

(6) 对已在资产负债表、利润表、现金流量表和所有者权益变动表中列示的重要项目的进一步说明，包括终止经营税后利润的金额及其构成情况等。

(7) 或有和承诺事项、资产负债表日后调整事项，关联方关系及其交易等需要说明的事项。

企业应当在附注中披露在资产负债表日后、财务报告批准报出日前提议或宣布发放的股利总额或每股股利金额（或向投资者分配的利润总额）。

思考题

1. 财务报告的编制目的和主要内容是什么？
2. 什么是资产负债表？其作用如何？
3. 什么是利润表？其作用如何？
4. 什么是现金流量表？其作用如何？
5. 现金流量表中“现金”的含义是什么？
6. 直接法和间接法编制现金流量表有何区别？
7. 什么是所有者权益变动表？其作用如何？
8. 财务报表附注的内容及作用？

练习题

1. Z公司为增值税一般纳税人，增值税税率为17%，2012年发生的与现金流入和流出有关的交易或者事项如下：

(1) 销售一批产品，销售价格700 000元，增值税额为119 000元，货款和税款已收妥；

(2) 购买原材料，收到的增值税专用发票上注明的材料价款为150 000元，增值税进项税额为25 500元，以上款项已通过银行转账支付；

(3) 将到期的一张面值为180 000元的无息银行承兑汇票（不含增值税），连同解讫通知和进账单交银行办理转账，款项已收妥；

(4) 收回应收账款51 000元；

(5) 采用商业承兑汇票结算方式销售一批产品，价款250 000元，增值税销项税额为42 500元，收到面值为292 500元的商业承兑汇票1张，公司已将上述承兑汇票到银行办理贴现，贴现息为20 000元，贴现净额272 500转入银行存款；

(6) 销售一批产品，销售价格300 000元，增值税销项税额为51 000元，货款和税款均未收到；

(7) 以银行汇票支付购买材料款及运费99 800元，增值税进项税16 966元；

(8) 收到银行通知，本期支付到期商业承兑汇票100 000元；

(9) 本期应付职工货币性薪酬共计245 000元，其中基本生产车间工人薪酬132 000元，车间管理人员薪酬38 000元，企业管理人员薪酬30 000元，销售部门人员薪酬45 000元，以银行存款实际支付职工薪酬224 000元，企业代扣代交个人所得税21 000元（尚未支付），以现金支付“五险一金”82 000元；

(10) 以货币资金430 000元、固定资产310 000元和无形资产589 000元对外进行长期股权投资；

(11) 取得长期借款2 300 000元，款项已转入银行存款户；

(12) 以银行存款支付企业管理人员报销差旅费39 500元；

(13) 处置固定资产一项，原值694 000元，已计提折旧278 000元，取得处置收入210 000元（已转入银行存款户），以银行存款交纳营业税10 500元；

(14) 以银行存款支付应付账款49 100元；

(15) 以银行存款购买非专利技术一项，价款378 000元；

(16) 收到投资人的现金投资480 000元，固定资产投资390 000元，无形资产投资482 000元；

(17) 以银行存款支付到期短期借款本金500 000元，利息59 000元；

(18) 本期产品广告宣传费391 000元，其中以银行存款支付300 000元，余款91 000元尚未支付；

(19) 以银行存款支付违约金98 300元；

(20) 本期应交各种价内税费237 000（计入营业税金及附加）元，以银行存款实际交纳210 000元；

(21) 以银行存款支付现金股利127 000元。

要求：① 根据以上资料编制相关会计分录；

② 编制现金流量表。

2. Z公司2012年12月31日资产负债表如表20-8所示。

表20-8 资产负债表

会企01表

编制单位：Z公司　　2012年12月31日　　单位：元

资 产	期末余额	负债和所有者（股东）权益	期末余额
流动资产		流动负债	
货币资金	973 590	短期借款	2 800 000
交易性金融资产	868 000	交易性金融负债	
应收票据	500 000	应付票据	655 000
应收账款	179 000	应付账款	198 600
预付账款	299 200	预收账款	805 000
应收利息	230 000	应付职工薪酬	79 880
应收股利	885 000	应交税费	123 800
其他应收款	481 000	应付利息	
存货	4 885 900	应付股利	535 000
		其他应付款	99 000
流动资产合计	9 301 690	流动负债合计	5 296 280
非流动资产		非流动负债	
可供出售金融资产	1 360 000	长期借款	9 500 000
持有至到期投资	2 800 000	应付债券	6 000 000
长期应收款		长期应付款	
长期股权投资	4 980 000	专项应付款	
投资性房地产	2 580 000	预计负债	

续表

资　产	期末余额	负债和所有者（股东）权益	期末余额
固定资产	8 800 000	递延所得税负债	
在建工程	1 100 000	非流动负债合计	15 500 000
工程物资	390 000	负债合计	20 796 280
固定资产清理		所有者权益	
无形资产	173 000	股　本	8 000 000
长期待摊费用	120 000	资本公积	850 000
递延所得税资产	250 000	盈余公积	950 000
非流动资产合计	22 553 000	未分配利润	1 258 410
		所有者权益合计	11 058 410
资产总计	31 854 690	负债和所有者权益总计	31 854 690

2013 年度，Z 公司发生以下交易或者事项：

(1) 收到银行付款通知，以银行存款支付到期的商业承兑汇票 150 000 元。

(2) 购入一批原材料，货款 300 000 元和增值税款 51 000 元以银行存款支付，材料已入库。

(3) 收到投资人投资现金 600 000 元，已转入银行存款户。

(4) 基本生产车间生产产品甲领用原材料 1 200 000 元，产品乙领用原材料 820 000 元，车间各种产品共同领用低值易耗品 50 000 元（采用五五摊销法摊销）；企业管理部门领用周转材料成本 200 000 元（采用一次摊销法摊销）。

(5) 销售一批产品，其不含税售价 800 000 元，增值税销项税额 136 000 元，款项已收到并转入银行存款户。产品生产成本 540 000 元，消费税率为 10%。

(6) 2013 年 11 月购买 B 公司股票，价格 130 000 元，准备短期持有。2013 年 12 月 31 日，该股票价格上涨至 146 000 元。

(7) 购入不需要安装的设备一台，以银行存款支付价款 230 000 元、增值税款 39 100 元，设备已交付使用。

(8) 向银行借入长期借款 800 000 元，已转入银行存款户。

(9) 以银行存款支付违约金 120 000 元。

(10) 计提本期在建工程应负担的长期借款利息 30 000 元。

(11) 一项价值为 800 000 元的在建工程完工，已办理竣工手续交付生产使用。

(12) 转让生产线一条，其原始价值为 400 000 元，已提折旧 60 000 元。发生清理费用10 000元，残值收入 25 600 元，全部款项均通过银行收付。清理工作已结束。

(13) 以银行存款归还短期借款本金 500 000 元、最后一期利息 12 000 元。

(14) 收到现金股利 460 000 元（该项投资采用成本法核算），已转入银行存款户。

(15) 以银行存款支付捐赠款 100 000 元。

(16) 计提本期固定资产折旧费 275 000 元，其中基本生产车间 210 000 元，企业管理部门 30 000 元，销售部门 35 000 元。

(17) 报销差旅费用共计 289 000 元（原已预借，在其他应收款账户），其中基本生产车间人员报销 113 000 元，企业管理部门人员报销 78 800 元，销售部门人员报销 97 200元。

(18) 本期燃料动力费 45 000 元分配如下：基本生产车间甲产品 16 000 元，乙产品 21 000元，车间一般消耗 1000 元，企业管理部门 3 000 元，销售部门 4 000 元。同时，以银行存款支付燃料动力费 45 000 元。

(19) 分配职工货币性薪酬 600 000 元：其中基本生产车间甲产品人员 250 000 元，乙产品人员 191 000 元，车间管理人员 49 000 元，企业管理部门人员 80 000 元，销售部门人员 30 000 元。

(20) 计提职工“五险一金”，以职工货币性薪酬的 30%（养老保险等）和 20%（住房公积金）计算，同时以银行存款支付。

(21) 以银行存款交纳税金 100 000 元。

(22) 摊销无形资产 22 000 元，摊销长期待摊费用 40 000 元（计入管理费用）。

(23) 以银行存款支付职工货币性薪酬 556 000 元，代扣代交个人所得税 44 000 元。

(24) 收到应收账款 102 000 元，并转入银行存款户。

(25) 以银行存款支付产品展览费 264 000 元。

(26) 以银行存款归还应付账款 131 000 元。

(27) 销售一批产品，价款 700 000 元，增值税销项税额为 119 000 元，原已预收 805 000元，差额 14 000 元购买方以银行存款支付。该产品生产成本为 540 000 元，消费税税率为 5%。

(28) 转让长期股权投资一项，转让收入为 200 000 元，款项已存入银行。该项股权投资的账面价值为 130 000 元。

(29) 以银行存款 160 000 元购买 B 公司发行的 3 年期债券，公司有意图并有能力持有该债券到期。

(30) 购入一批原材料，货款 400 000 元和增值税款 68 000 元尚未支付，材料已入库。

(31) 以银行存款支付业务招待费 65 000 元（税前可扣除 48 000 元）。

(32) 计提第 (29) 号业务购买债券应收利息 2 000 元。

(33) 计提坏账准备 12 960 元，计提存货跌价准备 38 000 元，计提长期股权投资减值准备 90 000 元，计提无形资产减值准备 4 000 元。

(34) 预提产品保修费 94 000 元（计入销售部门费用）。

(35) 以银行存款支付本期通信费等 39 000 元，其中基本生产车间分配 11 000 元，企业管理部门分配 18 000 元，销售部门分配 10 000 元。

(36) 本期生产甲、乙两种产品全部完工，计算产品生产成本，并结转完工产品成本（甲产品人工工时 4 000 小时，乙产品人工工时 2 000 小时）。

(37) 开发无形资产一项，开发成本共计 340 000 元，其中原材料消耗 138 000 元，资料费、办公费等消耗 109 000 元，人员薪酬 93 000 元（包括支付的五险一金）。资料费、办公费和人员薪酬以银行存款支付。形成的无形资产开发成本已结转。

(38) 销售一批产品，价款1 200 000元，增值税销项税为204 000元，货款和税款均已经收回。该产品生产成本为740 000元，消费税税率为5%。

(39) 以银行存款支付土地使用税、房产税和印花税共计38 300元。

(40) 资产负债表日，可供出售金融资产升值为1 900 000元。

(41) 计算本期应交增值税税额，并以增值税额的7%和3%计算本期应交城市维护建设税和教育费附加。

(42) 将各损益类账户本期发生额结转至本年利润账户，并计算本期利润总额。

(43) 计算本期应纳税所得额，并计算本期应交所得税，所得税税率为25%。

(44) 将所得税费用账户本期发生额结转至本年利润账户，并计算本期净利润。

(45) 结转本期净利润至“利润分配——未分配利润”账户。

(46) 按净利润的10%提取法定盈余公积，再按净利润的8%计提任意盈余公积。

(47) 向投资人分配现金股利520 000元。

(48) 偿还长期借款1 000 000元。

(49) 以银行存款交纳税金160 000元。

(50) 吸收投资人现金投资1 000 000元，款项已存入银行。

(51) 资本公积转增资本550 000元。

(52) 结转本年利润分配账户，并计算本期期末未分配利润余额。

要求：① 根据2012年12月31日的资产负债表期末余额，开设相关账户（自己将货币资金和存货项目的金额，按会计科目名称分解）。

② 根据以上交易或者事项编制会计分录，并登记相关总分类账户。

③ 期末计算各总分类账户的本期发生额及余额，并编制“本期发生额及余额试算平衡表”。

④ 根据“本期发生额及余额试算平衡表”，编制Z公司2013年度的资产负债表、利润表、现金流量表和所有者权益变动表。其中，要求通过编制调整分录和现金流量表工作底稿完成现金流量表的编制。

3. 根据以下要求设计并完成作业：

(1) 设计Z公司2012年期初资产负债表（要求每一项有金额）。

(2) 根据Z公司2012年资产负债表设置各总分类账（合并项目需要按会计科目进行分解，如货币资金需要分解为“库存现金”“银行存款”和“其他货币资金”），并登记期初余额。

(3) 设计Z公司2013年度发生的所有交易或者事项60项（不能重复，尽可能涉及全部交易或者事项），并编制会计分录。

(4) 根据会计分录登记各总分类账户。

(5) 期末计算各总分类账户的本期发生额及余额，并编制“本期发生额及余额试算平衡表”。

(6) 根据“本期发生额及余额试算平衡表”，编制Z公司2013年度的资产负债表、利润表、现金流量表和所有者权益变动表。其中，要求通过编制调整分录和现金流量表工作底稿完成现金流量表的编制。

主要参考文献

爱普斯顿 B J，莫扎 A A. 2008. 国际财务报告准则解释与应用（修订版）. 曲晓辉，李宗彦译. 北京：人民邮电出版社
陈羽菁，陈颖琼. 2010. 中级财务会计. 大连：东北财经大学出版社
盖地. 2012. 税务会计与纳税筹划（第八版）. 大连：东北财经大学出版社
哈塞 R，欧 A. 2008. 国际财务报告准则案头参考. 曲晓辉，邱月华译. 北京：人民邮电出版社
贺志东. 2011. 新旧会计准则差异比较. 北京：机械工业出版社
黄珍文. 2010. 财务会计（第三版）. 成都：西南财经大学出版社
见洪俊. 2010. 中级财务会计教程与案例. 杭州：浙江大学出版社
焦桂芳，刘喜波. 2008. 中级财务会计. 北京：机械工业出版社
刘兵. 2009. 中级财务会计学（上、下）. 济南：山东人民出版社
刘永泽，陈立军. 2010. 中级财务会计. 大连：东北财经大学出版社
马建威. 2012. 中级财务会计. 北京：机械工业出版社
石本仁. 2010. 会计教学案例. 北京：中国人民大学出版社
王建新. 2007. 财务会计概念框架. 大连：东北财经大学出版社
夏鑫. 2010. 成本会计学. 北京：清华大学出版社
肖虹. 2007. 新旧会计准则比较与衔接. 大连：东北财经大学出版社
杨有红，欧阳爱平. 2009. 中级财务会计（第二版）. 北京：北京大学出版社
于小镭. 2007. 中国企业会计准则实务全书. 北京：机械工业出版社
中国注册会计师协会. 2012. 会计. 北京：中国财政经济出版社
中华人民共和国第九届全国人民代表大会常务委员会. 1999-10-31. 中华人民共和国会计法
中华人民共和国第十届全国人民代表大会常务委员会. 2005-10-27. 中华人民共和国公司法
中华人民共和国第十届全国人民代表大会常务委员会. 2005-10-27. 中华人民共和国证券法
中华人民共和国第十届全国人民代表大会常务委员会. 2007-03-16. 中华人民共和国企业所得税法
中华人民共和国国务院. 2008-11-05. 中华人民共和国增值税暂行条例
朱学义. 2010. 中级财务会计（第四版）. 北京：机械工业出版社